Die Verpfändung von GmbH-Geschäftsanteilen

Europäische Hochschulschriften

Publications Universitaires Européennes
European University Studies

Reihe II
Rechtswissenschaft

Série II   Series II
Droit
Law

Bd./Vol. 4821

PETER LANG

Frankfurt am Main · Berlin · Bern · Bruxelles · New York · Oxford · Wien

Axel Schlieter

Die Verpfändung von GmbH-Geschäftsanteilen

Unter Berücksichtigung des
Regierungsentwurfs eines Gesetzes
zur Modernisierung des GmbH-Rechts
und zur Bekämpfung von Missbräuchen
(MoMiG) vom 23. Mai 2007

PETER LANG
Internationaler Verlag der Wissenschaften

Bibliografische Information der Deutschen Nationalbibliothek
Die Deutsche Nationalbibliothek verzeichnet diese Publikation
in der Deutschen Nationalbibliografie; detaillierte bibliografische
Daten sind im Internet über <http://www.d-nb.de> abrufbar.

Zugl.: Köln, Univ., Diss., 2008

Gedruckt auf alterungsbeständigem,
säurefreiem Papier.

D 38
ISSN 0531-7312
ISBN 978-3-631-58587-0

© Peter Lang GmbH
Internationaler Verlag der Wissenschaften
Frankfurt am Main 2009
Alle Rechte vorbehalten.

Printed in Germany 1 2 3 4 5   7

www.peterlang.de

Vorwort

Die vorliegende Arbeit wurde von der Rechtswissenschaftlichen Fakultät der Universität zu Köln im September 2008 als Dissertation angenommen. Gesetzesstand und Literatur sind bis August 2008 berücksichtigt.

Mein besonderer Dank gilt meiner verehrten Doktormutter Frau Professor Dr. Barbara Dauner-Lieb, die mich trotz Ihrer beruflichen Inanspruchnahme von Beginn der Arbeit an mit wertvollen Hinweisen unterstützt hat. Durch Ihre herzliche Art wurden selbst kurze Kontaktaufnahmen per E-Mail zu einem Motivationsschub bei der Entstehung der Arbeit. Ihrem uneingeschränkten Engagement ist es zu verdanken, dass die Arbeit so schnell ihren Abschluss finden konnte. In diesem Zusammenhang gebührt ein herzlicher Dank auch Herrn Professor Dr. Joachim Hennrichs für die zügige Erstellung des Zweitgutachtens.

Zu großem Dank bin ich meinen Eltern verpflichtet, die mich über die gesamte Zeit meiner Ausbildung finanziell und durch andere Leistungen unterstützt und mir damit einen unbeschwerten Rahmen für das Studium geschaffen und so auch die Promotion ermöglicht haben.

Danken möchte ich zudem meinem geliebten Bruder Carsten und all denjenigen, die ungeachtet Ihrer eigenen Verpflichtungen stets großes Interesse an dem Stand und dem Fortgang der Promotion hatten und mir durch Gespräche neue Kraft und Motivation gegeben haben.

Meiner Freundin Christiane möchte ich Dank dafür sagen, dass Sie stets an meiner Seite war und mich durch ihr einzigartiges Wesen jeden Tag aufs Neue beflügelt hat.

Abschließend möchte ich meiner lieben Mutter von Herzen danken, da sie nicht zuletzt durch Ihr großartiges Interesse über die gesamte Zeit der Promotion und die mühevolle Aufgabe des Korrekturlesens maßgeblich am Gelingen der Arbeit beteiligt war.

Ihr widme ich diese Arbeit.

Köln, im Oktober 2008

Axel Schlieter

Inhaltsverzeichnis

§ 1 Einleitung

„Es muss ohne Weiteres zugegeben werden, dass die Inpfandnahme von Geschäftsanteilen einer Gesellschaft mit beschränkter Haftung für die Gläubiger kein unbedenkliches Geschäft ist"[1].

Die Verpfändung von Geschäftsanteilen einer GmbH ist in der Praxis ein wichtiges Finanzierungsinstrument und in der heutigen Zeit weit verbreitet[2].

Die am 17. Januar 1933 geäußerte Rechtsansicht des 2. Zivilsenats des Reichsgerichts steht in einem auffallenden Widerspruch zur heutigen Bedeutung der GmbH-Geschäftsanteilsverpfändung. Doch was hat die Rechtspraxis dazu bewogen, trotz dieser Einschätzung in großem Umfang von der Anteilsverpfändung Gebrauch zu machen? Als rein statistische Grundlage dieser Entwicklung ist sicherlich die gegenwärtig weite Verbreitung der Rechtsform der GmbH und die scheinbar unaufhaltsam steigende Zahl an Neugründungen anzusehen. Zum 1. Januar 2005 waren circa 975.000 Gesellschaften mit beschränkter Haftung in das Handelsregister eingetragen[3]. Allein in den letzten zehn Jahren gab es damit einen Zuwachs von etwa 270.000 Gesellschaften. Gegenüber der Anzahl von 22.000 Gesellschaften im Jahre 1950 ergibt sich bis heute ein Zuwachs von mehr als 4000 Prozent. Im Zuge der GmbH-Reform durch das MoMiG ist ein weiterer Anstieg zu erwarten, da ausweislich der amtlichen Begründung des Regierungsentwurfs des MoMiG vom 23.05.2007 (RegE-MoMiG) vor allem die Gründung und die Registereintragung von GmbHs erleichtert werden soll, um die Gesellschaftsform international wettbewerbsfähig zu machen[4]. Allerdings ist allein die zahlenmäßige Zunahme der Gesellschaften mit beschränkter Haftung nicht Grund dafür, dass die Anteilsverpfändung auch als Finanzierungsmittel zunehmende Bedeutung gewinnt. In der Praxis der Kreditvergabe durch Banken und im Rahmen der Kaufpreiszahlung bei Unternehmenskäufen stellt die Anteilsverpfändung seit jeher ein wichtiges Sicherungsmittel dar. Ausschlaggebend für eine noch stärkere Fokussierung der Verpfändung von Geschäftsanteilen in den letzten Jahren ist die wachsende Marktpräsenz inländischer und ausländischer Finanzinvestoren sowie der anhaltende Trend zu im hohen Maße fremdfinanzierten Unternehmenstransaktionen.

Eine überragende Rolle spielt die Geschäftsanteilsverpfändung bei sog. Akquisitionsfinanzierungen[5]. Der Unternehmenskauf wird hierbei regelmäßig dadurch finanziert, dass die Geschäftsanteile sowie die sonstigen vermögenswerten Rechte der zu erwerbenden Gesellschaft auf Veranlassung des Erwerbers zur Absicherung des Kaufprei-

---

[1] RGZ 139, 224, 230.

[2] Dieser Tenor findet sich unter anderem bei *Hueck/Fastrich*, in: Baumbach/Hueck, GmbHG, § 15 Rn. 48; *Lutter/Bayer*, in: Lutter/Hommelhoff, GmbHG, § 15 Rn. 66; *Reichert/Weller*, GmbH-Geschäftsanteil, § 15 Rn. 274; *M. Winter/Löbbe*, in: Ulmer/Habersack/Winter, GmbHG, § 15 Rn. 152; *H. Winter/Seibt*, in: Scholz, GmbHG, § 15 Rn. 172; *Brauer/Levedag*, GmbHR 2002, 572; *Bruhns*, GmbHR 2006, 587; *Leuering/Simon*, NJW-Spezial 2005, 171; *Leuschner*, WM 2005, 2161; *Reymann*, DNotZ 2005, 425; *Weitnauer*, ZIP 2005, 790.

[3] *Ulmer*, in: Ulmer/Habersack/Winter, GmbHG, Einl. A Rn. A 67.

[4] Amtliche Begr. des RegE-MoMiG, S. 1. Abrufbar unter http://www.bmj.de. Abgedruckt in BT-Drucks. 16/6140 sowie BR-Drucks. 354/07 sowie ZIP 2007, Beilage zu Heft 23.

[5] *Leuschner*, WM 2005, 2161; *Schrell/Kirchner*, BB 2003, 1451; *Weitnauer*, ZIP 2005, 790.

ses als Sicherheitenbasis herangezogen und an den die Akquisition finanzierenden Fremdkapitalgeber verpfändet werden[6]. Anlass einer Geschäftsanteilsverpfändung ist daher regelmäßig die Sicherung einer Forderung gegen den Inhaber des betreffenden Geschäftsanteils oder einen Dritten. Forderungsschuldner kann also entweder der Inhaber des Geschäftsanteils selbst oder auch ein Dritter sein. Der Anteilsverpfändung kommt damit im Wesentlichen eine zweifache Funktion zu[7]. Zum einen dient die Inpfandgabe der zu erwerbenden Geschäftsanteile an einen Fremdkapitalgeber im Rahmen eines kreditfinanzierten Unternehmenserwerbs dem Ausgleich nicht oder nicht ausreichend vorhandener Eigenmittel. Dies vor allem dann, wenn anderes besicherbares Anlagevermögen, wie etwa Grundstücke oder Maschinen, nicht vorhanden sind. Zum anderen erlangt die Verpfändung des GmbH-Geschäftsanteils auch im Zuge des operativen Geschäftsbetriebs der GmbH als durch die Gesellschafter zu stellende Sicherheit für eine Kreditgewährung an die Gesellschaft Bedeutung. Unabhängig von diesen speziellen Entwicklungen in der Finanzierungs- und Transaktionspraxis findet die Anteilsverpfändung auch als klassisches, den Veräußerer eines Geschäftsanteils schützendes Kreditsicherungsmittel Anwendung. Lässt sich etwa der Veräußerer bei dem Verkauf seines Geschäftsanteils auf eine Stundung des vereinbarten Kaufpreises ein, besteht er regelmäßig auf der Verpfändung des verkauften Anteils, insbesondere dann, wenn dieser mit sofortiger Wirkung an den Erwerber übertragen werden soll[8].

Die weite Verbreitung der Anteilsverpfändung darf allerdings nicht über die noch vielfach bestehenden Unsicherheiten im Umgang mit diesem Sicherungsmittel hinwegtäuschen. Zwar findet die Anteilsverpfändung mittlerweile in nahezu jedem GmbH-Rechtskommentar Erwähnung, jedoch fehlen hinsichtlich vieler, für die Praxis zentraler Fragestellungen allgemeine rechtsdogmatische Richtlinien. Dabei stellt sich die früher vereinzelt[9] als maßgeblicher Hinderungsgrund für eine Anteilsverpfändung angegebene Bewertung eines GmbH-Anteils heutzutage nicht mehr als Hindernis dar. Es bestehen eine Reihe anerkannter Bewertungsmethoden, die es dem Kreditgeber ermöglichen, eine genaue Einschätzung der Werthaltigkeit eines Geschäftsanteils zu bekommen[10]. Die Rechtsprechung hat sich dabei nicht auf eine generell heranzuziehende Methode zur Bewertung festgelegt, sondern entscheidet nach dem jeweiligen Zweck der Bewertung[11].

Die Schwierigkeiten bei der Nutzung der Anteilsverpfändung als Finanzierungsinstrument resultieren vielmehr aus der Berührung des bürgerlich rechtlichen Sachenrechts mit den Regelungen des GmbH-Rechts und allgemeinen Grundsätzen des Gesellschaftsrechts. Die Eigenart des Sicherungsgegenstandes als komplexes, eine Vielzahl von Einzelrechten beinhaltendes Gebilde, bei dem gleichzeitig auch Interessen Dritter, nämlich die der Mitgesellschafter, tangiert werden können, führt häufig zu Kon-

---

[6] *Semler*, in: Hölters, Handbuch Unternehmenskauf, VI Rn. 204 ff.; *Weber-Rey*, in: Semler/Volhard-Arbeitshandbuch, § 14 Rn. 11 ff.; *Diem*, ZIP 2003, 1283; *Schrell/Kirchner*, BB 2003, 1451; *Weitnauer*, ZIP 2005, 790.

[7] So auch *Apfelbaum*, Verpfändung AG, S. 19.

[8] *Kolkmann*, MittRhNotK 1991, 1, 4; *Reymann*, DNotZ 2005, 425.

[9] *Serick*, Eigentumsvorbehalt, 1965, S. 470.

[10] Ein Überblick über die verschiedenen Bewertungsmethoden findet sich bei *Reichert/Weller*, GmbH-Geschäftsanteil, § 14 Rn. 21 ff. 28 ff. sowie *Raiser*, in: Ulmer/Habersack/Winter, GmbHG, § 14 Rn. 6 ff.

[11] BGH NJW 1993, 2101, 2103; BayObLG AG 1996, 127 f.; *Piltz*, Unternehmensbewertung, S. 12 ff.

flikten bei der Anwendung pfandrechtlicher Vorschriften. Die bisherige Behandlung des Themas in der Literatur ist durch eine stark einzelfallorientierte Betrachtungsweise geprägt, bei der es überwiegend an einer einheitlichen Rechtssystematik fehlt. Die vertragliche Ausgestaltung der Anteilsverpfändung bereitet daher nicht zuletzt vor dem Hintergrund Schwierigkeiten, dass bereits der gesetzliche Umfang des Pfandrechts sowie die Rechtsstellung der Beteiligten nicht eindeutig rechtsdogmatisch abgesteckt sind. Ziel der Arbeit ist es, einheitliche, an den einschlägigen Rechtsmaterien ausgerichtete Richtlinien zur Bewertung der Geschäftsanteilsverpfändung herauszustellen. Der Untersuchung liegt dabei stets die Anteilsverpfändung an einen externen Fremdkapitalgeber zu Grunde[12].

Die Eckpfeiler der Arbeit bilden einerseits die Untersuchungen zum Umfang des Anteilspfandrechts und möglicher Sonderformen sowie die rechtliche Stellung der Beteiligten; andererseits die hieran anknüpfenden vertraglichen Regelungsmöglichkeiten und das Risiko weitreichender Vertragsgestaltungen. Die Untersuchung der Verwertung des Anteilspfandrechts hat maßgeblich die bislang vernachlässigte, für die Praxis allerdings äußerst wichtige Fragestellung zum Gegenstand, welche Einflussmöglichkeiten den Mitgesellschaftern bei einer drohenden Verwertung des Geschäftsanteils zukommen. Der Arbeit wird der RegE-MoMiG zu Grunde gelegt und an entsprechender Stelle durch den Zusatz RegE-GmbHG gekennzeichnet sowie auf die sich inhaltlich ergebenden Änderungen des GmbH-Gesetzes eingegangen. Dort, wo sich keine oder nur sprachliche Änderungen ergeben, bleibt es bei der Bezeichnung GmbHG.

---

[12] Hinsichtlich der Besonderheiten bei Konzernbesicherungsverhältnissen wird auf die Abhandlung von *Kühbacher*, Konzerndarlehen, S. 1 ff., 116 ff., 134 ff. verwiesen.

§ 2 Der GmbH-Geschäftsanteil

A. Begriff und Bedeutung

Der Begriff des Geschäftsanteils wurde weder durch die zentrale Vorschrift des § 14 GmbHG noch durch das GmbH-Gesetz insgesamt legaldefiniert. Der bisherige § 14 GmbHG bestimmte, dass sich der Geschäftsanteil jedes Gesellschafters nach dem Betrage der von ihm übernommenen Stammeinlage bestimmt. § 14 RegE-GmbHG[13] ordnet an, dass auf jeden Geschäftsanteil eine Einlage zu leisten ist (S. 1), deren Höhe sich nach dem bei der Errichtung der Gesellschaft im Gesellschaftsvertrag festgesetzten Nennbetrag richtet (S. 2). Dies ist nach § 3 Abs. 1 Nr. 4 RegE-GmbHG[14] der Betrag, den jeder Gesellschafter gegen Einlage auf das Stammkapital (Stammeinlage[15]) übernimmt. Der Nennbetrag bezeichnet demzufolge den Betrag, mit dem sich der Gesellschafter an der Gesellschaft beteiligt und zu dessen Zahlung er sich im Gesellschaftsvertrag verpflichtet hat[16]. Hieraus wird deutlich, dass Gesellschafter einer GmbH nur derjenige ist, der einen oder mehrere[17] Geschäftsanteile an der Gesellschaft hält[18]. Die Kernaussage der Vorschrift liegt daher in der Koppelung zwischen dem Geschäftsanteil des Gesellschafters und dem Nennbetrag als Bezeichnung für seine kapitalmäßige Beteiligung an der Gesellschaft[19].

Der Geschäftsanteil ist in der Terminologie des Gesetzes der für die Mitgliedschaft in der GmbH verwendete Begriff[20]. Er vermittelt seinem Inhaber die Mitgliedschaft in der Gesellschaft[21]. Die ursprüngliche Gesetzesbegründung[22] kennzeichnete den Geschäftsanteil als „die durch Übernahme der Stammeinlage geschaffene Rechtsposition des Gesellschafters". Das Reichsgericht[23] definierte den Geschäftsanteil genauer als die „durch Übernahme der Stammeinlage begründete Beteiligung am Gesellschaftsvermögen, die hierdurch begründete Rechtsstellung des Gesellschafters und den hierauf beruhenden Inbegriff von Rechten und Verbindlichkeiten". Diese Bestimmung gilt auch nach heutigem Verständnis in Rechtsprechung und Literatur, wonach der Ge-

---

[13] ZIP 2007, Beilage zu Heft 23, S. 12.

[14] ZIP 2007, Beilage zu Heft 23, S. 4.

[15] Der amtlichen Begründung zufolge wird der Begriff der Stammeinlage zwar für eine Übergangsphase beibehalten, allerdings wird der Begriff künftig durch die Bezeichnung „Einlage" oder gegebenenfalls „Einlageverpflichtung" ersetzt. Vgl. Begr. RegE-MoMiG in ZIP 2007, Beilage zu Heft 23, S. 5.

[16] *Raiser*, in: Ulmer/Habersack/Winter, GmbHG, § 14 Rn. 1.

[17] Nach § 5 Abs. 2 S. 2 RegE-GmbHG ist es, anders als bisher, für einen Gesellschafter möglich, bereits bei der Errichtung der Gesellschaft mehrere Geschäftsanteile zu übernehmen. Vgl. ZIP 2007, Beilage zu Heft 23, S. 5.

[18] *K. Schmidt*, Gesellschaftsrecht, § 35 I 1.

[19] Zum früheren § 14 GmbHG, der in dieser Hinsicht strukturell vergleichbar ist *Reichert/Weller*, GmbH-Geschäftsanteil, § 14 Rn. 1, 3; *H. Winter/Seibt*, in: Scholz, GmbHG, § 14 Rn. 4. Vgl. auch Begr. RegE-MoMiG in ZIP 2007, Beilage zu Heft 23, S. 5 f.

[20] *Hueck/Fastrich*, in: Baumbach/Hueck, GmbHG, § 14 Rn. 1; *Ebbing*, in: Michalski, GmbHG, § 14 Rn. 2; *Raiser*, in: Ulmer/Habersack/Winter, GmbHG, § 14 Rn. 1; *Reichert/Weller*, GmbH-Geschäftsanteil, § 14 Rn. 1 f., 4.

[21] *K. Schmidt*, Gesellschaftsrecht, § 19 I 1 b; *Lutter*, AcP 180 (1980), 84, 86; *Wiedemann*, Mitgliedschaftsrechte, S. 23 ff.

[22] Begr. zu Entw. I S. 59; Begr. zu Entw. II S. 47.

[23] RGZ 82, 167, 169; 97, 197, 200.

schäftsanteil die Gesamtheit der Rechte und Pflichten eines Gesellschafters in ihrer Zusammenfassung als Mitgliedschaft bezeichnet[24]. Jedem Geschäftsanteil liegt nach § 14 RegE-GmbHG ein bestimmter Nennbetrag zu Grunde, der gemäß § 5 Abs. 2 S. 1 Reg-GmbHG auf volle Euro lauten muss. Aufgrund der Übereinstimmung der Summe der Nennbeträge mit dem Stammkapital (§ 5 Abs. 3 S. 2 RegE-GmbHG) und der Konnexität zwischen Geschäftsanteil und Nennbetrag, legt der Geschäftsanteil zugleich die Beteiligungsquote des Gesellschafters an der GmbH in Form eines bestimmten Bruchteils des Stammkapitals fest. So wie das Grundkapital einer Aktiengesellschaft (AG) in Aktien zerlegt ist (§ 1 Abs. 2 AktG), lässt sich das Stammkapital einer GmbH entsprechend in die einzelnen Geschäftsanteile zerlegen[25]. Unterschiede bestehen vor allem in der Verkörperung der Mitgliedschaft. Während das Aktienrecht eine Verbriefung[26] der mitgliedschaftlichen Rechte und Pflichten in Aktien vorsieht, finden sich im GmbH-Gesetz keine Regelungen für eine Verbriefung der Geschäftsanteile. Es ist lediglich vorgesehen, dass alle Gesellschafter in einer beim Handelsregister einzureichenden, frei einsehbaren (§ 9 HGB) Gesellschafterliste unter Angabe ihrer Personalien und dem von ihnen übernommenen Nennbetrag aufzuführen sind (§§ 7 Abs. 1, 8 Abs. 1 Nr. 3, 40 Abs. 1 RegE-GmbHG). Geschäftsanteile einer GmbH sind dem Gesetz zufolge daher regelmäßig unverbrieft. Trotz der Nichterwähnung im Gesetz ist die Ausstellung von Urkunden über GmbH-Geschäftsanteile (sog. Anteilsscheine) zulässig[27]. Allerdings entspricht eine derartige Verkörperung der Mitgliedschaft nicht derjenigen in einer AG. Aktien stellen Wertpapiere dar, welche dadurch gekennzeichnet sind, dass sie in einer Urkunde ein subjektives Recht derart verbriefen, dass es nur von dem Inhaber der Urkunde ausgeübt werden kann[28]. Der Anteilsschein über den Geschäftsanteil einer GmbH stellt hingegen kein Wertpapier dar und kann demnach nicht an Order oder auf den Inhaber ausgestellt werden, sondern muss auf den Namen des Berechtigten lauten[29]. Ein Geschäftsanteil kann mithin nicht

---

[24] BGH DB 1972, 132; OLG Frankfurt/M MDR 1958, 108; *Altmeppen*, in: Roth/Altmeppen, GmbHG, § 14 Rn. 2, 13; *Ebbing*, in: Michalski, GmbHG, § 14 Rn. 2; *Hueck/Fastrich*, in: Baumbach/Hueck, GmbHG, § 14 Rn. 2; *Jasper*, in: MünchHdBGesR, Band 3, § 23 Rn. 1, 7; *Lutter/Bayer*, in: Lutter/Hommelhoff, GmbHG, § 14 Rn. 1; *Pentz*, in: Rowedder/Schmidt-Leithoff, GmbHG, § 14 Rn. 1, 13; *Raiser*, in: Ulmer/Habersack/Winter, GmbHG, § 14 Rn. 1; *Reichert/Weller*, GmbH-Geschäftsanteil, § 14 Rn. 1, 4; *H. Winter/Seibt*, in: Scholz, GmbHG, § 14 Rn. 2.

[25] *Ebbing*, in: Michalski, GmbHG, § 14 Rn. 3; *Raiser*, in: Ulmer/Habersack/Winter, GmbHG, § 14 Rn. 1; *Reichert/Weller*, GmbH-Geschäftsanteil, § 14 Rn. 5; *H. Winter/Seibt*, in: Scholz, GmbHG, § 14 Rn. 4.

[26] Vgl. §§ 1 Abs. 2, 8-13 AktG.

[27] *Ebbing*, in: Michalski, GmbHG, § 14 Rn. 37; *Hueck/Fastrich*, in: Baumbach/Hueck, GmbHG, § 14 Rn. 7; *Raiser*, in: Ulmer/Habersack/Winter, GmbHG, § 14 Rn. 15; *Reichert/Weller*, GmbH-Geschäftsanteil, § 14 Rn. 44; *H. Winter/Seibt*, in: Scholz, GmbHG, § 14 Rn. 64. Nicht einheitlich wird beurteilt, auf welcher Grundlage Anteilsscheine ausgegeben werden können. Einzig *Meyer-Landrut*, in: Meyer-Landrut/Miller/Niehus, GmbHG, § 14 Rn. 5 verlangt eine ausdrückliche Regelung im Gesellschaftsvertrag. Das übrige Schrifttum geht richtigerweise davon aus, dass auch ein Gesellschafterbeschluss hierfür ausreichend ist.

[28] Allgemein vorherrschende Definition des Begriffes „Wertpapier"; statt vieler *Zöllner*, Wertpapierrecht, § 3 III 4 b. Bezeichnend ist auch der geprägte Satz, dass bei einem Wertpapier das Recht aus dem Papier dem Recht am Papier folgt.

[29] RGZ 53, 107, 109; 164, 162, 170; BGHZ 13, 49, 52; OLG Köln GmbHR 1995, 293; *Hueck/Fastrich*, in: Baumbach/Hueck, GmbHG, § 14 Rn. 7; *K. Schmidt*, Gesellschaftsrecht, § 35 II 1 a; eingehend *Albertz*, Verbriefung GmbH-Geschäftsanteil, S. 24 ff.

in einer Urkunde selbst verkörpert werden, so dass der Anteilsschein lediglich als Beweisurkunde fungiert[30].

Zusammengefasst ist der Geschäftsanteil der Inbegriff der in der Mitgliedschaft vereinten Rechte und Pflichten eines Gesellschafters, der durch seinen Nennbetrag gleichzeitig Aufschluss über die Beteiligungsverhältnisse in der GmbH gibt. Der Begriff der Mitgliedschaft wird demnach im Folgenden synonym für den des Geschäftsanteils verwendet. Er ist grundsätzlich unverbrieft, wobei die Ausgabe eines Anteilsscheins in Form einer Beweisurkunde zulässig ist.

B. Die Mitgliedschaft als Gegenstand der Verpfändung

Die durch den Geschäftsanteil vermittelte Mitgliedschaft in einer GmbH ist der verdinglichte Inbegriff aller Rechte und Pflichten des Gesellschafters aus dem Gesellschaftsverhältnis[31]. Ob der Geschäftsanteil und damit die Mitgliedschaft Gegenstand einer Verpfändung sein kann, ist von ihrer rechtlichen Einordnung abhängig. Die Verpfändung stellt eine Verfügung[32] dar, so dass Pfandgegenstand nur ein subjektives Recht sein kann[33]. Ein subjektives Recht kann trotz seiner vielfältigen Erscheinungsformen begrifflich darauf beschränkt werden, dass es eine individuelle Berechtigung zum Ausdruck bringt, also dem Berechtigten „etwas rechtens zukommt oder gebührt"[34].

Nach ganz herrschender Ansicht in Rechtsprechung[35] und Literatur[36] ist die Mitgliedschaft ein auf Dauer angelegtes Rechtsverhältnis eigener Art, das einerseits Rechte und Pflichten der Mitglieder und der juristischen Person begründe und andererseits ein subjektives Recht des einzelnen Gesellschafters darstelle und somit Gegenstand einer Verfügung sein kann. Stellenweise[37] wird auf den hierin scheinbar liegenden Widerspruch durch die Zusammenfassung von Rechten und Pflichten zu einem subjektiven Recht verwiesen und in der Folge die Qualifizierung der Mitgliedschaft als subjektives Recht des Anteilsinhabers abgelehnt.

---

[30] Einhellige Ansicht vgl. bereits RGZ 57, 415; BGH GmbHR 1968, 207; *Ensthaler*, in: Achilles/Ensthaler/Schmidt, GmbHG, § 14 Rn. 9; *Hueck/Fastrich*, in: Baumbach/Hueck, GmbHG, § 14 Rn. 7; *H. Winter/Seibt*, in: Scholz, GmbHG, § 14 Rn. 64; *Raiser*, in: Ulmer/Habersack/Winter, GmbHG, § 14 Rn. 16.

[31] *Altmeppen*, in: Roth/Altmeppen, GmbHG, § 14 Rn. 2, 13; *Lutter/Bayer*, in: Lutter/Hommelhoff, GmbHG, § 14 Rn. 1; *Pentz*, in: Rowedder/Schmidt-Leithoff, GmbHG, § 14 Rn. 1.

[32] Zum Begriff der Verfügung, BGHZ 75, 221, 226.

[33] BGHZ 101, 24, 26; *Wiegand*, in: StaudingerBGB, § 1273 Rn. 4; *Medicus*, BGB AT, Rn. 208.

[34] *Larenz*, in: Festgabe Sontis (1977), S. 129, 147.

[35] BVerfGE 14, 263, 276; 50, 290 ff.; BGH GmbHR 1968, 207 f.

[36] *Altmeppen*, in: Roth/Altmeppen, GmbHG, § 14 Rn. 4; *Ebbing*, in: Michalski, GmbHG, § 14 Rn. 39; *Hueck/Fastrich*, in: Baumbach/Hueck, GmbHG, § 14 Rn. 5; *Pentz*, in: Rowedder/Schmidt-Leithoff, GmbHG, § 14 Rn. 1; *Raiser*, in: Ulmer/Habersack/Winter, GmbHG, § 14 Rn. 18; *Reichert/Weller*, GmbH-Geschäftsanteil, § 14 Rn. 49; *H. Winter/Seibt*, in: Scholz, GmbHG, § 14 Rn. 7; *Schiessl*, in: MünchHdBGesR, Band 3, § 31 Rn. 1; *K. Schmidt*, Gesellschaftsrecht, § 19 I 3 a; *Lutter*, AcP 180 (1980), 84, 100 ff.; *Habersack*, Mitgliedschaft, S. 62 ff.; *Wiedemann*, Mitgliedschaftsrechte, S. 39 ff.

[37] *Beuthien*, in: Festschrift Wiedemann (2002), S. 755, 767; *ders.*, AG 2002, 266, 268; *Hadding*, in: SoergelBGB, § 705 Rn. 46; *ders.*, Hadding/Schneider, S. 39 ff.; *ders.*, in: Festschrift Reinhardt (1972), S. 249, 262; *ders.*, in: Festschrift Steindorff (1990), S. 31, 34; *Klink*, Mitgliedschaft, S. 125 ff. Zweifel auch bei *Roth*, in: Festschrift Henckel (1995), S. 707, 713 f.

Insbesondere *Beuthien*[38] und *Hadding*[39] halten an dem im Zivilrecht vertretenen engen Begriff des subjektiven Rechts fest, wonach sich dieser nur auf ein einzelnes Recht und nicht auf ein derartiges Rechten- und vor allem Pflichtenbündel beziehen kann. Vertrags- oder Rechtsverhältnisse sind im Zivilrecht nur unvollkommene Verfügungsgegenstände, die im Wege der Vertragsübernahme übertragen werden, nicht aber Gegenstand einer dinglichen Belastung sein können[40]. Die rechtliche Stellung als Gesellschafter wird insoweit auf den Umstand reduziert, Vertragspartner eines Gesellschaftsvertrags zu sein, der sich gegenüber anderen schuldrechtlichen Verträgen lediglich durch die größere Intensität der Rechtsbeziehungen der einzelnen Parteien und seine Dauerhaftigkeit unterscheidet. Es soll nicht das gesellschaftsrechtliche Rechtsverhältnis als solches subjektives Recht sein, sondern lediglich die aus dem Gesellschaftsverhältnis entstandenen und zukünftig entstehenden, einzeln übertragbaren Vermögensrechte des Gesellschafters. Die Möglichkeit einer Belastung der Mitgliedschaft wird auch für den Fall verneint, dass eine Übertragung gesetzlich vorgesehen ist wie in § 15 Abs. 1 GmbHG für den Geschäftsanteil einer GmbH und in §§ 10, 68 AktG für den AG-Anteil[41]. Eine „Verpfändung des Geschäftsanteils" sei dahingehend auszulegen, dass von der Belastung lediglich die übertragbaren mitgliedschaftlichen Vermögensrechte erfasst werden.

Zur Begründung dieser Rechtsauffassung führen ihre Vertreter[42] hauptsächlich drei Argumente an. Zunächst stehe einer Einordnung der Mitgliedschaft als subjektives Recht die einfache Tatsache entgegen, dass sich aus dieser eben nicht nur Rechte, sondern auch Pflichten ergeben. Eine Zusammenfassung von Rechten und Pflichten zu einem subjektiven Recht sei widersprüchlich und mit dem zivilrechtlichen Verständnis eines subjektiven Rechts nicht vereinbar. Des Weiteren wird angeführt, dass die Wertung des Gesetzgebers sowohl bei den Vorschriften über den Verein (§ 38 BGB), als der Grundform aller körperschaftlich strukturierten Gemeinschaften, als auch bei der Gesellschaft bürgerlichen Rechts (GbR) (§ 717 BGB), als der Grundform der Personengesellschaft deutlich zeige, dass zwischen der Mitgliedschaft als Rechtsverhältnis und den einzelnen, übertragbaren mitgliedschaftlichen Vermögensrechten differenziert werde. Ferner wird die Vorschrift des § 15 Abs. 1 GmbHG herangezogen, indem darauf verwiesen wird, dass, wenn die Mitgliedschaft ein subjektives Recht darstellte, die Vorschrift überflüssig wäre, da eine Übertragung bereits nach den §§ 413, 398 BGB erfolgen könnte. Einer ausdrücklichen gesetzlichen Anordnung der Übertragbarkeit bedürfte es dann nicht. Die Norm ist dieser Ansicht zufolge als gesetzliche Erleichterung der allgemeinen Vertragsübernahmeregelungen zu verstehen, da eine Mitwirkung der Gesellschaft oder der anderen Gesellschafter an der Vertragsübernahme nicht erforderlich ist[43].

---

[38] *Beuthien*, in: Festschrift Wiedemann (2002), S. 755, 767; *ders.*, AG 2002, 266, 268.

[39] *Hadding*, in: SoergelBGB, § 705 Rn. 46; *ders.*, in: Hadding/Schneider, S. 37 ff.; *ders.*, in: Festschrift Reinhardt (1972), S. 249, 262.

[40] *Nörr/Scheyhing/Pöggeler*, Sukzessionen, § 17 III 2.

[41] *Hadding*, in: Festschrift Steindorff (1990), S. 31, 40 f.

[42] Insbesondere *Beuthien*, in: Festschrift Wiedemann (2002), S. 755 ff.; *Hadding*, in: Festschrift Steindorff (1990), S. 31, 35 ff.

[43] *Hadding*, in: Festschrift Steindorff (1990), S. 31, 39 f.

8

Nach heutiger allgemeiner Ansicht[44] stellt die gesellschaftsrechtliche Mitgliedschaft ein subjektives Recht dar. Hierbei wird freilich von allen Vertretern ein wesentlich weiterer Begriff des subjektiven Rechts zu Grunde gelegt als dies gewöhnlich im Zivilrecht geschieht. Dies ist notwendig, da sich die Mitgliedschaft viel komplexer darstellt als die üblichen subjektiven Rechte in Form von Einzelrechten. Die genaue rechtsdogmatische Begründung variiert allerdings stark. *Wiedemann*[45] begründet die Qualifikation der Mitgliedschaft als subjektives Recht mit dem Vergleich zum Eigentum. Das Eigentum als klassisches subjektives Recht sei wie die Mitgliedschaft ein Konstrukt aus mehreren Einzelelementen, die ihrerseits jeweils subjektive Rechte darstellten. *Habersack*[46] lehnt eine derartige Gleichstellung aufgrund struktureller Unterschiede ab. Das Eigentum sei ein gegenüber jedermann wirkendes absolutes Recht, während hingegen das gesellschaftliche Rechtsverhältnis rein schuldrechtlicher Natur sei und sich folglich nur gegen die daran Beteiligten richte. Komplexe Rechtsverhältnisse können sich nach *Habersack*[47] zu einem subjektiven Recht verdichten, wenn sie, wie im Fall der Zugehörigkeit zu einer Gesellschaft, eine besondere Intensität überschreiten. Die Mitgliedschaft als Teilhabe an einem Verband vereinige sowohl den Aspekt des Rechtsverhältnisses, nämlich die Gesamtheit der aktiven und passiven verbandsinternen Rechtsbeziehungen, als auch den des subjektiven Rechts, welches allein in diesem Rechtsverhältnis existiert und das dessen berechtigende Seite beschreibt[48]. Die gleichzeitige Existenz mitgliedschaftlicher Pflichten stehe der Einordnung als subjektives Recht nicht entgegen[49]. Diese erfüllten vielmehr eine dienende Funktion, indem sie die Einwirkungsmöglichkeiten des Gesellschafters im Interesse anderer schutzwürdiger Belange eingrenzten. Die mitgliedschaftliche Beitragspflicht sei dem Begriff der Verbandsmitgliedschaft immanent und damit unabdingbare Voraussetzung eines Gesellschaftsvertrags.

Die Mitgliedschaft ist mit der herrschenden Meinung als Rechtsverhältnis und subjektives Recht zu qualifizieren. Die Annahme, die Mitgliedschaft könne aufgrund ihres Bündels an Rechten und Pflichten kein ganzheitliches subjektives Recht darstellen, beruht auf einem, mit der derzeitigen Gesetzes- und Rechtslage nicht zu vereinbarenden, unsachgerechten Verständnis vom Anteilsrecht. Die Mitgliedschaft lässt sich aufgrund des für die Mitverwaltungsrechte geltenden Abspaltungsverbots[50] und des nicht abtrennbaren Vermögensstammrechts nicht in ihre einzelnen Bestandteile zerlegen. Die mitgliedschaftlichen Rechte und Pflichten vereinigen sich vielmehr zu einem „eigenen Objekt der Rechtsordnung"[51], über das der Gesellschafter im Rahmen der gesetz-

---

[44] BVerfGE 14, 263, 276; 50, 290 ff.; BGH GmbHR 1968, 207 f.; *Altmeppen*, in: Roth/Altmeppen, GmbHG, § 14 Rn. 4; *Ebbing*, in: Michalski, GmbHG, § 14 Rn. 39; *Hueck/Fastrich*, in: Baumbach/Hueck, GmbHG, § 14 Rn. 5; *Pentz*, in: Rowedder/Schmidt-Leithoff, GmbHG, § 14 Rn. 1; *Raiser*, in: Ulmer/Habersack/Winter, GmbHG, § 14 Rn. 18; *Reichert/Weller*, GmbH-Geschäftsanteil, § 14 Rn. 49; *H. Winter/Seibt*, in: Scholz, GmbHG, § 14 Rn. 7; *Schiessl*, in: MünchHdBGesR, Band 3, § 31 Rn. 1; *K. Schmidt*, Gesellschaftsrecht, § 19 I 3 a.

[45] *Wiedemann*, Mitgliedschaftsrechte, S. 39.

[46] *Habersack*, Mitgliedschaft, S. 69 f.

[47] *Habersack*, Mitgliedschaft, S. 70 ff.

[48] *Habersack*, Mitgliedschaft, S. 67, 105; auch Lutter, AcP 180 (1980), 84, 88.

[49] *Habersack*, Mitgliedschaft, S. 93 ff.

[50] Näher hierzu § § A I 2; § 5 B.

[51] RGZ 82, 167, 169; *Lutter/Bayer*, in: Lutter/Hommelhoff, GmbHG, § 14 Rn. 1; *K. Schmidt*, Gesellschaftsrecht, § 19 I 3 b.

lichen und statutarischen Grenzen frei verfügen kann[52]. Die Auffassung[53], dass die Vorschrift des § 15 Abs. 1 GmbHG für den Fall der Qualifizierung der Mitgliedschaft als subjektives Recht überflüssig sei und deshalb lediglich eine erleichternde Vertragsübernahmeregelung darstelle, wird im Hinblick auf den weitergehenden Regelungsgehalt der Vorschrift und die gesetzgeberischen Motive nicht gestützt. Die ausdrückliche Erwähnung der Veräußerlichkeit in § 15 Abs. 1, 1. Alt. GmbHG stellt klar, dass der Gesellschafter über seinen Geschäftsanteil und damit über die Mitgliedschaft durch Rechtsgeschäft verfügen kann[54]. Dass der Gesetzgeber hierbei von einem einheitlichen Verfügungsgegenstand ausgegangen ist, wird vor allem durch die Einschränkungen der freien Veräußerlichkeit in den Absätzen 3, 4 und 5 deutlich. Diesen Vorschriften – insbesondere Absatz 3 – liegt die gesetzgeberische Intention zu Grunde, GmbH-Geschäftsanteile nicht zu einem Gegenstand des Handelsverkehrs werden zu lassen[55]. Es sollte verhindert werden, dass sich für GmbH-Anteile ein, mit Aktien vergleichbarer, echter Markt bildet[56]. Die Gefahr einer Marktbildung für Geschäftsanteile, ähnlich dem für Aktien, ist allerdings nur dann gegeben, wenn der Geschäftsanteil die Mitgliedschaft als einheitlichen Verfügungsgegenstand repräsentiert. Der Gesetzgeber ist damit offensichtlich von einer solchen Charakterisierung ausgegangen. Andernfalls hätte er zwischen der Mitgliedschaft als Rechtsverhältnis und den einzelnen Vermögensrechten unterschieden. Trotz der augenscheinlichen Einordnung der Mitgliedschaft als subjektives Recht wurde die „freie Veräußerlichkeit des Geschäftsanteils" als klarstellende Regelung dem § 15 GmbHG vorangestellt. Diese, mit Verweis auf die ausreichenden Regelungen des BGB für überflüssig zu halten, ist demnach nicht zutreffend; zumal das GmbH-Gesetz zeitlich vor dem BGB in Kraft getreten ist[57]. Die Vorschrift in der Folge als Erleichterung der allgemeinen Vertragsübernahmeregelungen zu begreifen, erscheint angesichts der normierten Einschränkungen der freien Veräußerlichkeit als äußerst konstruiert und nicht sachgerecht.

Die Qualifizierung der Mitgliedschaft als Rechtsverhältnis und subjektivem Recht weist keinen Widerspruch auf. Allerdings erfordert die Struktur der Mitgliedschaft, das Verständnis des gewöhnlich verwendeten Begriffes des subjektiven (Einzel-) Rechts zu erweitern. Die Mitgliedschaft ist in erster Linie die Teilhabe an einem, erst durch den Gesellschaftsvertrag neu geschaffenen, Verband[58]. Hieraus folgt sowohl das mitgliedschaftliche Rechtsverhältnis als auch die subjektivrechtliche Position des Mitglieds. Dieses Konstrukt ist nicht als bloße Ansammlung verschiedenster Rechte und Pflichten zu verstehen, sondern stellt ein in sich geschlossenes Ganzes dar. Es bringt zum Ausdruck, dass dem Inhaber die Stellung als Gesellschafter in dem jeweiligen Verband mit allen daraus erwachsenden Rechten und Pflichten zukommt. Die Mitgliedschaft kann

---

[52] *Lutter/Bayer*, in: Lutter/Hommelhoff, GmbHG, § 14 Rn. 1; *Pentz*, in: Rowedder/Schmidt-Leithoff, GmbHG, § 14 Rn. 4; *Raiser*, in: Ulmer/Habersack/Winter, GmbHG, § 14 Rn. 18; *Reichert/Weller*, GmbH-Geschäftsanteil, § 14 Rn. 55.

[53] *Hadding*, in: Festschrift Steindorff (1990), S. 31, 39 f.

[54] *Reichert/Weller*, GmbH-Geschäftsanteil, § 15 Rn. 10; *Rowedder/Bergmann*, in: Rowedder/Schmidt-Leithoff, GmbHG, § 15 Rn. 6.

[55] *Reichert/Weller*, GmbH-Geschäftsanteil, § 15 Rn. 4.

[56] Eingehend zu den Formzwecken § 3 III 2 a.

[57] Das GmbH-Gesetz ist am 20.4.1892 (RGBl., S. 477) das BGB am 1.1.1900 (*Coing/Honsell*, in: StaudingerBGB, Einl. zum BGB Rn. 1) in Kraft getreten.

[58] *K. Schmidt*, Gesellschaftsrecht, § 19 I 3 a; *Lutter*, AcP 180 (1980), 84, 88.

somit als ganzheitliches, subjektives Recht Gegenstand von Verfügungen und damit auch einer Verpfändung sein.

§ 3 Das Pfandrecht an einem GmbH-Geschäftsanteil und seine Sonderformen

A. Die Pfandrechtsbestellung an einem GmbH-Geschäftsanteil

I. Grundlagen

1. Das Regelwerk

Die Verpfändung von Geschäftsanteilen einer GmbH ist im GmbH-Gesetz bislang weder geregelt noch erwähnt gewesen. Im Zuge der GmbH-Reform durch das MoMiG findet sich in § 16 Abs. 3 S. 1 RegE-GmbHG erstmalig ein Hinweis auf den Erwerb eines Rechts an einem GmbH-Anteil. Eine spezielle Regelung des Anteilspfandrechts hingegen fehlt[59]. Auch im BGB findet sich, anders als für die Verpfändung von Order- und Inhaberpapieren[60], keine spezielle Normierung für die Verpfändung von GmbH-Anteilen. Von einer Regelung im alten GmbH-Gesetz wurde abgesehen, da das Pfandrecht bei seinem Erlass noch nicht reichsgesetzlich kodifiziert war[61]. Vielmehr hinderten die zu dieser Zeit noch bestehenden, unterschiedlichen landesrechtlichen Pfandrechtssysteme und einzelne Bestimmungen des damaligen Konkursrechts[62] eine einheitliche Regelung der Geschäftsanteilsverpfändung[63]. Ein Teil der landesrechtlichen Regelungen sah generell nicht die Möglichkeit einer Pfandbestellung an Rechten vor. Den bevorstehenden Regelungsbemühungen des Gesetzgebers im Hinblick auf eine Harmonisierung des Pfandrechts sollte durch das GmbH-Gesetz nicht vorgegriffen werden[64]. Dieses uneinheitliche Regelungswerk hat die Rechtsprechung allerdings nicht davon abgehalten, die generelle Zulässigkeit der Verpfändung von Geschäftsanteilen bereits in frühen Entscheidungen anzuerkennen[65]. Bis heute enthält weder das GmbH-Gesetz noch das BGB spezielle Bestimmungen über die Verpfändung von Geschäftsanteilen einer GmbH, so dass sich die Zulässigkeit, die Form und die Wirkungen der Verpfändung aus den allgemeinen Pfandrechtsvorschriften des BGB ergeben.

Im Hinblick auf das in dem Geschäftsanteil verkörperte Mitgliedschaftsrecht des Gesellschafters ist einschlägiger Normenkomplex der über das Pfandrecht an Rechten, §§ 1273 ff. BGB. Gemäß § 1273 Abs. 1 BGB kann Gegenstand des Pfandrechts auch ein Recht sein. Dass hierunter ebenso der GmbH-Anteil und damit die Mitgliedschaft in

---

[59] Allerdings wird in der amtlichen Begründung zu § 16 RegE-GmbHG ausdrücklich auf den Pfandrechtserwerb an einem Geschäftsanteil hingewiesen, vgl. ZIP 2007, Beilage zu Heft 23, S. 13.

[60] Vgl. §§ 1292 ff. BGB.

[61] Begr. I S. 62, II S. 50.

[62] In § 15 Einführung zum Gesetz zur Reichskonkursordnung war bestimmt, dass einem Rechtspfand nur unter besonderen Voraussetzungen Wirksamkeit im Konkurs des Verpfänders zuzusprechen sei (RGZ 53, 107, 109).

[63] RGZ 53, 107, 109.

[64] Eingehend *Vogel*, DB 1954, 208.

[65] RGZ 53, 107 f.; 58, 223 f.; 100, 274, 276; 157, 52, 55.

der Gesellschaft fällt, ist im Zuge der Qualifizierung als subjektives Recht allgemein anerkannt[66]. Es handelt sich in dem Fall der Verpfändung eines Geschäftsanteils demnach um ein Rechtspfand. Die Bestellung des Pfandrechts an einem Recht erfolgt gemäß der zentralen Vorschrift des § 1274 Abs. 1 S. 1 BGB nach den für die Übertragung des Rechts geltenden Vorschriften. Ausgangspunkt für die Bestellung eines Pfandrechts an einem GmbH-Geschäftsanteil sind danach die Regelungen des GmbH-Gesetzes zur Anteilsübertragung. In diesem Zusammenhang stellt § 1274 Abs. 2 BGB klar, dass ein Pfandrecht an einem Recht dann nicht bestellt werden kann, wenn dieses nicht übertragbar ist. Die Zulässigkeit der GmbH-Anteilsverpfändung ergibt sich damit zusätzlich aus einem Umkehrschluss dieser Regelung und § 15 Abs. 1 GmbHG[67], der die freie Veräußerlichkeit von Geschäftsanteilen statuiert. Auf das entstandene Pfandrecht finden gemäß § 1273 Abs. 2 S. 1 BGB die allgemeinen Pfandrechtsvorschriften der §§ 1204 ff. BGB Anwendung, soweit sich nicht aus den §§ 1274 bis 1296 BGB etwas anderes ergibt.

Rechtliche Grundlage für die Bestellung eines Pfandrechts an einem GmbH-Geschäftsanteil sind damit die Voraussetzungen einer Anteilsübertragung nach dem GmbH-Gesetz. Im Übrigen finden die Vorschriften über das Pfandrecht an beweglichen Sachen entsprechende Anwendung, sofern nicht spezielle Regelungen über das Rechtspfand vorrangig sind.

2. Die möglichen Pfandgegenstände

Konsequenz der Einordnung der Mitgliedschaft als subjektives Recht ist, dass zwischen der Verpfändung der reinen Mitgliedschaft (isolierter Geschäftsanteil) und der aus der Mitgliedschaft fließender einzelner vermögensrechtlicher Ansprüche differenziert werden muss. Beides kann nebeneinander, aber auch völlig unabhängig voneinander erfolgen[68]. Im Einzelfall kann es auch zu einer Verbindung beider Verpfändungsarten kommen, so etwa bei der Gestaltung als Nutzungspfand[69].

Unabhängig von der jeweiligen Ausgestaltung der Verpfändung sind stets die im GmbH-Recht geltenden Besonderheiten hinsichtlich der Trennung einzelner mitgliedschaftlicher Rechte zu beachten. Mitgliedschaftsrechte und -pflichten zeichnen sich dadurch aus, dass sie korporativ begründet sind, mithin ihren Ursprung in der Mitgliedschaft haben[70]. Es wird allgemein zwischen Vermögensrechten und Verwaltungsrechten unterschieden[71]. Zu den Vermögensrechten zählen hauptsächlich das Gewinnbezugsrecht (§ 29 GmbHG), der Anspruch auf den Liquidationserlös (§ 72 GmbHG), der mögliche Abfindungsanspruch bei vorzeitigem Ausscheiden sowie das aus der Treue-

---

[66] Statt aller *Bassenge*, in: PalandtBGB, § 1273 Rn. 1; *Hueck/Fastrich*, in: Baumbach/Hueck, GmbHG, § 15 Rn. 48.

[67] Nach dem RegE-MoMiG ist eine Änderung des § 15 GmbHG nicht vorgesehen.

[68] *Reymann*, DNotZ 2005, 425, 430 f.

[69] § 3 C I.

[70] *Reichert/Weller*, GmbH-Geschäftsanteil, § 14 Rn. 62.

[71] *Altmeppen*, in: Roth/Altmeppen, GmbHG, § 14 Rn. 20; *Pentz*, in: Rowedder/Schmidt-Leithoff, GmbHG, § 14 Rn. 16; *Raiser*, in: Ulmer/Habersack/Winter, GmbHG, § 14 Rn. 21; *Reichert/Weller*, GmbH-Geschäftsanteil, § 14 Rn. 76.

12

pflicht[72] resultierende Recht auf den Bezug von Geschäftsanteilen im Zusammenhang mit einer Kapitalerhöhung[73]. Während die vermögensrechtliche Seite der Mitgliedschaft hauptsächlich dem finanziellen Eigeninteresse des Gesellschafters dient, bringen die Verwaltungsrechte hingegen den personalistischen Charakter der GmbH zum Ausdruck. Hierzu gehören vor allem das Recht auf Teilnahme an der Gesellschafterversammlung (§ 48 GmbHG), das Stimmrecht (§ 47 GmbHG) sowie das Auskunfts- und Einsichtsrecht (§ 51 a GmbHG). Auch die sog. Minderheitenrechte mit der Möglichkeit, die Einberufung einer Gesellschafterversammlung zu verlangen, selbst zu bewirken oder deren Gegenstände zu bestimmen (§ 50 GmbHG), eine Auflösungsklage zu erheben (§ 61 GmbHG) und die Bestellung oder Abberufung der Liquidatoren durch das Gericht zu verlangen (§ 66 GmbHG), gehören hierzu. Allen mitgliedschaftlichen Rechten liegt nach einhelliger Auffassung das sog. Abspaltungsverbot zu Grunde, wonach die einzelnen mitgliedschaftlichen Rechte nicht von der Mitgliedschaft abgetrennt werden und damit nicht Gegenstand isolierter Verfügung sein können[74]. Begründet wird dies mit unterschiedlichen Ansätzen[75], wobei insbesondere § 717 S. 1 BGB und der dort zum Ausdruck kommende Grundsatz des Gleichlaufs von Verantwortung und Entscheidungsmacht zu nennen ist[76]. Insbesondere die Mitverwaltungsrechte sollen in ihrer Funktion als zentrale Steuerungs- und Legitimationsmedien im Gesellschaftsverband verbleiben und damit verhindern, dass dieser fremdgesteuert agiert[77]. Im Hinblick auf diesen Zweck hat das Abspaltungsverbot größere Relevanz auf der verwaltungsrechtlichen Seite der Mitgliedschaft. Regelmäßig zielführend für die Sicherung von Forderungen ist allerdings ohnehin nur die Verpfändung der vermögenswerten Rechte aus dem Gesellschaftsverhältnis, da nur diese im Falle einer Verwertung einen sofortigen finanziellen Ausgleich ermöglichen. Das Abspaltungsverbot gilt jedoch im Grundsatz auch für die vermögensrechtliche Seite der Mitgliedschaft. Von dem Verbot betroffen ist allerdings nur das Vermögensstammrecht, während der konkret entstandene Anspruch als Gläubigerrecht übertragbar ist, sofern die Satzung die Übertragung nicht untersagt[78]. Vermögensrechtliche Stammrechte, wie beispielsweise das anteilsbezogene Gewinnbezugsrecht, können demnach als solche nicht abgetreten oder verpfändet werden. Vielmehr können aus ihnen verselbständigungsfähige Vermögensansprüche (z. B. der Gewinnanspruch nach § 29 Abs. 1 S. 1 GmbHG) des Gesellschafters er-

---

72   Das Bestehen und die rechtliche Grundlage dieses Anspruches wird unterschiedlich beurteilt. Vielfach wird das Bezugsrecht nicht aus der Treuepflicht, sondern im Wege einer Analogie zu § 186 AktG begründet. Überblick bei *Hermanns*, in: Michalski, GmbHG, § 55 Rn. 36 ff.

73   *Pentz*, in: Rowedder/Schmidt-Leithoff, GmbHG, § 14 Rn. 16; *Reichert/Weller*, GmbH-Geschäftsanteil, § 14 Rn. 78.

74   BGHZ 3, 354, 357; 20, 363, 364; 43, 261, 267; *Hueck/Fastrich*, in: Baumbach/Hueck, GmbHG, § 14 Rn. 19; *K. Schmidt*, Gesellschaftsrecht, § 19 III 4 a.

75   Überblick bei *Fleck*, in: Festschrift Fischer (1979), S. 107, 110 ff.; *Reuter*, ZGR 1978, 633 f.

76   *Ulmer*, in: MünchKommBGB, § 717 Rn. 7; *K. Schmidt*, Gesellschaftsrecht, § 19 III 4 a; *Reuter*, in: Festschrift Steindorff (1990), S. 229, 232 ff.; *ders.*, ZGR 1978, 633, 642.

77   *K. Schmidt*, Gesellschaftsrecht, § 19 III 4 a.

78   *Altmeppen*, in: Roth/Altmeppen, GmbHG, § 14 Rn. 13 ff.; *Ebbing*, in: Michalski, GmbHG, § 14 Rn. 74; *Hueck/Fastrich*, in: Baumbach/Hueck, GmbHG, *Lutter/Bayer*, in: Lutter/Hommelhoff, GmbHG, § 14 Rn. 14, 19; *Pentz*, in: Rowedder/Schmidt-Leithoff, GmbHG, § 14 Rn. 15; *Reichert/Weller*, GmbH-Geschäftsanteil, § 14 Rn. 121, § 15 Rn. 309.

wachsen. Ein solcher Auszahlungsanspruch erlangt nach seiner Entstehung[79] Selb-
ständigkeit gegenüber der Mitgliedschaft und kann sodann als losgelöstes Gläubigerrecht isoliert einer Verfügung unterliegen[80]. Nach allgemeiner Auffassung kann Gegenstand einer Verfügung auch eine künftige Forderung sein[81]. Der Gesellschafter
kann also dementsprechend auch seine noch nicht zur Entstehung gelangten vermögenswerten Mitgliedschaftsrechte als zukünftige Kapitalforderungen einem Pfandrecht
unterstellen. Gleiches gilt für einen zukünftigen Geschäftsanteil.

Gegenstand der (Anteils-) Verpfändung sind damit entweder der isolierte GmbH-
Anteil und/oder einzelne vermögenswerte Mitgliedschaftsrechte, unabhängig davon, ob
die Pfandobjekte bereits Bestand haben oder dies erst zukünftig eintritt. Auf welche
vermögenswerten Einzelrechte sich möglicherweise bereits die isolierte Anteilsverpfändung erstreckt, ohne dass es einer spezifischen vertraglichen Regelung bedarf und
welche Rechte eine separate Verpfändung erfordern, wird Gegenstand weiterer Erörte-
rungen sein[82]. Ausgangspunkt ist zunächst die Pfandbestellung an einem isolierten
GmbH-Geschäftsanteil.

II. Die dingliche Seite der Verpfändung

1. Die materiellen Voraussetzungen der Einigung

a) Die Essentialia der Pfandrechtsbestellung

Ebenso wie die Anteilsübertragung erfolgt die Bestellung des Pfandrechts an einem
GmbH-Geschäftsanteil durch eine dinglich wirkende Vereinbarung i.S.d. §§ 1274
Abs. 1 S. 1, 413, 398 S. 1 BGB zwischen dem Gesellschafter als Anteilsinhaber
(Verpfänder/Pfand-besteller) und dem Kreditgeber (Pfandgläubiger). Hiervon zu unterscheiden ist die dem dinglichen Verpfändungsvertrag als causa zu Grunde liegende
schuldrechtliche Vereinbarung zur Verpflichtung der Pfandrechtsbestellung[83]. Die dingliche Einigung über die Verpfändung kann ebenso wie die über die Anteilsübertragung[84] bedingt erfolgen[85]. Die Verpfändung wird dann erst mit Bedingungseintritt wirksam. Praxisrelevant sind insofern sog. Dispositions- oder Kontokorrentkredite. Die Verpfändungsabrede kann hierbei unter die aufschiebende Bedingung (§ 158 Abs. 1 BGB)
gestellt werden, dass das Pfandrecht erst dann entsteht, wenn ein in Anspruch ge-

[79] Z. B. entsteht der Anspruch des einzelnen Gesellschafters auf Auszahlung des Jahresüberschusses
gemäß § 29 Abs. 1 S. 1 GmbHG erst durch Konkretisierung des Gewinnbezugsrechts im Wege eines Gewinn- oder Ergebnisverwendungsbeschlusses der Gesellschafterversammlung. Vgl.
Hueck/Fastrich, in: Baumbach/Hueck, GmbHG, § 29 Rn. 49; *Lutter/Hommelhoff*, in: Lutter/Hommel-
hoff, GmbHG, § 29 Rn. 3; *Salje*, in: Michalski, GmbHG, § 29 Rn. 22 ff.
[80] RGZ 87, 383, 386; 98; 318, 320; BGHZ 139, 299, 302 f.; *Habersack*, in: SoergelBGB, § 1274 Rn. 32;
Hueck/Fastrich, in: Baumbach/Hueck, GmbHG, § 29 Rn. 49; *Müller*, GmbHR 1969, 57, 58 f.
[81] RGZ 55, 334 ff.; 67, 166 f.; BGHZ 7, 365, 367; 88, 205 f.; 108, 98, 104; statt aller *Busche*, in: StaudingerBGB, § 398 Rn. 63; *Grüneberg*, in: PalandtBGB, § 398 Rn. 11.
[82] § 3 B, C.
[83] § 3 A III.
[84] OLG Hamm GmbHR 1997, 950 (zur bedingten Abtretung).
[85] *Ebbing*, in: Michalski, GmbHG, § 15 Rn. 221; *Reichert/Weller*, GmbH-Geschäftsanteil, § 15 Rn. 280;
Bruhns, GmbHR 2006, 587 f.

nommener Bankkredit eine bestimmte Kreditlinie überschreitet. Entsprechend ist auch eine auflösende Bedingung (§ 158 Abs. 2 BGB) möglich, wonach das Pfandrecht wieder erlischt, sobald die Kreditlinie wieder unterschritten oder der Bankkredit, zu dessen Sicherheit der Geschäftsanteil verpfändet wurde, getilgt ist[86]. Der Pfandbesteller muss, der Verweisung des § 1274 Abs. 1 S. 1 BGB zufolge, e- benso wie bei der Anteilsübertragung nach §§ 413, 398 S. 1 BGB, § 15 Abs. 3 GmbHG grundsätzlich verfügungsbefugter Inhaber des Geschäftsanteils sein[87]. Hierbei kommt es nicht auf die formale Gesellschafterstellung an, sondern darauf, wer materiell berechtigt ist, über den Geschäftsanteil zu verfügen[88]. Ist etwa der Geschäftsanteil von dem Gesellschafter nach § 27 GmbHG preisgegeben, geht die Verfügungsbefugnis auf die Gesellschaft über[89]. Formale Gesellschafterstellung und materielle Berechtigung können insofern auseinanderfallen. Nach bislang geltendem GmbH-Recht war sowohl die Übertragung als auch die Verpfändung eines Geschäftsanteils durch einen Nichtberechtigten unmöglich[90]. Es bestand kein Gutglaubensschutz, so dass der Anteils- bzw. Pfandrechtserwerber Gefahr lief, dass der Anteil einem anderen als dem Veräußerer bzw. Verpfänder zustand und die Rechtsgeschäfte damit ins Leere gingen[91]. Durch § 16 Abs. 3 S. 1 RegE-GmbHG wird künftig ein gutgläubiger Anteils- und Pfandrechtserwerb ermöglicht. Hiernach kann der Erwerber einen Geschäftsanteil oder ein Recht daran durch Rechtsgeschäft wirksam vom Nichtberechtigten erwerben, wenn der Veräußerer als Inhaber des Geschäftsanteils in der ins Handelsregister aufgenommenen Gesellschafterliste eingetragen ist. In der amtlichen Begründung[92] wird ausdrücklich darauf hingewiesen, dass wer ein Pfandrecht an einem Geschäftsanteil erwirbt, darauf vertrauen dürfen soll, dass die in der Gesellschafterliste verzeichnete Person auch tatsächlich Gesellschafter ist[93].

Der notwendige Inhalt der Einigung zur Pfandrechtsbestellung richtet sich wiederum in erster Linie nach den Voraussetzungen der Anteilsübertragung. Notwendig ist daher, entsprechend dem Übertragungswillen, zunächst der deutlich geäußerte Wille, an einem bestimmten Geschäftsanteil ein Pfandrecht zu bestellen, sog. Pfandbestellungswille. Des Weiteren muss der zu verpfändende Geschäftsanteil hinreichend bestimmt be-

---

[86] *M. Winter/Löbbe*, in: Ulmer/Habersack/Winter, GmbHG, § 15 Rn. 153; *Reichert/Weller*, GmbH-Geschäftsanteil, § 15 Rn. 280; *Rowedder/Bergmann*, in: Rowedder/Schmidt-Leithoff, GmbHG, § 15 Rn. 84; *Bruhns*, GmbHR 2006, 587 f.; *Reymann*, DNotZ 2005, 425, 427.

[87] *Reichert/Weller*, GmbH-Geschäftsanteil, § 15 Rn. 5; *Reymann*, DNotZ 2005, 425 f.

[88] *M. Winter/Löbbe*, in: Ulmer/Habersack/Winter, GmbHG, § 15 Rn. 129; *Reichert/Weller*, GmbH-Geschäftsanteil, § 15 Rn. 50; *Reymann*, DNotZ 2005, 425 f.

[89] *Altmeppen*, in: Roth/Altmeppen, GmbHG, § 27 Rn. 12, 16; *Emmerich*, in: Scholz, GmbHG, § 27 Rn. 21 f.; *Lutter/Bayer*, in: Lutter/Hommelhoff, GmbHG, § 27 Rn. 2; *Müller*, in: Ulmer/Habersack/Winter, GmbHG, § 27 Rn. 47 f.; *Pentz*, in: Rowedder/Schmidt-Leithoff, GmbHG, § 27 Rn. 46, 51; *Zeidler*, in: Michalski, GmbHG, § 27 Rn. 42; *Reymann*, DNotZ 2005, 425 f.

[90] Einhellig *Altmeppen*, in: Roth/Altmeppen, GmbHG, § 15 Rn. 21; *Damrau*, in: MünchKommBGB, § 1274 Rn. 59; *Ebbing*, in: Michalski, GmbHG, § 15 Rn. 127; *Hueck/Fastrich*, in: Baumbach/Hueck, GmbHG, § 15 Rn. 28; *Lutter/Bayer*, in: Lutter/Hommelhoff, GmbHG, § 15 Rn. 24; *Roth*, in: Münch-KommBGB, § 398 Rn. 28.

[91] *Damrau*, in: MünchKommBGB, § 1274 Rn. 59; *Reymann*, DNotZ 2005, 425 f.

[92] ZIP 2007, Beilage zu Heft 23, S. 13.

[93] § 16 Abs. 3 S. 2 und 3 RegE-GmbHG sehen Ausnahmen vor, wenn die Unrichtigkeit dem Berechtigten nicht zuzurechnen oder ein Widerspruch eingetragen ist. Die Vorschrift lehnt sich, der amtlichen Begründung nach, teilweise an die Vorschrift des § 892 BGB an.

zeichnet werden. Hierzu ist er unter Angabe der im Handelsregister vermerkten Nummer, seines Nennbetrages sowie seines Inhabers anzuführen[94]. Die letzte notwendige Voraussetzung ergibt sich nicht aus einer Parallele zur Anteilsübertragung, sondern aus den Voraussetzungen einer wirksamen Pfandrechtsbestellung. Diese bedarf aufgrund des Akzessorietätsprinzips gemäß §§ 1273 Abs. 2 S. 1, 1204 Abs. 1 BGB einer zu sichernden Forderung, die ebenfalls in die Vereinbarung der Pfandrechtsbestellung mit aufgenommen werden muss[95]. Die Einigung über die zu sichernde Forderung kann sich neben einer gegenwärtigen und unbedingten Forderung auch gemäß §§ 1273 Abs. 2 S. 1, 1204 Abs. 2 BGB auf eine künftige oder bedingte Forderung beziehen. Dabei muss die Vereinbarung auch bei gegenwärtigen unbedingten Forderungen nicht alle Einzelheiten umfassen. Vielmehr muss in der Einigung die Forderung lediglich hinreichend bestimmt bezeichnet werden[96]. Hierfür wird in der Regel auf die der Pfandbestellung zu Grunde liegenden Darlehensverträge verwiesen.

Die dingliche Einigung zur Pfandrechtsbestellung an einem GmbH-Geschäftsanteil bedarf in materieller Hinsicht mindestens dreier Komponenten, sog. Essentialia der Pfandrechtsbestellung. Die Tatsache der Pfandrechtsbestellung durch Einigung der Parteien über die Belastung des Geschäftsanteils mit einem Pfandrecht (Pfandbestellungswille), die hinreichend genaue Bestimmung des zu verpfändenden Geschäftsanteils (Pfandgegenstand) und die hinreichend bestimmte Kennzeichnung der gesicherten Forderung[97].

b) Die Pfandrechtsbestellung bei der Vinkulierung des Geschäftsanteils

Weitere Voraussetzungen für die Bestellung eines Pfandrechts können sich daraus ergeben, dass nach § 1274 Abs. 1 S. 1 BGB die Pfandrechtsbestellung insgesamt nach den für die Übertragung geltenden Vorschriften erfolgt. Zwar ist der Gesellschafter nach dem gesetzlichen Ausgangsstatut des § 15 Abs. 1, 1. Alt. GmbHG in der Übertragung seiner Geschäftsanteile frei, allerdings sieht die Regelung des § 15 Abs. 5 GmbHG die Möglichkeit vor, die Abtretung der Anteile an weitere Voraussetzungen, insbesondere an die Genehmigung der Gesellschaft, zu knüpfen. Die Vorschrift bezieht sich dabei nur auf die Wirksamkeit des dinglichen Vertrages, nicht auf das zu Grunde liegende Ver-

---

[94] RGZ 136, 422, 424; *H. Winter/Seibt*, in: Scholz, GmbHG, § 15 Rn. 174; *Bruhns*, GmbHR 2006, 587 f.; *Heidenhain*, GmbHR 1996, 275.

[95] *Damrau*, in: MünchKommBGB, § 1274 Rn. 55; *H. Winter/Seibt*, in: Scholz, GmbHG, § 15 Rn. 174.

[96] Akzessorietät bedeutet nach einhelliger Auffassung die Anlehnung an eine bestimmte oder wenigstens bestimmbare Forderung. Vgl. *Bassenge*, in: PalandtBGB, § 1204 Rn. 11; *Wiegand*, in: StaudingerBGB, §§ 1204 Rn. 11, 24, 1205 Rn. 3. Nach BGH NJW 1983, 1123, 1125 kann bei bestehenden Forderungen nichts anderes gelten als bei zukünftigen.

[97] RGZ 136, 422, 424; *Damrau*, in: MünchKommBGB, § 1274 Rn. 55; *Reichert/Weller*, GmbH-Geschäftsanteil, § 15 Rn. 280; *H. Winter/Seibt*, in: Scholz, GmbHG, § 15 Rn. 174; *Heidenhain*, GmbHR 1996, 275; *Reymann*, DNotZ 2005, 425, 427; *Seel*, GmbHR 2004, 180. Das übrige Schrifttum nennt diese drei Komponenten zwar nicht explizit, geht aber selbstverständlich davon aus, indem es auf die für die Übertragung und Pfandrechtsbestellung wesentlichen Voraussetzungen verweist.

pflichtungsgeschäft[98]. Durch derartige statutarische Regelungen kann die Übertragbarkeit von Geschäftsanteilen stark eingeschränkt und nach heute ganz herrschender Ansicht sogar vollständig ausgeschlossen werden[99]. Man spricht in diesem Zusammenhang von der Vinkulierung des Geschäftsanteils[100]. Vinkulierungen nach § 15 Abs. 5 GmbHG sind infolge des § 1274 Abs. 1 S. 1 BGB auch bei der Pfandrechtsbestellung zu beachten, indem sie als zusätzliche Wirksamkeitserfordernisse neben die Essentialia der Pfandrechtsbestellung treten[101]. Als typische Beschränkung nach § 15 Abs. 5 GmbHG kommt in erster Linie ein Zustimmungserfordernis (Genehmigung) der Gesellschaft, aller Gesellschafter oder eines bestimmten Quorums in einem Gesellschaftsorgan (Gesellschafterversammlung, Beirat) infrage[102]. Des Weiteren kann die Verpfändung nach § 15 Abs. 5 GmbHG beispielsweise von einer Anzeige gegenüber der Gesellschaft, einer Eintragung nach § 16 Abs. 1 S. 1 RegE-GmbHG[103] oder der Übergabe zuvor ausgegebener Anteilsscheine abhängig gemacht werden[104].

Sieht die Satzung Beschränkungen nach § 15 Abs. 5 GmbHG vor, muss geklärt werden, ob sich die infrage stehende Vinkulierungsklausel ausschließlich auf die Abtretung der Geschäftsanteile oder auch auf deren Verpfändung erstreckt. Sofern der Gesellschaftsvertrag besondere Voraussetzungen zwar für die Übertragung der Geschäftsanteile, nicht aber für die Verpfändung vorsieht, hängt diese - a maiore ad minus - ebenfalls von der Erfüllung der für die Übertragung aufgestellten Voraussetzungen ab[105]. Regelt die Satzung die Anteilsverpfändung gesondert, kann sie insoweit von den Bestimmungen zur Anteilsübertragung abweichen[106]. Dies führt dazu, dass die Verpfändung in der Satzung erschwert oder sogar ganz ausgeschlossen werden kann, selbst

---

[98] RGZ 159, 272, 281; 160, 225, 231; *Altmeppen*, in: Roth/Altmeppen, GmbHG, § 15 Rn. 94; *Ebbing*, in: Michalski, GmbHG, § 15 Rn. 135; *Hueck/Fastrich*, in: Baumbach/Hueck, GmbHG, § 15 Rn. 37; *Lutter/Bayer*, in: Lutter/Hommelhoff, GmbHG, § 15 Rn. 41; *Rowedder/Bergmann*, in: Rowedder/Schmidt-Leithoff, GmbHG, § 15 Rn. 162; *H. Winter/Seibt*, in: Scholz, GmbHG, § 15 Rn. 79; *Lessmann*, GmbHR 1985, 179, 181.

[99] RGZ 80, 175, 179; BayObLG WM 1989, 142; *Altmeppen*, in: Roth/Altmeppen, GmbHG, § 15 Rn. 107; *Ebbing*, in: Michalski, GmbHG, § 15 Rn. 138; *Hueck/Fastrich*, in: Baumbach/Hueck, GmbHG, § 15 Rn. 37; *Lutter/Bayer*, in: Lutter/Hommelhoff, GmbHG, § 15 Rn. 41; *Reichert/Weller*, GmbH-Geschäftsanteil, § 15 Rn. 358; *Rowedder/Bergmann*, in: Rowedder/Schmidt-Leithoff, GmbHG, § 15 Rn. 161; *H. Winter/Seibt*, in: Scholz, GmbHG, § 15 Rn. 102.

[100] Vgl. nur *M. Winter/Löbbe*, in: Ulmer/Habersack/Winter, GmbHG, § 15 Rn. 210.

[101] OLG Karlsruhe OLGE, 3, 263; *Damrau*, in: MünchKommBGB, § 1274 Rn. 58; *Hueck/Fastrich*, in: Baumbach/Hueck, GmbHG, § 15 Rn. 49.

[102] *Rowedder/Bergmann*, in: Rowedder/Schmidt-Leithoff, GmbHG, § 15 Rn. 88; *Reichert/Weller*, GmbH-Geschäftsanteil, § 15 Rn. 289; *Sieger/Hasselbach*, GmbHR 1999, 633.

[103] Hierzu § 3 A II 2 b.

[104] RGZ 98, 276 ff.; *Damrau*, in: MünchKommBGB, § 1274 Rn. 58. Eingehend zur Verpfändung bei der Ausgabe von Anteilsscheinen *Büchner*, Verpfändung von Anteilen, S. 27 ff.

[105] OLG Karlsruhe OLGE 3, 263; *Damrau*, in: MünchKommBGB, § 1274 Rn. 58; *Ebbing*, in: Michalski, GmbHG, § 15 Rn. 220; *Habersack*, in: SoergelBGB, § 1274 Rn. 30, 36; *Reichert/Weller*, GmbH-Geschäftsanteil, § 15 Rn. 289; *Ehlke*, DB 1995, 561, 565; *Müller*, GmbHR 1969, 4 f.; *Reymann*, DNotZ 2005, 425, 427. A. A. *Armbrüster*, GmbHR 2001, 941, 945 nimmt hingegen ohne Begründung an, dass die Verpfändung auch bei vinkulierten Geschäftsanteilen keiner Zustimmung bedarf.

[106] *Ebbing*, in: Michalski, GmbHG, § 15 Rn. 220; *Hueck/Fastrich*, in: Baumbach/Hueck, GmbHG, § 15 Rn. 49; *Reichert/Weller*, GmbH-Geschäftsanteil, § 15 Rn. 289.

wenn die Abtretung der Anteile unbeschränkt möglich ist[107]. Ein Ausschluss der Verpfändung muss gemäß § 1274 Abs. 2 BGB auch für den Fall angenommen werden, dass der Gesellschaftsvertrag zwar nicht explizit die Anteilsverpfändung, wohl aber den übergeordneten Vorgang der Abtretung verbietet[108]. Vinkulierungsklauseln nach § 15 Abs. 5 GmbHG hinsichtlich der Übertragung von Geschäftsanteilen sind demnach vollständig auf die Verpfändung anzuwenden. Etwas anderes gilt nur dann, wenn für die Anteilsverpfändung eigenständige Vinkulierungen bestehen.

2. Die formellen Voraussetzungen der Einigung

a) Die Form des dinglichen Verpfändungsvertrags

Auch im Hinblick auf die formellen Voraussetzungen muss zwischen dem dinglich wirkenden Verpfändungsvertrag und der ihm zu Grunde liegenden schuldrechtlichen Verpflichtung unterschieden werden. Der dingliche Verpfändungsvertrag ist gemäß § 1274 Abs. 1 S. 1 BGB i.V.m. § 15 Abs. 3 GmbHG wie die Abtretung des Geschäftsanteils notariell zu beurkunden[109]. Mit notarieller Form ist die in den §§ 6 ff. BeurkG geregelte, notarielle Beurkundung von Willenserklärungen gemeint[110]. Diese umfasst die vom Notar vorgenommene Anfertigung einer förmlichen Niederschrift über die Abgabe der korrespondierenden Willenserklärungen sowie die Unterzeichnung durch die an der Verpfändung Beteiligten. Dem Formzwang des § 15 Abs. 3 GmbHG unterliegt nur der abstrakte Abtretungs- bzw. Verpfändungsvertrag, also die Verpfändungserklärung und ihre Annahme[111]. Der Vollständigkeitsgrundsatz[112] findet hier, anders als beim schuldrecht-

---

[107] Damrau, in: MünchKommBGB, § 1274 Rn. 58; Ebbing, in: Michalski, GmbHG, § 15 Rn. 220; Habersack, in: SoergelBGB, § 1274 Rn. 30, 36; Hueck/Fastrich, in: Baumbach/Hueck, GmbHG, § 15 Rn. 49; Reichert/Weller, GmbH-Geschäftsanteil, § 15 Rn. 289; H. Winter/Seibt, in: Scholz, GmbHG, § 15 Rn. 172; Ewald, ZHR 92 (1928), 96, 113; Schuler, NJW 1956, 589 f.; Kolkmann, MittRhNotK 1992, 1 f.

[108] H. Winter/Seibt, in: Scholz, GmbHG, § 15 Rn. 172; Reymann, DNotZ 2005, 425, 427; Büchner, Verpfändung von Anteilen, S. 5 f., 13 f.

[109] RGZ 53, 107 ff.; 58, 223 f.; 100, 274, 276; 157, 52, 55; Altmeppen, in: Roth/Altmeppen, GmbHG, § 15 Rn. 55; Damrau, in: MünchKommBGB, § 1274 Rn. 55; Ebbing, in: Michalski, GmbHG, § 15 Rn. 220; Habersack, in: SoergelBGB, § 1274 Rn. 36; Hueck/Fastrich, in: Baumbach/Hueck, GmbHG, § 15 Rn. 49; Lutter/Bayer, in: Lutter/Hommelhoff, GmbHG, § 15 Rn. 66; Rowedder/Bergmann, in: Rowedder/Schmidt-Leithoff, GmbHG, § 15 Rn. 82; H. Winter/Seibt, in: Scholz, GmbHG, § 15 Rn. 173; Mertens, ZIP 1998, 1787 f.

[110] Reichert/Weller, GmbH-Geschäftsanteil, § 15 Rn. 55; H. Winter/Seibt, in: Scholz, GmbHG, § 15 Rn. 38.

[111] RGZ 68, 394, 397; 112, 236, 239; BGHZ 21, 242, 247; OLG Hamburg GmbHR 1953, 90 f; Altmeppen, in: Roth/Altmeppen, GmbHG, § 15 Rn. 73; Lutter/Bayer, in: Lutter/Hommelhoff, GmbHG, § 15 Rn. 16; Reichert/Weller, GmbH-Geschäftsanteil, § 15 Rn. 56; H. Winter/Seibt, in: Scholz, GmbHG, § 15 Rn. 38; M. Winter/Löbbe, in: Ulmer/Habersack/Winter, GmbHG, § 15 Rn. 132; Wiesner, NJW 1984, 95, 97.

[112] Sowohl nach der ständigen Rechtsprechung des BGH als auch nach der herrschenden Ansicht in der Literatur, bezieht sich das Formerfordernis des § 15 Abs. 4 S. 1 GmbHG nicht nur auf die Hauptpflicht zur Abtretung eines Geschäftsanteils, sondern auf alle damit verbundenen Nebenabreden, die nach dem Willen der Parteien Bestandteil des schuldrechtlichen Veräußerungsgeschäfts sein sollen. Statt aller vgl. BGH NJW 2002, 142 f.; Hueck/Fastrich, in: Baumbach/Hueck, GmbHG, § 15 Rn. 30.

lichen Verpflichtungsvertrag, keine Anwendung[113]. Inhaltlich bezieht sich der Formzwang des § 15 Abs. 3 GmbHG damit nur auf die Abreden, die Bestandteil des Abtre-
tungsvertrages sind. Dementsprechend gilt auch für die Pfandrechtsbestellung, dass
nur die Vereinbarungen von dem Formzwang des § 15 Abs. 3 GmbHG erfasst sind, die
Gegenstand des dinglichen Verpfändungsvertrags sind[114]. Die Beurkundungspflicht
umfasst insofern nur die für die Einigung notwendigen Bestandteile (Essentialia) und
damit den Pfandbestellungswillen, die hinreichend bestimmte Bezeichnung des zu verpfändenden Geschäftsanteils sowie die zu sichernde Forderung[115]. Nur für den Fall
etwaig bestehender Vinkulierungen sind neben den Essentialia der Pfandrechtsbestellung noch weitere Inhalte in die notarielle Niederschrift mit aufzunehmen.

aa) Beurkundungspflicht bei Verweisungen auf Kreditverträge

Die gesicherte Forderung bedarf im Rahmen der dinglichen Einigung lediglich einer
hinreichenden Bestimmung. In der Praxis bestehen vor allem Unsicherheiten bezüglich
des Umfangs der Beurkundungspflicht. Zentrale Fragestellung dabei ist, ob der zu
Grunde liegende Kreditvertrag, auf dessen Regelungen im dinglichen Pfandvertrag regelmäßig verwiesen wird und aus dem sich die gesicherte Forderung im Detail ergibt,
als Anlage in die notarielle Niederschrift mit aufgenommen werden muss. Im Kern geht
es konkret darum, inwieweit die erforderliche hinreichende Bestimmung der zu sichernden Forderung durch einen Verweis auf den ihr zu Grunde liegenden Kreditvertrag vorgenommen werden kann, ohne diesen in die notarielle Niederschrift mit aufnehmen zu
müssen. In der Literatur wird die Frage mit merklicher Unsicherheit entweder gar nicht
oder äußerst oberflächlich behandelt. Meist beschränken sich die Ausführungen darauf,
dass angeraten wird, wesentliche Inhalte des Kreditvertrags sicherheitshalber mit zu
beurkunden, um eine etwaige Formwirksamkeit zu vermeiden[116].

Lediglich *Heidenhain*[117] und *Seel*[118] haben sich bisher ausführlicher mit dieser Fragestellung befasst. Beide stellen ihren Ausführungen voran, dass ein erhebliches praktisches Bedürfnis besteht, die formale Einbeziehung des oft mehrere hundert Seiten
umfassenden Kreditvertrages in die notarielle Niederschrift zu vermeiden. Die Verlesung der gesamten Darlehensverträge führe zu zeitlichen Problemen, erheblichen An-

---

[113] RGZ 68, 394, 397; 112, 236, 239; *Altmeppen*, in: Roth/Altmeppen, GmbHG, § 15 Rn. 73; *Ebbing*, in: Michalski, GmbHG, § 15 Rn. 125; *M. Winter/Löbbe*, in: Ulmer/Habersack/Winter, GmbHG, § 15 Rn. 132; *Wiesner*, NJW 1984, 95, 97.

[114] So auch *Heidenhain*, GmbHR 1996, 275, 277 mit Fn. 10, 11.

[115] *Damrau*, in: MünchKommBGB, § 1274 Rn. 55; *Bruhns*, GmbHR 2006, 587 f.; *Kolkmann*, MittRhNotK 1992, 1, 14; *Reichert/Weller*, GmbH-Geschäftsanteil, § 15 Rn. 280, 283; *Heidenhain*, GmbHR 1996, 275, 277; *Reymann*, DNotZ 2005, 425, 428; *Seel*, GmbHR 2004, 180 f. A. A. hingegen *Altmeppen*, in: Roth/Altmeppen, GmbHG, § 15 Rn. 55, der, ohne dies näher auszuführen, der Ansicht ist, dass die zu sichernde Forderung nicht in die notarielle Niederschrift aufgenommen werden muss. Er verweist dabei auf die Aufsätze von *Heidenhain*, GmbHR 1996, 275 und *Seel*, GmbHR 2004, 180. Die-
se lehnen jedoch lediglich die vollständige Aufnahme des zu Grunde liegenden Kreditvertrags in die
notarielle Urkunde ab. Die einzelne Forderung hingegen, soll sich aber zumindest hinreichend bestimmt bezeichnet auch in der notariellen Niederschrift wiederfinden.

[116] *Ebbing*, in: Michalski, GmbHG, § 15 Rn. 220; *Reichert/Weller*, GmbH-Geschäftsanteil, § 15 Rn. 283; *M. Winter/Löbbe*, in: Ulmer/Habersack/Winter, GmbHG, § 15 Rn. 154; *Mertens*, ZIP 1998, 1787 f.;

[117] *Heidenhain*, GmbHR 1996, 275.

[118] *Seel*, GmbHR 2004, 180.

waltskosten und damit insgesamt zu Unmut bei den Beteiligten[119]. Die Autoren stellen bei der Beantwortung der Frage, wann eine Verweisung auf den zu Grunde liegenden Kreditvertrag ebenfalls beurkundet werden muss, maßgeblich darauf ab, ob es sich um echte oder unechte Verweisungen handelt. Echte Verweisungen, welche nach §§ 9 Abs. 1 S. 2, 13 BeurkG die notarielle Mitbeurkundung und Verlesung des in Bezug genommenen Textes erforderlich machen, sind gegeben, wenn der in Bezug genommene Text Regelungen für die Parteien enthält, die nach materiellem Recht beurkundungsbedürftig sind. Unechte Verweisungen hingegen dienen der Erläuterung oder als Identifizierungsbehelf für in Bezug genommene Rechtsverhältnisse, Erklärungen oder tatsächliche Umstände[120]. Sobald also die Rechtsbeziehungen des in Bezug genommenen Vertrags auf die wesentlichen Bestandteile der Verpfändungsabrede entsprechend anzuwenden sind oder sich hieraus sogar erst die notwendigen Bestandteile, wie beispielsweise die Einigung über die Verpfändung oder die zu verpfändenden Geschäftsanteile, ergeben, handelt es sich um echte Verweisungen, die eine Mitbeurkundung erforderlich machen. Die Antwort auf die Frage nach der Notwendigkeit und dem Umfang der Mitbeurkundung bei Verweisungen richtet sich demzufolge nicht nach dem formellen Beurkundungsrecht, das nur regelt, wie zu beurkunden ist, sondern nach dem materiellen Recht[121]. Nach *Heidenhain* und *Seel* bedarf der in Bezug genommene Vertrag dann keiner notariellen Beurkundung, wenn die Forderung bereits in der notariellen Niederschrift hinreichend bestimmt ist. Hierfür reicht regelmäßig eine Individualisierung durch Angaben zu Gläubiger, Schuldner, Zahlungsbetrag der Forderung sowie Entstehungsgrund und -datum. Sie muss insgesamt so genau umschrieben werden, dass sie unverwechselbar wird[122]. Dabei dienen, ihrer Ansicht nach, die Verweisungen auf zu Grunde liegende Darlehensverträge in erster Linie dieser hinreichenden Bestimmung der Forderung, da die zu sichernde Forderung letztlich aus diesen zu Grunde liegenden Verträgen resultiert. Die Forderung unter Bezugnahme des sie begründenden Kreditvertrages zu individualisieren, führt nicht dazu, dass auch der Kreditvertrag der Beurkundungspflicht unterfällt. Die hierfür in Bezug genommenen Verträge regeln, über die genannten Eckpfeiler der Forderung hinaus, die gesamten Darlehenskonditionen im Detail sowie Rechtsbeziehungen des Kreditgebers und des Kreditnehmers im Einzelnen. Diese Regelungen gehören nicht zum beurkundungspflichtigen materiellen Inhalt im Hinblick auf die Forderung. Es handelt sich demzufolge um den typischen Fall unechter Verweisungen, dessen in Bezug genommener Text nicht beurkundungspflichtig ist[123]. Voraussetzung bleibt aber, dass die Forderung in ihren groben Zügen in der notariellen Urkunde bereits genannt ist und sich nicht erst durch die Verweisung ergibt. Sofern sich also die Verweisungen im Hinblick auf die Forderung darin erschöpfen, lediglich pauschal auf den Kreditvertrag zu verweisen, ohne die Forderung in irgendeiner Weise in der Verpfändungsabrede zu erwähnen, ist dieser der notariellen Urkunde bei-

---

[119] *Heidenhain*, GmbHR 1996, 275 f.; *Seel*, GmbHR 2004, 180.

[120] BGH NJW 1989, 164 f.; *Brambring*, DNotZ 1980, 281, 283 ff.; *Seel*, GmbHR 2004, 180 f.

[121] BGH NJW 1979, 1496 f.; *Huhn/v. Schuckmann*, BeurkG, Rn. 14; *Keidel/Kuntze/Winkler*, FGG, § 9 BeurkG Rn. 18 ff.; *Brambring*, DNotZ 1980, 281, 282 ff.; *Heidenhain*, GmbHR 1996, 275 mit Fn. 2; *Seel*, GmbHR 2004, 180 f.

[122] Vgl. zur Bestimmbarkeit bei der Abtretung künftiger Forderungen BGHZ 53, 60, 63; BAG NJW 1967, 751; zur Bestimmung der Forderung bei Verpfändung *Kolkmann*, MittRhNotK 1992, 1 f., 14.

[123] *Seel*, GmbHR 2004, 180 f.

20

zufügen und ebenfalls zu verlesen[124]. In diesem Fall ergibt sich ein notwendiger Bestandteil der dinglichen Einigung, nämlich die hinreichende Kennzeichnung der gesicherten Forderung, erst aus dem in Bezug genommenen Vertrag, so dass es sich um eine echte Verweisung handelt, die eine Beurkundung erforderlich macht. Wird die Forderung in ihren Grundzügen allerdings in der Einigung genannt und durch den Inhalt des zu Grunde liegenden Vertrages nur noch weiter individualisiert, kann auf die Einbeziehung des Kreditvertrages in die notarielle Niederschrift verzichtet werden.

Ähnlich argumentiert *Mertens*[125], der empfiehlt, die Passagen des Kreditvertrags, auf deren Regelungsinhalt verwiesen wird, als Anlage zum Verpfändungsvertrag mit zu beurkunden. Dies allerdings nur insoweit, als dadurch dem Verpfändungsvertrag zusätzliche Regelungsinhalte hinzugefügt werden. Soweit der Verweis auf den Darlehensvertrag bloß erläuternden Charakter hat, soll eine Beurkundung entbehrlich sein. *Mertens* gesteht jedoch ein, dass diese Abgrenzung in der Praxis nur schwer handhabbar ist, da Kreditverträge oft kompliziert verschachtelt und mit einer Vielzahl von Weiterverweisungen geregelt sind, so dass bei einer nur partiellen Mitbeurkundung die Gefahr besteht, wichtige Weiterverweisungen und damit notwendige Vertragsinhalte zu übersehen[126].

Die in der Praxis bislang bestehenden Unsicherheiten hinsichtlich des Umfangs der Beurkundungspflicht bei der Verweisung auf Kreditverträge können unter Beachtung der für § 15 Abs. 3 GmbHG notwendigen Voraussetzungen und einer Differenzierung zwischen echten und unechten Verweisungen nahezu ausgeräumt werden. Die für die dingliche Einigung zur Pfandrechtsbestellung notwendige zu sichernde Forderung muss nicht in allen Einzelheiten genannt werden, sondern bedarf lediglich einer hinreichenden Bestimmung. Dementsprechend erfasst auch die Beurkundungspflicht nach § 1274 Abs. 1 S. 1 BGB i.V.m. § 15 Abs. 3 GmbHG hinsichtlich der Forderung nur die Inhalte der Einigung, welche die Forderung in ihren Grundzügen kennzeichnen und damit unverwechselbar machen, und nicht per se den gesamten, ihr zu Grunde liegenden Kreditvertrag. Dies wird auch durch die Möglichkeit der Bestellung eines Pfandrechts für eine künftige Forderung untermauert. In diesem Fall können die Beteiligten die Forderung nur unvollkommen umschreiben, ohne überhaupt auf zu Grunde liegende Kreditverträge verweisen zu können, da solche noch nicht oder nur unvollständig vorhanden sind. Wäre die Einbeziehung der gesamten Kreditverträge, aus denen sich die Forderung ergibt, stets zwingend, wäre diese Art der Pfandrechtsbestellung entgegen §§ 1273 Abs. 2 S. 1, 1204 Abs. 2 BGB nicht möglich[127]. Insofern müssen für bereits bestehende Forderungen, deren zu Grunde liegende Kreditverträge bereits vollständig vorhanden sind, dieselben Bestimmungsvoraussetzungen gelten wie für zukünftige[128]. Der gesamte Kreditvertrag, aus dem die zu sichernde Forderung folgt, unterfällt daher nie der notariellen Beurkundungspflicht. Der Differenzierung von echten und unechten Verweisungen ist demnach zuzustimmen. Der Praxis ist anzuraten, in der Einigung zur Pfandrechtsbestellung die zu sichernde Forderung so genau wie möglich zu bestimmen und unverwechselbar zu umschreiben, ohne zunächst auf den zu

---

[124] So auch *Reymann*, DNotZ 2005, 425, 428.
[125] *Mertens*, ZIP 1998, 1787 f. mit Fn. 9.
[126] Darauf weist auch *Seel* hin, GmbHR 2004, 180 f.
[127] So auch *Heidenhain*, GmbHR 1996, 275 f.
[128] In diesem Sinne auch BGH NJW 1983, 1123, 1125.

Grunde liegenden Kreditvertrag zu verweisen. Die hinreichende Bestimmtheit der Forderung muss sich aus den Angaben in der Einigung ergeben. Nur dann kann auf die (teilweise) Einbeziehung des Kreditvertrages verzichtet werden. Aufgrund der geschilderten Probleme durch komplexe Verweisungen in den Kreditverträgen ist von einer teilweisen Beurkundung der in Bezug genommenen Bestandteile abzuraten. Sofern sich also die Bestimmtheit aus den Angaben der Einigung ergibt, reicht allein ihre Beurkundung aus. Anderweitige Verweisungen auf den Kreditvertrag führen sodann nicht dazu, dass dieser der Beurkundungspflicht unterfällt.

bb) Beurkundungspflicht von Nebenabreden

Entsprechendes muss auch hinsichtlich etwaiger Nebenabreden zwischen Verpfänder und Pfandgläubiger gelten. Hiervon werden Vereinbarungen erfasst, die zwar im Zusammenhang mit der Bestellung des Pfandrechts stehen, jedoch über den notwendigen Inhalt der dinglichen Einigung hinausgehen. Üblich sind beispielsweise Vereinbarungen, die die Geltendmachung von Gesellschafterrechten durch den Verpfänder beschränken, die Verwertung durch den Pfandgläubiger vereinfachen, das Erlöschen des Pfandrechts erschweren sowie Informationspflichten und Stimmrechtsvereinbarungen[129]. Nebenabreden stellen unechte Verweisungen dar, da sie nicht unmittelbar die Essentialia der Pfandrechtsbestellung tangieren. Sie sind vielmehr schuldrechtliche Vereinbarungen, deren formelle Voraussetzungen sich nach den Regelungen für den, der Verpfändung zu Grunde liegenden, schuldrechtlichen Verpflichtungsvertrag richten. Die Voraussetzungen der § 1274 Abs. 1 S. 1 BGB, § 15 Abs. 3 GmbHG beziehen sich ausschließlich auf die für die Bestellung des Pfandrechts notwendigen Inhalte und erschöpfen sich damit in der Beurkundung der Einigung zur Pfandrechtsbestellung, der hinreichend bestimmten Angabe des zu verpfändenden Geschäftsanteils und der zu sichernden Forderung. Alle weiteren Abreden, die nicht substanzielle Bestandteile dieser Inhalte sind, sind nicht Gegenstand des dinglichen Pfandrechtsbestellungsvertrags, sondern dem dieser zu Grunde liegenden schuldrechtlichen Verpflichtungsvereinbarung. Der notariell zu beurkundende dingliche Akt der Pfandrechtsbestellung regelt also nur, dass ein Pfandrecht im Hinblick auf einen bestimmten Geschäftsanteil zur Sicherung einer bestimmten Forderung bestellt wurde, nicht aber die detailgenaue Ausgestaltung der Rechtsverhältnisse der an der Pfandrechtsbestellung Beteiligten. Nebenabreden sind daher als unechte Verweisungen anzusehen und damit nicht im Zuge der dinglichen Pfandrechtsbestellung beurkundungsbedürftig[130].

---

[129] Vgl. *Seel*, GmbHR 2004, 180 f. Zur näheren Ausgestaltung des Verhältnisses zwischen Verpfänder und Pfandgläubiger siehe § 4 und § 5.

[130] *Heidenhain*, GmbHR 1996, 275 f.; *Reymann*, DNotZ 2005, 425, 428; *Seel*, GmbHR 2004, 180 f. A. A. *H. Winter/Seibt*, in: Scholz, GmbHG, § 15 Rn. 174, fordert ohne Begründung auch Nebenabreden in die notarielle Niederschrift mit aufzunehmen, obwohl die Autoren auch der Ansicht sind, dass im Hinblick auf die Forderung der zu Grunde liegende Kreditvertrag nicht beurkundungsbedürftig ist. *Reichert/Weller*, GmbH-Geschäftsanteil, § 15 Rn. 282 f. scheinen sich zu widersprechen, wenn sie bei Rn. 282 zunächst alle Nebenabreden von der notariellen Beurkundungspflicht erfasst sehen und bei Rn. 283 die Beurkundungspflicht auf die Essentialia beschränken wollen. *Damrau*, in: Münch-KommBGB, § 1274 Rn. 55 hingegen begründet seine Auffassung der Formbedürftigkeit von Nebenabreden konsequenterweise damit, dass er auch die schuldrechtliche Verpflichtung zur Pfandbestellung als formbedürftig ansieht. Dazu § 3 A III.

b) Anzeige- und Eintragungspflicht

Im Zusammenhang mit den formellen Voraussetzungen der GmbH-Anteilsverpfändung werden sowohl die Anzeigepflicht nach § 1280 BGB als auch die bisherige Anmeldepflicht gemäß § 16 Abs. 1 GmbHG häufig erwähnt[131]. Diskutiert wird, ob den Vorschriften weitere formelle Voraussetzungen hinsichtlich der Pfandrechtsbestellung zu entnehmen sind. Nach § 1280 BGB ist die Verpfändung einer Forderung, zu deren Übertragung der Abtretungsvertrag genügt, nur wirksam, wenn der Gläubiger sie dem Schuldner anzeigt. § 16 Abs. 1 GmbHG bestimmte bislang, dass im Fall der Anteilsveräußerung nur derjenige gegenüber der Gesellschaft als Erwerber gilt, dessen Erwerb bei der Gesellschaft angemeldet ist. Der RegE-MoMiG behält die Grundstruktur dieser Regelung zwar bei, erweitert ihren Anwendungsbereich aber insoweit, als jede Veränderung in den Personen der Gesellschafter oder des Umfangs ihrer Beteiligung in die beim Handelsregister aufgenommene Gesellschafterliste (§ 40 GmbHG) einzutragen ist, um im Verhältnis zur Gesellschaft als Inhaber eines Geschäftsanteils zu gelten (§ 16 Abs. 1 S. 1 RegE-GmbHG). Die Vorschrift stellt sich damit nicht mehr als Anmeldepflicht gegenüber der Gesellschaft, sondern als generelle Eintragungspflicht in der Gesellschafterliste dar. Die Rechtswirkung der Vorschrift bleibt hingegen identisch. Entsprechend der bisherigen Anmeldepflicht gemäß § 16 Abs. 1 GmbHG[132] regelt die Eintragungspflicht des § 16 Abs. 1 S. 1 RegE-GmbHG lediglich das Innenverhältnis zwischen Gesellschafter und Gesellschaft[133]. Anders ist dies hingegen bei der Vorschrift des § 1280 BGB, welche die Wirksamkeit der Verpfändung sowohl im Innen- als auch im Außenverhältnis von einer Anzeige gegenüber dem Schuldner abhängig macht[134].

aa) Die Anzeigepflicht nach § 1280 BGB

Einigkeit herrscht insoweit, als dass es für eine wirksame Pfandrechtsbestellung keiner Anzeige nach § 1280 BGB bedarf[135]. Zwar kommt der Vorschrift nach ihrer Regelungsstruktur volle Außenwirkung zu, so dass sie als echtes Wirksamkeitserfordernis fungieren könnte, allerdings ist die Vorschrift nur dann anwendbar, wenn Gegenstand des Pfandrechts eine Forderung ist, zu deren Übertragung der Abtretungsvertrag genügt.

---

[131] Obwohl sich bei genauerer Betrachtung keine praktische Relevanz ergibt.

[132] Hierzu *Hueck/Fastrich*, in: Baumbach/Hueck, GmbHG, § 16 Rn. 1; *Lutter/Bayer*, in: Lutter/Hommelhoff, GmbHG, § 16 Rn. 1.

[133] Begr. RegE-MoMiG, ZIP 2007, Beilage zu Heft 23, S. 13.

[134] RGZ 89, 289 „Die Anzeige (...) ist wesentliche Voraussetzung für die Wirksamkeit der Verpfändung; für die Entstehung des Pfandrechts."; BGHZ 137, 267, 278 „Die Anzeige ist (...) nicht abdingbare Wirksamkeitsvoraussetzung für die Entstehung des Pfandrechts". Vgl. auch *Bassenge*, in: PalandtBGB, § 1280 Rn. 1; *Wiegand*, in: StaudingerBGB, § 1280 Rn. 6.

[135] Einhellige Auffassung RGZ 57, 414 f.; *Altmeppen*, in: Roth/Altmeppen, GmbHG, § 15 Rn. 56; *Damrau*, in: MünchKommBGB, § 1274 Rn. 55; *Ebbing*, in: Michalski, GmbHG, § 15 Rn. 220; *Habersack*, in: SoergelBGB, § 1274, Rn. 36; *Reichert/Weller*, GmbH-Geschäftsanteil, § 15 Rn. 287, § 16 Rn. 17; *Rowedder/Bergmann*, in: Rowedder/Schmidt-Leithoff, GmbHG, § 15 Rn. 86 f.; *Sommer*, in: MünchHdBGesR, Band 3, § 26 Rn. 169; *Wiegand*, in: StaudingerBGB, § 1280 Rn. 4; *H. Winter/Seibt*, in: Scholz, GmbHG, § 15 Rn. 175; *M. Winter/Löbbe*, in: Ulmer/Habersack/Winter, GmbHG, § 15 Rn. 157; *Zutt*, in: Hachenburg, GmbHG, 8. Auflage, Anh. § 15 Rn. 42; *Reymann*, DNotZ 2005, 425, 429; *Roth*, ZGR 2000, 187, 219; *Sieger/Hasselbach*, GmbHR 1999, 633 f.

Anteilsverpfändungen fallen vor diesem Hintergrund in zweierlei Hinsicht nicht in den Anwendungsbereich der Vorschrift. Zum einen handelt es sich bei Geschäftsanteilen nicht um „eine Forderung" i.S.d. Vorschrift, sondern um ein in Gestalt der Mitgliedschaft in Erscheinung tretendes Bündel von Rechten und Pflichten[136]. Die Norm erfasst keine Mitgliedschaftsrechte, sondern nur zur Zeit der Verpfändungserklärung bestehende Einzelforderungen[137]. Aus diesem Grund ist auch unerheblich, dass sich das Pfandrecht möglicherweise zu einem späteren Zeitpunkt am anteiligen Anspruch auf Liquidationserlös und demnach an einer Forderung fortsetzt[138]. Der Anspruch auf Liquidationserlös entsteht nämlich erst nachträglich kraft Gesetzes und stellt darüber hinaus keine Einzelforderung im Sinne der Vorschrift, sondern in erster Linie ein Mitgliedschaftsrecht dar[139]. Zum anderen bedarf die wirksame Übertragung von Geschäftsanteilen, entgegen dem Wortlaut der Norm, eines notariell beurkundeten Vertrages und damit neben dem bloßen Abtretungsvertrag einer zusätzlichen Voraussetzung[140]. Die Anzeige an den Schuldner gemäß § 1280 BGB ist demzufolge keine (formelle) Wirksamkeitsvoraussetzung für die Entstehung des Pfandrechts.

bb) Die Eintragungspflicht nach § 16 Abs. 1 S. 1 RegE-GmbHG

Entsprechend der bislang in § 16 Abs. 1 GmbHG geregelten Anmeldepflicht stellt auch die Eintragungspflicht nach § 16 Abs. 1 S. 1 RegE-GmbHG keine Wirksamkeitsvoraussetzung für die Übertragung eines Geschäftsanteils dar[141]. Aus diesem Grund scheidet von vornherein sowohl die bisherige Anmeldepflicht als auch die zukünftige Eintragungspflicht als Wirksamkeitsvoraussetzung der Pfandrechtsbestellung aus[142]. Etwas anderes gilt nur dann, wenn die Eintragung nach § 16 Abs. 1 S. 1 RegE-GmbHG gerade statutarische Voraussetzung für die Pfandrechtsbestellung ist. So wie die bisherige Anmeldepflicht nach § 16 Abs. 1 GmbHG, kann auch die Eintragungspflicht im Gesellschaftsvertrag als zusätzliche Voraussetzung gemäß § 15 Abs. 5 GmbHG für die Abtretung bzw. Verpfändung aufgenommen werden[143]. Nur in diesem Fall ist die Eintragung in der Gesellschafterliste auch für die Pfandrechtsbestellung als echte Wirksamkeitsvoraussetzung zu beachten[144]. Besteht keine derartige Vinkulierung bleibt es dabei, dass die Vorschrift lediglich das Innenverhältnis zwischen Neugesellschafter und

---

[136] Wiegand, in: StaudingerBGB, § 1280 Rn. 3 f.; Reymann, DNotZ 2005, 425, 429.

[137] Habersack, in: SoergelBGB, § 1280 Rn. 2; Wiegand, in: StaudingerBGB, § 1280 Rn. 1 ff.

[138] Hierzu § 3 B.

[139] Damrau, in: MünchKommBGB, § 1274 Rn. 62; Reymann, DNotZ 2005, 425, 429.

[140] Reymann, DNotZ 2005, 425, 429.

[141] Einhellig vgl. Begr. RegE-MoMiG, ZIP 2007, Beilage zu Heft 23, S. 13 sowie zum bisherigen § 16 Abs. 1 GmbHG die Nachweise bei Reichert/Weller, GmbH-Geschäftsanteil, § 15 Rn. 288; § 16 Rn. 1 ff.

[142] Einhellig zum bisherigen § 16 Abs. 1 GmbHG Bartl, in: HeidelbergerKomm, GmbHG, § 16 Rn. 9; Hueck/Fastrich, in: Baumbach/Hueck, GmbHG, § 15 Rn. 49; H. Winter/Seibt, in: Scholz, GmbHG, § 15 Rn. 175; Kolkmann, MittRhNotK 1992, 1, 15; Reymann, DNotZ 2005, 425, 428 f.

[143] Zur bisherigen Anmeldepflicht RGZ 127, 236, 240 f.; BGH NJW 1960, 628; Ebbing, in: Michalski, GmbHG, § 15 Rn. 220; Hueck/Fastrich, in: Baumbach/Hueck, GmbHG, § 16 Rn. 9; Reichert/Weller, GmbH-Geschäftsanteil, § 15 Rn. 288, § 16 Rn. 22; H. Winter/Seibt, in: Scholz, GmbHG, § 16 Rn. 1; M. Winter/Löbbe, in: Ulmer/Habersack/Winter, GmbHG, § 15 Rn. 157, § 16 Rn. 7.

[144] Zur Geltung von Vinkulierungsklauseln bei der Anteilsverpfändung bereits § 3 A II 1b.

24

Gesellschaft betrifft. Die Wirksamkeit der Anteilsübertragung bzw. der Pfandrechtsbestellung ist damit (weiterhin) unabhängig von der Eintragung in die Gesellschafterliste[145]. Ohne die Eintragung bleibt dem Neugesellschafter allerdings die Ausübung seiner Mitgliedschaftsrechte verwehrt, da ihm die Gesellschafterstellung gegenüber der Gesellschaft erst mit der Aufnahme der entsprechend geänderten Gesellschafterliste in das Handelsregister zukommt[146]. Gleiches galt auch in Bezug auf die bisherige Anmeldepflicht gegenüber der Gesellschaft. Diese stellte eine rechtsgeschäftsähnliche Handlung dar, welche lediglich die Legitimation des Angemeldeten gegenüber der Gesellschaft zur Folge hatte[147]. Diskutiert wurde in diesem Zusammenhang, ob im Hinblick auf die mögliche Geltendmachung von Rechten seitens des Pfandgläubigers eine Anmeldung entsprechend des § 16 Abs. 1 GmbHG bei der Gesellschaft notwendig ist. Während dies von der Mehrheit im Schrifttum[148] bejaht wurde, ging eine Mindermeinung[149] davon aus, dass entsprechend dem Wortlaut des § 16 Abs. 1 GmbHG nur die Veräußerung im eigentlichen Sinn ein anmeldungspflichtiger Vorgang sei. Der Streit hatte keine praktische Relevanz, da die fehlende Anmeldung weder die wirksame Entstehung des Pfandrechts noch die Geltendmachung der Rechte aus dem Pfandrecht hinderte, da in der Geltendmachung der Rechte die konkludente Nachholung der Anmeldung gesehen wurde. Eine gesonderte Anmeldung der Anteilsverpfändung erschien, der herrschenden Meinung zufolge, zur Vermeidung von Unsicherheiten zwar sinnvoll, zwingend notwendig war sie allerdings nicht[150]. Im Hinblick auf das zukünftige Eintragungserfordernis gewinnt die Frage nach der entsprechenden Anwendung auf die Anteilsverpfändung größere praktische Bedeutung, da die Eintragung in die Gesellschafterliste nicht konkludent in der Geltendmachung der Rechte gesehen werden kann. Der ausdrückliche Bezug des § 16 Abs. 1 S. 1 RegE-GmbHG auf die Gesellschafterliste gemäß § 40 (RegE-) GmbHG[151] lässt jedoch erkennen, dass nunmehr ausschließlich Veränderungen in den Personen der Gesellschafter oder des Umfangs ihrer Beteiligung erfasst sein sollen. Schutzzweck des § 40 Abs. 1 S. 1 GmbHG ist es, dem legitimen Interesse des Rechtsverkehrs an zutreffender Information über den ak-

---

[145] Begr. RegE-MoMiG, ZIP 2007, Beilage zu Heft 23, S. 13.

[146] Begr. RegE-MoMiG, ZIP 2007, Beilage zu Heft 23, S. 13.

[147] RGZ 127, 236, 240; BGH NJW 1960, 628; OLG Dresden GmbHR 1999, 709 f.; *Altmeppen*, in: Roth/Altmeppen, GmbHG, § 16 Rn. 4; *Ebbing*, in: Michalski, GmbHG, § 16 Rn. 19; *Reichert/Weller*, GmbH-Geschäftsanteil, § 16 Rn. 26, die ebenso wie *Lutter/Bayer*, in: Lutter/Hommelhoff, GmbHG, § 16 Rn. 8 auf die praktische Irrelevanz des Streits hinweisen; *H. Winter/Seibt*, in: Scholz, GmbHG, § 16 Rn. 14; *M. Winter/Löbbe*, in: Ulmer/Habersack/Winter, GmbHG, § 16 Rn. 7; *Limmer*, ZIP 1993, 412, 416 f. Terminologisch unklar BGH NJW-RR 1990, 737 f., der von einer rechtsgeschäftlichen Mitteilung spricht. *Lutter*, in: KölnKommAktG, § 68 Rn. 58 geht von einer Verfahrenshandlung aus.

[148] *Damrau*, in: MünchKommBGB, § 1274 Rn. 55; *Ebbing*, in: Michalski, GmbHG, § 15 Rn. 220; *Habersack*, in: SoergelBGB, § 1274, Rn. 36; *Reichert/Weller*, GmbH-Geschäftsanteil, § 15 Rn. 17; *Rowedder/Bergmann*, in: Rowedder/Schmidt-Leithoff, GmbHG, § 15 Rn. 86 f.; *Wiegand*, in: StaudingerBGB, § 1274 Rn. 55; *H. Winter/Seibt*, in: Scholz, GmbHG, § 15 Rn. 175; *M. Winter/Löbbe*, in: Ulmer/Habersack/Winter, GmbHG, § 15 Rn. 157; *Reymann*, DNotZ 2005, 425, 428 ff.

[149] *Bartl*, in: HeidelbergerKomm, GmbHG, § 16 Rn. 9; *Meyer-Landrut*, in: Meyer-Landrut/Miller/Niehus, GmbHG, § 15 Rn. 47; *Neukamp*, ZHR 57 (1906), 479, 567 f.; *Kolkmann*, MittRhNotK 1992, 1, 15.

[150] *Ebbing*, in: Michalski, GmbHG, § 15 Rn. 220; *Wiegand*, in: StaudingerBGB, § 1274 Rn. 55; *M. Winter/Löbbe*, in: Ulmer/Habersack/Winter, GmbHG, § 15 Rn. 157; *Reichert/Weller*, GmbH-Geschäftsanteil, § 15 Rn. 288; *Reymann*, DNotZ 2005, 425, 429 f.

[151] Die wesentlichen Anforderungen an die Einreichung der Gesellschafterliste nach § 40 Abs. 1 GmbHG haben sich durch den RegE-MoMiG nicht verändert.

tuellen Gesellschafterbestand gerecht zu werden[152]. Dementsprechend ist es Ziel des § 16 Abs. 1 S. 1 RegE-GmbHG, Transparenz über die Anteilseignerstrukturen der GmbH zu schaffen[153]. Die Gesellschafterliste soll lediglich lückenlosen Aufschluss über Veränderungen im Gesellschafterkreis, nicht aber hinsichtlich aller bestehenden Sicherheiten geben. Eine Aufnahme der Pfandbestellung in die Gesellschafterliste führte im Zuge der durch die gesellschaftsrechtliche Richtlinie 2003/58/EG[154] veranlassten vollständigen Einführung elektronischer Handelsregister dazu, dass im Wege der Online-Abfrage eine jederzeitige Einsichtnahme in die Gesellschafterliste und damit auch in die bestehenden dinglichen Belastungen des Geschäftsanteils möglich wäre. Dies ist weder durch den Regelungszweck der Vorschriften §§ 16 Abs. 1, 40 Abs. 1 RegE-GmbHG noch unter praktischen Gesichtspunkten zu rechtfertigen. Das Bedürfnis, die aktuelle Struktur der Anteilseigner zu erfahren, kann nicht dazu führen, auch die dinglichen Belastungen und deren Berechtigte öffentlich preiszugeben. Die Geltendmachung etwaiger Rechte[155] aus dem Anteilspfandrecht bedarf daher nicht der vorherigen Legitimation nach § 16 Abs. 1 S. 1 RegE-GmbHG. Der Pfandgläubiger hat seine Berechtigung gegenüber der Gesellschaft lediglich unter Vorlage des notariell beurkundeten Pfandvertrags nachzuweisen. Eine Eintragung seiner Personalien sowie der Pfandbestellung selbst in der Gesellschafterliste bedarf es hingegen nicht.

III. Die schuldrechtliche Seite der Verpfändung

1. Der obligatorische Verpfändungsvertrag

Die Pfandrechtsbegründung beruht regelmäßig auf einem schuldrechtlichen Kausalgeschäft, das im Gesetz nicht ausdrücklich geregelt ist[156]. Das Vorliegen eines obligatorischen Verpfändungsvertrags ist jedoch nicht Entstehungsvoraussetzung für das Pfandrecht, da dieses als dingliches Recht abstrakt konzipiert ist[157]. Die Verpflichtung zur Bestellung eines Anteilspfandrechts folgt in der Regel unmittelbar aus dem Kreditvertrag selbst, in dem neben den Kreditverbindlichkeiten auch die zu stellenden Sicherheiten geregelt werden. Der Inhalt der schuldrechtlichen Verpflichtungsvereinbarung unterliegt dabei nicht den strengen Bestimmbarkeitserfordernissen der dinglichen Vollzugsebene. Gleichwohl sollte die schuldrechtliche Vereinbarung gewisse Essentialia beinhalten. Neben den Vertragsparteien sollte der zu verpfändende Geschäftsanteil durch Angabe seiner Nummer und seines Nennbetrags aufgeführt werden. Darüber hinaus muss der Wille, sich zu einer Verpfändung eines bestimmten Geschäftsanteils zu ver-

---

[152] *Schneider*, in: Scholz, GmbHG, § 40 Rn. 1; *Paefgen*, in: Ulmer/Habersack/Winter, GmbHG, § 40 Rn. 7; *Terlau/Schäfers*, in: Michalski, GmbHG, § 40 Rn. 1; *Zöllner/Noack*, in: Baumbach/Hueck, GmbHG, § 40 Rn. 1.

[153] Begr. RegE-MoMiG, ZIP 2007, Beilage zu Heft 23, S. 12.

[154] Richtlinie 2003/58/EG des Europäischen Parlaments und des Rates vom 15. Juli 2003 zur Änderung der Richtlinie 68/151/EWG des Rates in Bezug auf die Offenlegungspflichten von Gesellschaften bestimmter Rechtsformen.

[155] Etwa bei einem Nutzungspfand, siehe § 3 C I.

[156] Zur Terminologie und den historischen Regelungsbemühungen *Wiegand*, in: StaudingerBGB, Vorbemerkung zu §§ 1204 ff.; § 1205 Rn. 33.

[157] *Bassenge*, in: PalandtBGB, § 1204 Rn. 3; *Damrau*, in: MünchKommBGB, § 1205 Rn. 6; *Michalski*, in: ErmanBGB, § 1205 Rn. 3; *Wiegand*, in: StaudingerBGB, § 1205 Rn. 33.

pflichten, der Abrede zweifelsfrei entnommen werden können. Neben diesen Eckpunkten, die im Wesentlichen den dinglichen Vertrags-Essentialia entsprechen, ist der schuldrechtliche Verpfändungsvertrag der Ort, an dem die Pfandrechtsmodalitäten detailliert und umfassend geregelt werden. Alle im Folgenden behandelten vertraglichen Regelungsmöglichkeiten[158] sind Gegenstand des Schuldvertrags.

2. Die Form des obligatorischen Verpfändungsvertrags

Es ist umstritten, ob der Vertrag über die Verpflichtung zur Bestellung eines Pfandrechts an einem GmbH-Geschäftsanteil ebenfalls der notariellen Beurkundung bedarf. Besondere Bedeutung erlangt die Frage deshalb, weil aus einer wirksamen vertraglichen Verpflichtung die Einräumung des Pfandrechts gefordert und gegebenenfalls eingeklagt werden kann. Sofern also das Verpflichtungsgeschäft formfrei möglich wäre, könnte eine formunwirksame (dingliche) Pfandrechtsbestellung gemäß § 140 BGB in eine formwirksame Pflicht zur Bestellung des Pfandrechts umgedeutet werden[159]. Das hätte zur Konsequenz, dass aus einer formlosen und deshalb nichtigen Pfandrechtsbestellung eine formlose, aber wirksame Verpflichtung entstünde, aufgrund derer die wirksame Pfandrechtsbestellung eingeklagt werden könnte. Die anfänglich unwirksame Pfandrechtsbestellung gelangte damit letztlich doch zur Wirksamkeit.

Die herrschende Ansicht[160] geht von der Formfreiheit des Verpflichtungsgeschäfts aus. Ausgangspunkt ihrer Argumentation ist die zentrale Regelung des § 1274 Abs. 1 S. 1 BGB. Die Vorschrift spreche ihrem Wortlaut nach nur von der „Bestellung des Pfandrechts" und erfasse auch nur insoweit das Formerfordernis, das für die Übertragung des Rechts vorgeschrieben ist. Nicht geregelt sei hingegen eine Anwendung der Formvorschrift des § 15 Abs. 4 S. 1 GmbHG für die der Übertragung zu Grunde liegende Verpflichtungsvereinbarung auf den einer Pfandrechtsbestellung zu Grunde liegenden Vertrag. Die Vorschrift des § 1274 Abs. 1 S. 1 BGB betreffe lediglich das dingliche Rechtsgeschäft[161]. Eine entsprechende Vorschrift für das schuldrechtliche Grundgeschäft sei im BGB nicht vorgesehen, so dass der einer Pfandrechtsbestellung zu Grunde liegende schuldrechtliche Verpflichtungsvertrag formlos geschlossen werden könne. Damrau[162] dagegen kommt in entsprechender Anwendung des § 15 Abs. 4 S. 1 GmbHG zu einer notariellen Beurkundungspflicht auch des Verpflichtungsgeschäfts zur

---

[158] Siehe § 5 A-C.

[159] Ebbing, in: Michalski, GmbHG, § 15 Rn. 222; H. Winter/Seibt, in: Scholz, GmbHG, § 15 Rn. 176; M. Winter/Löbbe, in: Ulmer/Habersack/Winter, GmbHG, § 15 Rn. 155; Zutt, in: Hachenburg, GmbHG, 8. Auflage, Anh. § 15 Rn. 40; Buchwald, GmbHR 1959, 254 f.; Schuler, NJW 1956, 689; Sieger/Hasselbach, GmbHR 1999, 633 f.

[160] RGZ 53, 107, 109; 58, 223 ff.; RG JW 1937, 2118; Altmeppen, in: Roth/Altmeppen, GmbHG, § 15 Rn. 56; Bassenge, in: PalandtBGB, § 1274 Rn. 2; Ebbing, in: Michalski, GmbHG, § 15 Rn. 222; Habersack, in: SoergelBGB, § 1274 Rn. 36; Hueck/Fastrich, in: Baumbach/Hueck, GmbHG, § 15 Rn. 49; Michalski, in: ErmanBGB, § 1274 Rn. 7; Reichert/Weller, GmbH-Geschäftsanteil, § 15 Rn. 285; Rowedder/Bergmann, in: Rowedder/Schmidt-Leithoff, GmbHG, § 15 Rn. 82; Wiegand, in: StaudingerBGB, § 1274 Rn. 19, 55; H. Winter/Seibt, in: Scholz, GmbHG, § 15 Rn. 176; M. Winter/Löbbe, in: Ulmer/Habersack/Winter, GmbHG, § 15 Rn. 155; Kolkmann, MittRhNotK 1992, 1, 2, 14; Leuering/Simon, NJW-Spezial 2005, 171; Reymann, DNotZ 2005, 425, 428; Sieger/Hasselbach, GmbHR 1999, 633 f.; Büchner, Verpfändung von Anteilen, S. 22 ff.

[161] So bereits Müller, GmbHR 1969, 4, 6; ihm folgend, die angegebene herrschende Meinung.

[162] Damrau, in: MünchKommBGB, § 1274 Rn. 56.

Pfandrechtsbestellung. Er hält eine analoge Anwendung der Formvorschrift unter drei Gesichtspunkten für gerechtfertigt. In erster Linie weist er auf das unbefriedigende Ergebnis hin, welches durch eine Umdeutung der formunwirksamen dinglichen Pfandbestellung in eine wirksame Verpflichtung dazu entsteht. Die Annahme der Formfreiheit des Verpflichtungsgeschäfts führe dazu, dass die mangelnde Form im dinglichen Geschäft am Ende doch zu einer wirksamen Bestellung des Pfandrechts führe. In diesem Zusammenhang sei weiterhin zu beachten, dass das Erfordernis der notariellen Form für die Verpflichtung zur Abtretung des Geschäftsanteils gemäß § 15 Abs. 4 S. 1 GmbHG eine Warnfunktion beinhalte, die auch im Falle der Geschäftsanteilsverpfändung eingreife. Dies unterstreicht *Damrau* mit der Annahme, dass die Verpfändung eines Rechts eine durch den Pfandverkauf bedingte Abtretung darstelle[163]. Dort, wo die Verpflichtung zur Rechtsübertragung formbedürftig ist, soll entsprechend auch mit Rücksicht auf den Zweck der Form die Verpflichtung zur Pfandrechtsbestellung formbedürftig sein. *Merkel*[164] gelangt ebenfalls zur Formbedürftigkeit des der Pfandrechtsbestellung zu Grunde liegenden Kausalgeschäfts. Allerdings scheint er die Vorschrift des § 15 Abs. 4 S. 1 GmbHG direkt von der Verweisung des § 1274 Abs. 1 S. 1 BGB erfasst zu sehen und stellt in diesem Zusammenhang ohne nähere Erläuterung auf ein Urteil des BGH[165] und des OLG München[166] ab, deren Aussagegehalte, wie zu zeigen sein wird, jedoch nicht zur Klärung der Rechtsfrage beitragen können.

Der Auffassung von *Merkel* ist entgegenzuhalten, dass die unmittelbare Anwendung des § 15 Abs. 4 S. 1 GmbHG auf die vertragliche Verpflichtung zur Pfandrechtsbestellung aufgrund des Verweises in § 1274 Abs. 1 S. 1 BGB eindeutig gegen den Wortlaut der Norm verstößt. Diese spricht lediglich von der „Bestellung des Pfandrechts" und verweist dementsprechend spiegelbildlich auch nur auf die „für die Übertragung des Rechts geltenden Vorschriften". Ihr Anwendungsbereich betrifft damit jeweils nur das dingliche Rechtsgeschäft. Die Vorschrift des § 15 Abs. 4 S. 1 GmbHG direkt von diesem Verweis erfasst zu sehen, verstößt damit klar gegen den Wortlaut der Norm und ist deshalb abzulehnen[167]. Warum *Merkel* zur Untermauerung seiner Ansicht auf die angegebenen Urteile des BGH und des OLG München rekurriert, ist unklar. Das Urteil des OLG München[168] stellt lediglich fest, dass die einem Dritten gegenüber erklärte Verpflichtung zum Erwerb eines GmbH-Geschäftsanteils ebenfalls der notariellen Beurkundungspflicht des § 15 Abs. 4 S. 1 GmbHG unterfällt. Hieraus lassen sich jedoch keine Schlussfolgerungen im Hinblick auf die Formbedürftigkeit der Verpflichtungsver-

---

[163] *Damrau*, in: MünchKommBGB, § 1274 Rn. 2, 56; zur Erklärung der Bedingung siehe *Büchner*, Verpfändung von Anteilen, S. 24 Fn. 5. Anders als *Damrau* stellt er die Bedingung, nämlich den Pfandverkauf, ausdrücklich heraus.

[164] *Merkel*, in: Schimansky/Bunte/Lwowski, § 93 Rn. 137.

[165] BGHZ 127, 129 ff. = BGH NJW 1994, 3227 ff.

[166] OLG München DB 1995, 316.

[167] Gleiches gilt auch für die von *Leuering/Simon*, NJW-Spezial 2005, 171 geäußerten Zweifel hinsichtlich der h. M. Sie empfinden diese als durchaus angreifbar, da sie der Vorschrift des § 15 Abs. 4 S. 1 GmbHG einen sehr breiten Anwendungsbereich zusprechen und es ihnen demzufolge unverständlich ist, warum die Regelung nicht auch auf die Verpflichtung zur Pfandrechtsbestellung anzuwenden ist. Den Autoren ist jedoch gleichsam zu entgegnen, dass es diesbezüglich an einer gesetzlichen Regelung fehlt, die entsprechend dem § 1274 Abs. 1 S. 1 BGB die Anwendung dieser Vorschrift anordnet. Es kann, wenn überhaupt, nur um eine analoge Anwendung der Vorschrift nachgedacht werden.

[168] OLG München DB 1995, 316.

einbarung zur Pfandrechtsbestellung herleiten. Auch dem von *Merkel* angegebenen Urteil des BGH[169] sind diesbezüglich keine Anhaltspunkte zu entnehmen. Der BGH hat sich in der Sache mit den Voraussetzungen der Heilung eines formungültigen Verkaufs von GmbH-Geschäftsanteilen gemäß § 15 Abs. 4 S. 2 GmbHG befasst und herausgestellt, dass die Heilung eine vollwirksame dingliche Anteilsübertragung voraussetzt und die Willensübereinstimmung der Parteien im Hinblick auf das schuldrechtliche Kausalgeschäft bis zum Abschluss des dinglichen Rechtsgeschäfts fortbestehen muss. Beiden von *Merkel* angegebenen Urteilen kann weder unmittelbar aus den entschiedenen Hauptfragen noch aus den Ausführungen im Rahmen der Urteilsbegründung (obiter dictum) entnommen werden, dass die Verpflichtung zur Pfandrechtsbestellung der Beurkundungspflicht des § 15 Abs. 4 S. 1 GmbHG unterfällt. *Merkels* Auffassung von der unmittelbaren Anwendung des § 15 Abs. 4 S. 1 GmbHG ist damit nach dem Verständnis des § 1274 Abs. 1 S. 1 BGB als nur das dingliche Rechtsgeschäft betreffend und im Hinblick auf die mangelnde Aussagekraft der angegebenen Gerichtsurteile abzulehnen. Vor diesem Hintergrund kann allenfalls eine analoge Anwendung des § 15 Abs. 4 S. 1 GmbHG in Betracht gezogen werden.

Damrau vertritt eine solche analoge Anwendung und verweist hauptsächlich auf das scheinbar unbefriedigende Ergebnis, welches sich aus der Annahme der Formfreiheit des Verpflichtungsgeschäfts ergibt. Die ursprünglich vom Gesetzgeber eingeführte Heilungsmöglichkeit der formunwirksamen Verpflichtung nach § 15 Abs. 4 S. 2 GmbHG werde durch die Annahme der herrschenden Meinung im Falle der Verpfändung geradezu umgekehrt. Während nach der gesetzlichen Intention eine formunwirksame Verpflichtung zur Anteilsabtretung nur durch die formgültige Abtretung geheilt wird, gelange die formungültige Verpfändung über eine Umdeutung in eine wirksame Verpflichtung letztlich doch zur wirksamen Bestellung des Pfandrechts. Das Ergebnis der Umdeutung sei im Hinblick auf den Zweck der Formvorschriften und die gesetzliche Ausgangssituation bei der Anteilsübertragung nicht hinnehmbar.

Das Ergebnis der Umdeutung kann allerdings nur dann unbefriedigend sein, wenn hierdurch tatsächlich Sinn und Zweck der Formvorschriften des § 15 Abs. 3 und 4 S. 1 GmbHG abgeschwächt oder ausgehöhlt werden. Eine Umdeutung gemäß § 140 BGB ist nur dann gestattet, wenn durch sie etwaige Schutzfunktionen (z. B. Warnfunktion) nicht beeinträchtigt werden[170]. Andernfalls stellt die Umdeutung der fehlgeschlagenen dinglichen Pfandrechtsbestellung in eine wirksame Verpflichtung dazu lediglich einen, durch § 140 BGB legitimierten Rechtsakt dar, dessen Konsequenz der gerichtlichen Einklagbarkeit einer formwirksamen Pfandrechtsbestellung hinzunehmen ist. In die Beurteilung, ob die Formfreiheit der Verpflichtung zur Pfandrechtsbestellung ein interessengerechtes Ergebnis darstellt, ist über den Zweck der Formvorschriften hinaus die Tatsache mit einzustellen, dass es sich vorliegend nicht um die Übertragung, sondern die Verpfändung von Geschäftsanteilen handelt.

---

[169] BGHZ 127, 129 ff.

[170] *Heinrichs*, in: PalandtBGB, § 140 Rn. 7; *Roth*, in: StaudingerBGB, § 140 Rn. 30.

a) Die Formzwecke des § 15 GmbHG

Die analoge Anwendung des § 15 Abs. 4 S. 1 GmbHG auf die schuldrechtliche Verpflichtung zur Anteilsverpfändung wird von *Damrau*[171] damit begründet, dass der Formvorschrift neben anderen Funktionen insbesondere eine Warnfunktion zukomme, welche dadurch umgangen werde, dass ein zuvor bereits formfrei geschlossener, und damit gemäß § 125 S. 1 BGB nichtiger Verpfändungsvertrag in eine wirksame Verpflichtung zur Pfandrechtsbestellung umgedeutet werde. Der Verpfänder habe in diesem Fall keine Wahl, ob er die Geschäftsanteile verpfändet oder nicht, sondern sei vielmehr vertraglich verpflichtet, die Anteilsverpfändung entsprechend der zuvor nichtigen Pfandbestellung formwirksam vorzunehmen. Unabhängig von der pfandrechtlichen Problematik spricht sich auch ein Großteil der Literatur für eine Warnfunktion der Formvorschrift des § 15 Abs. 4 S. 1 GmbHG aus[172]. Richtig ist, dass der Pfandbesteller im geschilderten Fall keine, aus seiner Sicht freiwillige, notarielle Beurkundung vorgenommen und eine in diesem Zusammenhang erfolgende Beratung erfahren hat, die ihm nochmals eine Warnung hätte sein können, sondern ist nunmehr verpflichtet, eine solche im Rahmen der eigentlichen Pfandbestellung vorzunehmen. Tut er dies nicht, so kann der Pfandgläubiger die Pfandrechtsbestellung im Klageweg erzwingen. Das stattgebende, auf Abgabe der Verpfändungserklärung lautende Urteil ersetzt dann die formgerechte Verpfändungserklärung[173]. Dinglich wirksam wird die Verpfändung mit der formgerechten Annahme der „Erklärung" seitens des Pfandgläubigers[174]. Die Vorgehensweise der herrschenden Meinung würde einer etwaig bestehenden Warnfunktion nicht gerecht. Zu untersuchen sind daher die Formzwecke des § 15 GmbHG und insbesondere, ob den Formvorschriften tatsächlich eine Warnfunktion zukommt.

In Übereinstimmung mit der Gesetzesbegründung[175] betont die ständige höchstrichterliche Rechtsprechung[176] sowie das überwiegende Schrifttum[177], dass sowohl das

---

[171] *Damrau*, in: MünchKommBGB, § 1274 Rn. 56 mit Verweis auf *Ewald*, ZHR 92 (1928), 96, 130 und *Häsemeyer*, Die gesetzliche Form des Rechtsgeschäfts, S. 189 f.

[172] *Altmeppen*, in: Roth/Altmeppen, GmbHG, § 15 Rn. 69; *Hueck/Fastrich*, in: Baumbach/Hueck, GmbHG, Einl. Rn. 19; *Rowedder/Bergmann*, in: Rowedder/Schmidt-Leithoff, GmbHG, § 15 Rn. 2; *Zutt*, in: Hachenburg, GmbHG, 8. Auflage, § 15 Rn. 9; *Schwarz*, in: Festschrift Rheinisches Notariat (1998), S. 371, 376; *Sieger/Hasselbach*, GmbHR 1999, 633 f.; *Walz/Fembacher*, NZG 2003, 1134, 1140; *Ziegler*, Rpfleger 1992, 414, 417.

[173] *Reichert/Weller*, GmbH-Geschäftsanteil, § 15 Rn. 285; *M. Winter/Löbbe*, in: Ulmer/Habersack/Winter, GmbHG, § 15 Rn. 155; *H. Winter/Seibt*, in: Scholz, GmbHG, § 15 Rn. 176.

[174] *H. Winter/Seibt*, in: Scholz, GmbHG, § 15 Rn. 176; *Reichert/Weller*, GmbH-Geschäftsanteil, § 15 Rn. 285.

[175] Begründung zum GmbHG, stenographischer Bericht über die Verhandlungen des Reichstages, 8. Legislaturperiode, I. Session 1890/1892, 5. Anlagenband, Reichstag Aktenstück Nr. 660, S. 3724, 3729: „Die formalen Voraussetzungen der Übertragung müssen in erster Linie Gewähr dafür bieten, dass die Anteilsrechte der neuen Gesellschaft nicht zu einem Gegenstande des Handelsverkehrs werden". Dies wurde auch anlässlich der GmbH-Novelle im Jahr 1980 bestätigt, vgl. BT-Drucks. 7/253 S. 113.

[176] RGZ 53, 107, 110; 58, 223, 225; BGHZ 13, 49, 51 f.; 19, 69, 71; 75, 352 ff.; 127, 129, 135; 130, 71, 74; 141, 207, 211; BGH NJW 1969, 2049 f.; 1996, 3338 f.; 1999, 2594 ff.

Formerfordernis des § 15 Abs. 3 GmbHG als auch das des § 15 Abs. 4 S. 1 GmbHG in erster Linie den spekulativen Handel mit GmbH-Geschäftsanteilen erschweren und damit verhindern soll. Ein solcher Handel mit GmbH-Anteilen stünde im Widerspruch zur Struktur der GmbH, die nach ihrem gesetzlichen Leitbild nicht als Publikumsgesellschaft, sondern als personalistische Kapitalgesellschaft konzipiert und damit typischerweise auf Dauer angelegt sei[178].

Fraglich erscheint, ob und inwieweit den beiden Formvorschriften darüber hinaus noch weitere Zwecke zukommen. In der Literatur wird, unabhängig von der Auswirkung auf eine eventuelle Verpfändung von Geschäftsanteilen, insbesondere der Vorschrift des § 15 Abs. 4 S. 1 GmbHG häufig zusätzlich Warn- bzw. Anlegerschutzfunktion zugemessen[179]. Vereinzelt sind auch Untergerichte in Abweichung von der höchstrichterlichen Rechtsprechung von umfassenderen Zwecken der Formvorschriften des § 15 GmbHG ausgegangen[180]. Danach soll die notarielle Form die Parteien vor übereiltem Handeln schützen und die Bedeutung und das Risiko einer Beteiligung an der Gesellschaft deutlich machen. Es soll insbesondere dem Erwerber vor Augen geführt werden, dass er das angelegte Kapital aufgrund des fehlenden Börsenhandels nicht ohne Weiteres, wie bei einer Aktie, durch Verkauf wieder liquidieren kann. Zur Begründung einer Warn- und Schutzfunktion der Vorschrift wird häufig eine Parallele zur Regelung des § 311 b Abs. 1 S. 1 BGB gezogen[181], dessen Normzweck unzweifelhaft eine Warn- und Schutzfunktion vor übereiltem Handeln aufweist[182]. Die Formvorschriften des § 15 GmbHG ähnelten der des § 311 b Abs. 1 S. 1 BGB und seien daher ähnlich auszulegen.

Für einen solchen Schutzzweck bieten die Gesetzesmaterialien und die bisherige ständige höchstrichterliche Rechtsprechung jedoch keinerlei Anhaltspunkte. Vielmehr betont der BGH, dass die Warn- und Schutzfunktion vor Übereilung – anders als bei der formbedürftigen Verpflichtung zur Übertragung eines Grundstücks – bloße Rechts-

---

[177] *Altmeppen*, in: Roth/Altmeppen, GmbHG, § 15 Rn. 69; *Hueck/Fastrich*, in: Baumbach/Hueck, GmbHG, Einl. Rn. 19, § 15 Rn. 20; *Lutter/Bayer*, in: Lutter/Hommelhoff, GmbHG, § 15 Rn. 12; *Rowedder/Bergmann*, in: Rowedder/Schmidt-Leithoff, GmbHG, § 15 Rn. 2; *Zutt*, in: Hachenburg, GmbHG, 8. Auflage, § 15 Rn. 9; *H. Winter/Seibt*, in: Scholz, GmbHG, § 15 Rn. 37; *M. Winter/Löbbe*, in: Ulmer/Habersack/Winter, GmbHG, § 15 Rn. 111; *Armbrüster*, DNotZ 1997, 762, 767 ff.; *Großfeld/Berndt*, RIW 1996, 625, 630; *Schnorbus*, MDR 1995, 678 f.; *Wiesner*, NJW 1984, 95, 97 jeweils mit zahlreichen weiteren Nachweisen.

[178] Vgl. Begründung zum GmbHG, stenographischer Bericht über die Verhandlungen des Reichstages, 8. Legislaturperiode, I. Session 1890/1892, 5. Anlagenband, Reichstag Aktenstück Nr. 660, S. 3724, 3729. Siehe auch *Goette*, Die GmbH, § 5 Rn. 1.

[179] *Altmeppen*, in: Roth/Altmeppen, GmbHG, § 15 Rn. 69; *Damrau*, in: MünchKommBGB, § 1274 Rn. 15; *Hueck/Fastrich*, in: Baumbach/Hueck, GmbHG, Einl. Rn. 19, § 15 Rn. 20; *Rowedder/Bergmann*, in: Rowedder/Schmidt-Leithoff, GmbHG, § 15 Rn. 2; *Zutt*, in: Hachenburg, GmbHG, 8. Auflage, § 15 Rn. 9; *Frenz*, in: Freundesgabe Weichler (1998), S. 175, 179; *Großfeld/Berndt*, RIW 1996, 625, 630; *Kanzleiter*, ZIP 2001, 2105 ff.; *Loritz*, DNotZ 2000, 90, 97; *van Randenborgh/Kallmeyer*, GmbHR 1996, 908 ff.; *Schwarz*, in: Festschrift Rheinisches Notariat (1998), S. 371, 376; *Walz/Fembacher*, NZG 2003, 1134 f., 1140; *Ziegler*, Rpfleger 1992, 414, 417.

[180] OLG Colmar OLGR 2, 204 f.; OLG Hamm GmbHR 1984, 317 f.; OLG Stuttgart DB 1989, 1817; OLG München WM 1995, 670 f.

[181] *Zutt*, in: Hachenburg, GmbHG, 8. Auflage, § 15 Rn. 9; *Frenz*, in: Freundesgabe Weichler (1998), S. 175, 179; *Walz/Fembacher*, NZG 2003, 1134 f.

[182] Statt aller *Grüneberg*, in: PalandtBGB, § 311 b Rn. 2.

reflexe und keinen mit der Norm verfolgten Formzweck darstellen[183]. Dieser Auffassung wird entgegengebracht, sie erscheine gekünstelt, da die große Mehrzahl der Wirkungen und Schutzmechanismen, die das Beurkundungsverfahren mit sich bringt, dann nur zufällige Nebenwirkungen bilde, obwohl diese eigentlich im Vordergrund stünden[184]. Es sei nicht nachzuvollziehen, dass die Parteien zwar einem umfassenden Schutzsystem unterworfen werden, um in erster Linie den leichten Handel mit Geschäftsanteilen zu unterbinden, das Schutzsystem selbst jedoch nicht als ratio legis angesehen werden soll. Dieser Auffassung zufolge sind die umfassenden Schutzwirkungen (Warnfunktion, Übereilungsschutz, Beratungs- und Belehrungssicherung etc.), die das Beurkundungs-verfahren nach heutigem Verständnis verfolgt, ebenfalls von § 15 GmbHG verfolgte Zwecke und damit bei der Auslegung der Vorschrift zu Grunde zu legen.

Die Diskussion um die Zwecke der Formvorschriften des § 15 GmbHG weist indes nahezu durchgängig eine markante Schwäche auf. Es wird von den Formzwecken des gesamten § 15 GmbHG gesprochen, ohne zwischen dem, für Absatz 3 maßgebenden dinglichen Geschäft und dem, für Absatz 4 Satz 1 maßgeblichen schuldrechtlichen Ver-pflichtungsgeschäft zu differenzieren. Auch die systematische Stellung beider Vorschrif-ten zueinander wird völlig außer Acht gelassen. Die Argumentation beschränkt sich im Wesentlichen darauf, entweder die gefestigte Rechtsprechung zu zitieren, um weitere Schutzzwecke als die Erschwerung des Anteilshandels abzulehnen oder die tatsächli-che Wirkung des Beurkundungsverfahrens für die Annahme weiterer Zwecke anzufüh-ren. Dabei ist nicht zu bestreiten, dass das notarielle Beurkundungsverfahren sowohl im Rahmen von § 15 Abs. 3 GmbHG als auch in dem des § 15 Abs. 4 S. 1 GmbHG in tatsächlicher Hinsicht Warn- und Schutzmechanismen entfaltet. Nach § 17 Abs. 1 BeurkG soll der Notar unter anderem über die rechtliche Tragweite des Geschäfts be-lehren und darauf achten, dass unerfahrene und ungewandte Beteiligte nicht benach-teiligt werden. Der vorgeschriebene Ablauf des Beurkundungsverfahrens führt dem-nach in seinen tatsächlichen Auswirkungen unzweifelhaft zu einer Warnung und einem Schutz der Beteiligten. Allerdings muss dies nicht zwangsläufig dazu führen, dass diese faktischen Wirkungen zu maßgeblichen Kriterien bei der Auslegung von § 15 GmbHG werden. Der Zweck muss sich in erster Linie aus der Formvorschrift selbst ergeben und nicht aus dessen tatsächlichen Wirkungen. Aus diesem Grund ist auch die Vorschrift des § 17 BeurkG nicht zur Klärung der Formzwecke heranzuziehen. Die Norm lässt als rein verfahrensrechtliche Vorschrift keine Rückschlüsse auf die materiellen Formzwe-cke des § 15 GmbHG zu[185]. Vielmehr sind beide Formvorschriften des § 15 GmbHG vor dem Hintergrund ihrer systematischen Stellung zueinander getrennt zu betrachten.

Die gemäß § 15 Abs. 4 S. 2 GmbHG mögliche Heilung eines formnichtigen Ver-pflichtungsvertrags durch einen formgültigen dinglichen Abtretungsvertrag macht deut-lich, dass der notariellen Beurkundung im Rahmen des Verfügungsgeschäfts höhere

---

[183] BGH NJW-RR 1998, 1270 f., zuletzt BGHZ 141, 207, 211 mit zahlreichen Verweisen auf die vorher-gehende, gefestigte Rechtsprechung.

[184] Walz/Fembacher, NZG 2003, 1135, 1140; ähnlich auch Frenz, in: Freundesgabe Weichler (1998), S. 175, 179; Schwarz, in: Festschrift Rheinisches Notariat (1998), S. 371, 383.

[185] M. Winter/Löbbe, in: Ulmer/Habersack/Winter, GmbHG, § 15 Rn. 41. A. A. Kanzleiter, ZIP 2001, 2105, 2108, der es in Erwägung zieht, dass die Einführung des § 17 BeurkG den Zweck des § 15 GmbHG insoweit verändert hat. Allerdings sieht er eher eine Veränderung im Formzweck des § 15 GmbHG selbst.

Bedeutung beigemessen wird[186]. Eine solche Heilung ist nämlich nur dann denkbar, wenn der Zweck der Beurkundung des zu heilenden Verpflichtungsgeschäfts nicht weiter reicht als derjenige der Beurkundung des Verfügungsgeschäfts[187]. Insofern muss, zumindest hinsichtlich der Warn- und Schutzfunktionen, von einer gleichen Beurteilung der beiden Vorschriften ausgegangen werden, wobei die maßgebende Vorschrift die des § 15 Abs. 3 GmbHG ist[188]. Die Auffassung, die Regelung beinhalte eine Warnfunktion verkennt, dass diese ratio lediglich im Zusammenhang mit der obligatorischen causa von Bedeutung ist. Andernfalls würde man den dinglichen Vorgang der Geschäftsanteilsübertragung mit Elementen überfrachten, die naturgemäß im Verpflichtungsvertrag relevant sind. Dies ist auch der Grund, warum der Vergleich mit der Vorschrift des § 311 b Abs. 1 S. 1 BGB nicht zutrifft. Wollte man den Zweck einer Regelung für ein Verpflichtungsgeschäft mit dem für ein Verfügungsgeschäft vergleichen, so ließe man die auf dem Abstraktionsprinzip beruhende Trennung von Verfügungs- und Verpflichtungsgeschäft gänzlich außer Acht. Der für den dinglichen Akt der Übertragung relevanten Vorschrift des § 15 Abs. 3 GmbHG liegt demzufolge keine Warn- oder Schutzfunktion vor übereiltem Handeln zu Grunde, sondern lediglich die vom Gesetzgeber intendierte Erschwerung des Anteilshandels. Die Wirkungen und Schutzmechanismen, die das Beurkundungsverfahren faktisch mit sich bringt, sind reine Rechtsreflexe und kein mit der Norm verfolgter Formzweck. Damit bildet der Schutz der Anteilsveräußerer und -erwerber kein für die Auslegung der Norm maßgebliches Kriterium. An dieser Beurteilung ändert sich auch durch die von *Walz/Fembacher*[189] geäußerte Ansicht, dass die Verweisung auf das Beurkundungsrecht dynamischen Charakter aufweise und somit nach den aktuellen, im Vergleich zu früher umfassenderen Zwecken des notariellen Beurkundungsverfahrens zu messen sei, nichts. Die Autoren bestätigen selbst, dass die Unterschiede gering sind und dem Gesetzgeber bereits damals Schutzfunktionen der notariellen Beurkundung bekannt waren, die Motivation für diese Regelung hätten sein können[190]. Dennoch hat der Gesetzgeber lediglich die Erschwerung des Anteilshandels als Zweck der Regelung genannt, obwohl ihm die (Schutz-) Wirkungen einer notariellen Beurkundung bereits bekannt waren. Auch die Wertungen, die der spätere Gesetzgeber in Formvorschriften, wie der des § 350 HGB, zum Ausdruck brachte, sprechen gegen eine Warnfunktion. Der Gesetzgeber hält Kaufleute für generell weniger schutzbedürftig[191]. Aus diesem Grund hat er die Schriftform für bestimmte Geschäfte[192] bei Kaufleuten als entbehrlich angesehen. Es spricht demnach viel dafür, dass er auch bei den Formvorschriften zur Übertragung von Geschäftsanteilen, die ausschließlich durch die Gesellschafter der Gesellschaft vorgenommen werden, diese Wertung zu Grunde gelegt und nicht die Schutzfunktion als Normzweck erachtet hat. Es bleibt damit bei der bloßen Reflexwirkung der Schutzmechanismen einer notariellen Beurkun-

---

186 *Reichert/Weller*, GmbH-Geschäftsanteil, § 15 Rn. 19 sprechen von einer präponderanten Bedeutung des § 15 Abs. 3 GmbHG gegenüber der Formvorschrift des § 15 Abs. 4 S. 1 GmbHG.

187 *Reichert/Weller*, GmbH-Geschäftsanteil, § 15 Rn. 19.

188 *Reichert/Weller*, GmbH-Geschäftsanteil, § 15 Rn. 19 sprechen von einem, durch Abs. 3, limitierten Beurkundungszweck des Abs. 4.

189 *Walz/Fembacher*, NZG 2003, 1135, 1141.

190 *Walz/Fembacher*, NZG 2003, 1135, 1141 Fn. 66 mit Verweis auf *Frenz*, in: Freundesgabe Weichler (1998), S. 175, 181.

191 *Heinrichs*, in: PalandtBGB, § 125 Rn. 2.

192 Siehe § 350 HGB, Bürgschaft, Schuldversprechen, Schuldanerkenntnis.

dung im Rahmen des § 15 Abs. 3 GmbHG. Vor diesem Hintergrund kann für die Regelung des § 15 Abs. 4 S. 1 GmbHG nichts Anderes gelten, da sonst der, durch § 15 Abs. 4 S. 2 GmbHG zum Ausdruck kommenden, überwiegenderen Bedeutung des § 15 Abs. 3 GmbHG nicht Rechnung getragen würde. Die Heilungsmöglichkeit wäre dogmatisch nicht zu erklären, wenn der Schutzzweck des zu heilenden Geschäfts weiter reichte als der des heilenden. Hieraus folgt, dass auch dem Formzwang im Rahmen des Verpflichtungsgeschäfts keine Warn- oder Schutzfunktion beigemessen werden kann, die für die Auslegung der Norm maßgeblich ist. Auch hier sind diese Wirkungen rein reflexartiger Natur. Weder der Formvorschrift des § 15 Abs. 3 noch der des § 15 Abs. 4 S. 1 GmbHG kann nach dem Gesagten eine Warn- oder Übereilungsschutzfunktion beigemessen werden[193]. Zwar besteht eine faktische Schutzwirkung durch das Beurkundungsverfahren; diese Mechanismen sind jedoch bloße Rechtsreflexe der notariellen Beurkundung und keine von den Formvorschriften verfolgten Zwecke, die als Auslegungskriterium maßgeblich sind.

Im Hinblick auf das von *Damrau* angeführte anscheinend unbefriedigende Ergebnis infolge der Umdeutung bedeutet dies, dass ein solcher Rechtsakt weder Warn- noch anderweitig zu beachtende Schutzfunktionen der Formvorschriften abschwächt oder ganz umgeht und damit nach § 140 BGB legitimiert ist. Dass eine formunwirksame Bestellung eines Pfandrechts über eine Umdeutung in eine wirksame Verpflichtung letztlich doch zur formgültigen Bestellung gelangen kann, ist mithin hinzunehmen. Zu beachten ist allerdings, dass § 140 BGB auf subjektiver Ebene voraussetzt, dass die Geltung des Ersatzgeschäfts bei Kenntnis der Nichtigkeit des Ausgangsgeschäfts (fiktiv) gewollt sein würde. Es ist demnach immer zu untersuchen, ob der Wille der Parteien dahin geht, eine schuldrechtliche Verpflichtung zur Pfandrechtsbestellung aufrechtzuerhalten. Freilich unter der Prämisse, dass im Rahmen der fehlgeschlagenen (dinglichen) Pfandrechtsbestellung keine notarielle Belehrung stattgefunden hat. Sofern dieser Wille zu bejahen ist, kann eine Umdeutung gemäß § 140 BGB stattfinden mit der Konsequenz, dass eine formwirksame Pfandbestellung verlangt und nötigenfalls eingeklagt werden kann. Die Formzwecke des § 15 GmbHG stehen einer Umdeutung jedenfalls nicht entgegen.

b) Die Verpfändung als bedingte Abtretung

Für eine notarielle Beurkundungspflicht auch des pfandrechtlichen Verpflichtungsvertrags und damit einer analogen Anwendung des § 15 Abs. 4 S. 1 GmbHG wird über die Formzwecke des § 15 GmbHG hinaus angeführt, die Verpfändung selbst sei wie eine bedingte Abtretung zu behandeln[194]. Bei einer Verpfändung sei die Übertragung des Pfandgegenstandes letztlich durch den endgültigen Pfandverkauf bedingt. Dement-

---

[193] So auch BGH NJW-RR 1998, 1270 f., zuletzt BGHZ 141, 207, 211 mit zahlreichen Verweisen auf die vorhergehende gefestigte höchstrichterliche Rechtsprechung sowohl des Reichsgerichts als auch des Bundesgerichtshofs; *Jasper*, in: MünchHdBGesR, Band 3, § 24 Rn. 43, 125; *Reichert/Weller*, GmbH-Geschäftsanteil, § 15 Rn. 16 ff.; *H. Winter/Seibt*, in: Scholz, GmbHG, § 15 Rn. 37; *M. Winter/Löbbe*, in: Ulmer/Habersack/Winter, GmbHG, § 15 Rn. 1; *Armbrüster*, DNotZ 1997, 762, 771 f.; *Goette*, DStR 1998, 539 f.; *Goette*, Die GmbH, § 5 Rn. 11; *Heidenhain*, NJW 1999, 3073, 3075; *Schilling*, JZ 1954, 635 f.; *Schlüter*, in: Festschrift Bartholomeyczik (1973), S. 359, 362.

[194] *Damrau*, in: MünchKommBGB, § 1274 Rn. 56.

sprechend soll überall dort, wo die Übertragung des Rechts einer notariell beurkundeten Verpflichtungsvereinbarung bedarf, auch die Verpflichtung zur Pfandrechtsbestel-
lung dieser Form bedürfen[195]. Der Auffassung ist zuzugeben, dass unter praktischen
Gesichtspunkten jede Verpfändung im Falle der Pfandverwertung zu einem endgültigen
Rechtsverlust infolge der Übertragung des Geschäftsanteils führt. Die Übertragung des
Rechts steht damit bei der Verpfändung desselbigen richtigerweise unter einer aufschiebenden Bedingung (§ 158 Abs. 1 BGB). Dass der Bedingungseintritt, hier die
Pfandreife (§ 1228 Abs. 2 S. 1 BGB), ungewiss ist und im Zweifel auch völlig ausblei-
ben kann, hindert nicht die Annahme eines bedingten Rechtsgeschäftes[196]. Demnach
muss der Ansicht in dem Punkt entsprochen werden, dass es sich bei einer Verpfändung von Geschäftsanteilen, dogmatisch gesehen, um eine bedingte Übertragung der
Anteile handelt[197]. Fraglich ist indes, ob allein diese Tatsache den Schluss rechtfertigt,
die Formvorschriften für die Übertragung von Geschäftsanteilen auf die Verpfändung
anzuwenden. *Damrau* legt betont Wert auf die dogmatische Gleichheit von Übertragung und Verpfändung, indem er auf die Bedingtheit der Übertragung bei der Verpfändung hinweist. Nicht außer Acht gelassen darf jedoch bleiben, dass Verpfändung und
Übertragung sowohl rechtlich als auch wirtschaftlich jeweils unter anderen Gesichtspunkten zu betrachten sind[198]. Die Verpfändung ist, anders als die Übertragung, nicht
auf einen unmittelbaren Rechtsverlust auf Seiten des Pfandbestellers gerichtet. Durch
sie findet, von einer eventuellen späteren Verwertung abgesehen, gerade kein unmittelbarer Inhaberwechsel statt, sondern es wird zunächst lediglich eine Verpflichtung zur
Belastung eingegangen. Demzufolge ist die Gleichschaltung von Übertragung und Verpfändung im Hinblick auf die Bedingtheit zwar im tatsächlichen Ergebnis korrekt, von
der intendierten Wirkung beider Rechtsgeschäfte jedoch nicht zutreffend. Allein die
Vergleichbarkeit von Übertragung und Verpfändung aufgrund der Bedingtheit des
Rechtsgeschäfts kann eine entsprechende Anwendung der Formvorschrift des § 15
Abs. 4 S. 1 GmbHG nicht rechtfertigen.

Gegen eine entsprechende Anwendung spricht zudem der Wortlaut der Vorschrift,
die lediglich von der Verpflichtung zur Abtretung eines Geschäftsanteils spricht. Die
strikte Nichterwähnung der Zulässigkeit sowie der formellen Voraussetzungen von Anteilsverpfändungen verwundert indessen nicht; wollte der Gesetzgeber doch bewusst
keine Regelungen bezüglich der Verpfändung von Geschäftsanteilen in das GmbHG
einführen[199]. Er hat aus Rücksicht auf die anstehenden Regelungsbemühungen hinsichtlich eines einheitlichen Pfandrechtssystems im Rahmen des Bürgerlichen Gesetz-
buches gänzlich von einer Regelung der Geschäftsanteilsverpfändung im GmbHG abgesehen. Lag es nun nachweisbar in der Absicht des Gesetzgebers, über die Verpfändung von Geschäftsanteilen im Rahmen des GmbHG nichts zu bestimmen, so ist es
unzulässig den § 15 Abs. 4 S. 1 GmbHG so auszulegen, als ob die dort erwähnte Vereinbarung auch die bezüglich einer Verpfändung beträfe[200]. Auch eine Analogie scheidet aufgrund der bewussten Nichtregelung der Anteilsverpfändung aus. Aus diesen

---

[195] *Damrau*, in: MünchKommBGB, § 1274 Rn. 2.
[196] Statt aller *Heinrichs*, in: PalandtBGB, § 158 Rn. 3.
[197] So auch *Büchner*, Verpfändung von Anteilen, S. 24.
[198] RGZ 58, 223, 225.
[199] Dazu § 3 A I 1.
[200] So bereits RGZ 58, 223, 225.

Gründen kann auch der § 15 Abs. 3 GmbHG nicht auf das obligatorische Geschäft ü-bertragen werden[201]. Der spätere Gesetzgeber hat durch die Einführung der Vorschrift des § 1274 Abs. 1 S. 1 BGB zum Ausdruck gebracht, dass er lediglich den dinglichen Pfandbestellungsakt der notariellen Form unterwerfen möchte. Von einer entsprechenden Verweisungsvorschrift im Hinblick auf den obligatorischen Verpflichtungsvertrag hat er bewusst abgesehen. Außerhalb des Verweises von § 1274 Abs. 1 S. 1 BGB, der lediglich den dinglichen Pfandbestellungsakt erfasst, verbietet sich ein Rückgriff auf die Formvorschriften des § 15 GmbHG. Weder die Formzwecke der Vorschrift noch systematische, historische oder wirtschaftliche Erwägungen legen eine Anwendung der Regelung des § 15 Abs. 4 S. 1 GmbHG auf den schuldrechtlichen Verpfändungsvertrag nahe. Der schuldrechtliche Vertrag über die Verpflichtung zur Bestellung eines Pfandrechts an einem GmbH-Geschäftsanteil bedarf demnach nicht der notariellen Beurkundung.

B. Der Umfang des Pfandrechts

Die Effektivität eines Pfandrechts an einem Gesellschaftsanteil für die Kreditsicherung hängt maßgeblich von zwei Faktoren ab. Als erstes ist entscheidend, auf welchen Pfandgegenstand der Pfandgläubiger im Sicherungsfall, das heißt, wenn die gesicherte Kreditforderung nicht rechtzeitig bedient wird, zugreifen kann. Bei einem Geschäftsanteil, als komplexem Gebilde aus Rechten und Pflichten, bieten sich für den Pfandgläubiger neben der Befriedigung aus dem Anteil selbst – durch dessen Veräußerung (§ 1228 Abs. 1 BGB) – weitere Möglichkeiten, auf vermögenswerte Rechte zuzugreifen. An zweiter Stelle ist ausschlaggebend, welche rechtliche Stellung den Beteiligten vor und nach einem möglichen Sicherungsfall zukommt[202]. Insbesondere davor ist es für den Pfandgläubiger wichtig, seinen Pfandgegenstand, den Geschäftsanteil und/oder vermögenswerte Rechte, vor beeinträchtigenden Einflüssen durch den Gesellschafter oder die Gesellschaft schützen zu können; danach ist entscheidend, wie effektiv seine Zugriffsrechte auf den Pfandgegenstand ausgestaltet sind. Zunächst soll das erste Kriterium, der Umfang des isolierten Anteilspfandrechts und damit der Zugriffsgegenstand des Pfandgläubigers, behandelt werden.

I. Gesetzliches Leitbild

Sofern keine anderweitigen Abreden zwischen Pfandbesteller und Pfandgläubiger getroffen werden, beschränkt sich die Verpfändung auf den GmbH-Geschäftsanteil als solchen. Für die Vertragsgestaltung ist entscheidend, welche Rechte bereits bei einer reinen Anteilsverpfändung dem Zugriff des Pfandgläubigers im Sicherungsfall unterliegen. Gemäß §§ 1273 Abs. 2 S. 1, 1204 BGB erhält der Pfandgläubiger durch die Verpfändung die Berechtigung, Befriedigung aus dem Pfandgegenstand zu suchen. Er erwirbt lediglich das Recht, sich aus dem Geschäftsanteil selbst, durch dessen Verwertung nach den für die Zwangsvollstreckung geltenden Vorschriften (§ 1277 BGB), zu

---

[201] RGZ 58, 223, 226; *Reichert/Weller*, GmbH-Geschäftsanteil, § 15 Rn. 285; *Müller*, GmbHR 1969, 4, 6.

[202] Hierzu § 4.

befriedigen, sobald die Forderung fällig ist, für die der Geschäftsanteil verpfändet wurde (§ 1228 Abs. 2 S. 1 BGB sog. Pfandreife). Das Zugriffsrecht des Pfandgläubigers beschränkt sich damit zunächst auf den reinen Substanzwert des Anteils[203]. Der Substanzwert einer Gesellschaft beschreibt den Gebrauchswert der betrieblichen Substanz und berechnet sich nach den Rekonstruktions- oder Wiederbeschaffungskosten aller im Unternehmen vorhandenen materiellen und immateriellen Werte[204]. Maßgebend ist der Betrag, der erforderlich wäre, um ein entsprechendes Unternehmen zu errichten[205]. Die Geschäftsanteilssubstanz erfasst deshalb nur den anteiligen Unternehmenswert. Dass aus dem Geschäftsanteil eine Vielzahl weiterer vermögensrechtlicher Positionen, etwa das anteilige Gewinnbezugsrecht, resultiert, ist für den Substanzwert unerheblich. Das isolierte Anteilspfandrecht verschafft dem Pfandgläubiger damit zunächst nur Zugriff auf die Anteilssubstanz, nicht jedoch auf die anteiligen vermögensrechtlichen Leistungsansprüche des Gesellschafters[206].

II. Surrogation und Pfandrechtserstreckung

Der Pfandgläubiger erhält durch die Verpfändung zunächst nur das Recht, sich aus dem Geschäftsanteil zu befriedigen. Nur der reine Substanzwert des Anteils unterliegt nach dem gesetzlichen Leitbild im Sicherungsfall dem Zugriff des Pfandgläubigers. Damit ist der Pfandgläubiger auf den Geschäftsanteil als Verwertungsgegenstand angewiesen. Was aber, wenn der zuvor verpfändete Geschäftsanteil – gleich aus welchem Grund[207] – vorher wegfällt? In diesem Fall ist es für den Pfandgläubiger entscheidend, dass sich sein Pfandrecht auf diejenigen Rechte erstreckt, die an die Stelle des Geschäftsanteils treten. Von dieser Fragestellung erfasst werden in erster Linie Geschäftsanteilssurrogate im engeren Sinn (i.e.S.) und damit Ansprüche, die an die Stelle des Geschäftsanteils treten, während dieser vollständig wegfällt. Nur, wenn der ursprünglich verpfändete Geschäftsanteil durch ein inhaltlich umgestaltetes Recht ersetzt wird, handelt es sich um ein klassisches Anteilssurrogat. Häufig wird im Zusammenhang mit „echten" Geschäftsanteilssurrogaten i.e.S. auch die Fallgestaltung der Geschäftsanteilssurrogate im weiteren Sinn (i.w.S.) angesprochen[208]. Dabei handelt es sich um Ansprüche, die dem Gesellschafter als Ersatz für den Verlust seiner Mitgliedschaft zukommen, obwohl der Geschäftsanteil entweder dauerhaft oder zumindest vorerst bestehen bleibt[209]. Es handelt sich damit gerade nicht um geschäftsanteilsersetzende Ansprüche, sondern vielmehr um Ausgleichsansprüche für den Verlust der Ge-

---

[203] Einhellig, vgl. nur BGHZ 119, 191, 194; *Altmeppen*, in: Roth/Altmeppen, GmbHG, § 15 Rn. 59; *Damrau*, in: MünchKommBGB, § 1274 Rn. 53; *Habersack*, in: SoergelBGB, § 1274 Rn. 30; *Hueck/Fastrich*, in: Baumbach/Hueck, GmbHG, § 15 Rn. 51; *Sommer*, in: MünchHdBGesR, Band 3, § 26 Rn. 170; *H. Winter/Seibt*, in: Scholz, GmbHG, § 15 Rn. 181.

[204] *Piltz*, Unternehmensbewertung, S. 34 ff.

[205] *Reichert/Weller*, GmbH-Geschäftsanteil, § 14 Rn. 36.

[206] Eingehend hierzu § 3 B II 3.

[207] Zu den Möglichkeiten des Verpfänders derartige Rechtsfolgen herbeizuführen vgl. § 4.

[208] Die hier verwendete Terminologie findet im Schrifttum keine Verwendung. Dies ist maßgeblich darauf zurückzuführen, dass auch eine Trennung der unterschiedlichen Surrogationsformen nicht vorgenommen wird.

[209] Vgl. nur *Hueck/Fastrich*, in: Baumbach/Hueck, GmbHG, § 15 Rn. 51; *Reichert/Weller*, GmbH-Geschäftsanteil, § 15 Rn. 304 f.

sellschafterstellung. Eine Trennung dieser beiden Surrogationsformen erscheint neben reinen Klarstellungsgesichtspunkten vor allem vor dem Hintergrund des Pfandrechts als dinglichem Recht sinnvoll. Bei Anteilssurrogaten i.w.S. bleibt der Geschäftsanteil unter Umständen dauerhaft bestehen, so dass sich die Frage stellt, ob überhaupt eine Surrogation stattfindet oder das Pfandrecht als dingliche Belastung nicht an dem Geschäftsanteil selbst bestehen bleibt[210].

Von den Fällen der Surrogation zu unterscheiden ist die Erstreckung des Anteilspfandrechts auf Nebenrechte. Hierbei steht die Frage im Vordergrund, ob sich bei einer isolierten Geschäftsanteilsverpfändung das Pfandrecht neben der reinen Anteilssubstanz noch auf weitere Nebenrechte aus der Mitgliedschaft erstreckt. Die Unterscheidung von Surrogation und Pfandrechtserstreckung ist notwendig, da ihnen unterschiedliche Zweckrichtungen zu Grunde liegen. Bei der Fortsetzung des Pfandrechts an Geschäftsanteilssurrogaten – unabhängig, ob im engeren oder weiteren Sinn – geht es im Grunde nicht um eine Erweiterung, sondern vielmehr um die Erhaltung des ursprünglichen Sicherungsumfangs, während mit der Erstreckung des Pfandrechts auf vermögenswerte Nebenrechte aus der Mitgliedschaft eine Erweiterung des Sicherungsumfangs beabsichtigt ist. Im Fall der Surrogation geht es demnach um Ansprüche, die an die Stelle des ursprünglich verpfändeten Geschäftsanteils treten; im Fall der Pfandrechtserstreckung um Ansprüche, die zusätzlich neben das isolierte Anteilspfandrecht treten.

1. Die Fortsetzung an Geschäftsanteilssurrogaten i.e.S.

a) Einziehung und Liquidation

Zu einem vollständigen Wegfall des Geschäftsanteils kommt es sowohl bei der Einziehung des Geschäftsanteils (Amortisation) gemäß § 34 GmbHG als auch bei der Liquidation der Gesellschaft. Mit Wirksamwerden[211] der Einziehung geht der gesamte Geschäftsanteil mit samt den, dem Gesellschafter zustehenden Rechten und Pflichten aus der Mitgliedschaft unter[212]. Jegliche Rechte Dritter – damit auch Pfandrechte – an dem untergegangenen Anteil erlöschen infolge der Einziehung[213]. Dem betroffenen Gesellschafter steht jedoch ein Abfindungsanspruch (sog. Einziehungsentgelt) zu[214]. Dieser Anspruch tritt an die Stelle des untergegangenen Geschäftsanteils und stellt damit ein Anteilssurrogat i.e.S. dar. Ähnlich verhält es sich bei der Auflösung der Gesellschaft gemäß §§ 60 ff. GmbHG. Diese führt zwar nicht unmittelbar zur Vollbeendigung (Löschung) der GmbH und damit zum Wegfall der Geschäftsanteile; vielmehr schließt sich die Abwicklung (Liquidation) an, deren Ziel es ist, die Gesellschaftsgläubiger zu befrie-

---

[210] Vgl. § 3 B II 2.

[211] Dies ist erst der Fall, wenn der betroffene Gesellschafter die ihm zustehende Abfindung vollständig erhalten hat, vgl. BGHZ 9, 157, 173; eingehend hierzu *Sieger/Mertens*, ZIP 1996, 1493 f.

[212] BGHZ 123, 299, 302; *Hueck/Fastrich*, in: Baumbach/Hueck, GmbHG, § 34 Rn. 19; *Sosnitza*, in: Michalski, GmbHG, § 34 Rn. 112; *Goette*, Die GmbH, § 5 Rn. 65.

[213] *Hueck/Fastrich*, in: Baumbach/Hueck, GmbHG, § 34 Rn. 19; *Sosnitza*, in: Michalski, GmbHG, § 34 Rn. 114; *Reymann*, DNotZ 2005, 425, 460; *Schuler*, NJW 1960, 1423, 1426.

[214] Dieser ist zwar nicht im GmbH-Gesetz geregelt, aber als allgemeiner Rechtsgrundsatz und in Analogie zu § 738 Abs. 1 S. 2 BGB durchgehend anerkannt. *Hueck/Fastrich*, in: Baumbach/Hueck, GmbHG, § 34 Rn. 19; *Ulmer*, in: Ulmer/Habersack/Winter, GmbHG, § 34 Rn. 72.

digen und das darüber hinaus verbleibende Vermögen an die Gesellschafter auszukehren[215]. Während dieser Liquidationsphase besteht die Gesellschaft und damit auch die an den Geschäftsanteilen bestehenden Pfandrechte fort[216]. Dies jedoch nur so lang, bis das Liquidationsverfahren vollständig abgeschlossen ist. Sofern sich also nach Abschluss des Liquidationsprozesses, das heißt Umsetzung des Gesellschaftsvermögens in Geld (sog. Versilberung) und Befriedigung der Gesellschaftsgläubiger, ein verteilbarer Aktivüberschuss ergibt, entsteht bei den Gesellschaftern gemäß § 72 S. 1 GmbHG der Anspruch auf eine anteilsmäßige Liquidationsquote[217]. Nach Beendigung der Liquidation ist die Gesellschaft gemäß § 74 Abs. 1 S. 2 GmbHG zu löschen, so dass der anteilige Liquidationsanspruch des Gesellschafters nun den jeweils erloschenen Geschäftsanteil ersetzt[218].

Den beiden vorstehenden Fallgestaltungen gemein ist, dass das Pfandrecht an dem Geschäftsanteil wegen dessen Wegfall untergeht und sich auf Seiten des Gesellschafters ein Ausgleichsanspruch bildet. Die Frage der Fortsetzung des Pfandrechts an derartigen Geschäftsanteilssubstituten ist bislang zwar weder durch Gesetz noch durch die höchstrichterliche Rechtsprechung[219] abschließend geklärt, allerdings besteht im Schrifttum ein allgemeiner Konsens dahingehend, dass der Wegfall des Geschäftsanteils sich nicht nachteilig auf die Stellung des Pfandgläubigers auswirken darf und damit eine Surrogation des Pfandrechts zu erfolgen hat[220]. Überwiegend wird hierfür die Vorschrift des § 1287 BGB entsprechend herangezogen[221]. Regelungszweck dieser Vorschrift ist, dass an die Stelle des Pfandrechts an der Forderung kraft gesetzlich angeordneter Surrogation ein Pfandrecht am geleisteten Gegenstand tritt[222]. Damit soll gewährleistet werden, dass sich das Pfandrecht automatisch am neuen Gegenstand fortsetzt, ohne dass es einer erneuten vertraglichen Einräumung des Pfandrechts bedarf. Die Intention des Gesetzgebers, dem Pfandgläubiger das Substrat des Pfandrechts zu erhalten, muss über die Vorschrift des § 1287 BGB hinaus in allen Fällen gelten, in denen an die Stelle des ursprünglichen Pfandobjekts ein neues tritt. Im Hinblick auf das

---

[215] *Schulze-Osterloh/Fastrich*, in: Baumbach/Hueck, GmbHG, § 60 Rn. 2; *Goette*, Die GmbH, § 10 Rn. 1 ff.

[216] *Schulze-Osterloh/Fastrich*, in: Baumbach/Hueck, GmbHG, § 60 Rn. 9.

[217] BGHZ 88, 205, 207; 104, 351, 353.

[218] Dies verkennt *Kolkmann*, MittRhNotK, 1992, 1, 7, 10, wenn er die Liqidationsquote nicht als Surrogat, sondern als Nutzung des Geschäftsanteils ansieht.

[219] RGZ 142, 373, 378 f. geht in einem obiter dictum auf die Fortsetzung des Pfandrechts an einem Geschäftsanteil oder dem Entgeltanspruch, der infolge der Einziehung des Geschäftsanteils gemäß § 34 GmbHG entsteht, ein und führt dies mit Verweis auf die Vorschrift des § 1287 BGB auf eine dingliche Surrogation zurück. BGHZ 104, 351, 355 lässt ebenfalls in einem Nebensatz erkennen, dass der Liquidationserlös vom Anteilspfandrecht erfasst wird. Dort heißt es: „Ebenso wie am Erlös setzt sich das Pfandrecht deshalb auch an der Abfindungsforderung fort."

[220] Einhellig vgl. nur *Bassenge*, in: PalandtBGB, § 1287 Rn. 2; *Hueck/Fastrich*, in: Baumbach/Hueck, GmbHG, § 15 Rn. 51; *Reichert/Weller*, GmbH-Geschäftsanteil, § 15 Rn. 304 f.; *M. Winter/Löbbe*, in: Ulmer/Habersack/Winter, GmbHG, § 15 Rn. 165; *Kerbusch*, GmbHR 1990, 156, 158, der hierfür entsprechend auf den Rechtsgedanken des § 1276 Abs. 2 BGB abstellt; *Sieger/Hasselbach*, GmbHR 1999, 633, 638; *Büchner*, Verpfändung von Anteilen, S. 108 ff.

[221] *Ebbing*, in: Michalski, GmbHG, § 15 Rn. 232; *Hueck/Fastrich*, in: Baumbach/Hueck, GmbHG, § 15 Rn. 51; *Reichert/Weller*, GmbH-Geschäftsanteil, § 15 Rn. 304; *Sommer*, in: MünchHdBGesR, Band 3, § 26 Rn. 170; *M. Winter/Löbbe*, in: Ulmer/Habersack/Winter, GmbHG, § 15 Rn. 165; *H. Winter/Seibt*, in: Scholz, GmbHG, § 15 Rn. 184; *Bruhns*, GmbHR 2006, 587 f.

[222] *Wiegand*, in: StaudingerBGB, § 1287 Rn. 1.

anteilige Liquidationsentgelt wird eine dingliche Surrogation vereinzelt auch auf eine entsprechende Anwendung des § 1258 BGB zurückgeführt[223]. Da im Zuge der Rechtsprechungsänderung[224] zu § 1258 BGB nunmehr nicht weiter von einem schuldrechtlichen Anspruch auf Einräumung eines neuen Pfandrechts[225], sondern ebenfalls von einer dinglichen Surrogation auszugehen ist[226], macht es im praktischen Ergebnis keinen Unterschied, welche der beiden Vorschriften entsprechend angewendet wird. Angesichts des Sondernormstatus von § 1258, der den speziellen Fall des Pfandrechts an einem Anteil eines Miteigentümers erfasst, liegt es jedoch nahe, die generelle Norm bezüglich der Leistungswirkung bei Forderungspfandrechten entsprechend anzuwenden. Für den Fall echter Geschäftsanteilssurrogate i.e.S. ist daher mit der einhelligen Auffassung im Schrifttum davon auszugehen, dass sich das Pfandrecht entsprechend § 1287 BGB im Wege dinglicher Surrogation an dem Anteilssubstitut fortsetzt.

b) Umwandlung

Ebenfalls zu einer Geschäftsanteilssurrogation i.e.s. führt die Umwandlung nach den Vorschriften des Umwandlungsgesetzes (UmwG). Hiervon erfasst werden Verschmelzung, Aufspaltung, Abspaltung sowie der Formwechsel. An die Stelle des verpfändeten Geschäftsanteils tritt hierbei keine Kapitalforderung, sondern die Anteile des übernehmenden bzw. neuen Rechtsträgers. Für alle Fälle der Umwandlung gilt, dass Rechte Dritter an den betroffenen Anteilen an den, an ihre Stelle tretenden Anteilen des übernehmenden oder neuen Rechtsträgers weiterbestehen[227]. Dies geschieht entsprechend § 1287 BGB wiederum im Wege der dinglichen Surrogation, so dass keine vertragliche Neubegründung erforderlich ist[228]. Soweit durch die Umwandlung die ursprünglichen Anteile ersatzlos wegfallen, erlöschen vorbehaltlich schuldrechtlicher Ersatzansprüche Rechte Dritter ersatzlos[229]. Die Folgen für das Pfandrecht bei einem umwandlungsbedingten Austritt des Gesellschafters werden im Rahmen des allgemeinen Austritts aus der Gesellschaft behandelt[230].

c) Kapitalherabsetzung

In den Kontext der Geschäftsanteilssurrogate i.e.S. ist auch die Herabsetzung des Stammkapitals einzuordnen. Eine Kapitalherabsetzung kann in zwei verschiedenen

---

[223] Ohne nähere Ausführung, *Damrau*, in: MünchKommBGB, § 1258 Rn. 7, 11; § 1274 Rn. 62 mit Verweis auf RGZ 142, 373, 378; wobei allerdings das Reichsgericht ausdrücklich auf § 1287 BGB verweist.

[224] Beginnend durch die Entscheidung BGHZ 52, 99 ff.

[225] So noch RGZ 84, 395, 397.

[226] *Damrau*, in: MünchKommBGB, § 1258 Rn. 7; *Wiegand*, in: StaudingerBGB, § 1258 Rn. 11.

[227] Vgl. die Regelungen der §§ 20 Abs. 1 Nr. 3 S. 2, 36 Abs. 1, 131 Abs. 1 Nr. 3 S. 2; 135 Abs. 1, 202 Abs. 1 Nr. 2 S. 2 UmwG.

[228] *Grunewald*, in: Lutter, UmwG, § 20 Rn. 65; *Reichert/Weller*, GmbH-Geschäftsanteil, § 15 Rn. 306; *H. Winter/Seibt*, in: Scholz, GmbHG, § 15 Rn. 187; *M. Winter/Löbbe*, in: Ulmer/Habersack/Winter, GmbHG, § 15 Rn. 165.

[229] *Grunewald*, in: Lutter, UmwG, § 20 Rn. 65; *H. Winter/Seibt*, in: Scholz, GmbHG, § 15 Rn. 187.

[230] § 3 B II 2 b.

Ausprägungen erfolgen, nämlich der Ausschüttung von Teilen des Stammkapitals an die Gesellschafter (effektive Kapitalherabsetzung) oder der Anpassung des Stammkapitals nach Verlusten an das noch vorhandene Gesellschaftsvermögen (nominelle Kapitalherabsetzung)[231]. Beide Formen sind in § 58 GmbHG einheitlich geregelt[232]. Die in den §§ 58 a - f GmbHG normierte vereinfachte Kapitalherabsetzung entspricht im Wesentlichen der effektiven Kapitalherabsetzung mit dem Unterschied, dass das Stammkapital hier auch unter den gesetzlichen Mindestbetrag herabgesetzt werden kann, wenn dieser durch eine gleichzeitige Kapitalerhöhung wieder erreicht wird[233]. Fraglich ist, inwieweit sich das Pfandrecht infolge der Kapitalherabsetzung inhaltlich verändert.

aa) Effektive Kapitalherabsetzung

Die effektive Kapitalherabsetzung wird durch eine teilweise Rückzahlung der (Stamm-) Einlage bewirkt, § 58 Abs. 2 S. 2 (RegE-) GmbHG. Zu untersuchen ist, ob das Pfandrecht den entstehenden Rückzahlungsanspruch auf den entsprechend herabgesetzten Betrag des Stammkapitals erfasst. Das Schrifttum bejaht dies einhellig, allerdings ohne nähere Begründung, und geht von einer dinglichen Surrogation entsprechend § 1287 BGB aus[234]. Diese Auffassung ist zutreffend, da sich der Anspruch auf Rückzahlung der Stammeinlage als teilweises Geschäftsanteilssurrogat darstellt. Gegenstand des Verpfändungsvertrags ist ein Geschäftsanteil mit einem bestimmten Nennbetrag. Das Anteilspfandrecht ist damit auf eine konkrete Nennkapitalziffer festgelegt. Kommt es nun zu einer Verringerung des Nennbetrags des verpfändeten Geschäftsanteils durch teilweise Auszahlung von Einlagen, stellt sich der anteilsbezogene Rückzahlungsanspruch hierauf als (Teil-) Surrogat dar. Der verpfändete Geschäftsanteil entspricht nämlich infolge der Kapitalherabsetzung nicht mehr der im Vertrag angegebenen Nennbetragsgröße. Der Differenzbetrag spiegelt sich nun im Rückzahlungsanspruch auf die zurückzuzahlende Einlage wider. Der Zahlungsanspruch tritt also lediglich an die Stelle eines Teils des vorher verpfändeten Geschäftsanteils und füllt damit die vertraglich vereinbarte Nennkapitalziffer wieder auf. Als teilweises Geschäftsanteilssurrogat wird der Anspruch auf Rückzahlung der Einlage infolge einer effektiven Kapitalherabsetzung von dem ursprünglichen Anteilspfandrecht erfasst. Dies geschieht entsprechend § 1287 BGB automatisch im Wege der dinglichen Surrogation und bedarf daher keiner vertraglichen Vereinbarung.

---

[231] *Raiser/Veil*, in: Kapitalgesellschaften, § 40 Rn. 1; *Wegmann*, in: MünchHdBGesR, Band 3, § 54 Rn. 1.

[232] Die §§ 58 ff. GmbHG werden durch den RegE-MoMiG lediglich terminologisch angepasst. Eine inhaltliche Änderung findet nicht statt. Vgl. ZIP 2007, Beilage zu Heft 23, S. 20 f.

[233] Im Überblick hierzu, *Raiser/Veil*, in: Kapitalgesellschaften, § 40 Rn. 2, 7 f.

[234] *Damrau*, in: MünchKommBGB, § 1274 Rn. 68; *Ebbing*, in: Michalski, GmbHG, § 15 232; *Reichert/Weller*, GmbH-Geschäftsanteil, § 15 Rn. 305; *H. Winter/Seibt*, in: Scholz, GmbHG, § 15 Rn. 186; *M. Winter/Löbbe*, in: Ulmer/Habersack/Winter, GmbHG, § 15 Rn. 165; *Müller*, GmbHR, 1969, 4, 34, 37; *Reymann*, DNotZ 2005, 425, 459.

bb) Nominelle Kapitalherabsetzung

Anders verhält es sich bei der nominellen Kapitalherabsetzung. Hier wird lediglich eine Anpassung des Stammkapitals an das noch vorhandene Gesellschaftsvermögen vorgenommen. Es kommt hierbei nicht zu Rückzahlungsansprüchen seitens der Gesellschafter. Vielmehr verringert sich lediglich der jeweilige Nennbetrag des Geschäftsanteils. Das Pfandrecht bleibt weiterhin an dem Geschäftsanteil bestehen, bezieht sich allerdings nur noch auf die herabgesetzte Nennbetragsziffer des Anteils.

2. Die Fortsetzung an Geschäftsanteilssurrogaten i.w.S.

a) Preisgabe (Abandon)

Zu den Anteilssurrogaten i.w.S. gehört zunächst der mögliche Anspruch auf den Übererlös aus § 27 Abs. 2 S. 3 GmbHG des Gesellschafters nach Ausübung des Preisgaberechts gemäß § 27 Abs. 1 S. 1 GmbHG (sog. Abandon[235]). Danach hat ein Gesellschafter das Recht sich durch Aufgabe seines Geschäftsanteils von der Inanspruchnahme der auf seinen Anteil entfallenden Nachschusspflicht zu befreien. Dies geschieht, indem er den Geschäftsanteil der Gesellschaft zur Befriedigung aus demselben zur Verfügung stellt. Die Gesellschaft hat nach § 27 Abs. 2 S. 1 GmbHG den Geschäftsanteil innerhalb eines Monats nach Erklärung der Preisgabe im Wege öffentlicher Versteigerung verkaufen zu lassen[236]. Hiervon abweichend sieht § 27 Abs. 3 S. 1 GmbHG vor, dass der Anteil der Gesellschaft zufällt, sofern diese durch den Verkauf keine Befriedigung erhalten kann. Im klassischen Fall der Geschäftsanteilssurrogation (Einziehung, Liquidation) erlischt das Pfandrecht an dem Geschäftsanteil infolge dessen Untergangs. Im Fall der Preisgabe des Geschäftsanteils verhält es sich hingegen anders. Die Ausübung des Abandonrechts berührt weder den Geschäftsanteil in seinem Bestand noch die Stellung Dritter, die ein Recht an dem Anteil haben[237]. Pfandrechte an dem Geschäftsanteil bleiben trotz Preisgabeerklärung zunächst bestehen[238]. Der abandonnierte Geschäftsanteil bleibt weiterhin existent, allerdings erlangt die Gesellschaft die Verfügungsbefugnis (nicht Inhaberschaft) an dem Anteil, um ihrer Verkaufspflicht nachkommen zu können[239]. Im Zuge des Verkaufs erhält der Geschäftsanteil lediglich einen neuen Inhaber. Grundsätzlich wird das Pfandrecht aber als dingliche Belastung des Geschäftsanteils nicht von der Anteilsübertragung tangiert. Vielmehr

---

[235] *Hueck/Fastrich*, in: Baumbach/Hueck, GmbHG, § 27 Rn. 1; *Lutter/Bayer*, in: Lutter/Hommelhoff, GmbHG, § 27 Rn. 1; *Pentz*, in: Rowedder/Schmidt-Leithoff, GmbHG, § 27 Rn. 1; *Zeidler*, in: Michalski, GmbHG, § 27 Rn. 1.

[236] Ausführlich zum Preisgabeverfahren *Müller*, in: Ulmer/Habersack/Winter, GmbHG, § 27 Rn. 1 ff.

[237] *Emmerich*, in: Scholz, GmbHG, § 27 Rn. 20, 28; *Hueck/Fastrich*, in: Baumbach/Hueck, GmbHG, § 27 Rn. 8, 10; *Müller*, in: Ulmer/Habersack/Winter, GmbHG, § 27 Rn. 45, 49; *Pentz*, in: Rowedder/Schmidt-Leithoff, GmbHG, § 27 Rn. 48; *Zeidler*, in: Michalski, GmbHG, § 27 Rn. 43.

[238] Ausdrücklich *Müller*, in: Ulmer/Habersack/Winter, GmbHG, § 27 Rn. 49.

[239] *Altmeppen*, in: Roth/Altmeppen, GmbHG, § 27 Rn. 12, 16; *Emmerich*, in: Scholz, GmbHG, § 27 Rn. 21 f.; *Lutter/Bayer*, in: Lutter/Hommelhoff, GmbHG, § 27 Rn. 2; *Müller*, in: Ulmer/Habersack/Winter, GmbHG, § 27 Rn. 47 f.; *Pentz*, in: Rowedder/Schmidt-Leithoff, GmbHG, § 27 Rn. 46, 51; *Zeidler*, in: Michalski, GmbHG, § 27 Rn. 42.

geht das Pfandrecht bei einer Übertragung des Anteils mit über[240]. Der Erwerber erhielte also einen, mit einem Pfandrecht belasteten Geschäftsanteil. Dies ist im Fall der Preisgabe eines verpfändeten Geschäftsanteils anders. Zwar bleibt der Geschäftsanteil bestehen, jedoch erlöschen entweder im Zeitpunkt der Veräußerung (§ 27 Abs. 2 GmbHG) oder mit dem Anfall an die Gesellschaft (§ 27 Abs. 3 GmbHG) jegliche Rechte Dritter an dem Anteil[241]. Während dies für letzteren Fall eher aus praktischen Gesichtspunkten folgt, wird es für die Veräußerung dogmatisch aus einem Analogieschluss zu § 1242 Abs. 2 S. 1 BGB hergeleitet. Verkäufer des Pfandobjektes ist nach dieser Vorschrift der Pfandgläubiger (§§ 1228, 1233 BGB)[242]. Die veräußernde Gesellschaft ist jedoch nicht Pfand-, sondern lediglich Nachschussgläubigerin. Allerdings wird in entsprechender Anwendung des § 1242 Abs. 2 S. 1 BGB davon ausgegangen, dass die Nachschussverpflichtung des Gesellschafters, ähnlich einem Pfandrecht, auf dem Geschäftsanteil lastet und dass der tatsächliche Pfandgläubiger, vorbehaltlich anderweitiger Abreden, dahinter zurückstehen müsse[243]. Die verwertende Gesellschaft ist insoweit einem Pfandgläubiger gleichzustellen, die in Bezug zu dem wirklichen Pfandgläubiger als Drittem aufgrund ihrer korporativen Nähe zum betreffenden Geschäftsanteil vorrangig ist. Der Analogieschluss rechtfertigt sich daneben auch aus praktischen Gesichtspunkten. Nur bei einem unbelasteten Anteil hat die Gesellschaft gute Aussichten, einen Erwerber zu finden, der bereit ist, einen, der Nachschussforderung entsprechenden Verkaufspreis für den Geschäftsanteil zu bezahlen. Andernfalls liefe das Preisgaberecht regelmäßig leer, sofern der betreffende Gesellschafter zuvor ein Pfandrecht an dem Geschäftsanteil bestellt hat. Ähnliches muss auch bei einem Anfall des Geschäftsanteils an die Gesellschaft gelten (§ 27 Abs. 3 GmbHG). Nur, wenn der Geschäftsanteil der Gesellschaft unbelastet zur Verfügung steht, besteht die Möglichkeit, trotz augenscheinlicher Unverwertbarkeit das Nachschussverlangen dennoch zu befriedigen. Mit der einhelligen Auffassung in der Literatur ist somit davon auszugehen, dass im Zeitpunkt der Veräußerung oder des Anfalls des Geschäftsanteils an die Gesellschaft die Rechte Dritter an dem Anteil entsprechend der Vorschrift § 1242 Abs. 2 S. 1 BGB erlöschen.

Dem Gesellschafter gebührt nach Preisgabe und Verwertung des Anteils nicht der gesamte eingegangene Erlös. Dieser steht in erster Linie der Gesellschaft zur Deckung ihrer Nachschussforderung zu. Der Gesellschafter kann nach § 27 Abs. 2 S. 3 GmbHG lediglich dasjenige verlangen, was nach Deckung der Verkaufskosten und des rück-

---

[240] *Ebbing*, in: Michalski, GmbHG, § 15 Rn. 233; *Hueck/Fastrich*, in: Baumbach/Hueck, GmbHG, § 15 Rn. 49; *Reichert/Weller*, GmbH-Geschäftsanteil, § 15 Rn. 314; *Sommer*, in: MünchHdBGesR, Band 3, § 26 Rn. 173; *M. Winter/Löbbe*, in: Ulmer/Habersack/Winter, GmbHG, § 15 Rn. 169; *H. Winter/Seibt*, in: Scholz, GmbHG, § 15 Rn. 188; *Reymann*, DNotZ 2005, 425, 457; *Rodewald*, GmbHR 1995, 418, 420.

[241] Einhellig, ohne nähere Diskussion *Altmeppen*, in: Roth/Altmeppen, GmbHG, § 27 Rn. 18, 20; *Damrau*, in: MünchKommBGB, § 1274 Rn. 64; *Emmerich*, in: Scholz, GmbHG, § 27 Rn. 28, 30; *Hueck/Fastrich*, in: Baumbach/Hueck, GmbHG, § 27 Rn. 10; *Lutter/Bayer*, in: Lutter/Hommelhoff, GmbHG, § 27 Rn. 3; *Müller*, in: Ulmer/Habersack/Winter, GmbHG, § 27 Rn. 49, 57, 66; *Pentz*, in: Rowedder/Schmidt-Leithoff, GmbHG, § 27 Rn. 48; *Zeidler*, in: Michalski, GmbHG, § 27 Rn. 48, 53; *Müller*, GmbHR 1969, 4, 34, 36 f.; *Reymann*, DNotZ 2005 425, 461; *Schuler*, NJW 1960, 1423, 1426 f.; *Büchner*, Verpfändung von Anteilen, S. 67 f.

[242] *Bassenge*, in: PalandtBGB, § 1242 Rn. 1.

[243] In diesem Sinne auch *Büchner*, Verpfändung von Anteilen, S. 67 f.; ähnlich auch *Wiedemann*, Mitgliedschaftsrechte, S. 427.

ständigen Nachschusses übrigbleibt (sog. Überschuss). Sofern der Verkaufserlös die Summe des rückständigen Nachschusses und der Verkaufsspesen nicht übersteigt, fällt er vollständig der Gesellschaft zu. An die Stelle des Geschäftsanteils kann zugunsten des Pfandgläubigers insofern nicht der gesamte Erlös, sondern allenfalls der Anspruch des Gesellschafters auf den Überschuss treten[244]. In früherer Zeit wurde vereinzelt vertreten, dass es bei der Frage, ob sich das Pfandrecht am gesamten Veräußerungserlös oder lediglich am Überschuss fortsetzt, auf den Zeitpunkt der Pfandrechtsbestellung ankommt[245]. Unter Berufung auf den Prioritätsgrundsatz wird eine Fortsetzung des Pfandrechts am gesamten Erlös angenommen, sofern das Pfandrecht entweder bei der satzungsmäßigen Einführung der Nachschussverpflichtung bereits bestand[246] oder das Pfandrecht zumindest vor Geltendmachung der Nachschussforderung bestellt wurde[247]. Dieser, in erster Linie auf Unbilligkeitsgesichtspunkten fußende Lösungsweg ist weder in gesetzessystematischer noch praktischer Hinsicht gangbar. Die Vorschrift des § 27 Abs. 2 S. 3 GmbHG sieht ausdrücklich nur einen Überschussanspruch für den Gesellschafter vor. Es kann nicht sein, dass dieser durch die (rechtzeitige) Belastung seines Geschäftsanteils den ursprünglich durch Gesetz vorgesehen Anspruchsumfang um ein Vielfaches erweitert. Der von § 27 GmbHG verfolgte Zweck der Deckung der Nachschussforderung durch Verwertung des abandonnierten Geschäftsanteils kann nur dann erreicht werden, wenn der Gesellschaft das ihr aus der Veräußerung zufließende Kapital unbelastet zur Verfügung steht. Dieser Zweck kann nicht durch die Rekrutierung des Prioritätsprinzips umgangen werden. Insofern ist der Pfandgläubiger stets nachrangig[248]. Mit der nunmehr einhelligen Auffassung ist somit davon auszugehen, dass an die Stelle des Geschäftsanteils nicht der gesamte Erlös, sondern allenfalls der Anspruch des Gesellschafters auf den Überschuss tritt, und zwar unabhängig vom Zeitpunkt der Pfandrechtsbestellung. Dies kann allerdings nur für den Fall der Verwertung nach § 27 Abs. 2 GmbHG gelten. Nur hier ist der Erwerber Rechtsnachfolger des vormaligen Anteilsinhabers, so dass diesem auch der Übererlös aus dem Verkauf zusteht. Sobald der Geschäftsanteil nach § 27 Abs. 3 GmbHG kraft Gesetzes der Gesellschaft zufällt, kann diese frei darüber verfügen, so dass der Verkaufserlös vollständig ihr gebührt, selbst wenn er die rückständige Nachschussforderung und notwendige Nebenkosten übersteigt[249]. Der Erwerber ist hier nicht Rechts-

---

[244] Einhellig, ohne nähere Diskussion *Altmeppen*, in: Roth/Altmeppen, GmbHG, § 27 Rn. 18; *Damrau*, in: MünchKommBGB, § 1274 Rn. 64; *Emmerich*, in: Scholz, GmbHG, § 27 Rn. 28; *Hueck/Fastrich*, in: Baumbach/Hueck, GmbHG, § 27 Rn. 10; *Lutter/Bayer*, in: Lutter/Hommelhoff, GmbHG, § 27 Rn. 3; *Müller*, in: Ulmer/Habersack/Winter, GmbHG, § 27 Rn. 49, 57; *Pentz*, in: Rowedder/Schmidt-Leithoff, GmbHG, § 27 Rn. 48; *Zeidler*, in: Michalski, GmbHG, § 27 Rn. 48, 53; *Müller*, GmbHR 1969, 4, 34, 36 f.; *Schuler*, NJW 1960, 1423, 1426 f.; *Wiedemann*, Mitgliedschaftsrechte, S. 427; *Büchner*, Verpfändung von Anteilen, S. 67 f.

[245] *Goerdeler*, in: Hachenburg, 7. Auflage, GmbHG, § 27 Rn. 26; *Becker*, GmbHR 1928, 405, 407; aus „neuerer" Zeit nur noch *Miller*, in: Meyer-Landrut/Miller/Niehus, GmbHG, §§ 26-28 Rn. 17.

[246] So *Goerdeler*, in: Hachenburg, 7. Auflage, GmbHG, § 27 Rn. 26; *Becker*, GmbHR 1928, 405, 407.

[247] So *Miller*, in: Meyer-Landrut/Miller/Niehus, GmbHG, §§ 26-28 Rn. 17.

[248] Vgl. *Emmerich*, in: Scholz, GmbHG, § 27 Rn. 28.

[249] *Altmeppen*, in: Roth/Altmeppen, GmbHG, § 27 Rn. 21; *Emmerich*, in: Scholz, GmbHG, § 27 Rn. 30; *Hueck/Fastrich*, in: Baumbach/Hueck, GmbHG, § 27 Rn. 9; *Müller*, in: Ulmer/Habersack/Winter, GmbHG, § 27 Rn. 65 f.; *Pentz*, in: Rowedder/Schmidt-Leithoff, GmbHG, § 27 Rn. 51; *Zeidler*, in: Michalski, GmbHG, § 27 Rn. 53.

44

nachfolger des früheren Gesellschafters, sondern der Gesellschaft[250]. Ein Übererlös infolge eines Verkaufes des Anteils nach § 27 Abs. 2 GmbHG steht also dem Gesellschafter zu (§ 27 Abs. 2 S. 3 GmbHG) und tritt damit als neues Pfandobjekt an die Stelle des Geschäftsanteils. Das Pfandrecht setzt sich in diesem Fall zumindest an dem Anspruch auf den Überschuss fort. Durch einen Verkauf nach Anfall des Geschäftsanteils an die Gesellschaft entsteht für den früheren Gesellschafter kein Anspruch auf den Übererlös, an dem sich das Pfandrecht fortsetzen könnte. Rechte Dritter erlöschen in diesem Fall entschädigungslos.

Das Schrifttum geht zwar einhellig davon aus, dass sich das Pfandrecht unabhängig vom Zeitpunkt der Bestellung an einem möglichen Überschussanspruch des Gesellschafters fortsetzt; es erfolgt allerdings keine Diskussion über den rechtsdogmatischen Weg. Neben einer bloßen Feststellung ohne gesetzliche Anbindung[251] findet sich sowohl der Hinweis auf eine entsprechende Anwendung der Vorschrift des § 1287 BGB[252] als auch der §§ 1273, 1247 BGB[253]. Die oberflächliche und im Ergebnis uneinheitliche Auseinandersetzung mit der dogmatischen Begründung der Pfandrechtssurrogation unterstreicht die praktische Irrelevanz[254]. Da allen genannten Vorschriften das Surrogationsprinzip zu Grunde liegt[255] macht es im Ergebnis keinen Unterschied, welche der genannten Vorschriften entsprechend herangezogen wird. Im Hinblick auf die Ausführungen zum Erlöschen des Pfandrechts bei Veräußerung oder Anfall des Pfandrechts an die Gesellschaft entsprechend § 1242 Abs. 2 S. 1 BGB erscheint es allerdings folgerichtig, die zum Schutz des nachrangigen Pfandgläubigers bestehende Vorschrift des § 1247 S. 2 BGB entsprechend anzuwenden. Die Vorschrift knüpft gerade an den in Gemäßheit der §§ 1242, 1243 BGB eintretenden Rechtsverlust an, so dass es konsequent ist, sie dem durch Abandonnierung seines Geschäftsanteils verlustig gegangenen Pfandgläubiger zugute kommen zu lassen. Das Pfandrecht setzt sich mithin an einem möglichen Anspruch auf den Überschuss gemäß § 27 Abs. 2 S. 3 GmbHG, der infolge einer Anteilsveräußerung nach § 27 Abs. 2 GmbHG erzielt sein muss, im Wege dinglicher Surrogation entsprechend § 1247 S. 2 BGB fort.

---

[250] *Emmerich*, in: Scholz, GmbHG, § 27 Rn. 30; *Hueck/Fastrich*, in: Baumbach/Hueck, GmbHG, § 27 Rn. 9; *Müller*, in: Ulmer/Habersack/Winter, GmbHG, § 27 Rn. 65 f.

[251] So bei *H. Winter/Seibt/Emmerich*, in: Scholz, GmbHG, § 15 Rn. 186; § 27 Rn. 28; *Sommer*, in: MünchHdBGesR, Band 3, § 26 Rn. 170.

[252] *Hueck/Fastrich*, in: Baumbach/Hueck, GmbHG, § 15 Rn. 51; *Reichert/Weller*, GmbH-Geschäftsanteil, § 15 Rn. 305; *M. Winter/Löbbe*, in: Ulmer/Habersack/Winter, GmbHG, § 15 Rn. 165; *Ebbing/Zeidler*, in: Michalski, GmbHG, § 15 Rn. 232; § 27 Rn. 48.

[253] *Altmeppen*, in: Roth/Altmeppen, GmbHG, §§ 27 Rn. 18; *Lutter/Bayer*, in: Lutter/Hommelhoff, GmbHG, § 27 Rn. 3; *Müller*, in: Ulmer/Habersack/Winter, GmbHG, § 27 Rn. 57; *Pentz*, in: Rowedder/Schmidt-Leithoff, GmbHG, § 27 Rn. 48; *Zeidler*, in: Michalski, GmbHG, § 27 Rn. 48.

[254] *Zeidler*, in: Michalski, GmbHG, § 27 Rn. 48 nennt für die Begründung der Surrogation sogar §§ 1287, 1273, 1247 BGB in einem Atemzug.

[255] *Wiegand*, in: StaudingerBGB, §§ 1247 Rn. 2, 4, 9; 1287 Rn. 1, 20. Dies gilt selbst für den Verweis von *Damrau*, in: MünchKommBGB, § 1274 Rn. 64 auf seine Ausführungen zum Liquidationsentgelt und damit auf § 1258 BGB.

b) Ausschluss und Austritt / Kaduzierung und Kündigung

Als Pfandrechtssurrogate i.w.S. gelten auch der Abfindungsanspruch infolge des Austritts oder Ausschlusses aus der Gesellschaft. Diese beiden, gesetzlich nicht geregelten Ausscheidungsgründe sind mittlerweile einhellig anerkannt[256]. Dem betroffenen Gesellschafter steht nach seinem Ausscheiden aus der Gesellschaft, vorbehaltlich anderweitiger Satzungsregelungen, ein Abfindungsanspruch in Höhe des Verkehrswerts seines Anteils zu[257]. Nach herrschender Auffassung[258] setzt sich sowohl an dem Abfindungsanspruch infolge des Ausschlusses als auch infolge des Austritts das Pfandrecht entsprechend § 1287 BGB im Wege der dinglichen Surrogation fort. Die Ausgangssituation ähnle hierbei derjenigen nach Preisgabe eines Anteils, da sich weder Ausschluss noch Austritt – anders als etwa die Einziehung nach § 34 GmbHG – unmittelbar gegen den Geschäftsanteil des Gesellschafters richten[259]. Dieser bleibe vielmehr, ebenso wie bei seiner Abandonnierung, bestehen und falle mit vollständig erbrachter Abfindungszahlung der Gesellschaft zu. Diese erlange hierdurch die Verfügungsbefugnis über den Geschäftsanteil und sei frei in ihrer Entscheidung, den Anteil entweder einzuziehen oder ihn an sich, an einen oder mehrere Gesellschafter oder an Dritte abzutreten[260]. Indem das Schrifttum von der Fortsetzung des Pfandrechts an dem Abfindungsanspruch bei Ausschluss und Austritt ausgeht, gibt es gleichzeitig zu erkennen, dass es mit dem Anfall des Geschäftsanteils an die Gesellschaft von dem Erlöschen des ursprünglichen Anteilspfandrechts ausgeht. Andernfalls würde es als dingliche Belastung des Geschäftsanteils auch nach einer Veräußerung des Anteils bestehen bleiben. Eine vertiefte Diskussion oder Begründung erfolgt in der Literatur nicht. Einzig *Damrau*[261] begründet das Erlöschen des Anteilspfandrechts mit einer Parallele zur Kaduzierung. Wie bei der Kaduzierung eines Geschäftsanteils nach § 21 GmbHG[262] erlösche auch infolge des Ausschlusses oder des Austritts das Pfandrecht an dem Geschäftsanteil. Ein genauer Vergleich der Ausscheidungsgründe Ausschluss und Austritt mit der Kaduzierung und der Kündigung zeigt allerdings, dass dieser Auffassung und damit (vermutlich) der herrschenden Meinung im Schrifttum, nur teilweise – nämlich hinsichtlich der Surrogation bei Ausschluss des Gesellschafters – zugestimmt werden kann.

Zu untersuchen ist daher, ob das Pfandrecht an dem Geschäftsanteil trotz des Bestehenbleibens des Anteils tatsächlich mit dem Anfall an die Gesellschaft erlischt und sich an dem entstehenden Abfindungsanspruch fortsetzt. Eine Ausnahme von dem

---

[256] BGHZ 9, 157; 16, 322; 32, 22; 80, 349; statt aller *Hueck/Fastrich*, in: Baumbach/Hueck, GmbHG, Anh. § 34 Rn. 1. Ausführlich zu Ausschluss und Austritt, *H. Winter/Seibt*, in: Scholz, GmbHG, Anh. § 34 Rn. 1 ff.

[257] *Hueck/Fastrich*, in: Baumbach/Hueck, GmbHG, Anh. § 34 Rn. 11, 25; *Rowedder/Bergmann*, in: Rowedder/Schmidt-Leithoff, GmbHG, § 34 Rn. 101; *Sosnitza*, in: Michalski, GmbHG, Anh. § 34 Rn. 33, 60; *Ulmer*, in: Ulmer/Habersack/Winter, GmbHG, Anh. § 34 Rn. 41; *Goette*, Die GmbH, § 6 Rn. 58.

[258] Vgl. die herrschende Auffassung zur Preisgabe des Geschäftsanteils.

[259] *Hueck/Fastrich*, in: Baumbach/Hueck, GmbHG, Anh. § 34 Rn. 1, 15, 26; *Sosnitza*, in: Michalski, GmbHG, Anh. § 34 Rn. 36, 62; *Ulmer*, in: Ulmer/Habersack/Winter, GmbHG, Anh. § 34 Rn. 39, 41.

[260] Generell zum Ausschluss aus der Gesellschaft vgl. BGHZ 9, 157, 168 ff., 178. Der Entscheidung lag nicht die zu behandelnde Fragestellung der Surrogation im Rahmen eines Pfandrechts zu Grunde.

[261] *Damrau*, in: MünchKommBGB, § 1274 Rn. 68.

[262] Für die Kaduzierung einhellig auch *Altmeppen*, in: Roth/Altmeppen, GmbHG, § 21 Rn. 21; *Ebbing*, in: Michalski, GmbHG, § 21 Rn. 124; *Emmerich*, in: Scholz, GmbHG, § 21 Rn. 28; *Hueck/Fastrich*, in: Baumbach/Hueck, GmbHG, § 21 Rn. 13.

Grundsatz, dass es sich bei einem Pfandrecht an einem Gesellschaftsanteil um ein dingliches Recht handelt, welches kraft der Übertragung des Anteils mit übergeht, bedarf vorrangig zu beachtender Interessen. Der Vergleich *Damraus* mit der Kaduzierung nach § 21 Abs. 2 S. 1 GmbHG trifft indes nur für den Ausschluss zu. Das Ausschlussrecht ist, wie die Kaduzierung, eine Möglichkeit, den Gesellschafter zwangsweise aus der Gesellschaft auszuschließen, während das Austrittsrecht ein freiwilliges Ausscheiden des Gesellschafters ermöglicht[263]. Die Kaduzierung ist systematisch gesehen ein Spezialfall des Ausschlusses, da hier nur die Nichtleistung der rückständigen Einlagen und nicht anderweitige Umstände als Ausschlussgrund greifen[264]. Dass im Falle der Kaduzierung des Geschäftsanteils Rechte Dritter an diesem erlöschen, folgt nach einhelliger Auffassung aus Sinn und Zweck der Regelung, nämlich die Kapitalaufbringung sicherzustellen[265]. Hierfür ist es notwendig, dass die Gesellschaft den Anteil ungeschmälert erhält, was bei Bestehen von Rechten Dritter nicht gewährleistet wäre. Im Falle der Kaduzierung sind die Interessen der Gesellschaft gegenüber Drittrechten am Anteil uneingeschränkt vorrangig. Entsprechendes lässt sich hinsichtlich des wesensgleichen Ausschlusses feststellen. Auch hier hat die Gesellschaft ein Interesse daran, einen für die Gesellschaft untragbaren Gesellschafter seiner Stellung zu entheben. Hierfür bedarf es eines wichtigen Grundes in der Person des auszuschließenden Gesellschafters. Ein solcher ist gegeben, wenn den übrigen Gesellschaftern die Fortsetzung der Gesellschaft mit dem betreffenden Mitglied nicht mehr zuzumuten ist, da seine weitere Mitgliedschaft den Fortbestand der Gesellschaft unmöglich macht oder ernstlich gefährdet[266]. Ein Vergleich zwischen Kaduzierung und Ausschluss zeigt, dass in beiden Fällen übergeordnete Gesellschaftsinteressen bedeutend sind. Dies rechtfertigt es, auch im Falle des Ausschlusses eines Gesellschafters, von dem Erlöschen der am Anteil begründeten Rechte auszugehen. Der Gesellschaft soll ein unbelasteter Anteil zufallen, der keine durch den ausgeschlossenen Gesellschafter begründete Belastung aufweist. Dem zukünftigen Fortbestand der Gesellschaft muss auch in diesem Fall der Vorrang vor etwaigen Rechten Dritter eingeräumt werden, so dass ein Pfandrecht infolge des Ausschlusses erlischt und sich lediglich an dem entstehenden Abfindungsanspruch fortsetzt.

Entgegen der einhelligen Auffassung in der Literatur kann dieses Ergebnis nicht für den Fall des Austritts eines Gesellschafters gelten. Das Austrittsrecht ermöglicht dem Gesellschafter ein freiwilliges Ausscheiden aus der Gesellschaft, wodurch dieses im Wesen einer Kündigung gleichkommt. Es besteht im Falle des freiwilligen Ausscheidens eines Gesellschafters kein übergeordnetes Interesse der Gesellschaft, welches ein Erlöschen von Rechten Dritter rechtfertigen kann. Ein Vergleich zur Kündigung bestätigt dies. Die Kündigung der Mitgliedschaft ist im Gesetz nicht geregelt und bedarf daher einer satzungsmäßigen Regelung[267]. Sofern die Satzung die Wirkung einer Kün-

---

[263] *Hueck/Fastrich*, in: Baumbach/Hueck, GmbHG, Anh. § 34 Rn. 1; *Sosnitza*, in: Michalski, GmbHG, Anh. § 34 Rn. 1-3.

[264] *Hueck/Fastrich*, in: Baumbach/Hueck, GmbHG, § 21 Rn. 1.

[265] Statt aller *Hueck/Fastrich*, in: Baumbach/Hueck, GmbHG, § 21 Rn. 13.

[266] RGZ 169, 330, 333 f.; BGHZ 9, 157, 163 f.; 16, 317, 332 f.; 32, 17, 31; 80, 346, 349 f.; *Hueck/Fastrich*, in: Baumbach/Hueck, GmbHG, Anh. § 34 Rn. 3; *Sosnitza*, in: Michalski, GmbHG, Anh. § 34 Rn. 8.

[267] *Damrau*, in: MünchKommBGB, § 1274 Rn. 63; *Schulze-Osterloh/Fastrich*, in: Baumbach/Hueck, GmbHG, § 60 Rn. 50 f.

digung nicht eindeutig klärt, herrscht Uneinigkeit darüber, ob die Ausübung des Kündigungsrechts die Auflösung der Gesellschaft[268] oder lediglich das Ausscheiden des kündigenden Gesellschafters[269] zur Folge hat[270]. Unabhängig von diesem Streit ist allerdings anerkannt, dass sich ein bestehendes Pfandrecht nur im Falle einer Auflösung der Gesellschaft an dem anteiligen Liquidationsguthaben fortsetzt. Bleibt die Gesellschaft infolge der Kündigung bestehen und führt diese lediglich zu einem Ausscheiden des kündigenden Gesellschafters, bleibt das Pfandrecht an dem Geschäftsanteil bestehen[271]. Die Auflösung der Gesellschaft führt notwendigerweise zum Untergang der Geschäftsanteile und damit der daran bestellten Pfandrechte. Der Liquidationserlös stellt also ein Anteilssurrogat i.e.S. dar, an dem sich das Pfandrecht ohnehin automatisch fortsetzt[272]. Wird der Geschäftsanteil jedoch entweder von der Gesellschaft oder von einem oder mehreren Gesellschaftern übernommen, bleibt es bei dem Grundsatz, dass das Pfandrecht als dingliches Recht bestehen bleibt. Anders als bei der Kaduzierung ist bei einer freiwilligen Kündigung nämlich kein Grund ersichtlich, warum die Gesellschaft nicht die, durch ihren vormaligen Gesellschafter begründeten Lasten des Geschäftsanteils übernehmen sollte. Der bei der Kaduzierung vorrangig zu beachtende Zweck der Kapitalaufbringung, der nur durch die Lastenfreiheit des Geschäftsanteils erreicht werden kann, besteht bei der Übernahme des Geschäftsanteils infolge der freiwilligen Kündigung nicht. Andere zwingende Gründe die eine Lastenfreiheit erfordern, werden regelmäßig nicht bestehen, da dem Geschäftsanteil im Falle der freiwilligen Kündigung des Gesellschafters keine besondere Funktion zukommt. Die Gesellschaft oder die Gesellschafter übernehmen letztlich nur den durch die Kündigung „freigewordenen" Geschäftsanteil. Gleiches muss dann allerdings auch für den freiwilligen Austritt aus wichtigem Grund gelten. Ein Vergleich zur (zwangsweisen) Kaduzierung trifft in diesem Fall ebenso nicht, da auch hier kein vorrangiges Gesellschaftsinteresse besteht, den Anteil unbelastet zur Verfügung zu bekommen. Selbstverständlich hat die Gesellschaft die Möglichkeit, sofern satzungsmäßig bestimmt, durch zwangsweise Einziehung nach § 34 Abs. 2 GmbHG den Geschäftsanteil und damit auch das Pfandrecht nachträglich zum Erlöschen zu bringen; freilich mit der Folge, dass sich dieses an dem Anspruch auf das Einziehungsentgelt fortsetzt.

Entsprechendes muss auch für den umwandlungsbedingten Austritt des Gesellschafters aus der Gesellschaft gelten (§§ 29 ff., 125 S. 1, 207 ff. UmwG). Das Schrifttum geht hier ebenfalls davon aus, dass sich das Pfandrecht entsprechend § 1287 BGB an dem Abfindungsanspruch des Gesellschafters fortsetzt[273]. Dieser Auffassung ist mit den gleichen Argumenten entgegenzutreten. Das Pfandrecht ist eine dingliche

---

[268] RGZ 93, 326 f.; 95, 39 f.; 113, 147, 149; *Nerlich*, in: Michalski, GmbHG, § 60 Rn. 320 ff., 329.

[269] *Rasner*, in: Rowedder/Schmidt-Leithoff, GmbHG, § 60 Rn. 44 f.; *Lutter/Kleindiek*, in: Lutter/Hommelhoff, GmbHG, § 60 Rn. 27.

[270] Ein umfassender Überblick über den Meinungsstand findet sich bei *Nerlich*, in: Michalski, GmbHG. § 60 Rn. 320 ff.

[271] *H. M. Damrau*, in: MünchKommBGB, § 1274 Rn. 63; *Reichert/Weller*, GmbH-Geschäftsanteil, § 15 Rn. 305 mit Fn. 826; *Reymann*, DNotZ 2005, 425, 462; nicht differenzierend und daher unklar *M. Winter/Löbbe*, in: Ulmer/Habersack/Winter, GmbHG, § 15 Rn. 165, die eine Fortsetzung des Pfandrechts pauschal für Abfindungen nach Austritt, Ausschluss und Kündigung annehmen.

[272] Vgl. § 3 B II 1 a.

[273] *Reichert/Weller*, GmbH-Geschäftsanteil, § 15 Rn. 306; *H. Winter/Seibt*, in: Scholz, GmbHG, § 15 Rn. 187; *M. Winter/Löbbe*, in: Ulmer/Habersack/Winter, GmbHG, § 15 Rn. 165.

Belastung des Geschäftsanteils und damit unabhängig vom persönlichen Schicksal des sie begründenden Gesellschafters. Nur in Ausnahmefällen kann ein Erlöschen des Pfandrechts bei gleichzeitigem Fortbestehen des belasteten Geschäftsanteils angenommen werden. Somit bleibt es auch beim umwandlungsbedingten Austritt des Gesellschafters dabei, dass sich das Pfandrecht an den Anteilen der übernehmenden oder neuen Rechtsträger fortsetzt.

Das Pfandrecht setzt sich damit an dem Abfindungsanspruch infolge des Ausschlusses aus der Gesellschaft fort[274]. Im Falle des Austritts und der Kündigung bleibt das Pfandrecht, bei einer Übernahme des Geschäftsanteils durch die Gesellschaft oder die Gesellschafter, als dingliches Recht an diesem bestehen.

3. Die Erstreckung des Pfandrechts auf Nebenrechte

Anders als bei der Surrogation geht es im Falle der Pfandrechtserstreckung nicht um die Frage, was an die Stelle des Anteilspfandrechts tritt, sondern ob zusätzlich auch Nebenrechte von dem Pfandrecht erfasst werden. Nach dem gesetzlichen Leitbild beschränkt sich das Zugriffsrecht des Anteilspfandgläubigers auf die Verwertung des Geschäftsanteils selbst. Zu klären bleibt, ob sich das isolierte Anteilspfandrecht neben der Verhaftung des reinen Anteilssubstrats ohne besondere vertragliche Vereinbarung auch auf weitere vermögenswerte Nebenrechte aus der Mitgliedschaft erstreckt. Für den Pfandgläubiger bedeutete dies eine Erweiterung seines Sicherungsumfangs, da er nicht mehr nur die reine Anteilssubstanz verwerten könnte, sondern darüber hinaus auch Zugriff auf die, sich aus der Mitgliedschaft ergebenden vermögenswerten Rechte bekäme.

a) Gewinnbezugsrecht

Zentraler Punkt innerhalb der Diskussion um die Pfandrechtserstreckung auf Nebenrechte ist die Ausdehnung des Pfandrechts auf das Gewinnbezugsrecht nach § 29 Abs. 1 S. 1 GmbHG. Danach steht jedem Gesellschafter grundsätzlich nach dem Verhältnis seiner kapitalmäßigen Beteiligung (§ 29 Abs. 3 S. 1 GmbHG) ein Gewinnanspruch zu. Ob sich die isolierte Anteilsverpfändung ohne besondere Klarstellung automatisch auf den jeweiligen anteilsbezogenen Gewinnanspruch erstreckt, wird unterschiedlich beurteilt. Die ganz herrschende Ansicht in Rechtsprechung und Literatur geht davon aus, dass sich das Pfandrecht nicht ohne Weiteres auf anteilige Mitgliedschafts- oder Gewinnbezugsrechte erstreckt[275]. Vielmehr soll es sich auf ein Verwer-

---

[274] Dieses Ergebnis ist in BGHZ 104, 351, 355 angedeutet, wenn auch ohne die hier vorgenommene Differenzierung zwischen einer Abfindung nach Ausschluss und Austritt. Dort heißt es nur: „Ebenso wie am Erlös, setzt sich das Pfandrecht deshalb auch an der Abfindungsforderung fort."

[275] BGHZ 119, 191, 194; Altmeppen, in: Roth/Altmeppen, GmbHG, § 15 Rn. 59; Damrau, in: Münch-KommBGB, § 1274 Rn. 53; Ebbing, in: Michalski, GmbHG, § 15 Rn. 223 f.; Hueck/Fastrich, in: Baumbach/Hueck, GmbHG, § 15 Rn. 51; Lutter/Bayer, in: Lutter/Hommelhoff, GmbHG, § 15 Rn. 66; Raiser/Veil, in: Kapitalgesellschaften, § 30 Rn. 29; Reichert/Weller, GmbH-Geschäftsanteil, § 15 Rn. 290 f.; Sommer, in: MünchHdBGesR, Band 3, § 26 Rn. 170; M. Winter/Löbbe, in: Ulmer/Habersack/Winter, GmbHG, § 15 Rn. 158; H. Winter/Seibt, in: Scholz, GmbHG, § 15 Rn. 181; Bruhns, GmbHR 2006, 587 f., Müller, GmbHR 1969, 4, 7; Rodewald, GmbHR 1995, 418, 420; Schuler, NJW 1960, 1423 ff; Leuering/Simon, NJW-Spezial 2005, 171.

tungsrecht des verpfändeten Geschäftsanteils beschränken. Vereinzelt wird dagegen vertreten, dass das Pfandrecht auch den Gewinnanspruch erfasse[276]. Die Vertreter letztgenannter Auffassung begründen ihr Ergebnis in erster Linie mit einer Analogie zu § 1289 S. 1 BGB, wonach sich das Pfandrecht an einer Forderung auch auf deren Zinsen erstreckt. Daneben wird auch die Vorschrift des § 725 Abs. 2 BGB entsprechend herangezogen. Diese bestimmt, dass der Pfändungspfandgläubiger eines Gesellschaftsanteils einer Gesellschaft bürgerlichen Rechts (GbR) mit Ausnahme des anteilsbezogenen Gewinnanspruchs Rechte des Gesellschafters nicht geltend machen kann, solange die Gesellschaft besteht. Aus dem hieraus folgenden Rechtsgedanken, nämlich, dass der anteilige Gewinnanspruch bei der Pfändung eines GbR-Anteils ohne besondere Abreden erfasst ist, wird entsprechend gefolgert, dass das Pfandrecht an einem GmbH-Geschäftsanteil ebenfalls stets den Gewinnanspruch mit umfasst. Beide Analogien sind aufgrund des Ausnahmecharakters der ihnen zu Grunde liegenden Vorschriften abzulehnen.

Hinsichtlich der Analogie zu § 725 Abs. 2 BGB lässt sich sagen, dass die generelle Pfändbarkeit eines Anteils am Gesellschaftsvermögen einer GbR zwar in § 859 Abs. 1 S. 1 ZPO geregelt ist, es jedoch zur Realisierung des Anteilswerts der Auflösung der Gesellschaft oder des Ausscheidens des Gesellschafters bedarf[277]. Erst das daraufhin auf den Gesellschafter entfallende Auseinandersetzungsguthaben unterliegt dann der Verwertung durch den Gläubiger[278]. Hier greift § 725 Abs. 2 BGB als Erleichterung ein. Die Vorschrift bestimmt, dass der pfändende Gläubiger bereits vor dem Ausspruch der Kündigung und der dadurch bedingten Auflösung der Gesellschaft oder dem Ausscheiden des Gesellschafters bereits den Anspruch des anteilsbezogenen Gewinns geltend machen kann. Angesichts des regelmäßig langen Verfahrens zur Auflösung einer Gesellschaft ermöglicht die Vorschrift dem Pfandgläubiger damit einen vorzeitigen Zugriff auf das Vermögen der Gesellschaft. Der Gesetzgeber hat insofern durch § 725 Abs. 2 BGB die, speziell auf die GbR zugeschnittene, Möglichkeit einer schnelleren (Vorab-) Befriedigung des Gläubigers geschaffen. Das Pfandrecht an einem GmbH-Anteil unterliegt jedoch mangels gesamthänderischer Bindung anderen Verwertungskriterien als das an einer GbR[279]. Die Verwertung eines verpfändeten GmbH-Geschäftsanteils erfolgt, dem gesetzlichen Regelfall des § 1277 BGB zufolge, aufgrund eines vollstreckbaren Schuldtitels nach den für die Zwangsvollstreckung geltenden Vorschriften[280] und kann daher ohne vorherige Auflösung der Gesellschaft vom Gläubiger vorgenommen werden. Die Vorschrift des § 725 Abs. 2 BGB entspringt damit der Intention, für den Fall der Pfandverwertung den Besonderheiten der gesamthänderischen Bindung innerhalb der GbR Rechnung zu tragen. Als Ausnahmevorschrift kann sie auf den Fall der Verpfändung eines GmbH-Anteils weder entsprechend angewandt noch ihr Rechtsgedanke hierauf übertragen werden. Dass sich das Pfandrecht an einem GmbH-Anteil auto-

---

[276] Aus jüngerer Zeit *Roth*, ZGR 2000, 187, 219; im Übrigen *Wiedemann*, Mitgliedschaftsrechte, S. 426; *Ewald*, ZHR 92 (1928), 96, 142 ff.; *Fischer*, GmbHR 1961, 21 f.

[277] *Habermeier*, in: StaudingerBGB, § 725 Rn. 1, 19; *Ulmer*, in: MünchKommBGB, § 725 Rn. 1, 24; *K. Schmidt*, Gesellschaftsrecht, § 59 II 2 bb.

[278] *K. Schmidt*, Gesellschaftsrecht, § 59 II 2 bb.

[279] Vgl. § 6.

[280] BGHZ 119, 191, 194; *Hueck/Fastrich*, in: Baumbach/Hueck, GmbHG, § 15 Rn. 51; *Maier-Reimer/Webering*, BB 2003, 1630 f.

matisch auch auf den Gewinnanteil erstreckt, lässt sich demzufolge aus § 725 Abs. 2 BGB nicht herleiten.

Gleiches gilt hinsichtlich einer Analogie zu § 1289 S. 1 BGB. Diese Vorschrift gilt gemäß § 1279 S. 1 BGB ausschließlich für den Sonderfall des Pfandrechtes an einer Forderung. Der Anwendungsbereich des § 1289 S. 1 BGB ist damit auf alle Arten von verpfändbaren schuldrechtlichen Forderungen i.s.d. § 241 BGB begrenzt und gilt daher nicht für die Verpfändung von Gesellschaftsanteilen[281]. Diesen kommt gerade keine typische Forderungsqualität zu. Bei § 1289 S. 1 BGB handelt es sich demzufolge, ebenso wie bei § 725 Abs. 2 BGB, um eine Spezialvorschrift, deren entsprechende Anwendung auf den Fall der GmbH-Anteilsverpfändung nicht möglich ist.

Gegen die vorgenannten Analogien und damit gegen eine generelle Mitverpfändung der anteilsbezogenen Gewinnansprüche, ohne diesbezügliche Abreden, spricht zudem der Ausschluss der Anwendbarkeit des § 1213 Abs. 2 BGB durch § 1273 Abs. 2 S. 2 BGB. Die Vermutungsregel des § 1213 Abs. 2 BGB stellt im Zweifel den Fruchtbezug einer verpfändeten Sache dem Pfandgläubiger anheim. Die Vorschrift erfasst nur die unmittelbaren Früchte (§§ 99, 100 BGB) einer Sache, nicht dagegen darüber hinaus gehende Nutzungen[282]. Das Gewinnbezugsrecht, das aus der Beteiligung an einer GmbH originär (§ 29 GmbHG) resultiert und somit unmittelbar daran geknüpft ist, ist durchaus vergleichbar mit der Frucht einer Sache[283]. Eine entsprechende Anwendung des § 1213 Abs. 2 BGB ist allerdings nach § 1273 Abs. 2 S. 2 ausdrücklich untersagt. Die gesetzliche Systematik bestätigt damit den Ausnahmecharakter des § 1289 S. 1 BGB, indem der Gesetzgeber etwaig folgende (Gewinn-) Bezugsrechte eines verpfändeten Rechts offensichtlich nicht dem Zinsertrag einer Forderung, sondern der Frucht einer Sache gleichstellt. Sofern es sich also nicht um eine Forderung als Gegenstand der Verpfändung handelt, ist § 1289 S. 1 BGB weder direkt noch entsprechend anwendbar.

Bei der reinen Verpfändung eines GmbH-Geschäftsanteils verbleibt es bei der Anwendung der Grundnormen §§ 1273 Abs. 2 S. 1, 1212 BGB, die keine automatische Mitverpfändung der anteilsbezogenen Gewinnansprüche vorsehen[284]. Das Zugriffsrecht des Pfandgläubigers erfasst damit nur die eigentliche Substanz des Geschäftsanteils, nicht aber den anteiligen Gewinnanspruch des Gesellschafters. Eine Erweiterung des Sicherungsumfangs ist nur durch explizite vertragliche Gestaltung möglich. Im Hinblick auf das Gewinnbezugsrecht kommt eine Ausgestaltung als sog. Nutzungspfandrecht in Betracht[285].

b) Kapitalerhöhung

Die Frage nach einer Pfandrechtserstreckung auf Nebenrechte stellt sich auch im Falle der Erhöhung des im Gesellschaftsvertrag ausgewiesenen Stammkapitals. Eine Kapi-

---

[281] So bereits RGZ 57, 414 f.; folgend das neuere Schrifttum vgl. *Bassenge*, in: PalandtBGB, § 1279 Rn. 1; *Damrau*, in: MünchKommBGB, § 1279 Rn. 1, 3; *Wiegand*, in: StaudingerBGB, § 1279 Rn. 4.

[282] *Damrau*, in: MünchKommBGB, § 1213 Rn. 3.

[283] So auch *Damrau*, in: MünchKommBGB, § 1274 Rn. 53; *Reichert/Weller*, GmbH-Geschäftsanteil, § 15 Rn. 291.

[284] *Damrau*, in: MünchKommBGB, §§ 1212 Rn. 2, 1274 Rn. 53.

[285] § 3 C I.

talerhöhung kann im Wesentlichen zwei unterschiedlichen Zwecken dienen und dementsprechend auf zwei Wegen beschritten werden[286]. Zum einen kann das Stammkapital durch die Zuführung neuer Einlagen erhöht werden, §§ 55-57a (RegE-) GmbHG[287] (sog. effektive Kapitalerhöhung). Diese Form dient der Vermehrung des Eigenkapitals und damit in erster Linie der Verbesserung der Kreditwürdigkeit der Gesellschaft. Zum anderen kann eine Erhöhung durch Umwandlung von Rücklagen in Stammkapital erfolgen, ohne dass der Gesellschaft neue Betriebsmittel zufließen, §§ 57c-57o (RegE-) GmbHG[288] (sog. nominelle Kapitalerhöhung). Hierdurch werden freie Rücklagen, die sonst der Dispositionsbefugnis der Gesellschafter unterlägen, in Stammkapital umgewandelt und somit den Bestimmungen über die Eigenkapitalsicherung unterworfen. Sowohl bei der Kapitalerhöhung durch neue Einlagen als auch bei derjenigen aus Gesellschaftsmitteln stellt sich die Frage, wie sich das Pfandrecht an dem belasteten Geschäftsanteil hierzu verhält. Durch die effektive Kapitalerhöhung entstehen stets neue, zusätzliche Geschäftsanteile, unabhängig davon, ob diese von einem der Gesellschaft bereits angehörigen Gesellschafter (§ 55 Abs. 3 (RegE-) GmbHG[289]) oder einem Dritten übernommen wurden[290]. Die Kapitalerhöhung aus Gesellschaftsmitteln kann gemäß § 57h Abs. 1 S. 1 GmbHG durch Ausgabe neuer Geschäftsanteile oder durch Erhöhung des Nennbetrags der vorhandenen Anteile ausgeführt werden. Eine Kapitalerhöhung führt damit durch die Bildung neuer oder Aufstockung bisheriger Geschäftsanteile insgesamt zu einer (zumindest nominellen) Aufwertung des Stammkapitals. Ob hierdurch auch das Pfandrecht eine Erweiterung erfährt, wird unterschiedlich beurteilt. Hierbei wird zwischen effektiver und nomineller Kapitalerhöhung unterschieden.

aa) Effektive Kapitalerhöhung

Bei der effektiven Kapitalerhöhung wird das Stammkapital der Gesellschaft durch die Zuführung neuer Betriebsmittel und anschließende Ausgabe neuer Gesellschaftsanteile erhöht. Erwirbt der pfandbestellende Gesellschafter einen neuen zusätzlichen Geschäftsanteil (§ 55 Abs. 3 (RegE-) GmbHG) wird diskutiert, ob sich das Pfandrecht an seinem anfänglichen Geschäftsanteil nunmehr auch auf seinen neu erworbenen Anteil erstreckt. Dies wird in der Literatur einhellig, aber ohne gesonderte Begründung, abgelehnt[291]. Dieser Auffassung ist zu folgen. Bei der Kapitalerhöhung gegen Einlagen erwirbt der Gesellschafter, unabhängig von seiner bisherigen Beteiligung am Stammkapital, durch Hingabe neuer privater Mittel einen weiteren Geschäftsanteil (§ 55 Abs. 3 (RegE-) GmbHG). Die dingliche Belastung seines ursprünglichen Anteils begründet

---

[286] Vgl. hierzu *Raiser/Veil*, in: Kapitalgesellschaften, § 39 Rn. 1 ff.; *K. Schmidt*, Gesellschaftsrecht, § 29 III 1; *Wegmann*, in: MünchHdBGesR, Band 3, § 53 Rn. 1 ff.

[287] Der RegE-MoMiG sieht keine Änderungen vor, die das grundlegende Prinzip der effektiven Kapitalerhöhung tangieren. Die Vorschrift § 57b GmbHG wird aufgehoben. Vgl. ZIP 2007, Beilage zu Heft 23, S. 20.

[288] Auch hier sieht der RegE-MoMiG keine inhaltlichen Änderungen vor.

[289] Terminologisch geändert, ZIP 2007, Beilage zu Heft 23, S. 20.

[290] *Wegmann*, in: MünchHdBGesR, Band 3, § 53 Rn. 73.

[291] *Damrau*, in: MünchKommBGB, § 1274 Rn. 68; *Reichert/Weller*, GmbH-Geschäftsanteil, § 15 Rn. 308; *Rowedder/Bergmann*, in: Rowedder/Schmidt-Leithoff, GmbHG, § 15 Rn. 92; *M. Winter/Löbbe*, in: Ulmer/Habersack/Winter, GmbHG, § 15 Rn. 158; *Büchner*, Verpfändung von Anteilen, S. 119 f.; *Wiedemann*, Mitgliedschaftsrechte, S. 428 mit Fn. 2.

weder eine Verpflichtung, an den in Ausübung seines Bezugsrechts neu erworbenen Anteilen ein Pfandrecht zu bestellen, noch kann eine automatische Pfandrechtserstreckung angenommen werden. Der Gesellschafter hält nunmehr in Gemäßheit des § 15 Abs. 2 GmbHG zwei voneinander getrennte Geschäftsanteile, die hinsichtlich ihres Bestandes und etwaiger Belastungen selbständig sind.

Eine Ausnahme macht ein Teil des Schrifttums für den Fall, dass die neuen Anteile zu einem unter ihrem inneren Wert liegenden Kurs ausgegeben werden[292]. Hierdurch mindere sich der Substanzwert der übrigen Anteile und damit auch des verpfändeten Anteils, da sich stille Reserven und Rücklagen durch die Vermehrung der Anteile nun auf eine größere Anzahl verteilten. Dies schmälere den Wert jedes einzelnen Anteils. Ein Teil der Vertreter nimmt zum Schutze des Pfandgläubigers eine dingliche Surrogation entsprechend § 1287 BGB an, indem sie das Pfandrecht in der Höhe einer den Wertverlust des alten Anteils entsprechenden Quote auf den neuen Anteil erstreckt[293]. Andere billigen dem Pfandgläubiger lediglich einen schuldrechtlichen Anspruch auf anteilige Pfandrechtsbestellung zu[294].

Richtig ist zwar, dass sich der Wert aller Geschäftsanteile schmälert, sofern der Gesellschaft für die neu gebildeten Anteile kein entsprechendes (Vermögens-) Äquivalent zufließt, da das Gesellschaftsvermögen dann gerade nicht mehr der proportionalen Werthaltigkeit aller Anteile entspricht. Allerdings kann dieser Umstand nicht dazu führen, eine, diesem Wert entsprechende, anteilige Pfandrechtserstreckung auf die neuen Anteile anzunehmen. Das Bezugsrecht eines GmbH-Gesellschafters, aufgrund dessen er anspruchsberechtigt ist, einen neu gebildeten Anteil zu erwerben, ist ebenso ein Bestandteil seiner Mitgliedschaftsrechte, wie das Gewinnbezugsrecht[295]. Jedoch sind weder das Gewinn- noch das Anteilsbezugsrecht ohne besondere vertragliche Abreden vom Anteilspfandrecht erfasst. Der Pfandgläubiger hat, vorbehaltlich etwaiger Abreden, keinen Einfluss auf das Bezugsrecht. Er muss deshalb hinnehmen, dass der Gesellschafter Vorzugsrechte genießt und neue Anteile zu einem geringeren Preis als dem tatsächlichen Wert erhält. Dass der Gesellschafter grundsätzlich in der Lage ist, nachteilige Entscheidungen für den verpfändeten Geschäftsanteil zu treffen, zeigt das Abandonrecht. Hier kann es im Falle der Unveräußerbarkeit des Geschäftsanteils sogar zu einem entschädigungslosen Wegfall des Pfandrechts kommen[296]. Eine mögliche Wertminderung des verpfändeten Geschäftsanteils infolge der Ausübung des Bezugsrechts ist vom Pfandgläubiger damit grundsätzlich hinzunehmen. Einen (automatischen) schuldrechtlichen Anspruch auf eine anteilige Pfandrechtsbestellung oder gar eine dingliche Surrogation anzunehmen, erscheint rein ergebnisorientiert und widerspricht pfandrechtlichen Grundsätzen. Es kann nicht sein, dass die Rechtsfortbildung zum Schutze des Pfandgläubigers Versäumnisse in der schuldrechtlichen Sphäre in

---

[292] Sog. „Verwässerung". Vgl. *Reichert/Weller*, GmbH-Geschäftsanteil, § 15 Rn. 308; *Rowedder/Bergmann*, in: Rowedder/Schmidt-Leithoff, GmbHG, § 15 Rn. 92; *Büchner*, Verpfändung von Anteilen, S. 120 f.

[293] *Rowedder/Bergmann*, in: Rowedder/Schmidt-Leithoff, GmbHG, § 15 Rn. 92; *Büchner*, Verpfändung von Anteilen, S. 120 f.

[294] *Reichert/Weller*, GmbH-Geschäftsanteil, § 15 Rn. 308; *M. Winter/Löbbe*, in: Ulmer/Habersack/Winter, GmbHG, § 15 Rn. 158; *Reymann*, DNotZ 2005, 425, 458.

[295] Vgl. nur *Priester*, in: Scholz, GmbHG, § 55 Rn. 45; *Zöllner*, in: Baumbach/Hueck, GmbHG, § 55 Rn. 20 f.

[296] § 3 B II 2 a.

der dinglichen aufzufangen sucht. Bei der effektiven Kapitalerhöhung erstreckt sich das Pfandrecht damit weder auf den gesamten noch bei Ausgabe unter Wert auf einen Teil des neu gebildeten Geschäftsanteils.

Mit den gleichen Argumenten muss auch die vereinzelt vertretene Ansicht abgelehnt werden, dass sich das Pfandrecht bei Veräußerung des Bezugsrechts an der Kaufpreisforderung analog § 1287 BGB fortsetze[297]. Das aus dem verpfändeten Geschäftsanteil fließende Bezugsrecht trägt zwar insgesamt zum Substanzwert des Geschäftsanteils bei, unterliegt jedoch losgelöst nicht dem Zugriff des Pfandgläubigers. Er hat grundsätzlich keinen Einfluss auf das Schicksal des Bezugsrechts. Auch eine etwaige Wertminderung durch den Verkauf dieses Rechts ist vom Pfandgläubiger somit hinzunehmen. Eine automatische Erstreckung des Pfandrechts auf die Forderung aus dem Verkauf des Bezugsrechts ist damit abzulehnen. Die effektive Kapitalerhöhung hat somit unter keinen Umständen Einfluss auf den (Fort-) Bestand oder den Sicherungsumfang eines bestehenden Anteilspfandrechts.

bb) Nominelle Kapitalerhöhung

Schwieriger erscheint die Fragestellung bei der Kapitalerhöhung aus Gesellschaftsmitteln. Der Gesellschaft fließen hierbei keine neuen Betriebsmittel zu. Durch die Umwandlung von Rücklagen in Stammkapital erfolgt lediglich eine nominelle Erhöhung des Stammkapitals. Gemäß § 57h Abs. 1 S. 1 GmbHG wird das erhöhte Stammkapital entweder durch Ausgabe neuer Geschäftsanteile oder durch Erhöhung des Nennbetrags der vorhandenen Anteile abgebildet. Fraglich ist auch hier, ob sich das bestehende Pfandrecht an einem Geschäftsanteil auf den, durch die Kapitalerhöhung aus Gesellschaftsmitteln, erhöhten oder neu gebildeten Anteil erstreckt. Die absolut herrschende Meinung im Schrifttum bejaht dies ausnahmslos[298]. Sie geht davon aus, dass sich das Pfandrecht (entsprechend § 1287 BGB) ipso iure auf den neu gebildeten oder erhöhten Anteil erstrecke. Die Begründungen sind ebenso einhellig wie einfältig. Die nominelle Kapitalerhöhung stelle sich als „Werterhöhung durch nicht ausgeschüttete Gewinne" dar, so dass der Erhöhungsbetrag dem verpfändeten Geschäftsanteil von Anfang an immanent war[299]. Eine Erstreckung des Pfandrechts sei somit notwenig, um die „Rechtsstellung des Pfandgläubigers nicht auszuhöhlen"[300].

Konsequent und nachvollziehbar ist diese Begründung nur im Hinblick auf die Ausführungen Wiedemanns[301]. Wiedemann geht nämlich als einziger davon aus, dass auch der anteilige Gewinnanspruch in entsprechender Anwendung der Vorschrift des

---

[297] Damrau, in: MünchKommBGB, § 1274 Rn. 68; Büchner, Verpfändung von Anteilen, S. 120 f.

[298] Damrau, in: MünchKommBGB, § 1274 Rn. 68; Ebbing, in: Michalski, GmbHG, § 15 Rn. 232; Lutter/Hommelhoff, in: Lutter/Hommelhoff, GmbHG, § 57j Rn. 4; Priester, in: Scholz, GmbHG, § 57m Rn. 24; Reichert/Weller, GmbH-Geschäftsanteil, § 15 Rn. 307; Roth, in: Roth/Altmeppen, GmbHG, § 57m Rn. 13; Rowedder/Bergmann, in: Rowedder/Schmidt-Leithoff, GmbHG, § 15 Rn. 92; M. Winter/Löbbe, in: Ulmer/Habersack/Winter, GmbHG, § 15 Rn. 158; H. Winter/Seibt, in: Scholz, GmbHG, § 15 Rn. 187; Zöllner, in: Baumbach/Hueck, GmbHG, § 57m Rn. 14; Reymann, DNotZ 2005, 425, 458; Roth, ZGR 2000, 187, 218; Wiedemann, Mitgliedschaftsrechte, S. 428.

[299] Statt aller Reichert/Weller, GmbH-Geschäftsanteil, § 15 Rn. 307.

[300] Statt aller Priester, in: Scholz, GmbHG, § 57m Rn. 24.

[301] Wiedemann, Mitgliedschaftsrechte, S. 421 ff.

§ 1289 BGB von dem Pfandrecht an einem isolierten GmbH-Anteil erfasst ist[302]. Dementsprechend erscheint es konsequent, wenn er in seiner Begründung hinsichtlich der nominellen Kapitalerhöhung darauf verweist, dass die zur Erhöhung verwandten Gesellschaftsmittel, wären sie als Gewinn ausgeschüttet worden, ebenfalls vom Pfandrecht erfasst gewesen wären. Die analoge Anwendung des § 1289 BGB wird allerdings von derselben herrschenden Meinung zu Recht abgelehnt[303]. Der anteilsbezogene Gewinnanspruch ist damit ohne besondere vertragliche Vereinbarung gerade nicht vom Anteilspfandrecht erfasst. Umso erstaunlicher ist es, dass zur Begründung der Pfandrechtserstreckung bei nomineller Kapitalerhöhung in erster Linie auf das dem Geschäftsanteil inhärente Gewinnbezugsrecht abgestellt wird. Bei genauer Betrachtung erweist sich die Auffassung des Schrifttums als mit den Grundsätzen des Anteilspfandrechts nicht vereinbar.

Die (höchstrichterliche) Rechtsprechung hat zur Frage der Pfandrechtserstreckung bei Kapitalerhöhungen bislang nicht Stellung genommen, allerdings hat der BGH in einem ähnlich gelagerten Fall entschieden, dass der Nießbrauch an einem Kommanditanteil sich nicht auf den erhöhten Kapitalanteil erstreckt, der durch die Gutschrift von nicht ausgeschütteten Gewinnen gebildet wurde[304]. Zur Begründung wird angeführt, dass der Anspruch des Gesellschafters auf den erhöhten Kapitalanteil weder als Frucht noch als Gebrauchsvorteil seines Geschäftsanteils zu qualifizieren sei. Die Annahme eines dem Nießbraucher zustehenden „Nutzungssurrogates" scheide ebenfalls aus, da vor einem Beschluss über die Ausschüttung des Gewinns der Gewinn weder für den Gesellschafter noch für den Nießbraucher verfügbar sei. Warum diese, der herrschenden Meinung diametral entgegenstehende, Entscheidung vereinzelt[305] zur Untermauerung der Auffassung im Schrifttum herangezogen wird, ist unverständlich. Der BGH lässt vielmehr erkennen, dass die dingliche Belastung eines Gesellschaftsanteils, unabhängig von nachträglichen Veränderungen, den Geschäftsanteil lediglich in Höhe der anfänglichen Stammeinlage erfasst. Das Pfandrecht erstreckt sich nur auf den, bei der Bestellung des Pfandrechts mit einem bestimmten Nennbetrag, angegebenen Geschäftsanteil. Eine automatische Erstreckung des Pfandrechts auf den erhöhten oder neu gebildeten Anteil nach einer Kapitalerhöhung hat der BGH für den Nießbrauch damit bereits abgelehnt. Dass dies auch für andere dingliche Belastungen, insbesondere das Pfandrecht, gilt, erscheint vor allem im Hinblick auf die rechtliche Möglichkeit[306] der Verpfändung von künftigen sowie Teilen von Geschäftsanteilen folgerichtig. Bei der Verpfändung künftiger Anteile ist es im Falle der Kapitalerhöhung nicht erforderlich, dass im Zeitpunkt der Verpfändung bereits ein Kapitalerhöhungsbeschluss gefasst ist. Der Verpfändungsvertrag kann vielmehr bestimmen, dass künftig geschaffene Anteile

---

[302] *Wiedemann*, Mitgliedschaftsrechte, S. 426.

[303] Vgl. die vorhergehenden Ausführungen bei § 3 B II 3 a.

[304] BGHZ 58, 316, 319 ff. Leitsatz: „Der Nießbraucher eines Kommanditanteils hat, wenn die Gesellschaft die Anteile ihrer Mitglieder erhöht, ein Recht auf (Voll-) Erwerb eines Anteils weder, soweit die Gesellschafter hierfür eigene Leistungen erbringen noch in dem Umfang, in dem die Gesellschaft nicht ausgeschüttete Gewinne verwendet."

[305] Insbesondere *Büchner*, Verpfändung von Anteilen, S. 119 Fn. 3; so auch *Priester*, in: Scholz, GmbHG, § 57m Rn. 24.

[306] Statt aller *Hueck/Fastrich*, in: Baumbach/Hueck, GmbHG, § 15 Rn. 48; ausführlich hierzu § 3 C III-V.

des Verpfänders ebenfalls der Verpfändung unterliegen[307]. Dabei kann es keine Rolle spielen, ob die Kapitalerhöhung neue oder lediglich erhöhte Anteile hervorbringt, da auch künftige Teile von Geschäftsanteilen der Verpfändung unterliegen können[308]. Aus dem Umstand, dass sich künftige Geschäftsanteile einschließlich solcher, die durch eine Kapitalerhöhung gebildet werden, in die vertragliche Verpfändungsabrede einbeziehen lassen, kann gerade nicht auf eine Pfandrechtserstreckung ipso iure geschlossen werden. Künftige Geschäftsanteile sind in jedem Fall selbst originäres Pfandobjekt und bedürfen einer separaten Verpfändung[309].

Das Schrifttum begründet die Notwendigkeit der Pfandrechtserstreckung mit der ansonsten einhergehenden „Aushöhlung der Rechtsstellung des Pfandgläubigers". Die zur Kapitalerhöhung verwendeten Gewinnrücklagen seien dem verpfändeten Geschäftsanteil nämlich von Anfang an immanent. Diese Begründung scheint wiederum mehr einer Ergebnisorientiertheit zu entspringen, als dogmatischen Erwägungen. Der anteilsbezogene Gewinnanspruch wird bei der isolierten Geschäftsanteilsverpfändung nach zutreffender, herrschender Ansicht nicht mitumfasst. Ohne eine diesbezügliche vertragliche Vereinbarung hat der Pfandgläubiger somit keinen Zugriff auf den Gewinnanspruch. Solange die Gesellschaft besteht, ist er folglich gegen eine Wertminderung oder einen Substanzverlust seines Pfandgegenstandes durch Auskehr des Gewinns an den Gesellschafter nicht gesichert. Warum bei einer isolierten Anteilsverpfändung der Gewinnanspruch nicht der Verpfändung unterliegen, der zur Kapitalerhöhung verwendete Gewinn in Form der neu gebildeten oder erhöhten Anteile aber erfasst sein soll, ist nicht verständlich. Zwar ist richtig, dass sich das Pfandrecht nach dem gesamten Substanzwert des Anteils und damit auch nach der Höhe der Rücklagen bemisst[310], allerdings ändert dies nichts an der Tatsache, dass nur kraft vertraglicher Ausgestaltung, etwa als Nutzungspfand[311], der Gewinnanspruch dem Zugriff des Gläubigers unterfällt. Es sind keine Anhaltspunkte dafür ersichtlich, dass sich die Rechtsstellung des Pfandgläubigers dadurch verbessert, dass anstelle der Gewinnausschüttung die Verwertung des Gewinns zur Kapitalerhöhung beschlossen wird[312]. Die Bildung neuer oder Erhöhung alter Anteile im Zuge der nominellen Kapitalerhöhung wird in erster Linie aus nicht ausgeschütteten Gewinnen generiert[313]; deshalb kann sich das Pfandrecht nur dann hierauf erstrecken, wenn zuvor auch der Gewinnanspruch von dem Pfandrecht erfasst war. Dies ist bei der isolierten Anteilsverpfändung gerade nicht der Fall. Es ist daher konsequenterweise davon auszugehen, dass sich das Pfandrecht bei der isolierten Geschäftsanteilsverpfändung nicht automatisch auf die neu gebildeten oder erhöhten Anteile erstreckt, die durch eine Kapitalerhöhung aus Gesellschaftsmitteln entstehen. Anders ist dies freilich zu beurteilen, wenn das Pfandrecht als Nutzungspfand ausgestaltet ist und damit auch den Gewinnanspruch erfasst. Hier stellen sich die neuen oder

---

[307] Damrau, in: MünchKommBGB, § 1274 Rn. 51; Mertens, ZIP 1998, 1787, 1789; Reymann, DNotZ 2005, 425, 427.

[308] Mertens, ZIP 1998, 1787, 1789.

[309] So einzig auch Kerbusch, GmbHR 1990, 156 f.

[310] Büchner, Verpfändung von Anteilen, S. 119.

[311] § 3 C I.

[312] So auch Kerbusch, GmbHR 1990, 156, 159.

[313] Raiser/Veil, in: Kapitalgesellschaften, § 39 Rn. 25 f.; Wegmann, in: MünchHdBGesR, Band 3, § 53 Rn. 76 f.

erhöhten Anteile lediglich als Substitut des Gewinnanspruches dar, welcher beim Nutzungspfand ohnehin dem Zugriff des Pfandgläubigers unterliegt.

Der im Schrifttum einhellig vertretenen automatischen Erstreckung des Pfandrechts ist daher nicht zu folgen[314]. Es kann nicht Aufgabe der Rechtstheorie sein, den Pfandgläubiger mit allen Mitteln vor der Beeinträchtigung seines Pfandgegenstandes zu schützen, während die Rechtspraxis hierfür vorgesehene Gestaltungen ungenutzt lässt. Der Pfandgläubiger hat drei Möglichkeiten die Erstreckung seines Pfandrechts an einem Geschäftsanteil auf die, infolge einer Kapitalerhöhung entstehenden neuen oder erhöhten Anteile zu erreichen. Zum einen kann er vertraglich vereinbaren, dass alle künftigen Geschäftsanteile sowie neu hinzukommende Teile von Geschäftsanteilen des Gesellschafters von dem bereits bestehenden Pfandrecht erfasst werden. Es handelt sich dabei um die schlichte Verpfändung künftiger Geschäftsanteile. Zum anderen kann er das Pfandrecht als Nutzungspfand ausgestalten, so dass er neben der Anteilssubstanz auch unmittelbaren Zugriff auf den Gewinnanspruch hat. Hierdurch erstreckt sich das Pfandrecht automatisch auch auf die, aus dem Gewinn generierten, neuen oder erhöhten Anteile bei einer nominellen Kapitalerhöhung. Gleiches gilt, wenn der Gewinnanspruch isoliert neben dem Anteil mit verpfändet wurde. Auch hier stellen sich die erhöhten oder neu gebildeten Anteile als Surrogate des eigentlichen Pfandobjekts dar.

c) Rückzahlung von Nachschüssen

In den Kontext der Pfandrechtserstreckung auf Nebenrechte gehört auch die Rückzahlung von zuvor geleisteten Nachschüssen gemäß § 30 Abs. 2 S. 1 GmbHG. Hiernach können eingezahlte Nachschüsse, soweit sie nicht zur Deckung eines Verlustes am Stammkapital erforderlich sind, an die Gesellschafter zurückgezahlt werden. Umstritten ist, ob das Anteilspfandrecht auch den Anspruch[315] auf Rückzahlung eines, auf den verpfändeten Geschäftsanteil geleisteten Nachschusses erfasst. Dies wird von einem Teil des Schrifttums mit der Begründung angenommen, dass die zurückgezahlten Nachschüsse verselbständigte Vermögenswerte der bereits verpfändeten Anteilssubstanz sind[316]. Die Gegenauffassung weist hiergegen eine Pfandrechtserstreckung unter Hinweis auf die Fiktion des § 30 Abs. 2 S. 4 GmbHG, wonach zurückgezahlte Nachschüsse als nicht eingezogen gelten, ab[317]. Das Pfandrecht könne sich nicht auf einen Rückzahlungsanspruch erstrecken, der eine nach dem Gesetz als nicht eingefordert geltende Vermögensposition zum Gegenstand hat. Im Ergebnis muss eine Pfandrechtserstreckung auf den Rückzahlungsanspruch, allerdings mit anderer Begründung, abgelehnt werden.

Beide Ansichten in der Literatur gehen im Grunde davon aus, dass gezahlte Nachschüsse das Pfandrecht in seinem Sicherungsumfang erweitern, so dass auch der An-

---

[314] Einzig auch *Kerbusch*, GmbHR 1990, 156 ff.

[315] Ein genereller Anspruch der Gesellschafter auf Rückzahlung des geleisteten Nachschusses besteht nicht. Ein solcher entsteht erst, wenn die Gesellschafterversammlung die Rückzahlung beschlossen hat (§ 46 Nr. 3 GmbHG). Eingehend hierzu *Müller*, in: Ulmer/Habersack/Winter, GmbHG, § 26 Rn. 17 ff.

[316] *H. Winter/Seibt*, in: Scholz, GmbHG, § 15 Rn. 186; *M. Winter/Löbbe*, in: Ulmer/Habersack/Winter, GmbHG, § 15 Rn. 165; *Müller*, GmbHR 1969, 4, 34, 37; *Büchner*, Verpfändung von Anteilen, S. 116 f.

[317] *Damrau*, in: MünchKommBGB, § 1274 Rn. 64; *Ebbing*, in: Michalski, GmbHG, § 15 Rn. 232.

spruch auf Rückzahlung des Nachschusses hiervon erfasst wird. Lediglich aufgrund der Fiktionswirkung des § 30 Abs. 2 S. 4 GmbHG soll nach einer Auffassung die Erstreckung des Pfandrechts ausscheiden. Ähnlich den Ausführungen zur nominellen Kapitalerhöhung geht das Schrifttum davon aus, dass die Ansprüche auf Nachschussrückzahlung der Anteilssubstanz inhärente Vermögensforderungen sind und deshalb automatisch von dem Pfandrecht erfasst werden. Dass diese Argumentationslinie brüchig ist, haben bereits die Ausführungen zur Kapitalerhöhung gezeigt. Eine Erstreckung des Pfandrechts ist auch nicht erst aufgrund der Fiktionswirkung des § 30 Abs. 2 S. 4 GmbHG abzulehnen, sondern bereits im Hinblick auf die pfandrechtlichen Grundsätze und das Wesen der Nachschussforderung. Gemäß § 26 Abs. 1 RegE-GmbHG kann im Gesellschaftsvertrag bestimmt werden, dass die Gesellschafter über die Nennbeträge der Geschäftsanteile hinaus die Einforderung von weiteren Einzahlungen (Nachschüssen) beschließen können. Die Gesellschafter sind durch die Einforderung von Nachschüssen in der Lage, zusätzlich über das feste Stammkapital hinaus Eigenkapital der Gesellschaft zu bilden[318]. Nachschüsse der Gesellschafter sind damit streng von Stammeinlagen zu unterscheiden[319], so dass durch die Einzahlung von Nachschüssen die Höhe des Nennwerts der einzelnen Geschäftsanteile unverändert bleibt[320]. Eine Anrechnung auf den Nennwert der Geschäftsanteile findet demnach nicht statt. Aufschlussreich für die Frage nach der Behandlung des Anteilspfandrechts ist damit zunächst nicht die Rück-, sondern die Einzahlung des Nachschusses. Diese wirkt sich nämlich in keinster Weise auf die bestehenden Geschäftsanteile aus, da lediglich die Eigenkapitalquote der Gesellschaft erhöht wird. Das Anteilspfandrecht kann damit durch die Einzahlung des Nachschusses keine Erweiterung erfahren. Nach hier vertretener Auffassung erweitert sich nämlich das Pfandrecht selbst bei einer Kapitalerhöhung, also der Erhöhung des Nennwerts der Anteile, nicht, so dass dies erst recht gelten muss, wenn sich lediglich die Eigenkapitalziffer der Gesellschaft erhöht. Führt nun die Einzahlung eines Nachschusses nicht zur Erweiterung des Pfandrechts, kann dies bei der Rückzahlung nicht anders sein. Andernfalls würde das Pfandrecht eine (automatische) Erweiterung erfahren, die mit dem eigentlich verpfändeten Geschäftsanteil nichts zu tun hat. Zwar stellen die zurückgezahlten Nachschüsse wirtschaftliche Vermögenswerte der bereits verpfändeten Anteilssubstanz dar, jedoch kann dies rechtlich nicht dazu führen, dass das Pfandrecht nunmehr eine über die vertraglich bestimmte Nennwerthöhe des Geschäftsanteils erfasst. Die Nachschüsse hätten ursprünglich den Geschäftsanteil und sein Pfandrecht nicht verändert, so dass dies auch bei ihrer Rückzahlung gelten muss. Deshalb bedarf es auch keines Rückgriffs auf die Fiktion des § 30 Abs. 2 S. 4 GmbHG. Das Pfandrecht erstreckt sich damit nicht auf den Anspruch auf Rückzahlung zuvor geleisteter Nachschüsse, sondern erfasst weiterhin nur den im Vertrag mit einem bestimmten Nennwert angegebenen Geschäftsanteil.

---

[318] *Mayer*, in: MünchHdBGesR, Band 3, § 20 Rn. 14 f.; *Raiser/Veil*, in: Kapitalgesellschaften, § 28 Rn. 32 f.

[319] *Müller*, in: Ulmer/Habersack/Winter, GmbHG, § 26 Rn. 13; *Hueck/Fastrich*, in: Baumbach/Hueck, GmbHG, § 26 Rn. 2.

[320] Eingehend *Müller*, in: Ulmer/Habersack/Winter, GmbHG, § 26 Rn. 13.

58

III. Ergebnis

Das Pfandrecht beschränkt sich bei der isolierten Verpfändung eines Geschäftsanteils auf die eigentliche Anteilssubstanz. Der Pfandgläubiger hat im Sicherungsfall nur Zugriff auf den reinen Anteilswert, den er durch Verwertung des Geschäftsanteils realisieren muss. Eine automatische Erstreckung des Pfandrechts auf das Gewinnbezugsrecht und andere vermögenswerte Nebenrechte aus der Mitgliedschaft sind nicht anzuerkennen. Ebenso erfährt das Pfandrecht weder durch eine Kapitalerhöhung noch durch eine Auszahlung von Nachschüssen eine inhaltliche Erweiterung. Eine inhaltliche Veränderung des Pfandrechts kann sich jedoch für den Fall ergeben, dass der Geschäftsanteil vollständig wegfällt oder seine Stammkapitalziffer herabgesetzt wird und infolgedessen entweder durch eine Kapitalforderung oder im Falle der Umwandlung, durch einen neuen Rechtsträger ersetzt wird. Hierbei setzt sich das Pfandrecht entsprechend § 1287 BGB ohne Weiteres im Wege der dinglichen Surrogation an dem Anteilssubstitut fort. Geschäftsanteilssurrogate i.e.S. werden demnach stets von dem ursprünglichen Anteilspfandrecht erfasst. Differenzierter muss dies für Surrogate betrachtet werden, die nicht unmittelbar an die Stelle des verpfändeten Geschäftsanteils treten. Sofern der Geschäftsanteil nämlich bestehen bleibt, bedarf es vorrangig zu beachtender Interessen, wenn das Pfandrecht erlöschen und sich an einem entstandenen Ausgleichsanspruch fortsetzen soll. Grundsätzlich handelt es sich bei einem Pfandrecht an einem Gesellschaftsanteil um ein dingliches Recht, welches kraft der Übertragung des Anteils mit übergeht. Ein gesteigertes Gesellschaftsinteresse besteht vor allem im Falle der Preisgabe des Geschäftsanteils nach § 27 Abs. 1 S. 1 GmbHG, so dass sich das Pfandrecht lediglich an dem Anspruch auf einen möglichen Übererlös gemäß § 27 Abs. 2 S. 3 GmbHG fortsetzt. Vorrangig ist auch das Gesellschaftsinteresse für den Fall, dass der Gesellschafter zwangsweise aus der Gesellschaft ausscheidet (Ausschluss, Kaduzierung). Hier setzt sich das Pfandrecht lediglich an dem Abfindungsanspruch des Gesellschafters fort. Bei einem freiwilligen Ausscheiden aus der Gesellschaft (Austritt, Kündigung), bleibt das Pfandrecht an dem ursprünglich verpfändeten Geschäftsanteil bestehen.

Die Argumentation des Schrifttums im Hinblick auf den Umfang des Pfandrechts weist oftmals dogmatische Brüche auf. Für die Kautelarpraxis und als Grundlage für eine Rechtssicherheit schaffende Rechtsprechung ist es allerdings unabdingbar, die Ergebnisse auf eine nachvollziehbare und geradlinige Dogmatik zu stützen. Nach hier vertretener Auffassung ergeben sich folgende, auf alle sich ergebenden Rechte anwendbare, Leitlinien. Geschäftsanteilssurrogate i.e.S. werden stets von dem Anteilspfandrecht erfasst. Bei Geschäftsanteilssurrogaten i.w.S. kommt es darauf an, ob die Gesellschaft ein vorrangig zu beachtendes Interesse hat, den Geschäftsanteil unbelastet zur Verfügung zu bekommen. Liegt ein solches Interesse nicht vor, bleibt es bei dem Grundsatz, dass das Pfandrecht als dingliche Belastung weiterhin den Anteil erfasst. Nebenrechte werden keinesfalls von einem isolierten Anteilspfandrecht erfasst, sondern bedürfen stets einer gesonderten Verpfändung.

C. Die Sonderformen des Anteilspfandrechts

Neben der isolierten GmbH-Anteilsverpfändung gibt es in der Praxis Sonderformen des Anteilspfandrechts. Diese dienen primär dazu, den aufgezeigten Sicherungsumfang bei einer isolierten Verpfändung eines Geschäftsanteils im Interesse des Pfandgläubigers zu erweitern. Darüber hinaus stellen sich einige Sonderformen als Ausprägung bestimmter Finanzierungs- und Transaktionsmodelle dar. Die Verpfändung eines GmbH-Anteils kann somit gezielt auf das jeweilige Geschäftsmodell abgestimmt und dem Bedürfnis des Pfandgläubigers nach weitgehender Sicherung angepasst werden.

I. Das Nutzungspfandrecht (Antichrese)

1. Zulässigkeit

Die einfachste und effektivste Möglichkeit, die durch das Pfandrecht gewährte Kreditsicherheit zu erhöhen, ist die Ausgestaltung der Anteilsverpfändung als Nutzungspfandrecht (sog. Antichrese[321]) gemäß §§ 1273 Abs. 2 S. 1, 1213 Abs. 1 BGB. Die Maßgabe des § 1273 Abs. 2 S. 2 BGB, die Vorschrift des § 1213 Abs. 2 nicht entsprechend anzuwenden, steht einer ausdrücklichen Vereinbarung die Verpfändung des GmbH-Anteils als Nutzungspfand auszugestalten, nicht entgegen[322].

Die Bestellung eines Nutzungspfandes scheidet allerdings aus, wenn für die Gewinnansprüche Dividenden- oder Gewinnscheine[323] ausgegeben sind[324]. Hierdurch wird der anteilige Gewinnanspruch soweit verselbständigt, dass er von einem etwaigen Nutzungspfand nicht mehr erfasst werden kann. Eine dem Nutzungspfand vergleichbare Wirkung kann der Pfandgläubiger dann nur durch die Übertragung[325] des Dividendenscheins erzielen[326]. Andernfalls ist er auf die isolierte Verpfändung des in dem Gewinnschein verkörperten Gewinnanspruchs angewiesen[327]. Bei einem Nutzungspfand gemäß § 1213 Abs. 1 GmbHG handelt es sich, systematisch betrachtet, um einen Sondertyp des eigentlichen Anteilspfandrechts. Das bedeutet, dass ein Nutzungspfand ohne eine Verpfändung des Geschäftsanteils nicht wirksam bestellt werden kann[328]. Bildlich tritt das Nutzungspfand damit als inhaltliches „Anhängsel" der eigentlichen Anteilsverpfändung in Erscheinung. Aufgrund dieses materiellen Bedingungszusammenhangs zwischen der Verpfändung der Mitgliedschaft und der Bestellung des Nutzungspfandrechts kann Letzteres nicht bestellt werden, wenn die Übertragbarkeit oder Verpfändbarkeit des Geschäftsanteils statutarisch ausgeschlossen ist[329]. Gleiches muss gelten,

[321] *Habersack*, in: SoergelBGB, § 1213 Rn. 1; *Wiegand*, in: StaudingerBGB, § 1213 Rn. 2.
[322] Unstreitig, vgl. *Altmeppen*, in: Roth/Altmeppen, GmbHG, § 15 Rn. 59; *Damrau*, in: MünchKommBGB, § 1274 Rn. 53; *Ebbing*, in: Michalski, GmbHG, § 15 Rn. 224; *Hueck/Fastrich*, in: Baumbach/Hueck, GmbHG, § 15 Rn. 51; *Reichert/Weller*, GmbH-Geschäftsanteil, § 15 Rn. 291; *H. Winter/Seibt*, in: Scholz, GmbHG, § 15 Rn. 181; *M. Winter/Löbbe*, in: Ulmer/Habersack/Winter, GmbHG, § 15 Rn. 158, 184.
[323] Eingehend zur Ausgabe von Gewinn- und Dividendenscheinen *Müller*, in: Ulmer/Habersack/Winter, GmbHG, § 29 Rn. 196 ff.; *H. Winter/Seibt*, in: Scholz, GmbHG, § 14 Rn. 66; Überblick bei *Hueck/Fastrich*, in: Baumbach/Hueck, GmbHG, § 29 Rn. 87.
[324] *Damrau*, in: MünchKommBGB, § 1274 Rn. 53 f.; *Merkel*, in: Schimansky/Bunte/Lwowski, § 93 Rn. 180; *Reymann*, DNotZ 2005, 425, 435 f.; *Büchner*, Verpfändung von Anteilen, S. 145.
[325] Zur Übertragung von Dividendenscheinen *Müller*, in: Ulmer/Habersack/Winter, GmbHG, § 29 Rn. 205 f.
[326] *Damrau*, in: MünchKommBGB, § 1274 Rn. 53.
[327] § 3 C II.
[328] *Müller*, GmbHR 1969, 4, 57 f.; *Reymann*, DNotZ 2005, 425, 431.
[329] *Damrau*, in: MünchKommBGB, § 1274 Rn. 53; *Reymann*, DNotZ 2005, 425, 432.

wenn die Übertragbarkeit oder Verpfändbarkeit des Anteils statutarisch erlaubt, die einzelne Abtretung oder Verpfändung von Gewinnansprüchen jedoch nach §§ 399 (412, 1274 Abs. 2) BGB untersagt ist[330]. Zwar handelt es sich bei einem Nutzungspfand gerade nicht um die Einzelverpfändung des Gewinnanspruchs, jedoch führt es in der Konsequenz gerade zu dem statutarisch ausgeschlossenen Ergebnis, dass der Pfandgläubiger Zugriff auf den anteilsbezogenen Gewinn nehmen kann. Trotz der materiellen Verknüpfung von Anteilsverpfändung und Nutzungspfand muss die Bestellung des Nutzungspfandes nicht notwendig zusammen mit der eigentlichen Verpfändung des Anteils vorgenommen werden, sondern kann ihr zeitlich nachfolgen. Umgekehrt kann eine Berechtigung zur Nutzungsziehung auch nachträglich beseitigt werden[331]. Entscheidender Vorteil bei der Bestellung eines Nutzungspfandes gegenüber der isolierten Gewinnverpfändung ist, dass lediglich der verpfändete Geschäftsanteil, nicht aber die einzelnen, auf ihn künftig entfallenden Gewinnansprüche bestimmt genug bezeichnet werden müssen[332]. Diese Anforderung entspricht damit der hinreichenden Kennzeichnung bei Bestellung eines Anteilspfandrechts. Der Pfandbestellungsvertrag muss darüber hinaus lediglich erkennen lassen, dass dem Pfandgläubiger auch die Nutzungsziehung erlaubt sein soll.

2. Formvorschriften

Nach überwiegender Auffassung in der Literatur bedarf, ebenso wie die isolierte Geschäftsanteilsverpfändung, auch die Bestellung eines Nutzungspfandes der notariellen Beurkundung (§§ 1274 Abs. 1 S. 1 BGB, 15 Abs. 3 GmbHG)[333]. Als Argument wird maßgeblich angeführt, dass das Nutzungspfand zum Inhalt der Einigung über die Anteilsverpfändung gehört. Lediglich vereinzelt[334] wird vertreten, dass die Bestellung des Nutzungspfandes formfrei erfolgen könne. Begründet wird dies damit, dass zwischen der Verpfändung des Geschäftsanteils und der Bestellung des Nutzungspfandes keine wirtschaftliche Einheit zu sehen sei. Das Ergebnis eines Nutzungspfandes könne nämlich auch dadurch erreicht werden, dass dem Pfandgläubiger zunächst der Geschäftsanteil und später der Gewinnanspruch (formlos) verpfändet werde, ohne explizit ein Nutzungspfand zu bestellen.

Dieser Argumentation ist aufgrund zweier Gesichtspunkte nicht zu folgen. Erstens ist das Nutzungspfand, entgegen der vertretenen Auffassung, wirtschaftlich nicht mit der getrennten Verpfändung von Geschäftsanteil und Gewinnanspruch vergleichbar. Vorgreifend[335] sei bereits gesagt, dass bei einem Nutzungspfand der Pfandgläubiger Inhaber des Gewinnanspruches wird, während hingegen bei der isolierten Verpfändung des Anspruches der Gesellschafter Inhaber des Gewinnanspruchs bleibt[336]. Dies stellt so-

---

[330] *Damrau*, in: MünchKommBGB, § 1274 Rn. 53 f.; *Müller*, GmbHR 1969, 4, 57 f., 59; *Büchner*, Verpfändung von Anteilen, S. 140.

[331] *Habersack*, in: SoergelBGB, § 1213 Rn. 2; *Wiegand*, in: StaudingerBGB, § 1213 Rn. 2.

[332] *Kolkmann*, MittRhNotK 1992, 1, 11; *Reymann*, DNotZ 2005, 425, 431 f.

[333] *Damrau*, in: MünchKommBGB, § 1274 Rn. 53, 55; *Kolkmann*, MittRhNotK, 1992, 1, 14 f.; *Reymann*, DNotZ 2005, 425, 431, 435.

[334] *Büchner*, Verpfändung von Anteilen, S. 141 f.

[335] § 3 C I 3.

[336] *Damrau*, in: MünchKommBGB, § 1274 Rn. 53 f.

wohl unter rechtlichen als auch unter wirtschaftlichen Gesichtspunkten einen erheblichen Unterschied dar. Im Gegensatz zum isolierten Pfandrecht am Gewinnanspruch erwirbt der Pfandgläubiger bei einem Nutzungspfand das Recht, den Gewinn ohne Rücksicht auf die Pfandreife einzuziehen, während er bei der isolierten Gewinnverpfändung lediglich im Sicherungsfall Zugriff erhält. Zweitens kann es auf eine wirtschaftliche Betrachtungsweise nicht ankommen, da sich das Nutzungspfand aus rechtlicher Sicht als inhaltlich erweitertes Anteilspfandrecht darstellt. Die Verpfändung der gesellschaftereigenen Vermögensrechte hat in notarieller Form zu erfolgen, wenn sie in einem notwendigen rechtlichen Zusammenhang mit der Anteilsverpfändung steht, sie also nicht ohne diese hätte vorgenommen werden können[337]. Die Bestellung eines Nutzungspfandes setzt jedoch zwingend die formbedürftige Verpfändung des zu nutzenden Anteils voraus. Diese materielle Abhängigkeit lässt die Vereinbarung der Ausgestaltung als Nutzungspfand ebenso formbedürftig erscheinen. Vor dem gleichen Hintergrund muss auch das von *Büchner*[338] ins Feld geführte Argument, dass die Formvorschriften des § 15 Abs. 3 und 4 GmbHG lediglich den spekulativen Handel mit GmbH-Anteilen verhindern sollen, abgelehnt werden. *Büchner* geht davon aus, dass dieser Zweck es nicht erfordere, auch das Nutzungspfand den Formvorschriften zu unterwerfen. Dem ist wiederum entgegenzuhalten, dass es sich unter rechtlichen Gesichtspunkten auch bei einem Nutzungspfand um ein Anteilspfandrecht handelt, welches lediglich eine besondere inhaltliche Ausprägung erfahren hat. Die Bestellung eines Nutzungspfandes gemäß §§ 1273 Abs. 2 S. 1, 1213 Abs. 1 BGB bedarf demnach ebenso wie die einer isolierten Verpfändung eines GmbH-Anteils der notariellen Beurkundung. Dies muss auch für den Fall gelten, dass die Berechtigung zur Nutzungsziehung erst nachträglich vereinbart wird. Andernfalls könnte das gewonnene Ergebnis leicht durch eine prolongierte Bestellung umgangen werden. Das ursprüngliche Pfandrecht wird hierdurch inhaltlich derart verändert, dass es von Anfang an hätte nicht ohne notarielle Beurkundung bestellt werden dürfen. Die Bestellung des Nutzungspfandes bedarf somit in jedem Fall der notariellen Beurkundung.

Das Nutzungspfand teilt auch hinsichtlich etwaiger Anzeige- und Eintragungspflichten das Schicksal der Anteilsverpfändung. Danach bedarf es zur Wirksamkeit des Nutzungspfandes weder einer Anzeige nach § 1280 BGB[339] noch einer Eintragung in die Gesellschafterliste. Auch die Geltendmachung des Nutzungspfandes bedarf nicht der vorherigen Legitimation nach § 16 Abs. 1 S. 1 RegE-GmbHG. Der Pfandgläubiger hat seine Berechtigung gegenüber der Gesellschaft lediglich unter Vorlage des notariell beurkundeten Pfandvertrags nachzuweisen. Eine Eintragung seiner Personalien sowie der Pfandbestellung selbst in der Gesellschafterliste bedarf es hierzu nicht.

3. Inhalt und Umfang

Durch das Nutzungspfandrecht ist der Pfandgläubiger nach § 1213 Abs. 1 BGB berechtigt, die Nutzungen des Pfandes zu ziehen. Es erfasst damit alle vermögensrechtlichen

---

[337] *Kolkmann*, MittRhNotK 1992, 1, 14 f.; *Reymann*, DNotZ 2005, 425, 435.

[338] *Büchner*, Verpfändung von Anteilen, S. 142.

[339] Ausdrücklich für das Nutzungspfand *Damrau*, in: MünchKommBGB, § 1274 Rn. 55; *Reymann*, DNotZ 2005, 425, 434.

Ansprüche, die als Nutzungen i.S.v. § 100 BGB anzusehen sind[340]. Hierzu gehören gemäß § 99 BGB die Früchte einer Sache oder eines Rechts sowie die Vorteile, welche der Gebrauch der Sache oder des Rechts gewährt. Im Falle der Verpfändung von wirtschaftlichen Rechtsgesamtheiten wie GmbH-Anteilen sind dies in erster Linie die künftigen Ansprüche auf Gewinn, auch wenn ihr Entstehen oder ihr Inhalt noch unbestimmt ist[341]. Nicht erfasst sind solche Forderungen des Gesellschafters, die sich bereits vor der Bestellung des Nutzungspfandes verselbständigt haben und damit nicht mehr aus dem Geschäftsanteil resultieren[342]. Beispielsweise werden etwaige Gewinnrücklagen vergangener Geschäftsjahre, die aufgrund entsprechender Gesellschafterbeschlüsse gegenwärtig ausgezahlt werden sollen, nicht mehr vom Nutzungspfand erfasst, sondern müssen durch selbstständige Forderungsverpfändung der Pfandhaft unterstellt werden[343]. Sofern jegliche Gewinnansprüche verselbständigt wurden, etwa durch Verbriefung in Gewinnscheinen, scheidet ein Nutzungspfand daher gänzlich aus. Der Pfandgläubiger wird durch die Bestellung des Nutzungspfandes alleiniger Inhaber des Gewinnanspruchs[344]. Dieser entsteht in seiner Person automatisch mit dem Gewinnverwendungsbeschluss (§ 29 Abs. 2 GmbHG)[345]. Der Pfandgläubiger kann auf den Gewinnanspruch ohne Rücksicht auf eine Pfandreife zugreifen[346]. Hierdurch unterscheidet sich das Nutzungspfand maßgeblich von der isolierten Verpfändung des Gewinnanspruchs. Bei dieser bleibt Inhaber des Gewinnanspruchs der Gesellschafter. Der Pfandgläubiger hat nur im Sicherungsfall Zugriff auf den Gewinnanspruch; dieser dient somit als selbstständiges Pfandobjekt lediglich der Sicherheit. Der unmittelbare Zugriff des Pfandgläubigers auf den anteiligen Gewinn, unabhängig von dem Vorliegen eines Sicherungsfalls, führt beim Nutzungspfand allerdings dazu, dass dieser nach § 1214 Abs. 2 BGB auf die geschuldete Leistung und dabei zunächst auf die Kosten und Zinsen und in der verbleibenden Höhe auf die gesicherte Forderung anzurechnen ist. Hiervon abweichend wird nach Maßgabe von § 1214 Abs. 3 BGB, wonach andere Vereinbarungen zulässig sind, in der Praxis häufig bestimmt, dass die Auszahlung der Gewinne an den Verpfänder erfolgt, solange dieser nicht im Verzug mit seinen Verpflichtungen aus dem Kreditvertrag ist[347].

Das Nutzungspfandrecht umfasst neben dem Gewinnanspruch auch andere vermögensrechtliche Leistungen, die sich aus dem Geschäftsanteil ergeben, soweit sie als Nutzungen i.S.d. §§ 99, 100 BGB zu qualifizieren sind. Darunter fallen alle Erträge, die

---

[340] *Bassenge*, in: PalandtBGB, § 1213 Rn. 1.

[341] BGHZ 63, 365, 368; BGH NJW 1995, 1027 ff.; *Heinrichs*, in: PalandtBGB, § 99 Rn. 3; *Holch*, in: MünchKommBGB, § 99 Rn. 11; *Marly*, in: SoergelBGB, § 99 Rn. 3; *Rowedder/Bergmann*, in: Rowedder/Schmidt-Leithoff, GmbHG, § 15 Rn. 97. Weitere Sonderrechte sind etwa die Ausschüttungen von Vorzugs- oder Naturaldividenden, *Kolkmann*, MittRhNotK 1992, 1, 10.

[342] *Kolkmann*, MittRhNotK 1992, 1, 10; *Müller*, GmbHR 1969, 4, 57 f.

[343] *Kolkmann*, MittRhNotK 1992, 1, 10.

[344] *Damrau*, in: MünchKommBGB, § 1274 Rn. 53 f.; *Müller*, GmbHR 1969, 4, 57, 59; *Büchner*, Verpfändung von Anteilen, S. 140.

[345] *Ebbing*, in: Michalski, GmbHG, § 15 Rn. 224; *M. Winter/Löbbe*, in: Ulmer/Habersack/Winter, GmbHG, § 15 Rn. 172, 184; *Bruhns*, GmbHR 2006, 587, 589.

[346] *Damrau*, in: MünchKommBGB, § 1274 Rn. 53 f.; *Müller*, GmbHR 1969, 4, 57, 59; *Büchner*, Verpfändung von Anteilen, S. 140.

[347] *Bruhns*, GmbHR 2006, 587, 589; *Mertens*, ZIP 1998, 1787, 1789; *Sieger/Hasselbach*, GmbHR 1999, 633, 638.

bestimmungsgemäß aus dem Geschäftsanteil fließen und die eigentliche Substanz des Anteils unberührt lassen[348]. Dementsprechend werden Geschäftsanteilssurrogate i.e.S. nicht von einem Nutzungspfandrecht erfasst[349]. Diese treten an die Stelle des verpfändeten Anteils und können daher nicht als bestimmungsgemäßer Ertrag (Nutzung) desselben angesehen werden. Hierfür besteht indes auch kein praktisches Bedürfnis, da derartige Anteilssubstitute bereits von dem isolierten Anteilspfandrecht erfasst werden. Entsprechendes muss auch für die behandelten Anteilssurrogate i.w.S. gelten. Dort erfasst ebenfalls bereits das reine Anteilspfandrecht die entstehenden Surrogate, sofern ein übergeordnetes Interesse der Gesellschaft hinsichtlich der Lastenfreiheit des Anteils besteht. Für den Abfindungsanspruch infolge von Austritt und Kündigung stellt sich die Frage nach dem Nutzungspfand nicht, da das Pfandrecht ohnehin unverändert auf dem Geschäftsanteil lastet. Anders hingegen ist dies teilweise bei den außer dem Gewinnanspruch bestehenden Nebenrechten zu bewerten. Bei der Kapitalerhöhung ist zwischen effektiver und nomineller zu unterscheiden. Die neu gebildeten Geschäftsanteile infolge einer effektiven Kapitalerhöhung werden dabei nicht durch das Nutzungspfand erfasst. Die neuen Anteile sind nicht als Nutzung des verpfändeten Geschäftsanteils zu qualifizieren, da sie durch die Zuführung von zusätzlichen Eigenmitteln der Gesellschafter gebildet werden. Zwar resultiert das Bezugsrecht des Gesellschafters aus seinem bisher gehaltenen Geschäftsanteil, allerdings führt dies nicht dazu, dass sich der neue Geschäftsanteil als Nutzung des Alten darstellt. Die Erhöhung des Stammkapitals und damit die Bildung neuer Geschäftsanteile ist bei der effektiven Kapitalerhöhung ausschließlich die Folge der Zuführung neuer Betriebsmittel. Die bisherigen Anteilsrechte haben hierauf keine Auswirkung, § 55 Abs. 2 (RegE-) GmbHG. Anders ist dies bei der nominellen Kapitalerhöhung. Hier werden die neu gebildeten oder erhöhten Anteile aus (Gewinn-) Rücklagen der Gesellschaft gebildet und sind somit als Ertrag der ursprünglichen Anteile einzuordnen. Der neue oder erhöhte Geschäftsanteil stellt sich damit lediglich als Substitut des anteiligen Gewinnanspruchs dar, welcher beim Nutzungspfand dem Zugriff des Pfandgläubigers unterliegt. Dass die neuen oder erhöhten Anteile als bestimmungsgemäße Erträge aus dem Anteil fließen ergibt sich zudem aus der Regelung des § 57j GmbHG. Nach dieser zwingenden (§ 57j S. 2 GmbHG) Vorschrift stehen die neuen Anteile den Gesellschaftern im Verhältnis ihrer bisherigen Geschäftsanteile zu, § 57j S. 1 GmbHG. Hierin kommt zum Ausdruck, dass bei einer Kapitalerhöhung aus Gesellschaftsmitteln die neuen Anteile in fester Korrelation zu den ursprünglichen Anteilen stehen. Ohne vorangegangene Erträge der anfänglichen Anteile hätte die nominelle Kapitalerhöhung nicht vorgenommen werden können. Die neuen oder erhöhten Anteile nach einer nominellen Kapitalerhöhung sind demnach als Nutzungen des verpfändeten Geschäftsanteils zu qualifizieren und werden somit von dem Nutzungspfandrecht erfasst. Ähnliches gilt auch für die Rückzahlung von Nachschüssen gemäß § 30 Abs. 2 S. 1 GmbHG. Nach der hier vertretenen Auffassung wird der Anspruch auf Rückzahlung zuvor geleisteter Nachschüsse nicht bereits durch das isolierte Anteilspfandrecht erfasst. Allerdings können diese Ansprüche ebenfalls als Nutzungen i.S.d. §§ 99, 100 BGB qualifiziert werden, da sie als bestimmungsgemäße Erträge unmittelbar aus dem Anteil resultieren. Sowohl die Pflicht zur Einzahlung von

---

[348] *Holch*, in: MünchKommBGB, § 99 Rn. 3; *Jickeli/Stieper*, in: StaudingerBGB, § 99 Rn. 9; *Michalski*, in: ErmanBGB, § 99 Rn. 6; *Müller*, GmbHR 1969, 4, 57 f.

[349] So auch *Müller*, GmbHR 1969, 4, 57 f.

Nachschüssen als auch der daraus folgende Rückzahlungsbetrag sind unmittelbar mit dem Geschäftsanteil verbunden und damit als Nutzung anzusehen. Ist das Pfandrecht als Nutzungspfand ausgestaltet, erfasst es demnach auch den Anspruch auf Rückzahlung eines auf den verpfändeten Anteil geleisteten Nachschusses. Das Nutzungspfand erfasst gemäß §§ 1213 Abs. 1, 100 BGB auch die Gebrauchsvorteile die das Recht gewährt. Nach Ansicht in Rechtsprechung und Literatur gehört auch das mit dem Geschäftsanteil einer GmbH verbundene Stimmrecht des Gesellschafters zu den Gebrauchsvorteilen des Anteils[350]. Es wäre demnach denkbar, dass dem Pfandgläubiger durch die Bestellung des Nutzungspfandes auch das Stimmrecht des verpfändenden Gesellschafters zukommt. Die Ausübung des Stimmrechts weist durchaus eine große Ähnlichkeit zu einem Gebrauchsvorteil auf, auch wenn sie tatsächlich „nur" die Ausübung des Mitgliedschaftsrechts des Gesellschafters ist[351]. Dennoch kann das Stimmrecht bei Ausgestaltung als Nutzungspfand nicht dem Pfandgläubiger zuerkannt werden[352]. Das Stimmrecht ist seinem Wesen nach mit der Gesellschafterstellung prinzipiell untrennbar verbunden, da es die notwendige Beteiligung des einzelnen Gesellschafters an der Wahrung der gemeinschaftlichen Interessen darstellt[353]. Allein durch die Ausgestaltung des Pfandrechts als Nutzungspfandrecht kann diese Verknüpfung nicht aufgehoben werden. Weder die zitierte (Einzelfall-[354]) Entscheidung des Reichsgerichts noch der Hinweis aus der Literatur kann dahingehend verallgemeinert werden, dass das Stimmrecht in jedem Fall als Nutzung i.S.d. § 100 BGB aufzufassen ist und damit generell in den Regelungsbereich des § 1213 Abs. 1 BGB fällt. Das Stimmrecht des verpfändenden Gesellschafters fällt dem Pfandgläubiger demnach auch bei Bestellung eines Nutzungspfandes nicht automatisch zu.

Von einem Nutzungspfand wird als vermögensrechtlicher Anspruch in erster Linie der auf den entsprechenden Anteil entfallende Gewinn erfasst. Daneben gewährt das Nutzungspfandrecht zum einen den Zugriff auf die neu gebildeten oder erhöhten Geschäftsanteile nach einer nominellen Kapitalerhöhung und zum anderen erfasst es den Anspruch auf Rückzahlung des auf den Geschäftsanteil geleisteten Nachschusses.

II. Die Einzelverpfändung vermögenswerter Mitgliedschaftsrechte

Ebenfalls der Erweiterung der durch das isolierte Anteilspfandrecht gewährten Kreditsicherheit dient die Einzelverpfändung vermögenswerter Mitgliedschaftsrechte. Hierbei handelt es sich, anders als beim Nutzungspfand, nicht um inhaltlich modifizierte Anteilspfandrechte, sondern um selbstständige Forderungsverpfändungen, die sowohl zusätzlich neben eine Anteilsverpfändung treten als auch unabhängig hiervon erfolgen können[355]. Ein zwingender materieller Bedingungszusammenhang besteht im Gegen-

---

[350] RGZ 118, 266, 268 f.; *Jickeli/Stieper*, in: StaudingerBGB, § 100 Rn. 7; *Marly*, in: SoergelBGB, § 99 Rn. 12, § 100 Rn. 3; *Michalski*, in: ErmanBGB, § 100 Rn. 2.

[351] Vgl. *Marly*, in: SoergelBGB, § 99 Rn. 12.

[352] So auch *Müller*, GmbHR 1969, 4, 57 f.

[353] *Ebbing*, in: Michalski, GmbHG, § 14 Rn. 70; *Raiser*, in: Ulmer/Habersack/Winter, GmbHG, § 14 Rn. 41 f.; *H. Winter/Seibt*, in: Scholz, GmbHG, § 14 Rn. 31 f.

[354] Die Entscheidung war gezielt auf das preußische Stempelsteuergesetz ausgerichtet.

[355] *Reichert/Weller*, GmbH-Geschäftsanteil, § 15 Rn. 309 ff.; *Reymann*, DNotZ 2005, 425, 431.

satz zum Nutzungspfand nicht[356]. Sofern die Verpfändung vermögenswerter Mitgliedschaftsrechte unabhängig von den ihnen zugehörigen Geschäftsanteilen geschieht, handelt es sich freilich nicht mehr um die Sonderform eines Anteilspfandrechts, sondern um reine Forderungsverpfändungen. Häufig wird man aber, im Interesse einer umfangreichen Sicherung des Pfandgläubigers, eine kumulative Verpfändung des Geschäftsanteils und seiner vermögenswerten Mitgliedschaftsrechte vornehmen.

1. Gewinnanspruch

Die isolierte Verpfändung des Gewinnanspruchs entspricht in ihrer Zweckrichtung der eines Nutzungspfandes. Beabsichtigt ist eine möglichst umfangreiche Sicherung des Pfandgläubigers. Zwischen beiden Gestaltungsmöglichkeiten bestehen dennoch weitreichende Unterschiede. Anders als beim Nutzungspfand bleibt Inhaber des Gewinnanspruchs der Gesellschafter. Der Anspruch stellt ein selbstständiges Pfandobjekt dar und dient dem Pfandgläubiger als Sicherheit. Zugriffsrechte bekommt er nur im Falle der Pfandreife (§ 1228 Abs. 2 S. 1 BGB). Die Einzelverpfändung des Gewinnanspruchs setzt im Unterschied zum Nutzungspfand auch nicht zwingend die Verpfändung desjenigen Geschäftsanteils auf den dieser entfällt voraus, sondern kann unabhängig davon erfolgen[357]. Je nach Ausschüttungsverhalten der GmbH kann es im Einzelfall sogar ausreichen, ausschließlich auf die Gewinnansprüche im Wege der Verpfändung zuzugreifen. Dies insbesondere dann, wenn es sich um gewinnträchtige Gesellschaften handelt, deren Thesaurierungsanteil[358] gering ist, so dass mit häufigen Gewinnausschüttungen oder Zahlungen von Sonderdividenden zu rechnen ist[359]. Die Verpfändung von Gewinnansprüchen scheidet aus, wenn der Gesellschaftsvertrag die Abtretung oder explizit die Verpfändung von Vermögensrechten der Gesellschafter untersagt (§§ 399, 412, 1274 Abs. 2)[360]. Unbeachtlich hingegen ist, wenn die Verpfändung der Geschäftsanteile statutarisch ausgeschlossen ist. Bei der Verpfändung des Gewinnanspruchs handelt es sich, unabhängig davon, ob daneben auch der Geschäftsanteil verpfändet wird, um eine selbstständige Forderungsverpfändung.

Für das Pfandrecht an einer Forderung gelten neben den Grundsatzvorschriften der §§ 1273, 1274 ff. BGB gemäß § 1279 S. 1 BGB die besonderen Vorschriften der §§ 1280 bis 1290 BGB. Nach § 398 S. 1 BGB kann auch eine künftige Forderung abgetreten werden[361], so dass aus den §§ 1273 Abs. 2 S. 1, 1274 Abs. 1 S. 1, 398 S. 1 BGB

---

[356] *Damrau*, in: MünchKommBGB, § 1273 Rn. 54; *Ebbing*, in: Michalski, GmbHG, § 15 Rn. 225; *H. Winter/Seibt*, in: Scholz, GmbHG, § 15 Rn. 182.

[357] *Damrau*, in: MünchKommBGB, § 1273 Rn. 54; *Ebbing*, in: Michalski, GmbHG, § 15 Rn. 225; *H. Winter/Seibt*, in: Scholz, GmbHG, § 15 Rn. 182; *Reymann*, DNotZ 2005, 425, 431.

[358] Dies bezeichnet den Anteil des Gewinns, der nicht an die Gesellschafter ausgezahlt wird, sondern als Gewinnrücklage in die Eigenkapitalquote der Gesellschaft eingestellt wird. Zum Begriff der Thesaurierung bei Abwicklung der Gesellschaft siehe *Nerlich*, in: Michalski, GmbHG, § 73 Rn. 4.

[359] *Kolkmann*, MittRhNotK 1992, 1, 10, 13 f.; *Reymann*, DNotZ 2005, 425, 431.

[360] *Damrau*, in: MünchKommBGB, § 1274 Rn. 54; *Ebbing*, in: Michalski, GmbHG, § 15 Rn. 225; *Reichert/Weller*, GmbH-Geschäftsanteil, § 15 Rn. 310; *H. Winter/Seibt*, in: Scholz, GmbHG, § 15 Rn. 182; *Müller*, GmbHR 1969, 4, 57, 59; *Reymann*, DNotZ 2005, 425, 432.

[361] H. M. in Rspr. und Lit., RGZ 67, 166, 168; BGHZ 53, 60, 63; 108, 98, 104; zuletzt BGH NJW-RR 2005, 1408 f.; *Grüneberg*, in: PalandtBGB, § 398 Rn. 11; *Roth*, in: MünchKommBGB, § 398 Rn. 79; *Westermann*, in: ErmanBGB, § 398 Rn. 11.

folgt, dass sowohl entstandene als auch künftig entstehende Gewinnansprüche einzeln verpfändet werden können[362]. Häufig wird es nämlich darum gehen, Sicherheiten für längerfristige Kreditlaufzeiten zu bestellen, so dass nicht nur der jeweils aktuelle Gewinnanspruch, sondern auch die künftig auf einen bestimmten Geschäftsanteil entfallenden Gewinnansprüche verpfändet werden sollen. Hier müssen zunächst die aus dem Bestimmtheitsgrundsatz resultierenden Anforderungen im Hinblick auf Vorausabtretungen von Forderungen beachtet werden. Nicht ausreichend ist im Gegensatz zum Nutzungspfand, dass nur der Geschäftsanteil, auf den die zukünftigen Gewinne entfallen, durch hinreichende Individualisierung bestimmt wird. Erforderlich ist vielmehr, dass zusätzlich alle Gewinnansprüche, die verpfändet werden sollen, zumindest bestimmbar aufgeführt werden[363]. Sie müssen danach so umschrieben sein, dass sie spätestens bei ihrer Entstehung nach Gegenstand und Umfang zweifelsfrei bestimmt werden können[364]. Neben die Individualisierung des Anteils, dessen Ansprüche betroffen sind, treten beispielsweise die Anspruchsentstehungsbedingungen und der erfasste Zeitraum mit der konkreten Benennung der Geschäftsjahre, für die die Gewinnauszahlungsansprüche verpfändet werden sollen[365]. Kein Hindernis stellt der von der Rechtsprechung angelegte strengere Maßstab für die Pfändung künftiger Forderungen dar[366]. Diese soll nur zulässig sein, wenn das der Forderung zu Grunde liegende Rechtsverhältnis bereits besteht oder sich zumindest schon so deutlich abzeichnet, dass die Forderung individualisierbar ist. Ungeachtet der Frage, ob diese Einschränkung auch für die Verpfändung von künftigen Forderungen gilt[367], liegt diese Voraussetzung bei der Verpfändung zukünftiger Gewinnansprüche vor, da deren Rechtsgrundlage ein konkreter Geschäftsanteil einer bereits bestehenden Gesellschaft ist.

Die Pfandrechtsbestellung an Gewinnansprüchen unterliegt als selbstständige Forderungsverpfändung nicht der Vorschrift des § 15 Abs. 3 GmbHG und kann demnach ohne notarielle Beurkundung vorgenommen werden[368]. Die Formvorschrift erfasst lediglich die Abtretung und über § 1274 Abs. 1 S. 1 BGB die Verpfändung von Geschäftsanteilen, nicht aber einzelner aus der Mitgliedschaft fließender Rechte[369]. Vereinzelt[370] wird anscheinend vertreten, dass die Form des § 15 Abs. 3 GmbHG dennoch eingehalten werden muss, wenn der Anspruch auf Gewinnbezug zugleich mit dem Anteil verpfändet wird. Die Verpfändung des Gewinnanspruchs stelle sich in diesem Fall als formbedürftige Nebenabrede der Anteilsverpfändung dar. Dieser Auffassung ist vor

---

[362] *Reymann*, DNotZ 2005, 425, 432.

[363] So zur Abtretung künftiger Forderungen BGHZ 30, 338, 340; 53, 60, 63 f.; 108, 98, 104 f.; BGH NJW-RR 2005, 1408 f.

[364] BGHZ 7, 365, 367; 26, 185, 189; 53, 60, 63; 71, 75, 78; 79, 16, 21 f.

[365] *Kolkmann*, MittRhNotK 1992, 1, 11; *Reymann*, DNotZ 2005, 425, 432.

[366] BGHZ 53, 29, 32; BAG NJW 1993, 2699 ff.

[367] Hierzu *Damrau*, in: MünchKommBGB, § 1273 Rn. 4.

[368] *Ebbing*, in: Michalski, GmbHG, § 15 Rn. 225; *Reichert/Weller*, GmbH-Geschäftsanteil, § 15 Rn. 310; *H. Winter/Seibt*, in: Scholz, GmbHG, § 15 Rn. 182; *Kolkmann*, MittRhNotK 1992, 1, 14 f.; *Reymann*, DNotZ 2005, 425, 435.

[369] *Reichert/Weller*, GmbH-Geschäftsanteil, § 15 Rn. 310.

[370] So scheinbar *M. Winter/Löbbe*, in: Ulmer/Habersack/Winter, GmbHG, § 15 Rn. 168. Die Autoren befassen sich dort ausschließlich mit dem dinglichen Pfandbestellungsvertrag, so dass der Kontext nur diesen Schluss zulässt. Vor allem, weil sie unter § 15 Rn. 155 von der uneingeschränkten Formfreiheit des Verpflichtungsgeschäfts einer Verpfändung ausgehen.

dem Hintergrund des für § 15 Abs. 3 GmbHG nicht geltenden Vollständigkeitsgrundsatzes nicht zu folgen. Nebenabreden sind im Rahmen des dinglichen Verpfändungsvertrages nur dann formbedürftig, wenn sie mit den substanziellen Bestandteilen der dinglichen Pfandbestellung unmittelbar zusammenhängen. Zwischen der isolierten Verpfändung des Gewinnanspruchs und der Anteilsverpfändung besteht, auch wenn sie unmittelbar zusammen erfolgen, im Gegensatz zum Nutzungspfand gerade kein materieller Bedingungszusammenhang. Die Anteilsverpfändung geschieht nach den für sie geltenden Regeln während die Forderungsverpfändung rechtlich hiervon unabhängig ist. Daran kann auch die rein schuldrechtlich wirkende Vereinbarung, dass sowohl der Geschäftsanteil als auch der anteilige Gewinnanspruch verpfändet werden sollen, nichts ändern. Bereits die schuldrechtliche Vereinbarung ist, ebenso wie die reine Verpflichtung zur Anteilspfandbestellung, nicht notariell zu beurkunden. Auf dinglicher Ebene stellt die zusätzliche Abrede der Gewinnanspruchsverpfändung keine für die Anteilsverpfändung substanzielle Regelung dar. Allein die (formfreie) schuldrechtliche Verbindung der beiden Geschäfte vermag keinen dinglichen Bedingungszusammenhang zwischen ihnen herzustellen. Die Pfandrechtsbestellung an Gewinnansprüchen kann demnach stets ohne notarielle Beurkundung vorgenommen werden, unabhängig davon, ob sie zusammen mit der Anteilsverpfändung oder völlig losgelöst davon erfolgt. Wirksamkeit erlangt die Verpfändung des Gewinnanspruchs allerdings erst durch eine, vom Gesellschafter (Gläubiger des Gewinnanspruchs) gegenüber der Gesellschaft (Schuldnerin des Gewinnanspruchs) vorzunehmenden Anzeige gemäß § 1280 BGB[371]. Anders als bei einem Geschäftsanteil (Mitgliedschaftsrecht) handelt es sich bei dem Gewinnanspruch um eine Forderung i.S. dieser Vorschrift. Die Anzeige kann nur durch den Gläubiger des verpfändeten Gewinnanspruchs erfolgen und bedarf keiner Form[372]. Sie muss nicht ausdrücklich geschehen, sondern lediglich erkennen lassen, dass der Gesellschafter die Verpfändung gegen sich gelten lassen will[373]. Erst im Zeitpunkt der Anzeige nach § 1280 BGB wird das Pfandrecht am Gewinnanspruch wirksam. Entscheidenden Einfluss kann dies auf den Rang des Pfandrechts und somit dessen spätere Verwertungschancen haben[374].

Besonderheiten bestehen für den Fall, dass die Gesellschaft für die Gewinnansprüche Dividendenscheine (Gewinnanteilscheine) ausgegeben hat[375]. Die Bestellung eines Nutzungspfandes ist aufgrund der Verselbstständigung der Gewinnansprüche nicht mehr möglich, so dass lediglich die Verpfändung des in dem Gewinnschein verkörperten Gewinnanspruchs verbleibt. Die Anforderungen an eine solche Verpfändung hängen davon ab, welche rechtliche Form dem Dividendenschein zukommt. Die Verbriefung von Gewinnansprüchen geschieht meist in der Form eines Inhaberpapiers gemäß § 793 Abs. 1 S. 1 BGB[376]. Materiell berechtigt ist bei einer Schuldverschreibung auf den

---

[371] *Damrau*, in: MünchKommBGB, § 1274 Rn. 54; *Ebbing*, in: Michalski, GmbHG, § 15 Rn. 225; *Reichert/Weller*, GmbH-Geschäftsanteil, § 15 Rn. 310; *H. Winter/Seibt*, in: Scholz, GmbHG, § 15 Rn. 182; *M. Winter/Löbbe*, in: Ulmer/Habersack/Winter, GmbHG, § 15 Rn. 168; *Kolkmann*, MittRhNotK 1992, 1, 11; *Reymann*, DNotZ 2005, 425, 432.

[372] Statt aller *Bassenge*, in: PalandtBGB, § 1280 Rn. 2.

[373] OLG Köln NJW-RR 1990, 485 f.; *Bassenge*, in: PalandtBGB, § 1280 Rn. 2.

[374] *Reymann*, DNotZ 2005, 425, 434.

[375] Eingehend hierzu *Büchner*, Verpfändung von Anteilen, S. 133 ff.

[376] *Hueck/Fastrich*, in: Baumbach/Hueck, GmbHG, § 29 Rn. 87.

68

Inhaber der Eigentümer der Urkunde[377]. In diesem Zusammenhang ordnet § 1293 BGB an, dass für das Pfandrecht an einem Inhaberpapier die Vorschriften über das Pfandrecht an beweglichen Sachen gelten. Die in Inhaberpapieren verkörperten Gewinnansprüche können demzufolge nach den Vorschriften der §§ 1293, 1205 (1206) BGB verpfändet werden. Hierfür ist neben der Einigung über die Pfandbestellung grundsätzlich die Übergabe des Dividendenscheins erforderlich (§ 1205 Abs. 1 S. 1 BGB). Einer Anzeige gemäß § 1280 BGB oder der Eintragung nach § 16 Abs. 1 S. 1 RegE-GmbHG bedarf es nicht, da sich der Pfandgläubiger zu jeder Zeit durch den Besitz des Gewinnscheins ausweisen kann[378]. Die Verbriefung des Gewinnanspruchs ist auch durch Orderpapier gemäß § 363 Abs. 1 S. 1 HGB zulässig[379]. Es handelt sich dabei um einen kaufmännischen Verpflichtungsschein, der es dem Inhaber ermöglicht, das verbriefte Recht in besonderer Form (Indossament, § 364 HGB) mit besonderen Wirkungen (erhöhte Sicherung des Erwerbers, §§ 364 f. HGB) zu übertragen[380]. Den Fall der Verpfändung von Orderpapieren regelt § 1292 BGB. Die Verpfändung erfolgt danach grundsätzlich[381] durch Einigung über die Pfandbestellung und Übergabe des indossierten Papiers. Anzeige- und Eintragungspflichten bestehen aus den zu Inhaberpapieren genannten Gründen auch hier nicht. Sind die Gewinnansprüche weder als Inhaber- noch als Orderpapiere ausgestaltet, handelt es sich in der Regel um Namenspapiere (sog. Rektapapiere)[382]. Diese benennen den Berechtigten namentlich, so dass nur er oder sein Rechtsnachfolger zur Geltendmachung des Gewinnanspruchs befugt ist[383]. Ein Wechsel des Gläubigers ist nur durch Abtretung der Forderung möglich, während für den Gewinnschein selbst § 952 Abs. 1 S. 1 BGB gilt[384]. Die Verpfändung richtet sich dementsprechend nach den für die isolierte Verpfändung des Gewinnanspruchs geltenden Bestimmungen (§§ 398 ff., 1273 ff., 1279 ff. BGB)[385].

2. Sonstige Kapitalforderungen

Neben dem Gewinnanspruch können alle entstandenen und künftig entstehenden vermögenswerten Mitgliedschaftsrechte einzelverpfändet werden, sofern der Gesellschaftsvertrag dies nicht untersagt[386]. Es handelt sich auch hier um selbstständige Forderungsverpfändungen, die sowohl neben eine Anteilsverpfändung treten als auch völlig unabhängig davon erfolgen können. Zweck ist auch hier die Erweiterung der Sicherungsumfangs im Interesse des Pfandgläubigers. Die Bestellung des Pfandrechts an

---

[377] Sprau, in: PalandtBGB, § 793 Rn. 9.

[378] Ebbing, in: Michalski, GmbHG, § 15 Rn. 225; Reichert/Weller, GmbH-Geschäftsanteil, § 15 Rn. 311; H. Winter/Seibt, in: Scholz, GmbHG, § 15 Rn. 182.

[379] Hueck/Fastrich, in: Baumbach/Hueck, GmbHG, § 29 Rn. 87.

[380] Hopt, in: Baumbach/Hopt, HGB, § 363 Rn. 1 f.; Sprau, in: PalandtBGB, Einführung vor § 793 Rn. 4.

[381] Zu den speziellen Formen des offenen und verdeckten Indossaments siehe ausführlich Büchner, Verpfändung von Anteilen, S. 133 ff.

[382] Damrau, in: MünchKommBGB, § 1274 Rn. 54; Müller, in: Ulmer/Habersack/Winter, GmbHG, § 29 Rn. 204.

[383] Sprau, in: PalandtBGB, Einführung vor § 793 Rn. 2.

[384] Sprau, in: PalandtBGB, Einführung vor § 793 Rn. 2.

[385] Reymann, DNotZ 2005, 425, 435; Büchner, Verpfändung von Anteilen, S. 135 f.

[386] Ebbing, in: Michalski, GmbHG, § 15 Rn. 226; Reichert/Weller, GmbH-Geschäftsanteil, § 15 Rn. 313.

Kapitalforderungen ist formfrei, bedarf allerdings gemäß § 1280 BGB der Anzeige des Gesellschafters gegenüber der Gesellschaft. Die von der Rechtsprechung[387] für die Pfändung künftiger Kapitalforderungen verlangte Voraussetzung, dass das der Forderung zu Grunde liegende Rechtsverhältnis bereits besteht oder sich zumindest schon so deutlich abzeichnet, dass dieses individualisierbar ist, stellt hier ebenfalls kein Hindernis dar. Alle dem Gesellschafter zufallenden Kapitalforderungen entspringen letztlich seiner Beteiligung am Gesellschaftsvermögen, vermittelt durch den bereits bestehenden Geschäftsanteil.

Betrachtet man die Kapitalforderungen eines Gesellschafters wird deutlich, dass nur sehr wenige für eine effektive Kreditsicherung geeignet und notwendig sind. Die Verpfändung von Surrogationsansprüchen i.e.S. eignet sich weder für eine Erweiterung des Sicherungsumfangs neben einer bestehenden Anteilsverpfändung noch als alleiniges Sicherungsmittel. Das Entstehen eines Surrogationsanspruchs hat zwangsläufig den Untergang des jeweiligen Geschäftsanteils zur Folge. Geschäftsanteil und Surrogationsanspruch können daher niemals nebeneinander Pfandobjekt sein. Das Pfandrecht erfährt also durch eine zusätzliche Verpfändung der Ersatzansprüche gerade keine Erweiterung, sondern bleibt ebenfalls in seinem ursprünglichen Sicherungsumfang erhalten. Eine gesonderte Verpfändung neben einer Geschäftsanteilsverpfändung ist darüber hinaus völlig überflüssig, da die Ersatzansprüche bereits im Wege der dinglichen Surrogation (§ 1287 BGB) automatisch von dem Anteilspfandrecht erfasst werden. Denkbar wäre allenfalls, die Verpfändung der Surrogatansprüche als alleiniges Kreditsicherungsmittel einzusetzen. Dies stellt sich ebenfalls als unzureichend dar. Der Pfandgläubiger erhielte als Sicherungsgegenstand eine künftig mögliche Kapitalforderung des Gesellschafters, bei der nicht nur völlig ungewiss ist wann sie entsteht, sondern vor allem, ob die Forderung überhaupt jemals zur Entstehung gelangt[388]. Nur, wenn der Geschäftsanteil des verpfändenden Gesellschafters wegfällt, entsteht in seiner Person der verpfändete Ersatzanspruch. Er ist damit von rechtsgestaltenden Maßnahmen abhängig, die einer Beschlussfassung aller Gesellschafter bedürfen. Auf eine derart unsichere Tatsachenbasis wird ein Kreditgeber kaum die Absicherung seines ausgegebenen Kredits stützen. Surrogationsansprüche scheiden damit als alleinige Pfandobjekte sowie als Pfandgegenstände zur Erweiterung des Sicherungsumfangs bei bestehender Anteilsverpfändung aus. Sie treten ohne Weiteres an die Stelle des durch rechtsgestaltende Maßnahmen wegfallenden Geschäftsanteils, um eine Schmälerung des ursprünglichen Sicherungsumfangs aufzufangen.

Gleiches muss für die behandelten Geschäftsanteilssurrogate i.w.S. gelten. Sie werden ebenso ohne weitere vertragliche Abrede von einem zuvor bestehenden Anteilspfandrecht erfasst, wohingegen das Pfandrecht an dem Geschäftsanteil selbst erlischt. Demnach scheiden auch diese Ansprüche als alleinige Pfandgegenstände und solche zur Erweiterung des Sicherungsumfangs der Anteilsverpfändung aus. Anders hingegen ist dies für die Abfindungsansprüche bei Austritt und Kündigung zu beurteilen. Nach hier vertretener Auffassung bleibt in diesen Fällen das Pfandrecht an dem Geschäftsanteil bestehen, obwohl dieser nicht mehr von dem verpfändenden Gesellschafter

---

[387] BGHZ 53, 29, 32; BAG NJW 1993, 2699 ff.

[388] Umso verwunderlicher ist es, dass das Schrifttum die Verpfändung von Surrogatansprüchen wie z. B. auf die Liquidationsquote und das Einziehungsentgelt scheinbar als Maßnahme ähnlich der Verpfändung des Gewinnanspruchs ansieht. *Reichert/Weller*, GmbH-Geschäftsanteil, § 15 Rn. 313; *M. Winter/Löbbe*, in: Ulmer/Habersack/Winter, GmbHG, § 15 Rn. 168.

gehalten wird. In seiner Person entsteht jeweils ein Abfindungsanspruch, der neben dem Anteilspfandrecht verpfändet werden kann. Eine isolierte Verpfändung wird dem weit gehenden Sicherungsbedürfnis des Pfandgläubigers aber auch hier nicht gerecht, da sowohl der Entstehungszeitpunkt des Anspruchs als auch die Entstehung selbst wiederum völlig ungewiss sind. Sofern allerdings der Geschäftsanteil ebenfalls verpfändet ist, führt die Verpfändung dieser Abfindungsansprüche zu einer Erweiterung des Sicherungsumfangs.

Geeignet für eine Erweiterung des Sicherungsumfangs sind hauptsächlich die behandelten vermögenswerten Nebenrechte. Außer dem Anspruch auf Gewinnbezug kommen vor allem die neuen oder erhöhten Anteile nach einer Kapitalerhöhung als Pfandobjekte in Betracht. Diese werden weder bei der effektiven noch der nominellen Erhöhung des Stammkapitals von einem isolierten Anteilspfandrecht erfasst. Es handelt sich hierbei jedoch nicht um die Verpfändung künftiger Kapitalforderungen, sondern um die Verpfändung künftiger Geschäftsanteile. Der Anspruch auf Rückzahlung eines auf den verpfändeten Geschäftsanteil geleisteten Nachschusses stellt hingegen eine Kapitalforderung dar. Auch er wird von dem reinen Anteilspfandrecht nicht erfasst, so dass eine Verpfändung nach den genannten Regeln zusätzlich erfolgen kann.

3. Zusammenfassung

Zusammenfassend lässt sich sagen, dass die Einzelverpfändung vermögenswerter Mitgliedschaftsrechte zwar möglich, aber nur eingeschränkt zur Kreditsicherung geeignet ist. Kapitalforderungen, die einen weggefallenen Geschäftsanteil vollständig ersetzen (Surrogationsansprüche i.e.S.) scheiden sowohl als alleiniges Pfandobjekt als auch zur Erweiterung des Sicherungsumfangs eines bestehenden Anteilspfandrechts aus. Bei den Geschäftsanteilssurrogaten i.w.S. gilt dies ebenso für die Abfindungsansprüche nach Ausschluss und Kaduzierung. Ein bestehendes Anteilspfandrecht erfasst diese Ansprüche automatisch (§ 1287 BGB); sie führen allerdings zu keiner Erweiterung des Pfandrechts, da sie entweder den entfallenden Anteil ersetzen oder das Pfandrecht selbst erlischt. Ihre Einsetzung als alleiniges Sicherungsmittel ist aufgrund der großen Unsicherheit hinsichtlich ihres Entstehens praktisch kaum nutzbar. Dies gilt im Übrigen für alle Kapitalforderungen des Gesellschafters. Ihr künftiges Entstehen hängt meist von rechtsgestaltenden Akten ab, auf deren Vornahme weder der Pfandgläubiger noch der Gesellschafter allein Einfluss haben. Vermögensrechte des Gesellschafters eignen sich insofern nur als zusätzliche Sicherheiten neben einem Anteilspfandrecht, um dessen Sicherungsumfang zu erweitern. Eine zusätzliche Einzelverpfändung neben dem Geschäftsanteil macht allerdings nur dann Sinn, wenn lediglich einzelne ausgewählte Vermögensrechte verpfändet werden sollen. Andernfalls ist die Ausgestaltung als Nutzungspfand einfacher und effektiver. Eine Vielzahl vermögenswerter Mitgliedschaftsrechte (Gewinnanspruch, neue/erhöhte Anteile nach nomineller Kapitalerhöhung, Anspruch auf Nachschussrückzahlung) werden hier bereits durch einfache Abrede erfasst. Des Weiteren ist der Pfandgläubiger in seinem Zugriff auf die Pfandobjekte unabhängig von einem etwaigen Sicherungsfall (Pfandreife, § 1228 Abs. 2 S. 1 BGB). Nicht von einem Nutzungspfand erfasst sind neue Geschäftsanteile infolge effektiver Kapitalerhöhung. Ein umfassendes Sicherungspaket sollte demnach neben der Bestellung eines Nutzungspfandes auch die Verpfändung der künftig entstehenden Geschäftsanteile des Gesellschafters vorsehen.

III. Die antizipierte Anteilsverpfändung

Zukünftig entstehende Geschäftsanteile werden von einem isolierten Anteilspfandrecht in keinem Fall erfasst. Ein Nutzungspfandrecht erstreckt sich auf neue Geschäftsanteile nur, wenn sie infolge einer Kapitalerhöhung aus Gesellschaftsmitteln entstanden sind. Anteile, die aufgrund einer effektiven Kapitalerhöhung entstehen, werden hingegen nicht von einem Nutzungspfandrecht erfasst. Sollen sie dennoch als zusätzliche Sicherungsgegenstände neben die Anteilsverpfändung treten, bedarf es einer gesonderten Verpfändung. Gegenstand einer Pfandrechtsbestellung kann neben einem bereits bestehenden Geschäftsanteil auch ein zukünftiger sein[389]. Hiervon streng zu unterscheiden ist die in § 1204 Abs. 2 BGB geregelte Pfandrechtsbestellung für eine künftige oder bedingte Forderung[390]. Die Vorschrift erfasst lediglich die durch das Pfandrecht gesicherte Forderung, nicht jedoch das eigentliche Pfandobjekt[391]. Ein Fall des § 1204 Abs. 2 BGB wird bei der Geschäftsanteilsverpfändung selten vorliegen, da es in der Regel darum geht, bestehende (Kredit-) Forderungen gegenüber der Gesellschaft, einem Gesellschafter oder einem Dritten abzusichern. Die Verpfändung künftiger Rechte ist in den §§ 1204 ff., 1273 ff. BGB nicht geregelt; ihre Zulässigkeit folgt daraus, dass selbst die Übertragung zukünftiger Rechte möglich ist[392]. Entsprechend ist auch die Übertragung künftiger Geschäftsanteile zulässig[393]. Die zur Vorausabtretung künftiger Forderungen entwickelten Grundsätze werden auf die Verpfändung entsprechend angewandt[394]. Danach genügt es, wenn der künftige Geschäftsanteil derart hinreichend bestimmt ist, dass es nur noch seiner Entstehung bedarf, um die Verpfändung ohne Weiteres und zweifelsfrei wirksam werden zu lassen[395]. Hierfür ist notwendig, dass bei der Entstehung des Anteils aus Sicht eines objektiven Dritten zweifelsfrei festgestellt werden kann, ob der neue Geschäftsanteil Gegenstand der Vorausverpfändung war oder nicht[396]. Zwei Fallgestaltungen können der antizipierten Anteilsverpfändung zu Grunde liegen.

Zunächst kann bereits vor der Eintragung der Gesellschaft in das Handelsregister (§ 11 Abs. 1 GmbHG) ein Geschäftsanteil der daraufhin neu entstehenden Gesellschaft verpfändet werden. In diesem Fall handelt es sich um einen zukünftigen Geschäftsanteil einer zukünftigen Gesellschaft. Praktisch bedeutsamer ist allerdings die zweite Fall-

---

[389] *Altmeppen*, in: Roth/Altmeppen, GmbHG, § 15 Rn. 56; *Bassenge*, in: PalandtBGB, § 1273 Rn. 1; *Ebbing*, in: Michalski, GmbHG, § 15 Rn. 221; *Hueck/Fastrich*, in: Baumbach/Hueck, GmbHG, § 15 Rn. 48; *Reichert/Weller*, GmbH-Geschäftsanteil, § 15 Rn. 279; *Sommer*, in: MünchHdBGesR, Band 3, § 26 Rn. 165; *M. Winter/Löbbe*, in: Ulmer/Habersack/Winter, GmbHG, § 15 Rn. 153; *H. Winter/Seibt*, in: Scholz, GmbHG, § 15 Rn. 172; *Mertens*, ZIP 1998, 1787, 1789.

[390] Ausdrücklich *Habersack*, in: SoergelBGB, § 1204 Rn. 24; § 1273 Rn. 7; *Wiegand*, in: StaudingerBGB, § 1273 Rn. 15 mit Anmerkung am Seitenende.

[391] Dies verkennend *Sieger/Hasselbach*, GmbHR 633, 635. Die Autoren folgern die Verpfändung künftiger Geschäftsanteile unzutreffend aus §§ 1273 Abs. 2, 1204 Abs. 2 BGB.

[392] *Bassenge*, in: PalandtBGB, § 1273 Rn. 1; *Habersack*, in: SoergelBGB, § 1273 Rn. 7; *Wiegand*, in: StaudingerBGB, § 1273 Rn. 14 f.

[393] H. M. BGHZ 21, 242; 245; 21, 378, 383; zuletzt BGHZ 141, 207, 212; statt aller *Hueck/Fastrich*, in: Baumbach/Hueck, GmbHG, § 15 Rn. 2, 24.

[394] *Bassenge*, in: PalandtBGB, § 1273 Rn. 1; *Wiegand*, in: StaudingerBGB, § 1273 Rn. 14.

[395] Vgl. zur Zession BGHZ 70, 86, 89; *Wiegand*, in: StaudingerBGB, § 1273 Rn. 15.

[396] Vgl. RGZ 82, 227, 230; BGHZ 70, 86, 89; BGH NJW 1995, 1668 f.; *Habersack*, in: SoergelBGB, § 1273 Rn. 8.

gestaltung, bei der ein zukünftiger Geschäftsanteil einer bereits bestehenden Gesellschaft verpfändet wird. Hierbei kommen in erster Linie neue Anteile aufgrund einer effektiven Kapitalerhöhung in Betracht, da neue Geschäftsanteile infolge einer nominellen Kapitalerhöhung bereits von einem Nutzungspfand erfasst werden. Sofern die Kapitalerhöhung beschlossen ist, kann die Verpfändung der zukünftigen Geschäftsanteile bereits vor der Eintragung der betreffenden Satzungsänderung im Handelsregister (§ 57 GmbHG) vorgenommen werden[397]. Die eindeutige Bestimmbarkeit ergibt sich in diesem Fall aus dem gemäß § 53 Abs. 2 S. 1 GmbHG notariell zu beurkundenden Beschluss zur Erhöhung des Stammkapitals. Zur effektiven Absicherung von Kreditforderungen kann es allerdings notwendig sein, generell künftig entstehende Anteile des Gesellschafters der Verpfändung zu unterwerfen. Dies bedeutet, dass bereits vor der Fassung eines Kapitalerhöhungsbeschlusses künftige Anteile der Verpfändung unterliegen sollen. Das Erfordernis der hinreichenden Bestimmbarkeit steht einer solchen Verpfändung nicht im Weg. Im Verpfändungsvertrag muss lediglich eigens bestimmt werden, dass alle zukünftig in der Hand des pfandbestellenden Gesellschafters entstehenden Geschäftsanteile – infolge einer effektiven Kapitalerhöhung – zusätzlich neben das bereits bestehende Anteilspfandrecht treten und von diesem erfasst werden. Zukünftige Geschäftsanteile können damit bereits vor der Fassung eines Kapitalerhöhungsbeschlusses verpfändet werden[398]. Vollständige Wirksamkeit erlangt ein solches Pfandrecht, vorbehaltlich zusätzlicher Entstehungsvoraussetzungen, in jedem Fall erst mit der vollständigen Entstehung des neuen Geschäftsanteils[399]. Nur wenn es zu einer Kapitalerhöhung und somit zur Entstehung neuer Anteile kommt, wird das zuvor begründete Pfandrecht wirksam. Bis dahin kommt der Pfandrechtsabrede allerdings schon eine rangwahrende Funktion zu. Die Vorschrift des § 1209 BGB, wonach für den Rang des Pfandrechts die Zeit der Bestellung maßgebend ist, gilt auch für den Fall, dass Pfandgegenstand ein künftiges Recht ist[400]. Entscheidend für den Rang des Pfandrechts ist somit nicht der Zeitpunkt des Bedingungseintritts und damit der wirksamen Entstehung des Pfandrechts, sondern der Zeitpunkt der Bestellung.

Mit der Bestellung eines Nutzungspfands und der zusätzlichen Verpfändung aller künftig entstehenden Geschäftsanteile des Gesellschafters erreicht der Pfandgläubiger (Kreditgeber) im Zusammenhang mit der isolierten GmbH-Anteilsverpfändung die größtmögliche Sicherheit[401].

---

[397] M. Winter/Löbbe, in: Ulmer/Habersack/Winter, GmbHG, § 15 Rn. 153; H. Winter/Seibt, in: Scholz, GmbHG, § 15 Rn. 172; Kerbusch, GmbHR 1990, 156 f.; Mertens, ZIP 1998, 1787, 1789; Sieger/Hasselbach, GmbHR 1999, 633, 635.

[398] So auch Mertens, ZIP 1998, 1787, 1789; Sieger/Hasselbach, GmbHR 1999, 633, 635.

[399] BGH NJW 1998, 2592, 2597; BGH ZIP 1996, 2080, 2082; OLG Köln ZIP 1987, 907 f.; Bassenge, in: PalandtBGB, § 1273 Rn. 1; Habersack, in: SoergelBGB, § 1204 Rn. 24; § 1273 Rn. 7; Wiegand, in: StaudingerBGB, § 1273 Rn. 16.

[400] BGHZ 123, 183, 189 f.; Habersack, in: SoergelBGB, § 1209 Rn. 4.

[401] Darüber hinaus werden in der Praxis unter anderem zusätzlich Garantieerklärungen, Kontenverpfändungen und Grundschulden als Sicherungsmittel herangezogen. Überblick bei Schrell/Kirchner, BB 2003, 1451 ff.

IV. Die Verpfändung des Anteils durch den späteren Erwerber

Eine für die Finanzierungspraxis äußerst wichtige Sonderform des Pfandrechts stellt die Anteilsverpfändung durch den späteren Erwerber dar. Es handelt sich bei dieser Fallkonstellation um die Verpfändung von Geschäftsanteilen, die zwar im Zeitpunkt der Pfandrechtsbestellung bereits bestehen, deren Inhaber jedoch nicht der Verpfänder ist. Diese Form der Anteilsverpfändung wird insbesondere bei der Akquisitionsfinanzierung eingesetzt. Hierbei werden die Geschäftsanteile der zu erwerbenden Zielgesellschaft auf Veranlassung des Erwerbers[402] zur Absicherung des Kaufpreises an den die Akquisition finanzierenden Fremdkapitalgeber verpfändet[403]. Verpfänder der Geschäftsanteile ist damit nicht deren Inhaber, sondern ein Dritter, der den Erwerb der Anteile in Zukunft anstrebt. Die Vornahme dieser Art der Anteilsverpfändung ist damit weniger in der Erweiterung des Sicherungsumfangs als vielmehr in der Ausprägung eines speziellen Finanzierungsmodells begründet.

Die reine Durchführung einer solchen Anteilsverpfändung begegnet letztlich keinen rechtlichen Hindernissen, da es sich im Grunde um eine herkömmliche Anteilsverpfändung handelt. Insbesondere kann dem sachenrechtlichen Bestimmtheitsgrundsatz ausreichend Rechnung getragen werden, da der zu verpfändende Geschäftsanteil bereits besteht und somit exakt individualisiert werden kann. Problematischer und bislang kaum behandelt ist die Frage, welche rechtliche Konstruktion der Anteilsverpfändung durch den späteren Erwerber zu Grunde liegt. Die Beantwortung ist vor allem für den Entstehungszeitpunkt des Pfandrechts bedeutend. Einzig *Sieger/Hasselbach*[404] werfen diese Frage auf und weisen vor allem auf ihre Wichtigkeit im Hinblick auf den durch das Pfandrecht erworbenen Rang hin. Sie stellen zwei rechtliche Konstruktionen vor. Ähnlich ihrer bereits zur Verpfändung künftiger Geschäftsanteile vertretenen (unzutreffenden) Auffassung kann es sich danach entweder um einen Fall der „Verpfändung zukünftiger Geschäftsanteile i.S.d. § 1204 Abs. 2 BGB" oder aber um die Verfügung eines Nichtberechtigten nach § 185 Abs. 2 S. 1 Var. 2 BGB handeln. In letzterem Fall entstehe zunächst nur ein Anwartschaftsrecht, welches erst mit dem Erwerb des Geschäftsanteils ex nunc zu einem vollwertigen Pfandrecht erstarke. Bei der Anwendung des § 1204 Abs. 2 BGB hingegen entstehe das Pfandrecht bereits unmittelbar rangsichernd mit seiner formgerechten Bestellung. Darüber hinaus sei der Entstehungszeitpunkt, insbesondere im Hinblick auf etwaige „Zwischenverfügungen", d.h. anderweitige Verfügungen des Anteilsinhabers nach der Pfandrechtsbestellung, relevant. Nur wenn das Pfandrecht, wie im Fall des § 1204 Abs. 2 BGB, direkt zur Entstehung gelange, sei dieses den nachfolgenden Verfügungen vorrangig. Ordne man die Verpfändung von Geschäftsanteilen durch den späteren Erwerber der Regelung des § 185 Abs. 2 S. 1 Var. 2 BGB zu, so erlangten Zwischenverfügungen grundsätzlich Wirksamkeit, da diese Form der Konvaleszenz keine Rückwirkung vorsehe und das Pfandrecht erst mit dem Erwerb des Anteils ex nunc vollständig erstarke. *Sieger/Hasselbach*[405] sind demzufolge der Auffassung, dass sowohl praktische als auch dogmatische Gesichtspunkte dafür sprechen, diese Form der Anteilsverpfändung dem Anwendungsbereich des § 1204 Abs. 2 BGB zu unterstellen.

---

[402] Meist eine Erwerbergesellschaft (NewCo), vgl. *Weitnauer*, ZIP 2005, 790.

[403] *Diem*, ZIP 2003, 1283; *Schrell/Kirchner*, BB 2003, 1451; *Weitnauer*, ZIP 2005, 790.

[404] *Sieger/Hasselbach*, GmbHR 1999, 633, 635.

[405] *Sieger/Hasselbach*, GmbHR 1999, 633, 635 f.

Diesem Ergebnis kann nicht gefolgt werden. Die Ausführungen von *Sieger/Hasselbach* weisen eine Reihe von gravierenden Missverständnissen auf. Allem voran unterliegen die Autoren einer grundlegenden Fehleinschätzung hinsichtlich des Regelungszwecks von § 1204 Abs. 2 BGB. Die Vorschrift regelt nicht, wie angenommen, die „Verpfändung künftiger Rechte", sondern bezieht sich allein auf die durch das Pfandrecht gesicherte Forderung[406]. Lediglich diese kann nach § 1204 Abs. 2 BGB künftig und bedingt sein. Durch die Geschäftsanteile soll eine bestehende Kreditforderung gesichert werden, so dass die Anwendung der Vorschrift auf diese Fallgestaltung eindeutig contra legem ist. Unabhängig von der Tatsache, dass § 1204 Abs. 2 BGB nicht die Verpfändung künftiger Geschäftsanteile regelt, liegt ein solcher Fall bei der Anteilsverpfändung durch den späteren Erwerber auch nicht vor. Es handelt sich lediglich um den Sonderfall, dass nicht der Inhaber des Geschäftsanteils die Verpfändung vornimmt, sondern ein Dritter, der den Anteilserwerb zukünftig anstrebt. Der Geschäftsanteil hingegen besteht bereits. Es ist daher, abgesehen von der Berufung auf § 1204 Abs. 2 BGB, nicht verständlich, warum *Sieger/Hasselbach* die Verpfändung durch den späteren Anteilserwerber überhaupt der Fallgestaltung „Verpfändung eines künftigen Geschäftsanteils" zuordnen. Das Abstellen auf die Vorschrift des § 1204 Abs. 2 BGB unter Verweis auf die Verpfändung eines zukünftigen Geschäftsanteils ist damit in zweifacher Hinsicht verfehlt.

Gesteigertes Augenmerk legen die Autoren in ihrer Argumentation auf den durch das Pfandrecht erworbenen Rang. In diesem Zusammenhang stellen sie heraus, dass bei der Anwendung des § 1204 Abs. 2 BGB das Pfandrecht bereits unmittelbar mit seiner Bestellung entstünde, während hingegen bei § 185 Abs. 2 S. 1 Var. 2 BGB dem Pfandgläubiger zunächst lediglich ein bedingtes Pfandrecht oder ein bloßes Anwartschaftsrecht zukomme. Sie gehen allem Anschein nach davon aus, dass der Zeitpunkt der Entstehung des Pfandrechts die erworbene Rangposition bestimmt. Dieser Auffassung steht allerdings die Regelung des § 1209 BGB entgegen, wonach für den Rang des Pfandrechts die Zeit der Bestellung maßgebend ist. Bestimmend für den Rang eines Pfandrechts ist also nicht der Zeitpunkt des Entstehens, sondern der der Bestellung des Pfandrechts. Dies gilt nach allgemeiner Ansicht vor dem Hintergrund des Rechtsgedankens von § 161 Abs. 1 BGB selbst dann, wenn das Pfandrecht selbst bedingt bestellt wurde[407]. Maßgebend für den Rang ist auch hier der Zeitpunkt der Pfandrechtsbestellung und nicht der des Bedingungseintritts. Einem solchen Bedingungseintritt gleichgestellt werden muss dann auch der Fall, dass das Pfandrecht erst aufgrund der Vorschrift des § 185 Abs. 2 BGB wirksam wird. Auch hier kommt es nach § 1209 BGB lediglich auf den Zeitpunkt der Bestellung und nicht auf den Bedingungseintritt an[408]. Es macht demnach für den erworbenen Rang keinen Unterschied, ob das Pfandrecht nach § 1204 Abs. 2 BGB oder § 185 Abs. 2 BGB beurteilt wird. Maßgebend ist einzig der Zeitpunkt zu welchem das Anteilspfandrecht bestellt wurde (§ 1209 BGB). Unabhängig von den dogmatischen Bedenken bezüglich der Anwendbarkeit des § 1204 Abs. 2 BGB erscheint damit auch die Argumentation im Hinblick auf eine nötige

---

[406] Statt aller *Bassenge*, in: PalandtBGB, § 1204 Rn. 11.

[407] BGHZ 123, 183, 190; *Bassenge*, in: PalandtBGB, § 1209 Rn. 2; *Damrau*, in: MünchKommBGB, § 1209 Rn. 5; *Habersack*, in: SoergelBGB, § 1209 Rn. 4; *Michalski*, in: ErmanBGB, § 1209 Rn. 2; *Wiegand*, in: StaudingerBGB, § 1209 Rn. 6; *Reymann*, DNotZ 2005, 425, 446.

[408] So auch ausdrücklich *Bassenge*, in: PalandtBGB, § 1209 Rn. 1.

Rangsicherung verfehlt. Der Entstehungszeitpunkt des Pfandrechts ist für den Pfand-gläubiger insofern entscheidend, als dass sein Pfandrecht nicht bloß rangwahrend ent-standen ist, sondern sich für ihn ab diesem Zeitpunkt eine Verwertungsbefugnis für den Fall der Pfandreife ergibt. Bei der Ausgestaltung als Nutzungspfand ist der Pfandgläu-biger auch erst mit vollwirksamer Entstehung des Pfandrechts zur Nutzungsziehung befugt.

Im Hinblick auf etwaige Zwischenverfügungen seitens des Anteilsinhabers begrün-den die Autoren die Anwendung des § 1204 Abs. 2 BGB mit ähnlichen Argumenten. Nur wenn das Pfandrecht mit sofortiger Wirkung vollwirksam entstehe, sei der Pfand-gläubiger ausreichend geschützt. Bei der Anwendung von § 185 Abs. 2 S. 1 Var. 2 BGB ist dies ihrer Ansicht nach nicht gewährleistet, da das Pfandrecht mangels Rück-wirkung erst im Zeitpunkt des Anteilserwerbs ex nunc entstehe. Richtig ist zwar, dass die Konvaleszenz gemäß § 185 Abs. 2 S. 1 Var. 2 BGB, anders als die Variante 1, nicht auf den Zeitpunkt der Vornahme des Verfügungsgeschäfts zurückwirkt[409], und dadurch die Gefahr einer vorrangigen Verfügung durch den Anteilsinhaber besteht. Allerdings kann dieser (Schutzwürdigkeits-) Gesichtspunkt nicht dazu führen, die Vorschrift des § 1204 Abs. 2 BGB, trotz der systematischen Bedenken, dennoch anzuwenden und das Pfandrecht sofort entstehen zu lassen. Insbesondere die bereits aufgezeigten dogmatischen Gründe; aber auch die den Beteiligten zur Verfügung stehenden rechtli-chen Gestaltungsmöglichkeiten lassen eine Anwendung weder möglich noch notwen-dig erscheinen.

Betrachtet man nämlich das einer solchen Verpfändung zu Grunde liegende Gestal-tungsmodell, offenbart sich, dass hierfür anderweitige Regelungen einschlägig und zweckmäßig sind. Bei der Anteilsverpfändung durch den späteren Erwerber geht es im Grunde um die (einfache) Verpfändung eines bestehenden Geschäftsanteils, deren Unterschied zur gewöhnlichen Anteilsverpfändung einzig darin besteht, dass der Verpfänder nicht Rechtsinhaber des Geschäftsanteils ist. Dies stellt für sich genommen zunächst die Verpfändung eines bestehenden Rechts durch einen Nichtberechtigten dar. Verfügungen von Nichtberechtigten werden, vorbehaltlich anderweitiger Regelun-gen, nach § 185 BGB beurteilt. Die Vorschrift erfasst auch den sog. „noch nicht Berech-tigten", der vor dem Erwerb des Vollrechts über dieses verfügt[410]. Die Verpfändung wird somit nach § 185 Abs. 2 S. 1 Var. 2 BGB spätestens mit dem vollständigen Erwerb der Geschäftsanteile durch den Verpfänder wirksam. Das gleiche Ergebnis können die Be-teiligten ferner im Wege einer, durch den Erwerb der Anteile aufschiebend bedingten Bestellung des Pfandrechts erreichen. Die Einigung der Pfandrechtsbestellung kann gemäß § 158 Abs. 1 BGB unter eine aufschiebende Bedingung gestellt werden[411]; mit Eintritt der Bedingung (vollständiger Erwerb des Geschäftsanteils) erstarkt dann das Pfandrecht zur Wirksamkeit. Beide Lösungsansätze entsprechen weder dem Siche-

---

[409] RGZ 135, 378, 383; BGHZ 37, 147, 151 f.; 72, 267, 271 f.; *Gursky*, in: StaudingerBGB, § 185 Rn. 59; *Heinrichs*, in: PalandtBGB, § 185 Rn. 11; *Leptien*, in: SoergelBGB, § 185 Rn. 27; *Palm*, in: ErmanBGB, § 185 Rn. 11; *Schramm*, in: MünchKommBGB, § 185 Rn. 63.

[410] RGZ 149, 19, 22; *Heinrichs*, in: PalandtBGB, § 185 Rn. 5; *Leptien*, in: SoergelBGB, § 185 Rn. 16; *Palm*, in: ErmanBGB, § 185 Rn. 3.

[411] RGZ 68, 141, 144 f.; BGHZ 86, 300, 310; *Bassenge*, in: PalandtBGB, § 1205 Rn. 1; *Habersack*, in SoergelBGB, § 1204 Rn. 2, 24; § 1205 Rn. 7; *Wiegand*, in: StaudingerBGB, § 1204 Rn. 4; § 1205 Rn. 4.

rungsbedürfnis des den Kaufpreis finanzierenden Kreditgebers[412] noch der üblichen vertraglichen Ausgestaltung einer derartigen Transaktion. Bei der Beurteilung der Anteilsverpfändung darf nämlich nicht unbeachtet bleiben, dass diese nicht zusammenhangslos erfolgt, sondern im Rahmen bereits bestehender Akquisitionsverträge zwischen Anteilsinhaber und verpfändendem Erwerber. Vielfach bestehen bereits entsprechende Anteilskaufverträge oder zumindest diesbezügliche Vorverträge, so dass sich der Erwerb bereits so hinreichend deutlich abzeichnet, dass von einem Anwartschaftsrecht des Verpfänders hinsichtlich der verpfändeten Anteile gesprochen werden kann[413]. Zwar unterliegt ein solches Anwartschaftsrecht den Regeln einer Rechtsverpfändung und kann auch bereits in der Erwerbsphase von dem zukünftigen Erwerber als Berechtigter wirksam vorgenommen werden[414], allerdings wird auch hierdurch der Kreditgeber nicht ausreichend gesichert. In Anbetracht der erwähnten schuldrechtlichen Beziehungen zwischen Anteilsinhaber und verpfändendem Anteilserwerber sind vorgenannte Gestaltungsalternativen darüber hinaus nicht notwendig. Sofern es sich nicht bereits aus den getroffenen vertraglichen Akquisitionsvereinbarungen ergibt, ist es für den Anteilserwerber leicht möglich, von dem Inhaber des Geschäftanteils die vorherige Zustimmung (Einwilligung, § 183 S. 1 BGB) zur Anteilsverpfändung einzuholen. Die Verpfändung wäre demnach ohne Weiteres gemäß § 185 Abs. 1 BGB sofort wirksam. Es ist kein Grund ersichtlich, warum sich der Anteilsinhaber gegen eine Zustimmung zur Anteilsverpfändung sperren sollte. Die Einwilligung zur Anteilsverpfändung ist auch in seinem Interesse, da nur mit der Verpfändung des Anteils dessen Verkauf bewerkstelligt werden kann[415]. Für den Fall des Versäumnisses einer Einwilligung kann der Verfügung nachträglich zugestimmt werden (Genehmigung, § 184 Abs. 1 BGB), so dass diese nach § 185 Abs. 2 S. 1 Var. 1 BGB rückwirkend Wirksamkeit erlangt.

Der Anteilsverpfändung durch den späteren Erwerber liegt grundsätzlich eine Rechtsverpfändung durch einen Nichtberechtigten zu Grunde. Der nichtberechtigte Verpfänder steht mit dem Berechtigten allerdings insoweit in schuldrechtlicher Beziehung, als dass davon ausgegangen werden kann, dass die Verpfändung regelmäßig mit Zustimmung des Anteilsinhabers vorgenommen wird. Sofern sich dies nicht bereits aus den getroffenen schuldrechtlichen Vereinbarungen ergibt, sollte im Interesse aller Beteiligten die Einwilligung gesondert erfolgen. Eine solche Verpfändungskonstruktion wird demzufolge nach § 185 BGB beurteilt. Bei Einwilligung des Berechtigten ist sie ohne Weiteres nach § 185 Abs. 1 BGB wirksam. Für den Fall, dass weder eine vorherige noch eine nachträgliche Zustimmung des Anteilsinhabers zur Verpfändung vorliegt, wird diese gemäß § 185 Abs. 2 S. 1 Var. 2 BGB spätestens mit dem Erwerb des Anteils durch den Verpfänder ipso iure wirksam.

---

[412] Dieser erlangte erst bei vollständigem Abschluss des Geschäfts, nämlich Erwerb der Anteile durch den Verpfänder, ein vollwirksames Pfandrecht.

[413] Insoweit richtig *Sieger/Hasselbach*, GmbHR 1999, 633, 635.

[414] RGZ 140, 223, 225; BGHZ 20, 88, 93 f.; *Heinrichs*, in: PalandtBGB, § 185 Rn. 5; *Palm*, in: ErmanBGB, § 185 Rn. 3; *Wiegand*, in: StaudingerBGB, § 1273 Rn. 17.

[415] Die Geschäftsanteile der zu erwerbenden Gesellschaft sichern in diesen Fällen die fremdfinanzierte Kaufpreisforderung ab.

V. Die Teilverpfändung

Eine weitere Möglichkeit, die Anteilsverpfändung gezielt auf das angestrebte Geschäft abzustimmen, stellt die Teilverpfändung dar. Hierbei verpfändet der Gesellschafter nicht seinen gesamten Geschäftsanteil, sondern lediglich einen Teil[416]. Zu unterscheiden ist die Teilverpfändung von der Bestellung eines Anteilspfandrechts für eine beschränkte Schuld[417]. In diesem Fall sichert das Anteilspfandrecht nicht die gesamte bestehende Forderung, sondern wird auf einen bestimmten Sicherungsbetrag beschränkt. Gleichwohl handelt es sich dabei um die Verpfändung des gesamten Geschäftsanteils, bei der lediglich eine Begrenzung der dinglichen Haftung stattfindet[418]. Die Verpfändung des ganzen Geschäftsanteils für eine hinter seinem tatsächlichen Wert zurückbleibende Forderung kann ohne Weiteres im dinglichen Pfandbestellungsvertrag durch die ausdrückliche Beschränkung der zu sichernden Forderung vorgenommen werden (§ 1210 Abs. 1 S. 1 BGB)[419]. Demgegenüber führt die Teilverpfändung nur zu einer Belastung eines Teils des Geschäftsanteils.

1. Motive

Die Motive für die Bestellung eines Teilpfandrechts sind vielgestaltig. Nicht selten besteht das Bedürfnis der teilweisen Verpfändung von Geschäftanteilen darin, dass der Anteilsinhaber den Pfandgegenstand gezielt an die zu sichernde Forderung anpassen möchte, um einerseits die Gefahr eines möglichen Verlustes der gesamten Gesellschafterstellung zu verringern, welche bei der Verwertung des gesamten Anteils drohen würde, und sich andererseits hierdurch die Option verschafft, während der Kreditlaufzeit über einen unbelasteten Teil seiner Mitgliedschaft zu verfügen[420]. In diesem Zusammenhang kann Grund für die Teilverpfändung die für den Sicherungsgeber regelmäßig unbefriedigende Situation bei ratenweiser Rückzahlung der gesicherten Forderung sein. Nach § 1252 BGB erlischt das Pfandrecht mit der Forderung, für die es besteht. Bei teilweisem Erlöschen der Forderung verringert sich zwar entsprechend die Haftungssumme des Pfandrechts; gleichwohl haftet nach wie vor die Pfandsache in vollem Umfang für die Restforderung[421]. Ist also die gesicherte Forderung weitgehend zurückgezahlt, sichert trotzdem weiterhin der gesamte ursprünglich verpfändete Geschäftsanteil die Restforderung bis zu ihrer vollständigen Befriedigung ab. Treten in dieser Situation Zahlungsschwierigkeiten auf, sieht sich der Sicherungsgeber für eine verhältnismäßig geringe Forderung mit der Verwertung seines gesamten Geschäftsanteils konfrontiert. Es kann demnach sinnvoll sein, die anfängliche Forderung in mehrere Einzelforderungen aufzuteilen und für diese jeweils gesonderte Pfandrechte an ver-

---

[416] Siehe umfassend zur Teilverpfändung, *Fiedler*, Teilverpfändung, S. 1 ff. Grundlage der Abhandlung ist das GmbH-Gesetz vor der Änderung durch das MoMiG; ebenso *Leuschner*, WM 2005, 2161 ff.

[417] *Reichert/Weller*, GmbH-Geschäftsanteil, § 17 Rn. 67; *Rowedder/Bergmann*, in: Rowedder/Schmidt-Leithoff, GmbHG, § 15 Rn. 85; *M. Winter/Löbbe*, in: Ulmer/Habersack/Winter, GmbHG; § 17 Rn. 42.

[418] *Reichert/Weller*, GmbH-Geschäftsanteil, § 17 Rn. 68; *Rowedder/Bergmann*, in: Rowedder/Schmidt-Leithoff, GmbHG, § 15 Rn. 85.

[419] *Reichert/Weller*, GmbH-Geschäftsanteil, § 17 Rn. 68; Schuler, NJW 1956, 689, 691.

[420] Vgl. *Leuschner*, WM 2005, 2161.

[421] H. M., *Damrau*, in: MünchKommBGB, § 1252 Rn. 2; *Michalski*, in: ErmanBGB, § 1252 Rn. 1; *Sosnitza*, in: Bamberger/Roth, BGB, § 1252 Rn. 2; *Wiegand*, in: StaudingerBGB, § 1252 Rn. 3.

schiedenen Teilen des Geschäftsanteils zu bestellen[422]. Der Pfandbesteller erhält hierdurch infolge der Befriedigung der Einzelforderungen sukzessiv unbelastete Teile seines Geschäftsanteils zurück. Ein weiterer Anlass für die Teilverpfändung ergibt sich häufig aus der Absicht einer ranggleichen Sicherheitenbestellung zugunsten mehrer Gläubiger[423]. Möglich ist es nämlich, mehrere Teile eines Geschäftsanteils an verschiedene Personen zu verpfänden[424]. Sofern keiner der Gläubiger ein nachrangiges Pfandrecht hinzunehmen bereit ist, werden jeweils Pfandrechte an unterschiedlichen Teilen des Geschäftsanteils bestellt. Die „steuerliche Notwendigkeit" einer Teilverpfändung ergibt sich beispielsweise bei der Besicherung eines an einen Konzern mit US-amerikanischer Muttergesellschaft ausgereichten Kredits[425]. Verpfändet nämlich das Mutterunternehmen mehr als 65 Prozent der Geschäftsanteile an einer deutschen Tochter-GmbH kann dies nach dem amerikanischen Steuerrecht dazu führen, dass sich die Muttergesellschaft die Einkünfte der deutschen Tochtergesellschaft als in den USA zu versteuerndes Einkommen anrechnen lassen muss[426].

2. Erleichterung durch das MoMiG

Nach dem bislang geltenden GmbH-Gesetz herrschte im Schrifttum in Bezug auf die Teilverpfändung insofern Einigkeit, als dass diese Form der Pfandbestellung generell für zulässig erachtet wurde, sofern der Gesellschaftsvertrag die Teilung von Geschäftsanteilen nicht nach § 17 Abs. 6 S. 2 GmbHG ausgeschlossen hatte[427]. Die früher vereinzelt[428] vertretene Ansicht, nach der die teilweise Verpfändung eines Geschäftsanteils prinzipiell für unzulässig gehalten wurde, da es an einem selbständigen und individualisierten Pfandgegenstand fehle, wurde nicht mehr vertreten. Umstritten hingegen war die rechtliche Einordnung und Ausgestaltung der Teilverpfändung. Bedeutung erlangte die Frage vor allem für die Bestellungsvoraussetzungen und den Entstehungszeitpunkt des Teilpfandrechts. Die Bestimmung der rechtlichen Konstruktion der Teilverpfändung bereitete angesichts der Vorschrift des § 17 Abs. 6 S. 1 GmbHG dogmatische Schwierigkeiten. Hiernach fand eine Teilung von Geschäftsanteilen, außer im Fall der Veräußerung und der Vererbung, nicht statt. Mit anderen Worten war die Zerlegung

---

[422] So auch *Rodewald*, GmbHR 1995, 418 f.

[423] *Rowedder/Bergmann*, in: Rowedder/Schmidt-Leithoff, GmbHG, § 15 Rn. 85; *Bruhns*, GmbHR 2006, 587, 589 f.; *Kolkmann*, MittRhNotK 1992, 1, 3; *Reymann*, DNotZ 2005, 425, 446 f.

[424] Vgl. *Rowedder/Bergmann*, in: Rowedder/Schmidt-Leithoff, GmbHG, § 15 Rn. 85; *Kolkmann*, MittRhNotK 1992, 1, 3.

[425] Dieses Beispiel nennen einheitlich, *Bruhns*, GmbHR 2006, 587, 589 f.; *Leuschner*, WM 2005, 2161; *Mertens*, ZIP 1998, 1787 ff.; umfassend auch *Fiedler*, Teilverpfändung, S. 1 ff.

[426] Eingehend hierzu *Fiedler*, Teilverpfändung, S. 1 ff., 23 ff.

[427] Vgl. nur *Damrau*, in: MünchKommBGB, § 1274 Rn. 52; *Ebbing*, in: Michalski, GmbHG, § 15 Rn. 221; § 17 Rn. 44; *Habersack*, in: SoergelBGB, § 1274 Rn. 36; *Reichert/Weller*, GmbH-Geschäftsanteil, § 17 Rn. 67; *Rowedder/Bergmann*, in: Rowedder/Schmidt-Leithoff, GmbHG, § 15 Rn. 85; *Wiegand*, in: StaudingerBGB, § 1274 Rn. 55; *H. Winter/Seibt*, in: Scholz, GmbHG, § 17 Rn. 35; *M. Winter/Löbbe*, in: Ulmer/Habersack/Winter, GmbHG, § 17 Rn. 42; *Bruhns*, GmbHR 2006, 587, 589 f.; *Kolkmann*, MittRhNotK 1992, 1, 3; *Leuschner*, WM 2005, 2161, 2168; *Mertens*, ZIP 1998, 1787 ff.; *Müller*, GmbHR 1969, 4, 57, 60; *Rodewald*, GmbHR 1995, 418; *Roth*, ZGR 2000, 187, 218 f.

[428] *Brodmann*, in: Brodmann, GmbHG, § 15 Anm. 2a; § 17 Anm. 1; *Planck*, in: Brodmann, GmbHG, § 15 Anm. 1b; *Becker*, GmbHR 1937, 517, 520.

eines Geschäftsanteils in selbstständige, nach Nennbeträgen bezeichnete, Stücke (sog. Realteilung) nur bei der Veräußerung oder Vererbung des Anteils zulässig[429]. Das Gesetz verbot damit die Teilung des Geschäftsanteils „auf Vorrat" (sog. Verbot der Vorratsteilung)[430]. In Anlehnung an den mit der notariellen Beurkundung verfolgten Zweck der Erschwerung des Handels mit GmbH-Anteilen war Regelungszweck des § 17 GmbHG, die Abtretung von Teilen eines Geschäftsanteils und damit eine Vervielfältigung der Mitgliedschaften zu erschweren[431]. Es sollte vermieden werden, dass die bei der GmbH regelmäßig stark beschränkte Zahl von Mitgliedern unangemessen erweitert und das meist enge Verhältnis zwischen der Gesellschaft und ihren Mitgliedern gelockert wird[432]. Aus diesem Grund beschränkte § 17 Abs. 6 S. 1 GmbHG die generelle Teilungsmöglichkeit eines Geschäftsanteils ausdrücklich auf die Fälle der Veräußerung und der Vererbung. Sollte nunmehr ein Teil der Mitgliedschaft mit einem Pfandrecht belastet werden, schied eine vorherige Aufspaltung des Geschäftsanteils aufgrund des § 17 Abs. 6 S. 1 GmbHG und des Verbots der Vorratsteilung aus. Diese Rechtslage war Ausgangspunkt unterschiedlicher Begründungsmodelle der Teilverpfändung. Rechtskonstruktiv unterschieden sich diese in der Annahme, ob bereits im Zeitpunkt der Vornahme der Teilverpfändung eine Teilung des Geschäftsanteils stattfindet[433] oder die Realteilung erst im Augenblick der Veräußerung des Anteils im Rahmen der Pfandverwertung erfolgt[434]. Die im Schrifttum absolut vorherrschende Meinung ging ohne nähere Erläuterung davon aus, dass die Realteilung des Geschäftsanteils nicht bereits mit der Verpfändung, sondern erst mit der Veräußerung des Geschäftsanteils erfolge und die Teilverpfändung demnach mit § 17 Abs. 6 S. 1 GmbHG und dem Verbot der Vorratsteilung in Einklang stehe. Die Frage, ob in der Zwischenzeit bis zur Verwertung und der damit einhergehenden realen Teilung des Geschäftsanteils der gesamte Anteil mit einem Pfandrecht belastet ist[435] oder es gänzlich an einem Pfandrecht

---

[429] Vgl. statt aller *Hueck/Fastrich*, in: Baumbach/Hueck, GmbHG, § 17 Rn. 3.

[430] OLG Frankfurt/M DB 1977, 2180 f.; OLG Hamm DB 1976, 907 f.; *Ebbing*, in: Michalski, GmbHG, § 17 Rn. 4; *Hueck/Fastrich*, in: Baumbach/Hueck, GmbHG, § 17 Rn. 6; *Lutter/Bayer*, in: Lutter/Hommelhoff, GmbHG, § 17 Rn. 2; *Reichert/Weller*, GmbH-Geschäftsanteil, § 17 Rn. 11; *M. Winter/Löbbe*, in: Ulmer/Habersack/Winter, GmbHG, § 17 Rn. 7.

[431] Vgl. nur *Reichert/Weller*, GmbH-Geschäftsanteil, § 17 Rn 1 f.

[432] RGZ 105, 152, 154; BGHZ 14, 25, 34; OLG Frankfurt/M DB 1977, 2180 f.; OLG Hamm DB 1976, 907 f.; *Lutter/Bayer*, in: Lutter/Hommelhoff, GmbHG, § 17 Rn. 1; *Pentz*, in: Rowedder/Schmidt-Leithoff, GmbHG, § 17 Rn. 1; *H. Winter/Seibt*, in: Scholz, GmbHG, § 17 Rn. 1; *Wiedemann*, Mitgliedschaftsrechte, S. 423.

[433] Mit teilweise unterschiedlichen Lösungsansätzen *Heidenhain*, MünchVertrag, Band 1, IV.68 Anm. 4; *Leuschner*, WM 2005, 2161 ff.; *Reymann*, DNotZ 2005, 425, 446 f.; *Schuler*, NJW 1956, 689, 691; uneindeutig *Wiedemann*, Mitgliedschaftsrechte, S. 423 f.; eingehend *Fiedler*, Teilverpfändung, S. 70 ff.

[434] So die h. M., *Bassenge*, in: PalandtBGB, § 1274 Rn. 7; *Damrau*, in: MünchKommBGB, § 1274 Rn. 52; *Ebbing*, in: Michalski, GmbHG, § 15 Rn. 221; § 17 Rn. 43 f.; *Hueck/Fastrich*, in: Baumbach/Hueck, GmbHG, § 17 Rn. 6; *Lutter/Bayer*, in: Lutter/Hommelhoff, GmbHG, § 17 Rn. 23; *Reichert/Weller*, GmbH-Geschäftsanteil, § 17 Rn. 67; *Rowedder/Bergmann/Pentz*, in: Rowedder/Schmidt-Leithoff, GmbHG, § 15 Rn. 85; § 17 Rn. 51; *H. Winter/Seibt*, in: Scholz, GmbHG, § 17 Rn. 35; *M. Winter/Löbbe*, in: Ulmer/Habersack/Winter, GmbHG, § 17 Rn. 42; *Bruhns*, GmbHR 2006, 587, 589 f.; *Kolkmann*, MittRhNotK 1992, 1, 3; *Mertens*, ZIP 1998, 1787 ff.; *Müller*, GmbHR 1969, 4, 57, 60; *Rodewald*, GmbHR 1995, 418; *Roth*, ZGR 2000, 187, 218 f.; *Sieger/Hasselbach*, GmbHR 1999, 633, 636; *Büchner*, Verpfändung von Anteilen, S. 15 ff.

[435] So einzig, *Büchner*, Verpfändung von Anteilen, S. 20 f.

fehlt[436], blieb unbeantwortet. In diesem Zusammenhang wurde vereinzelt[437] vertreten, dass zwar der Pfandbestellungsakt noch keine Teilung des Anteils bewirke, sondern dies erst bei der Verwertung erfolge, allerdings bis zur Pfandverwertung das Pfandrecht an einem ideellen Bruchteil des Geschäftsanteils bestehe. Komme es zum Pfandverkauf, bilde sich eine (ideelle) Mitberechtigung nach § 18 GmbHG, die dann zu einer realen Teilung des Geschäftsanteils führe. Unter Hinweis auf die problematische Durchführung der Teilverpfändung bei einem Vorgehen nach der herrschenden Meinung wurde von einem Teil des Schrifttums vertreten, den Geschäftsanteil zunächst durch Hin- und Herübertragen real zu teilen und den abgespaltenen Teil anschließend zu verpfänden[438]. Eine andere Auffassung[439] ging davon aus, dass § 17 Abs. 6 S. 1 GmbHG teleologisch zu korrigieren und die Teilverpfändung unter die Anwendung der Vorschrift zu fassen sei. Die Norm solle auf die Gegebenheiten bei einer Teilverpfändung entsprechend angewendet werden, so dass die Genehmigung nach § 17 Abs. 1 und 2, 2. Halbsatz GmbHG folgerichtig den Namen des Pfandgläubigers zu bezeichnen habe. Die Teilung des Geschäftsanteils und das Entstehen des Pfandrechts hieran erfolgte dieser Auffassung nach nicht erst bei der Verwertung, sondern bereits bei der Bestellung.

Der Streit um die Rechtskonstruktion der Teilverpfändung gehört im Zuge der GmbH-Reform durch das MoMiG der Vergangenheit an. Der RegE-MoMiG sieht vor, die Vorschrift des § 17 GmbHG aufzuheben. In der amtlichen Begründung[440] heißt es, dass die Vorschrift aufgehoben werden kann, da im Rahmen der Mindeststückelung nach § 5 Abs. 2 S. 1 RegE-GmbHG[441] die Teilung und Zusammenlegung wesentlich erleichtert und zusammenfassend in § 46 RegE-GmbHG[442] geregelt werden. In der Begründung[443] zur Änderung des § 46 GmbHG wird ausdrücklich darauf hingewiesen, dass die Vorschrift im Zusammenhang mit der Aufhebung des § 17 GmbHG die Teilung von Geschäftsanteilen unter der Voraussetzung der Zustimmung der Gesellschafter frei gibt. Indem sie das Verfahren regele, setze sie die Zulässigkeit der Teilung voraus. Die Restriktionen, die § 17 Abs. 6 S. 1 GmbHG für die Teilung von Geschäftsanteilen bislang vorgesehen hat, sind damit nicht mehr gegeben, so dass ohne Weiteres eine Teilung des Geschäftsanteils und damit auch eine Teilverpfändung vorgenommen werden kann. Das Pfandrecht entsteht danach unmittelbar mit Vornahme der Pfandbestellung an dem Teil des Geschäftsanteils.

---

[436] Dies vermutend, *Leuschner*, WM 2005, 2161, 2163.

[437] *Damrau*, in: MünchKommBGB, § 1274 Rn. 52.

[438] *Heidenhain*, MünchVertrag, Band 1, IV.68 Anm. 4; *Reymann*, DNotZ 2005, 425, 447; *Fiedler*, Teilverpfändung, S. 190 f.

[439] *Leuschner*, WM 2005, 2161, 2166 ff.; im Ergebnis ebenso, aber ohne Begründung *Schuler* NJW 1956, 689, 691; in diese Richtung gehend auch *Wiedemann*, Mitgliedschaftsrechte, S. 423 f.

[440] ZIP 2007, Beilage zu Heft 23, S. 14.

[441] Danach muss der Nennbetrag jedes Geschäftsanteils auf volle Euro lauten. Vgl. ZIP 2007, Beilage zu Heft 23, S. 5.

[442] § 46 Nr. 4 RegE-GmbHG lautet: Der Bestimmung der Gesellschafter unterliegen: die Teilung, die Zusammenlegung sowie die Einziehung von Geschäftsanteilen. Vgl. ZIP 2007, Beilage zu Heft 23, S. 19.

[443] ZIP 2007, Beilage zu Heft 23, S. 19.

D. Das Zusammentreffen mehrerer Verfügungen

I. Die Seite des Pfandgegenstands

Die in dem Geschäftsanteil einer GmbH verkörperte Mitgliedschaft stellt ein komplexes Gebilde aus Rechten und Pflichten des Gesellschafters dar. In den Kreis der möglichen Pfandgegenstände fallen neben dem isolierten GmbH-Anteil auch die vermögenswerten Mitgliedschaftsrechte des pfandbestellenden Gesellschafters. Dabei können nicht nur bestehende Geschäftsanteile oder bereits entstandene Kapitalforderungen des Gesellschafters Gegenstand eines Pfandrechts sein, sondern auch zukünftige Anteile und Kapitalforderungen. Darüber hinaus sind sowohl bereits entstandene, aber noch nicht im Volleigentum des Verpfänders stehende, als auch Teile von Geschäftsanteilen taugliche Pfandgegenstände. Bei der Vielzahl an möglichen Pfandobjekten kann es zu kollidierenden Verfügungen kommen. Denkbar ist beispielsweise, dass der Gesellschafter die zukünftig auf seinen Geschäftsanteil entfallenden Gewinnansprüche zunächst einzeln verpfändet und nachfolgend ein Nutzungspfand an dem Anteil bestellt. Konflikte können sich auch bei einem Zusammentreffen von Verpfändung und Übertragung ergeben; so etwa, wenn künftige Kapitalforderungen verpfändet werden und der Gesellschafter den forderungsbezogenen Anteil anschließend überträgt. Die Bestellung eines Pfandrechts an einem Gesellschaftsanteil oder einer Kapitalforderung ist ein sachenrechtliches Verfügungsgeschäft, auf das die allgemeinen, allerdings durch die §§ 1204 ff., 1273 ff. BGB konkretisierten, Grundsätze über Verfügungen Anwendung finden[444].

Zunächst ist in Erinnerung zu rufen, dass ein Pfandrecht an einem isolierten GmbH-Anteil nur dessen eigentliche Substanz erfasst und sich nicht auch auf die entstandenen und künftig entstehenden Mitgliedschaftsrechte erstreckt. Weiterhin ist der für Verfügungen allgemein geltende und in § 1209 BGB speziell für die Verpfändung normierte Grundsatz der Priorität ("prior tempore potior iure"[445]) zu beachten[446]. Danach geht das früher bestellte Pfandrecht vor und zwar ausdrücklich auch dann, wenn das Pfandrecht gemäß § 1204 Abs. 2 BGB für eine künftige oder bedingte Forderung bestellt ist. Ein solches Pfandrecht genießt also selbst dann Vorrang, wenn nach seiner Bestellung ein Pfandrecht für eine schon bestehende Forderung begründet wird und in diesem Zeitpunkt die durch das erste Pfandrecht gesicherte Forderung noch nicht zur Entstehung gelangt ist[447]. Entscheidend ist allein der Bestellungszeitpunkt des Pfandrechts. Nicht ausdrücklich vom Wortlaut des § 1209 BGB erfasst sind die Fälle, in denen der Pfandgegenstand ein künftiges oder bedingtes Recht oder das Pfandrecht selbst bedingt bestellt ist. Die Vorschrift findet nach allgemeiner Auffassung auch für diese Fallgestaltungen Anwendung[448]. Entscheidend für den Rang des Pfandrechts ist damit stets der Zeitpunkt der Pfandrechtsbestellung. Hiervon zu unterscheiden ist der

---

[444] *Habersack*, in: SoergelBGB, vor § 1204 Rn. 10; *Wiegand*, in: StaudingerBGB, § 1274 Rn. 3.

[445] Früher in der Zeit, stärker im Recht.

[446] Zum Prioritätsgrundsatz, BGHZ 30, 149, 151 f.; 32, 361, 363; 93, 71, 76; *Wiegand*, in: StaudingerBGB, § 1209 Rn. 1 ff.; *Baur/Stürner*, Sachenrecht, § 17 Rn. 7; § 55 Rn. 7.

[447] BGH NJW 1997, 2322 f.; *Habersack*, in: SoergelBGB, § 1209 Rn. 4.

[448] BGHZ 123, 183, 189 f.; *Bassenge*, in: PalandtBGB, § 1209 Rn. 2; *Damrau*, in: MünchKommBGB, § 1209 Rn. 5; *Habersack*, in: SoergelBGB, § 1209 Rn. 4; *Michalski*, in: ErmanBGB, § 1209 Rn. 2; *Wiegand*, in: StaudingerBGB, § 1209 Rn. 6.

Zeitpunkt der wirksamen Entstehung des Pfandrechts. Dieser kann sich von dem lediglich rangwahrenden Zeitpunkt der Bestellung unterscheiden. Wird das Pfandrecht an einem zukünftigem Recht oder selbst bedingt bestellt, entsteht es vollwirksam erst mit Eintritt der Bedingung bzw. dem Entstehen des verpfändeten (künftigen) Rechts[449]. Nur wenn das Pfandrecht vollständig wirksam zur Entstehung gelangt, kann der im Zeitpunkt der Bestellung angelegte Rang verwirklicht werden. Schließlich sind zwei weitere entscheidende Grundsätze zu beachten. Zum einen, dass die aus den mitgliedschaftlichen Vermögensstammrechten erwachsenden konkreten Ansprüche auf vermögenswerte Leistungen, sofern sie in der Hand des Gesellschafters entstanden sind, als selbständige Gläubigerrechte unabhängig von dem Geschäftsanteil übertragen oder verpfändet werden können[450]. Zum anderen, dass zwar die Abtretung oder Verpfändung zukünftiger Rechte (Geschäftsanteile/Kapitalforderungen) möglich ist, die Vorausverfügung aber regelmäßig wirkungslos wird, wenn die Rechte nicht oder nicht mehr in der Person des Verfügenden entstehen[451]. Dies gilt insbesondere auch für die Fälle, in denen ein Gesellschafter künftige Kapitalforderungen abtritt oder verpfändet und anschließend seinen Geschäftsanteil an einen Dritten überträgt. Rechtsprechung und Literatur gehen insoweit regelmäßig von einem „Vorrang des (Vermögens-) Stammrechts" aus[452]. Die volle Wirkung einer Abtretung oder Verpfändung einer künftigen Forderung kann demzufolge erst eintreten, wenn und sobald alle Voraussetzungen für die Entstehung der Forderung in der Person des Zedenten bzw. des Pfandgebers erfüllt sind. Wird das Rechtsverhältnis, welches die künftige Forderung begründen soll (Geschäftsanteil), vor der Entstehung des verpfändeten oder übertragenen Rechts auf einen anderen übertragen, geht die vorangegangene Verfügung ins Leere.

Für die Bewertung der Wirksamkeit zusammentreffender Verfügungen auf der Pfandgegenstandsseite sind damit hauptsächlich drei Grundsätze ausschlaggebend. Erstens das Prioritätsprinzip, welches sich stets auf den Bestellungs- und nicht auf den Entstehungszeitpunkt des Pfandrechts bezieht. Zweitens, dass die aus den Mitgliedschaftsrechten entstandenen Vermögensansprüche des Gesellschafters diesem als selbständige, frei verfügbare Gläubigerrechte zustehen. Drittens, die Verfügung über zukünftige Rechte wird unwirksam, wenn der Verfügende das Stammrecht verliert bevor das künftige Recht entstanden ist (Vorrang des Stammrechts). Die denkbaren Fälle zusammentreffender Verfügungen sind vielgestaltig. Bei Zugrundelegung der vorge-

---

[449] BGHZ 86, 300, 310; BGH NJW 1998, 2592, 2597; *Bassenge*, in: PalandtBGB, §§ 1205 Rn. 1; 1273 Rn. 1; *Habersack*, in: SoergelBGB, §§ 1204 Rn. 2, 24; 1205 Rn. 7; 1273 Rn. 7; *Wiegand*, in: StaudingerBGB, §§ 1204 Rn. 4; 1205 Rn. 4; 1273 Rn. 16.

[450] *Ebbing*, in: Michalski, GmbHG, § 15 Rn. 226; *Hueck/Fastrich*, in: Baumbach/Hueck, GmbHG, § 14 Rn. 19; *H. Winter/Seibt*, in: Scholz, GmbHG, § 15 Rn. 183.

[451] BGH ZIP 1996, 2080 ff.; *Ebbing*, in: Michalski, GmbHG, § 15 Rn. 226; *Habersack*, in: SoergelBGB, § 1273 Rn. 7; *Roth*, in: MünchKommBGB, § 398 Rn. 79; *H. Winter/Seibt*, in: Scholz, GmbHG, § 15 Rn. 183.

[452] BGHZ 30, 238, 240; 88, 205, 207 f.; 104, 351, 353 (jeweils für die GmbH), zustimmende Entscheidungsbesprechung *Armbrüster*, NJW 1991, 606; BGH NJW 1997, 3370 f. (für die stille Gesellschaft), mit zustimmender Anmerkung *Michalski*, NZG 1998, 63; im Übrigen zustimmend, *Ebbing*, in: Michalski, GmbHG, § 15 Rn. 226; *Grüneberg*, in: PalandtBGB, § 398 Rn. 13; *Roth*, in: MünchKommBGB, § 398 Rn. 80; *Ulmer*, in: MünchKommBGB, § 717 Rn. 31; *Westermann*, in: ErmanBGB, § 398 Rn. 11; *Bruhns*, GmbHR 2006, 587; 588; *Leuschner*, WM 2005, 2161, 2164 mit Fn. 36; *Müller*, ZIP 1994, 342 ff.

nannten Grundsätze lassen sich jedoch durchgängig konsequente und billige Ergebnisse erzielen. Beispielhaft ergibt sich Folgendes:

Keine Konflikte entstehen, wenn ein Gesellschafter sowohl seinen isolierten Geschäftsanteil als auch seine bereits entstandenen oder zukünftig entstehenden Vermögensansprüche an jeweils unterschiedliche Personen verpfändet. Sofern die Ansprüche von einer reinen Anteilsverpfändung nicht automatisch erfasst werden, kann eine Verfügung über diese getrennt erfolgen. Dies gilt für alle Kapitalforderungen, die von einem isolierten Anteilspfandrecht nicht erfasst werden. Die Vorausverfügung geht allerdings ins Leere, wenn der Gesellschafter den Geschäftsanteil nicht verpfändet, sondern direkt an einen Dritten überträgt. Einer solchen Übertragung steht die Verwertung des Geschäftsanteils infolge des Eintritts der Pfandreife gleich. In beiden Fällen wird der Anteil, als das Rechtsverhältnis, das die künftigen Forderungen begründen soll, auf einen anderen übertragen. Der neue Gesellschafter erhält im Zeitpunkt des vollständigen Erwerbs alle anteilsbezogenen Vermögensansprüche, unabhängig davon, ob diese im Voraus abgetreten oder verpfändet waren[453]. Die Verpfändung der bereits in der Hand des vormaligen Gesellschafters unbedingt und fällig gewordenen Vermögensansprüche ist hingegen vom weiteren Schicksal des Geschäftsanteils unabhängig und bleibt wirksam. Anders stellt sich die Sachlage dar, sofern das zuvor bestellte Anteilspfandrecht vermögensrechtliche Ansprüche teilweise mit erfasst, etwa durch die Ausgestaltung als Nutzungspfand. Weder die unbedingt und fällig gewordenen noch die künftigen Gewinnansprüche unterliegen in diesem Fall der freien Verfügbarkeit des Gesellschafters. Verpfändet er diese nochmals, geht nach § 1209 BGB das zuvor bestellte Nutzungspfandrecht und dessen Zugriffsmöglichkeit auf die Gewinnansprüche vor. Tritt der Gesellschafter nach Bestellung eines Nutzungspfandes seine zukünftigen Gewinnansprüche ab, erwirbt der Zessionar die Ansprüche im Zeitpunkt ihrer Entstehung belastet mit dem Pfandrecht[454]. Umgekehrt gilt, dass nach einer erfolgten Verpfändung der künftigen Gewinnansprüche kein Nutzungspfand mit Bevorrechtigung hinsichtlich des Gewinns bestellt werden kann; dieses geht ebenfalls gemäß § 1209 BGB dem vorher bestellten Pfandrecht nach. Ein gutgläubiger Erwerb des Vorrangs nach § 1208 S. 1 BGB ist in beiden Fällen nicht möglich, da § 1273 Abs. 2 S. 2 BGB die Anwendung der Vorschrift ausschließt[455]. Das Verhältnis der Geltung des reinen Prioritätsprinzips zu dem von der Rechtsprechung entwickelten „Vorrang des Stammrechts" zeigt sich deutlich in dem Fall einer zunächst erfolgten Abtretung künftiger, von der isolierten Anteilsverpfändung erfasster, Vermögensansprüche und einer anschließenden zweiten Verfügung. Wird beispielsweise ein künftiger Liquidationsanspruch zunächst abgetreten und dann verpfändet, ist die Verpfändung als letzte Verfügung aufgrund des Prioritätsgrundsatzes unwirksam. Der Erwerber erhält den Anspruch im Zeitpunkt seiner Entstehung unbelastet[456]. Wird hingegen nach der Abtretung des künftigen Liquidationsanspruchs nicht nur dieser, sondern der gesamte Geschäftsanteil verpfändet, so erhält der Erwerber den Anspruch belastet mit dem Pfandrecht, welches an dem Geschäftsanteil begründet worden ist und sich nun an der Forderung als dessen Surrogat fort-

---

[453] *Ebbing*, in: Michalski, GmbHG, § 15 Rn. 226; *H. Winter/Seibt*, in: Scholz, GmbHG, § 15 Rn. 183.

[454] *Ebbing*, in: Michalski, GmbHG, § 15 Rn. 226; *H. Winter/Seibt*, in: Scholz, GmbHG, § 15 Rn. 183.

[455] *Damrau*, in: MünchKommBGB, § 1274 Rn. 54.

[456] Vgl. *Ebbing*, in: Michalski, GmbHG, § 15 Rn. 226; *H. Winter/Seibt*, in: Scholz, GmbHG, § 15 Rn. 183.

84

setzt[457]. Der BGH[458] führt hierzu aus, dass sich die Vorausabtretung des Anspruchs und die Verfügung über den Geschäftsanteil rechtlich insoweit unterscheiden, als das letztere nicht ein künftiges, sondern ein bereits bestehendes Recht betrifft und somit zeitlich früher als die Vorausabtretung wirksam wird. Aufgrund der unterschiedlichen Entstehungszeitpunkte konkurrierten nicht zwei gleichzeitig wirksam werdende, einander widersprechende Verfügungen, sondern es setze sich ein bereits entstandenes Pfandrecht an der erst später entstehenden Forderung fort. Die Rechtsprechung unterscheidet damit in der Behandlung zusammentreffender Verfügungen deutlich zwischen mehreren Verfügungen über dieselbe (künftige) Kapitalforderung oder einer zusätzlichen Verfügung über das Stammrecht (Geschäftsanteil). Während bei der ersten Fallgestaltung streng das Prioritätsprinzip gilt[459], geht bei letzterer die Verfügung über das Stammrecht vor. Entgegen des sonst maßgeblichen Bestellungszeitpunktes des Pfandrechts (§ 1209 BGB) stellt die Rechtsprechung in diesem Fall auf den Zeitpunkt der Wirksamkeit beider Verfügungen ab. Das Pfandrecht an dem bestehenden Geschäftsanteil entstehe zeitlich vor dem Wirksamwerden der Vorauszession und sei deshalb vorrangig.

Ähnlich in der Struktur, aber in der rechtlichen Bewertung bislang nicht durch die Rechtsprechung geklärt, ist die Fallgestaltung, dass statt einer vorherigen Abtretung des künftigen Kapitalanspruchs ebenso eine Verpfändung dieses Anspruchs erfolgt. In diesem Fall kommt es zu einer Konkurrenz von Pfandrechten an einem Anspruch (z. B. Liquidationserlös), da sowohl der Geschäftsanteil, dessen Surrogat der Anspruch ist, als auch der künftige isolierte Liquidationsanspruch verpfändet wurden. Grundsätzlich würde nach § 1209 BGB das früher bestellte Pfandrecht dem späteren vorgehen[460]. Demzufolge käme es einzig darauf an, ob der zukünftige Anspruch oder der Geschäftsanteil zuerst verpfändet wurde[461]. Vor dem Hintergrund der Rechtsprechung des BGHs liegt es auch hier nahe die Anteilsverpfändung vorrangig anzusehen, unabhängig davon, ob diese vor oder nach der Verpfändung des künftigen Anspruchs erfolgt ist. Der Pfandgläubiger des isolierten Anspruchs hat keine gesicherte Rechtsposition, weil der Gesellschafter sie ihm jederzeit entziehen kann, indem er den Geschäftsanteil einem Dritten abtritt[462]. Es käme zur geschilderten Rechtslage, dass der verpfändete Anspruch nicht mehr in der Hand des Gesellschafters entstünde und damit die Verpfändung leerliefe. Entsprechendes würde auch für den Fall einer Einziehung des Anteils sowie einer Pfändung und Verwertung durch einen Gläubiger gelten. Die Entstehung des Pfandrechts an dem künftigen Anspruch hinge damit maßgeblich von dem Wohlwollen des Gesellschafters ab. Der Geschäftsanteil verkörpert auf diese Weise in der Hand des Gesellschafters noch einen Wert, der im Falle einer konkurrierenden Ver-

---

[457] BGHZ 104, 351, 354; *H. Winter/Seibt*, in: Scholz, GmbHG, § 15 Rn. 185.
[458] BGHZ 104, 351 ff.
[459] BGHZ 104, 351, 353.
[460] So *Damrau*, in: MünchKommBGB, § 1274 Rn. 62, der darauf abstellt, ob die Anteilsverpfändung nach § 15 Abs. 3 GmbHG eher beurkundet wurde oder ob der formlose Verpfändungsvertrag nebst zusätzlichem Zugang der Anzeige nach § 1280 BGB eher erfolgt ist.
[461] Anders *Becker*, GmbHR 1940, 184, 187, der als maßgeblichen Zeitpunkt den der Auflösung annimmt. Entscheidend sei die Pfandrechtslage zu diesem Zeitpunkt. Allerdings entsteht beispielsweise erst mit der Auflösung der Gesellschaft der Anspruch auf den Liquidationserlös, so dass es darüber hinaus ein Kriterium der Bewertung des Vorrangs bedarf.
[462] BGHZ 104, 351, 354.

pfändung vorrangig ist. Damit ist der „Vorrang des Stammrechts" auch bei einer konkurrierenden Verpfändung anzuerkennen.

Die aufgezeigten Grundsätze eignen sich demnach für eine Rechtssicherheit schaffende Bewertung zusammentreffender Verfügungen auf der Pfandgegenstandsseite. Dabei ist insbesondere auf das Verhältnis des Prioritätsprinzips aus § 1209 BGB und des „Vorrangs des Stammrechts" zu achten. Das Prioritätsprinzip erfährt durch den „Stammrechtsvorrang" stellenweise Einschränkungen.

II. Die Seite der gesicherten Forderung

Die Gefahr eines Zusammentreffens mehrerer Verfügungen ist auf der Seite der gesicherten Forderung im Gegensatz zur Pfandgegenstandsseite weitaus kleiner. Gleichwohl können sich Konflikte ergeben, wenn die pfandgesicherte Forderung teilweise abgetreten oder lediglich eine von mehreren, durch das Pfandrecht gesicherten, Forderungen übertragen wird. Die Teilabtretung einer Forderung ist zulässig, wenn die Forderung teilbar ist und die Parteien die (Teil-) Abtretung nicht durch Vereinbarung gemäß § 399 BGB ausgeschlossen haben[463]. Auch die Abtretung einer Forderung aus einer Forderungsmehrheit ist zulässig[464]. Die spezielle Frage nach dem Schicksal eines Anteilspfandrechts bei nur teilweiser Übertragung der gesicherten Forderung(en) wird in der GmbH-rechtlichen Literatur bislang nicht behandelt[465], so dass zunächst auf die allgemeinen pfand- und sachenrechtlichen Ausführungen zurückgegriffen werden muss.

Ausgangspunkt ist die Regelung des § 1250 Abs. 1 S. 1 BGB, wonach mit der Übertragung der gesicherten Forderung das Pfandrecht auf den neuen Gläubiger übergeht. Ohne die Forderung kann das Pfandrecht nicht übertragen werden, § 1250 Abs. 1 S. 2 BGB. Eine Übertragung des Pfandrechts an einem Geschäftsanteil kann aufgrund seiner Akzessorietät damit nur durch die gemäß § 398 S. 1 BGB formlose Abtretung der gesicherten Forderung erfolgen[466]. Gleiches gilt für eine Übertragung des Pfandrechts an einzelnen, aus der Mitgliedschaft fließenden Vermögensrechten[467]. Auch dieses kann nur durch die Abtretung der gesicherten Forderung übertragen werden. Mit der Abtretung der Forderung geht das Pfandrecht gemäß §§ 1273 Abs. 2 S. 1, 1250 Abs. 1 S. 1, 401 Abs. 1 BGB ipso iure auf den Zessionar über. Wird vom Pfandgläubiger nicht die gesamte gesicherte Forderung, sondern lediglich ein Teil dieser abgetreten, stellt sich die Frage nach der Auswirkung auf das Pfandrecht. Vereinzelt[468] wird vertreten, es entstehe ein gemeinschaftliches Pfandrecht zwischen dem Erwerber der Teilforderung

---

[463] H. M. Statt aller, *Grüneberg*, in: PalandtBGB, § 398 Rn. 10; *Roth*, in: MünchKommBGB, § 398 Rn. 63. Zum Verbot der Teilabtretung OLG Köln KTS 1979, 114 f.

[464] *Roth*, in: MünchKommBGB, § 398 Rn. 69.

[465] Einzig *Sieger/Hasselbach*, GmbHR 1999, 633, 635 weisen ohne nähere Auseinandersetzung auf das Problem hin.

[466] *Ebbing*, in: Michalski, GmbHG, § 15 Rn. 233; *Reichert/Weller*, GmbH-Geschäftsanteil, § 15 Rn. 315; *Rowedder/Bergmann*, in: Rowedder/Schmidt-Leithoff, GmbHG, § 15 Rn. 94; *H. Winter/Seibt*, in: Scholz, GmbHG, § 15 Rn. 189; *M. Winter/Löbbe*, in: Ulmer/Habersack/Winter, GmbHG, § 15 Rn. 169; *Mertens*, ZIP 1998, 1787 f.; *Rodewald*, GmbHR 1995, 418, 420 f.

[467] *Reichert/Weller*, GmbH-Geschäftsanteil, § 15 Rn. 315; *H. Winter/Seibt*, in: Scholz, GmbHG, § 15 Rn. 189.

[468] *Wiegand*, in: StaudingerBGB, § 1250 Rn. 5.

und dem ursprünglichen Pfandgläubiger, da das Pfandrecht in seiner Einheit erhalten bleiben müsse. Die herrschende Auffassung geht davon aus, dass sich das Pfandrecht bei teilweiser Forderungsabtretung aufspalte und entsprechend dem übergegangenen Teil der Forderung auf den neuen Gläubiger übergehe[469]. Den entstehenden selbständigen Einzelpfandrechten komme sodann der gleiche Rang zu.

Insbesondere im Hinblick auf die GmbH-Anteilsverpfändung sprechen die überzeugenderen Argumente für die Auffassung der herrschenden Meinung. Die Folge einer wirksamen Teilabtretung ist, dass dem Schuldner nunmehr mehrere Gläubiger von Teilbeträgen der Altforderung unabhängig voneinander gegenübertreten[470]. Die Teilforderungen genießen auch unabhängig von der zeitlichen Abfolge der Zessionen den gleichen Rang[471]. Die Annahme eines gemeinschaftlichen Pfandrechts erscheint vor diesem Hintergrund weder sachgerecht noch notwendig. Die Wahrung der Einheit des Pfandrechts findet im Gesetz keinen Niederschlag; vielmehr bestimmen die Vorschriften der §§ 1249, 268 Abs. 3 BGB gerade einen Fall der Aufspaltung der Forderung[472]. Die Teilgläubiger stehen dem Schuldner der Forderung als unabhängige Gläubiger gegenüber. Diese in einem Verbund eines gemeinschaftlichen Pfandrechts festzuhalten, erscheint daher nicht sachgerecht. Vor allem aber die Aufhebung des § 17 GmbHG durch den RegE-MoMiG und die damit vorgenommene Freigabe der Teilung eines Geschäftsanteils spricht im Falle des Anteilspfandrechts für die Lösung der herrschenden Meinung. Der Teilverpfändung stehen mit der Aufhebung des § 17 Abs. 6 GmbHG keine rechtsdogmatischen Bedenken mehr entgegen, so dass auch die Entstehung von Einzelpfandrechten infolge der Teilabtretung der gesicherten Forderung hiervon erfasst zu sehen ist. Das ursprüngliche Pfandrecht lastete als Quote auf dem Geschäftsanteil. Durch die entstehende Gleichrangigkeit der Pfandrechte sind die neuen Gläubiger ohne Benachteiligung entsprechend ihrer Quote an der Forderung durch das Pfandrecht abgesichert. Nur wenn zu der Eigenständigkeit der Forderung auch die des Pfandrechts hinzukommt, ist der Erwerber der Forderung im Verhältnis zum Schuldner und dem Restgläubiger ausreichend geschützt. Jedem Teilgläubiger kommt damit ein, seiner Forderungsquote entsprechendes, Teilpfandrecht zu.

Besteht das Anteilspfandrecht für eine Mehrzahl von Forderungen[473] und wird nur eine einzelne hiervon abgetreten, so geht das Pfandrecht nach allgemeiner Meinung nicht anteilig mit über, wenn das Rechtsverhältnis aus dem die abgetretene (gesicherte) Forderung stammt, im Übrigen unberührt bleibt[474]. Das Schrifttum befasst sich dabei lediglich mit dem „Extremfall", dass beispielsweise sämtliche Ansprüche aus einer bankmäßigen Geschäftsverbindung durch das Pfandrecht erfasst werden und aus diesem Forderungspool nur eine einzelne Forderung abgetreten wird[475]. Für diesen Fall ist der herrschenden Meinung zuzustimmen, dass das Pfandrecht zur Sicherung der übri-

---

[469] *Damrau*, in: MünchKommBGB, § 1250 Rn. 2; *Habersack*, in: SoergelBGB, § 1250 Rn. 4; *Michalski*, in: ErmanBGB, § 1250 Rn. 1; *Sosnitza*, in: Bamberger/Roth, BGB, § 1250 Rn. 2.

[470] BGHZ 44, 382, 388; *Roth*, in: MünchKommBGB, § 398 Rn. 63; *Derleder*, AcP 169 (1969), 97 ff.

[471] RGZ 149, 96, 98; BGHZ 46, 242 ff.; *Busche*, in: StaudingerBGB, § 398 Rn. 48; *Grüneberg*, in: PalandtBGB, § 398 Rn. 10; *Roth*, in: MünchKommBGB, § 398 Rn. 63.

[472] *Damrau*, in: MünchKommBGB, § 1250 Rn. 2.

[473] Dies geschieht insbesondere zur Sicherstellung aller Forderungen im laufenden Geschäftsverkehr.

[474] *Bassenge*, in: PalandtBGB, § 1250 Rn. 2; *Habersack*, in: SoergelBGB, § 1250 Rn. 4; *Michalski*, in: ErmanBGB, § 1250 Rn. 1; *Wiegand*, in: StaudingerBGB, § 1250 Rn. 5.

[475] Vgl. *Bassenge*, in: PalandtBGB, § 1250 Rn. 2; *Habersack*, in: SoergelBGB, § 1250 Rn. 4.

gen Forderungen vollständig bestehen bleibt und nicht anteilig aufgespaltet wird. Bei einer großen Anzahl von gesicherten Forderungen entstünde die Gefahr der Schaffung einer unübersichtlichen Anzahl von Teilpfandrechten. Darüber hinaus ist in diesen Fällen davon auszugehen, dass Anknüpfungspunkt des Pfandrechts stets das zu Grunde liegende Rechtsverhältnis sein soll und nicht die einzelne gesicherte Forderung. Die Auffassung der herrschenden Meinung kann deshalb dann nicht gelten, wenn das Pfandrecht nicht für alle aus einem bestimmten zu Grunde liegenden Rechtsverhältnis stammenden Forderungen, sondern lediglich für eine begrenzte Anzahl von Einzelforderungen aus unterschiedlichen Rechtsverhältnissen bestellt wurde. Hier muss in Anlehnung an die Teilabtretung einer einzeln gesicherten Forderung angenommen werden, dass das Pfandrecht bei der Abtretung einer der gesicherten Forderungen anteilmäßig auf den neuen Inhaber übergeht. Der Fall, dass ein Pfandrecht für wenige einzelne Forderungen bestellt wurde, kann dann nicht anders behandelt werden, als die Teilabtretung einer gesicherten Forderung.

E. Die Beendigung des Pfandrechts

Die Beendigung des Pfandrechts kann auf vielfältige Weise erfolgen[476]. Einen einheitlichen Erlöschenstatbestand, vergleichbar den Entstehungstatbeständen der §§ 1205 und 1274 BGB, gibt es nicht. Zwar richtet sich die Anteilsverpfändung nach den Vorschriften über Pfandrechte an Rechten (§§ 1273 ff. BGB), allerdings enthält das Gesetz keine besonderen Vorschriften für die Beendigung eines solchen Pfandrechts. Die Bestimmungen über das Pfandrecht an beweglichen Sachen kommen gemäß § 1273 Abs. 2 S. 1 BGB entsprechend zur Anwendung[477]. Bei der Beendigung des Pfandrechts ist zwischen den gesetzlich angeordneten Erlöschenstatbeständen und der rechtsgeschäftlichen Aufhebung des Pfandrechts zu unterscheiden.

I. Erlöschen des Pfandrechts

Bei den gesetzlichen Erlöschensgründen ist zwischen denjenigen zu differenzieren, die unmittelbar mit dem Pfandrecht und seinen Prinzipien, speziell der Akzessorietät, zusammenhängen und den allgemeinen Erlöschensgründen. Aufgrund der Akzessorietät des Pfandrechts hinsichtlich der gesicherten Forderung ist der Regelfall des Erlöschens die Erfüllung (§ 362 Abs. 1 BGB) der gesicherten Forderung[478]. In diesem Sinne bestimmt die Vorschrift des § 1252 BGB, dass das Pfandrecht mit der Forderung für die es besteht erlischt. Gleich aus welchem Grund die gesicherte Forderung nicht zur Entstehung gelangt oder erlischt, führt dies automatisch zum Untergang des Pfandrechts. Die Abhängigkeit von der gesicherten Forderung führt gemäß § 1250 Abs. 2 BGB auch dann ohne Weiteres zum Erlöschen des Pfandrechts, wenn bei der Übertragung der Forderung der Übergang des Pfandrechts ausgeschlossen wird. Kein unmittelbarer Ausdruck der akzessorischen Verknüpfung des Pfandrechts, wohl aber Ausprägung eines allgemeinen Pfandrechtsprinzips, ist dessen Erlöschen bei einem ersatzlosen

---

[476] Ein Überblick findet sich bei, *Habersack*, in: SoergelBGB, § 1252 Rn. 2, 4.

[477] Vgl. auch *Wiegand*, in: StaudingerBGB, § 1278 Rn. 5.

[478] *Habersack*, in: SoergelBGB, § 1252 Rn. 2.

Wegfall des Pfandgegenstands bzw. des belasteten Rechts[479]. Sofern der verpfändete Anteil oder etwaige Vermögensansprüche vollständig entfallen, erlischt auch das Pfandrecht, da es an einem Rechtsobjekt als notwendiger Voraussetzung für ein dingliches Recht fehlt. Der Erlöschensgrund nach § 1253 BGB (Rückgabe der Pfandsache) ist gemäß § 1278 BGB zwar auch ausdrücklich auf die Verpfändung von Rechten anwendbar, ist allerdings bei der Verpfändung von Geschäftsanteilen oder vermögensrechtlichen Ansprüchen aus der Mitgliedschaft mangels hiefür nicht notwendiger Übergabe einer Sache nicht einschlägig. Zum Erlöschen des Pfandrechts führt, vorbehaltlich geregelter Ausnahmen, nach § 1256 Abs. 1 S. 1 BGB ferner, wenn dieses mit dem Eigentum in derselben Person zusammentrifft (sog. Konsolidation)[480]. Voraussetzung hierfür ist entweder, dass der Eigentümer oder Inhaber des Pfandobjekts das Pfandrecht oder der Pfandgläubiger das Alleineigentum oder die Inhaberschaft an der Pfandsache erwirbt. Entsprechend ist der Fall zu beurteilen, wenn Gläubiger- und Schuldnerstellung zusammenfallen (sog. Konfusion)[481]. Erwirbt der persönlich verpflichtete Inhaber des Geschäftsanteils die gesicherte Forderung, so erlischt ebenfalls das Anteilspfandrecht, da die Forderung gegenstandslos wird (§ 1252 BGB). Auch hat nach § 1242 Abs. 2 S. 1 BGB eine rechtmäßige Veräußerung des Pfandes das Erlöschen des Pfandrechts zur Folge. Neben den pfandrechtsspezifischen Erlöschensgründen bestehen im Übrigen die allgemein geltenden Tatbestände, deren Vorliegen ein automatisches Erlöschen des Pfandrechts zur Folge haben. Ist beispielsweise die Pfandbestellung selbst auflösend bedingt (§ 158 Abs. 2 BGB) oder befristet (§ 163 BGB), so endet das Pfandrecht mit Eintritt der Bedingung oder des Endtermins[482]. Anders ist dies bei einer aufschiebenden Bedingung (§ 158 Abs. 1 BGB), da hier bis zum Eintritt der Bedingung noch gar kein Pfandrecht bestanden hat[483]. Das Pfandrecht wird nach § 142 Abs. 1 BGB auch durch eine Anfechtung der Pfandrechtsbestellung ex tunc unwirksam[484].

II. Aufhebung des Pfandrechts

Neben den meist automatisch eintretenden gesetzlichen Erlöschenstatbeständen ist es auch möglich, das Anteilspfandrecht rechtsgeschäftlich aufzuheben. Sofern das Schrifttum überhaupt auf eine Aufhebung des Pfandrechts eingeht, beschränkt es sich mehrheitlich darauf festzustellen, dass eine solche Aufhebung zulässig ist und formlos erfol-

---

[479] RGZ 96, 184 f.; *Damrau*, in: MünchKommBGB, § 1252 Rn. 6; *Habersack*, in: SoergelBGB, § 1252 Rn. 4; *Wiegand*, in: StaudingerBGB, § 1278 Rn. 5.

[480] BGHZ 27, 227, 233; *Wiegand*, in: StaudingerBGB, § 1256 Rn. 2.

[481] *Habersack*, in: SoergelBGB, § 1252 Rn. 2; *Reichert/Weller*, GmbH-Geschäftsanteil, § 15 Rn. 317.

[482] *Wiegand*, in: StaudingerBGB, § 1205 Rn. 32.

[483] *Habersack*, in: SoergelBGB, § 1204 Rn. 24; § 1205 Rn. 7; *Wiegand*, in: StaudingerBGB, § 1204 Rn. 4; § 1205 Rn. 4.

[484] Zu weiteren allgemeinen Erlöschensgründen vgl. *Habersack*, in: SoergelBGB, § 1252 Rn. 4; *Wiegand*, in: StaudingerBGB, § 1205 Rn. 32.

gen kann, ohne auf die rechtliche und inhaltliche Ausgestaltung einzugehen[485]. Sofern sich überhaupt Ausführungen zur Vorgehensweise der rechtsgeschäftlichen Pfandrechtsaufhebung finden, wird häufig vertreten, diese erfolge durch eine Einigung zwischen Verpfänder und Pfandgläubiger[486]. Dieses Ergebnis wird vereinzelt auch auf die Anwendung des § 1276 BGB gestützt[487].

Hinsichtlich der Formfreiheit ist der herrschenden Ansicht in der Literatur zuzustimmen. Es ist keine gesetzliche Formvorschrift ersichtlich, die für die Aufhebung eines Pfandrechts eine bestimmte Form vorschreiben würde. Weder die für die Aufhebung des Pfandrechts speziell einschlägige Vorschrift des § 1255 BGB noch allgemeine Vorschriften enthalten diesbezüglich ein besonderes Formerfordernis. Die für die dingliche Bestellung des Pfandrechts einschlägige Formvorschrift des § 15 Abs. 3 GmbHG auch auf den actus contrarius der Aufhebung des Pfandrechts anzuwenden, erscheint nicht systemgerecht. Die Aufhebung einer dinglichen Belastung an einem GmbH-Geschäftsanteil fällt gerade nicht in den verfolgten Schutzzweck der Formvorschriften des GmbH-Gesetzes[488]. Durch die Aufhebung des Pfandrechts wird vielmehr der gesetzliche Ausgangszustand wieder hergestellt. Der Geschäftsanteil steht dem Gesellschafter nach der Aufhebung des Pfandrechts wieder unbelastet zur freien Verfügung. Eine Anwendung der GmbH-rechtlichen Formvorschriften ist damit nicht anzunehmen. Es bleibt demnach auch für die Aufhebung des Pfandrechts bei dem im Zivilrecht geltenden Grundsatz[489] der Formfreiheit.

Zu klären bleibt, auf welche Art und Weise die rechtsgeschäftliche Pfandrechtsaufhebung vorgenommen werden kann. Bedenken bestehen hierbei hinsichtlich der vertretenen Ansicht, die Aufhebung erfolge durch eine Einigung zwischen Verpfänder und Pfandgläubiger[490]. Die Vertreter gehen damit von einer gegenseitigen vertraglichen Vereinbarung zur Pfandrechtsaufhebung aus. Dass diese Auffassung außer der teilweisen Nennung des § 1276 BGB völlig begründungslos vertreten wird erstaunt, geht sie doch von einer Ausnahme von dem in § 1255 Abs. 1 BGB geltenden Grundsatz aus, dass für die Aufhebung eines Pfandrechts durch Rechtsgeschäft die Erklärung des Pfandgläubigers gegenüber dem Verpfänder oder dem Eigentümer der Pfandsache, dass er das Pfandrecht aufgebe, ausreicht. Die Vorschrift findet mangels spezialgesetzlicher Regelungen in den §§ 1274 bis 1296 BGB gemäß § 1273 Abs. 2 S. 1 BGB auf

[485] Siehe *Heidenhain*, in: MünchVertrag, Band 1, IV.68 Anm. 11; *Hueck/Fastrich*, in: Baumbach/Hueck, GmbHG, § 15 Rn. 49; *Meyer-Landrut*, in: Meyer-Landrut/Miller/Niehus, GmbHG, § 15 Rn. 47; *Schacht*, in: Beck'schesHdB, GmbH, § 12 Rn. 200, der eine Einigung der Beteiligten voraussetzt; *Sommer*, in: MünchHdBGesR, Band 3, § 26 Rn. 167; *M. Winter/Löbbe*, in: Ulmer/Habersack/Winter, GmbHG, § 15 Rn. 155.

[486] *Ebbing*, in: Michalski, GmbHG, § 15 Rn. 222; *Schacht*, in: Beck'schesHdB, GmbH, § 12 Rn. 200, gehen ohne Begründung ausdrücklich von einer vertraglichen Aufhebung des Pfandrechts aus.

[487] Ohne Begründung, *Rowedder/Bergmann*, in: Rowedder/Schmidt-Leithoff, GmbHG, § 15 Rn. 94; *H. Winter/Seibt*, in: Scholz, GmbHG, § 15 Rn. 190; *Kolkmann*, MittRhNotK 1992, 1, 3, führt das Einigungserfordernis auf die Anwendung des actus-contrarius-Gedankens zurück.

[488] So auch *Kolkmann*, MittRhNotK 1992, 1, 3.

[489] Vgl. *Heinrichs*, in: PalandtBGB, § 125 Rn. 1.

[490] Hierbei auf § 1276 BGB abstellend *Rowedder/Bergmann*, in: Rowedder/Schmidt-Leithoff, GmbHG, § 15 Rn. 94; *H. Winter/Seibt*, in: Scholz, GmbHG, § 15 Rn. 190. *Ebbing*, in: Michalski, GmbHG, § 15 Rn. 222 und *Schacht*, in: Beck'schesHdB, GmbH, § 12 Rn. 200, fordern ebenfalls eine Einigung zwischen den Beteiligten, stellen allerdings nicht auf § 1276 BGB ab.

das Pfandrecht an Rechten entsprechende Anwendung[491]. Hiernach genügt zur Aufhebung eines Pfandrechts die einseitig empfangsbedürftige (formlose) Willenserklärung des Pfandgläubigers gegenüber dem Verpfänder oder dem Eigentümer[492]. Einer Zustimmung des Verpfänders oder gar einer vertraglichen Einigung zwischen den Beteiligten über die Aufhebung des Pfandrechts bedarf es nicht. Die Entscheidung über die rechtsgeschäftliche Aufhebung eines Pfandrechts ist vom Gesetzgeber ausschließlich in die Hände des Pfandgläubigers gelegt worden[493]. Zu prüfen ist daher, ob von dem Grundsatz der einseitigen Pfandrechtsaufhebung im Falle der Aufhebung eines Pfandrechts an einem GmbH-Geschäftsanteil eine Ausnahme dahingehend zu machen ist, dass eine Einigung zwischen dem Pfandgläubiger und dem Verpfänder notwendig ist.

Die Vertreter, die eine Einigung zwischen den an der Anteilsverpfändung Beteiligten fordern, stützen ihre Ansicht vereinzelt[494] auf die Regelung des § 1276 Abs. 1 BGB, wonach ein verpfändetes Recht durch Rechtsgeschäft nur mit Zustimmung des Pfandgläubigers aufgehoben werden kann. Auf den ersten Blick erscheint die Anwendung dieser Vorschrift zutreffend, da sie im Regelungskomplex über Pfandrechte an Rechten (§§ 1273 ff. BGB) verortet ist und somit im Hinblick auf die Anteilsverpfändung scheinbar eine vorrangige Spezialregelung darstellt. Bei genauer Betrachtung der Vorschrift fällt allerdings auf, dass diese gerade keine Ausnahmeregelung zu § 1255 Abs. 1 BGB darstellt, sondern deren Vorschrift eine völlig andere Ratio zu Grunde liegt. Dies wird bereits aus der amtlichen Überschrift der Regelung klar: „Aufhebung oder Änderung des verpfändeten Rechts". § 1276 Abs. 1 BGB erfasst demnach nicht die Aufhebung des gesamten Pfandrechts, sondern lediglich die des verpfändeten Rechts[495]. Es liegt auf der Hand, dass der Verpfänder nicht einseitig in der Lage sein soll, das verpfändete Recht aufzuheben und damit das Pfandrecht gegenstandslos werden zu lassen. Hierfür bedarf es nach § 1276 Abs. 1 BGB der Zustimmung des Pfandgläubigers. Mit der Aufhebung des gesamten Pfandrechts hat die Regelung indessen nichts zu tun. Diesbezüglich bleibt es bei dem sachpfandrechtlichen Grundsatz des § 1255 Abs. 1 BGB, nach dem der Pfandgläubiger durch einseitig empfangsbedürftige Willenserklärung das Anteilspfandrecht rechtsgeschäftlich aufheben kann[496]. Das Pfandrecht an einem GmbH-Geschäftsanteil bewirkt insofern keine Veränderung der Interessenlage. Auch hier soll es, wie bei einem Sachpfandrecht, einzig im Ermessen des Pfandgläubigers liegen, ob und wann er das Pfandrecht rechtsgeschäftlich aufhebt. Entsprechend ist auch der von *Kolkmann*[497] angeführte actus-contrarius-Gedanke abzulehnen, wonach die Aufhebung ebenso wie die Bestellung des Pfandrechts einer Einigung bedarf. Der Gesetzgeber hat mit § 1255 BGB eine eindeutige Regelung zur rechtsgeschäftlichen Aufhebung eines Pfandrechts getroffen. Es sind keine Anhaltspunkte ersichtlich, die

---

[491] *Bassenge*, in: PalandtBGB, § 1273 Rn. 2; *Damrau*, in: MünchKommBGB, § 1273 Rn. 11; *Habersack*, in: SoergelBGB, § 1255 Rn. 1; *Michalski*, in: ErmanBGB, § 1273 Rn. 4; *Wiegand*, in: StaudingerBGB, § 1273 Rn. 19; § 1278 Rn. 5.

[492] Statt aller, *Bassenge*, in: PalandtBGB, § 1255 Rn. 1.

[493] Vgl. *Wiegand*, in: StaudingerBGB, § 1255 Rn. 2.

[494] *Rowedder/Bergmann*, in: Rowedder/Schmidt-Leithoff, GmbHG, § 15 Rn. 94; *H. Winter/Seibt*, in: Scholz, GmbHG, § 15 Rn. 190.

[495] Dies feststellend auch *Widder*, GmbHR 2002, 898 f.

[496] Zutreffend, *Lutter/Bayer*, in: Lutter/Hommelhoff, GmbHG, § 15 Rn. 66; *Reichert/Weller*, GmbH-Geschäftsanteil, § 15 Rn. 318; *Widder*, GmbHR 2002, 898, 900.

[497] *Kolkmann*, MittRhNotK 1992, 1, 3.

eine Erschwerung der Aufhebung rechtfertigen könnten. Die Annahme einer vertraglichen Einigung zwischen den Beteiligten als Voraussetzung der Pfandrechtsaufhebung kann weder auf § 1276 Abs. 1 BGB noch auf einen actus-contrarius-Gedanken zurückgeführt werden. Anders als die Bestellung des Anteilspfandrechts, die gemäß § 1274 Abs. 1 S. 1 BGB i.V.m. § 15 Abs. 3 GmbHG eines notariell beurkundeten gegenseitigen Bestellungsvertrags bedarf, kann die rechtsgeschäftliche Aufhebung des Anteilspfandrechts gemäß §§ 1273 Abs. 2 S. 1, 1255 Abs. 1 BGB durch eine formlose, einseitig empfangsbedürftige Willenserklärung des Pfandgläubigers gegenüber dem Verpfänder oder Eigentümer des Geschäftsanteils erfolgen.

§ 4 Die rechtliche Stellung der Beteiligten

Die Effektivität eines Pfandrechts zur Kreditsicherung hängt neben dem Pfandgegenstand, auf den der Pfandgläubiger im Sicherungsfall Zugriff nehmen kann, außerdem davon ab, welche rechtliche Stellung den Beteiligten (Verpfänder/Pfandgläubiger) in der Zeit vor einem möglichen Sicherungsfall zukommt. Zwischen der Bestellung des Anteilspfandrechts und dem Eintritt des Sicherungsfalls kann mitunter ein langer Zeitraum liegen, in dem die Gefahr einer Wertminderung oder gar einer vollständigen Vernichtung des Pfandobjekts besteht. Die Bestellung eines Pfandrechts an einem Geschäftsanteil und/oder vermögenswerten Mitgliedschaftsrechten ist für den Gläubiger der gesicherten Forderung nutzlos, wenn seine Zugriffsgegenstände im Zeitpunkt der Verwertung völlig wertentleert oder nicht mehr existent sind. Maßgebend für die Effektivität der Kreditsicherung des Anteilspfandrechts ist daher, welche Einflussrechte auf die Pfandobjekte sowohl dem verpfändenden Gesellschafter als auch dem Pfandgläubiger während des Bestehens des Anteilspfandrechts zukommen. Im Gegensatz zu einem Pfandrecht an einer beweglichen Sache hat der Pfandgläubiger eines Geschäftsanteils vor der Pfandreife keinen Besitz an den Pfandobjekten[498]. Seine tatsächlichen Einwirkungs- und Schutzmöglichkeiten hinsichtlich des Pfandobjekts sind gegenüber dem Sachpfand somit bereits aufgrund der „räumlichen Distanz" stark eingeschränkt.

Rechtliche Einflussmöglichkeiten auf die verpfändete Mitgliedschaft und ihren anteiligen Vermögensrechten können sich für die Beteiligten nur aus den jeweiligen mitgliedschaftlichen Verwaltungs- und Teilhaberechten ergeben. Hieraus folgt, dass auf der einen Seite die aus der Mitgliedschaft fließenden Vermögensrechte des Gesellschafters als zusätzliche Pfandobjekte neben dem Geschäftsanteil das Fundament der Zugriffsgegenstände verbreitern können und auf der anderen Seite die anteiligen Verwaltungs- und Gestaltungsrechte als rechtliche Einflussfaktoren hinsichtlich des Anteils verbleiben. Entscheidend für die rechtliche Stellung der Beteiligten ist also, wie sich die Anteilsverpfändung auf die verwaltungsrechtliche Seite der Mitgliedschaft auswirkt.

---

[498] Bei einem Sachpfandrecht hat der Eigentümer gemäß § 1205 Abs. 1 S. 1 BGB die verpfändete Sache dem Gläubiger zu übergeben und dieser ist gemäß § 1215 BGB verpflichtet, die Sache zu verwahren. Nach § 1206 BGB genügt auch die Einräumung des Mitbesitzes.

A. Gesetzliches Leitbild

Das Pfandrecht hat seine Funktion in der Sicherung einer Forderung, indem es seinen Gläubiger berechtigt, sich durch die Verwertung des Pfandes aus dem Erlös zu befriedigen[499]. Der Anteilspfandgläubiger erwirbt per Gesetz zunächst nur das Recht, sich im Sicherungsfall aus dem Geschäftsanteil durch dessen Verwertung zu befriedigen. Im Falle der Ausgestaltung des Pfandrechts als Nutzungspfand erhält der Pfandgläubiger das Recht, auch unabhängig von dem Vorliegen eines Sicherungsfalls Zugriff auf den ausgeschütteten Gewinn der Gesellschaft zu nehmen. Der Pfandgläubiger erhält daher durch die Bestellung des Pfandrechts, entsprechend der jeweiligen Ausgestaltung, das Recht, entweder direkt oder bei Pfandreife auf die vereinbarten Pfandgegenstände Zugriff zu nehmen und aus ihnen Befriedigung für seine Forderung zu suchen. Auf Seiten des verpfändenden Gesellschafters bewirkt weder die Verpfändung des Geschäftsanteils noch der hieraus fließenden (künftigen) Vermögensansprüche eine Veränderung seiner Gesellschafterstellung. Der Verpfänder bleibt nach einhelliger Auffassung auch nach der Pfandbestellung Gesellschafter der GmbH mit allen Mitgliedschaftsrechten und -pflichten[500].

Ein anderes Ergebnis ließe sich allenfalls durch eine entsprechende Anwendung der Vorschrift des § 1258 Abs. 1 BGB erreichen. Hiernach übt der Pfandgläubiger die gemeinschaftlichen Verwaltungs- und Nutzungsrechte einer Sache aus, sofern es sich um ein Pfandrecht an dem Anteil eines Miteigentümers handelt. Die Heranziehung der Vorschrift auf die Verpfändung von Gesellschaftsanteilen wird einhellig abgelehnt[501]. Dieser Auffassung ist insbesondere im Hinblick auf die Verpfändung von Anteilen einer GmbH zuzustimmen. § 1258 BGB bildet eine Sondervorschrift für das Pfandrecht an einem Anteil eines ideellen Bruchteilseigentümers (§§ 1008 ff. BGB)[502]. Das Bruchteilseigentum ist als Unterart der Bruchteilsgemeinschaft nach den §§ 741 ff. BGB anzusehen[503]. Die Vorschrift stellt damit zunächst eine spezielle Regelung für das Pfandrecht an einem Miteigentumsanteil einer Sache dar. Über § 1273 Abs. 2 S. 1 BGB ist allerdings eine entsprechende Anwendung der Norm auf Pfandrechte an Rechten möglich[504]. In diesem Zusammenhang hat der BGH[505] eine entsprechende Anwendung auf ein Pfandrecht am Miterbenanteil angenommen. Für eine Analogie im Hinblick auf die

---

[499] *Bassenge*, in: PalandtBGB, Überblick vor § 1204 Rn. 1.

[500] Vgl. nur, RGZ 139, 224, 226 f.; 157, 52, 55 f.; BGHZ 119, 191, 194 f.; LG Mannheim WM 1990, 760, 762; *Altmeppen*, in: Roth/Altmeppen, GmbHG, § 15 Rn. 60; *Ebbing*, in: Michalski, GmbHG, § 15 Rn. 223, 227; *Habersack*, in: SoergelBGB, § 1274 Rn. 30, 37; *Heidenhain*, in: MünchVertrag, Band 1, IV.68 Anm. 7; *Hueck/Fastrich*, in: Baumbach/Hueck, GmbHG, § 15 Rn. 50; *Lutter/Bayer*, in: Lutter/Hommelhoff, GmbHG, § 15 Rn. 66; *Reichert/Weller*, GmbH-Geschäftsanteil, § 15 Rn. 290, 292 f.; *Rowedder/Bergmann*, in: Rowedder/Schmidt-Leithoff, GmbHG, § 15 Rn. 91; *H. Winter/Seibt*, in: Scholz, GmbHG, § 15 Rn. 178; *M. Winter/Löbbe*, in: Ulmer/Habersack/Winter, GmbHG, § 15 Rn. 159; *Kolkmann*, MittRhNotK 1992, 1, 3; *Reymann*, DNotZ 2005, 425, 439.

[501] Unstr., größtenteils jedoch ohne (nähere) Begründung, RGZ 95, 231, 233 f.; *Damrau*, in: MünchKommBGB, § 1258 Rn. 12; *Habersack*, in: SoergelBGB, § 1274 Rn. 30; *Reichert/Weller*, GmbH-Geschäftsanteil, § 15 Rn. 292; *Reymann*, DNotZ 2005, 425, 439 mit Fn. 88; *Apfelbaum*, Verpfändung AG, S. 107 f.

[502] *Bassenge*, in: PalandtBGB, § 1258 Rn. 1; *Damrau*, in: MünchKommBGB, § 1258 Rn. 1.

[503] *Bassenge*, in: PalandtBGB, § 1008 Rn. 1.

[504] *Bassenge*, in: PalandtBGB, § 1273 Rn. 2; *Damrau*, in: MünchKommBGB, §§ 1258 Rn. 12; 1273 Rn. 11.

[505] BGHZ 52, 99, 102 f.

Verpfändung von Gesellschaftsanteilen fehlt es allerdings an der erforderlichen Rechtsähnlichkeit einer Kapitalgesellschaft zur Bruchteilsgemeinschaft[506]. Der maßgebliche strukturelle Unterschied liegt darin, dass sich das Gesellschaftsvermögen nicht als gebundenes Vermögen der Gesamthänder, sondern vielmehr als Vermögen der Gesellschaft in Form eines selbständigen Rechtssubjekts (§ 13 Abs. 1 GmbHG) darstellt. Auch bezieht sich das Anteilspfandrecht nicht auf einen gesamthänderisch verwalteten Vermögensteil der Gesellschaft, sondern auf die kapitalmäßige Beteiligung des einzelnen Gesellschafters. Ausschließlich der von ihm in Gemäßheit des § 14 RegE-GmbHG allein gehaltene Geschäftsanteil ist Gegenstand des Anteilspfandrechts. Etwas anderes kann sich auch dann nicht ergeben, wenn der verpfändete Geschäftsanteil nach § 18 Abs. 1 GmbHG mehreren Mitberechtigten zusteht. Zwar führt die Mitberechtigung nach § 18 Abs. 1 GmbHG dazu, dass unter den Mitberechtigten eine Bruchteilsgemeinschaft i.S.d. §§ 741 ff. BGB entsteht[507], allerdings kann es nicht zu der von § 1258 Abs. 1 BGB erfassten Fallgestaltung kommen. Anders als bei dem Miteigentum nach Bruchteilen an einer Sache (§ 1008 BGB) ist bei der Mitberechtigung an einem Geschäftsanteil nach § 18 Abs. 1 GmbHG eine Bruchteilsbelastung i.S.d. § 1258 Abs. 1 BGB nicht möglich. Gemäß § 747 S. 1 BGB kann jeder Miteigentümer über seinen Teil der Sache verfügen und ihn selbständig belasten[508]. Dies führt zu der von § 1258 Abs. 1 BGB vorausgesetzten Pfandbelastung nur des Anteils des Miteigentümers. Steht hingegen ein GmbH-Anteil mehreren Mitberechtigten ungeteilt zu, so können diese gemäß § 18 Abs. 1 GmbHG die Rechte aus dem selben nur gemeinschaftlich ausüben. Das Gesetz bezweckt damit für den Fall der Berechtigungspluralität die einheitliche Ausübung der Anteilsrechte sicherzustellen und damit Rechtsklarheit für die Gesellschaft zu gewährleisten[509]. Zwar ist die Vorschrift nicht zwingend und kann durch abweichende Satzungsregelung geändert werden, allerdings nur hinsichtlich der personellen Voraussetzung „gemeinschaftlich"[510]. Eine anteilsmäßige „pro rata" Ausübung der Mitgliedschaftsrechte oder anteilige Belastung, wie sie § 747 S. 1 BGB für die Bruchteilsgemeinschaft vorsieht, ist hingegen auch dann nicht erlaubt. Insofern gilt auch bei der Mitberechtigung an einem Geschäftsanteil nach § 18 Abs. 1 GmbHG, dass eine entsprechende Anwendung des § 1258 Abs. 1 BGB ausscheidet. Die der Vorschrift zu Grunde liegende Fallgestaltung der Bruchteilsbelastung an einer Sache ist rechtlich und strukturell nicht mit der Verpfändung von GmbH-Anteilen vergleichbar. Die Heranziehung der Vorschrift auf die Anteilsverpfändung ist damit abzulehnen[511].

Demzufolge bleibt es dabei, dass alleiniger Träger der Mitgliedschaftsrechte der verpfändende Gesellschafter ist. Das Pfandrecht ist von seinem Zweck her auf die bloße Sicherstellung des wirtschaftlichen Wertes des Pfandobjekts beschränkt. Es soll lediglich das Risiko einer Insolvenz des Schuldners ausgleichen, indem der aus dem Pfand-

---

[506] So auch *Apfelbaum*, Verpfändung AG, S. 108.

[507] *Hueck/Fastrich*, in: Baumbach/Hueck, GmbHG, § 18 Rn. 2; *Reichert/Weller*, GmbH-Geschäftsanteil, § 18 Rn. 14; *M. Winter/Löbbe*, in: Ulmer/Habersack/Winter, GmbHG, § 18 Rn. 4.

[508] *Bassenge*, in: PalandtBGB, §§ 747 Rn. 2; 1008 Rn. 2, 4.

[509] BGHZ 49, 183, 191; 108, 21, 31; *Hueck/Fastrich*, in: Baumbach/Hueck, GmbHG, § 18 Rn. 4; *M. Winter/Löbbe*, in: Ulmer/Habersack/Winter, GmbHG, § 18 Rn. 17; *Goette*, Die GmbH, § 5 Rn. 61.

[510] *Hueck/Fastrich*, in: Baumbach/Hueck, GmbHG, § 18 Rn. 6; *Reichert/Weller*, GmbH-Geschäftsanteil, § 18 Rn. 52.

[511] Der BGH geht in keiner seiner Entscheidungen auf § 1258 BGB ein, vgl. nur BGHZ 119, 191 ff. (Verpfändung eines GmbH-Anteils).

94

verkauf erzielte Erlös als wirtschaftliches Äquivalent an die Stelle der unbefriedigten Forderung tritt. Diesen Zweck kann für den Pfandgläubiger sowohl die Geschäftsanteilssubstanz als auch die hieraus fließenden Vermögensrechte erfüllen. Den Stimm- und Mitverwaltungsrechten kommt hingegen kein finanziell messbarer Vermögenswert zu. Das Pfandrecht erfasst daher auch nur die Vermögenswerte des Anteils und gewährt dem Pfandgläubiger keinen Einfluss auf die Gesellschafterstellung des verpfändenden Gesellschafters[512]. Dieser bleibt in der Ausübung der Mitgliedschaftsrechte und insbesondere auch in der Ausübung des Stimmrechts frei[513]. Der Pfandgläubiger wird also weder Mitglied der Gesellschaft noch stehen ihm nach den gesetzlichen Regelungen Mitwirkungsrechte innerhalb dieser zu. Dieses Ergebnis ist kein für das Pfandrecht an Gesellschaftsanteilen typisches, sondern gilt in ähnlicher Weise auch für das Sachpfandrecht. Dem Sachpfandgläubiger steht, vorbehaltlich der Regelung des § 1213 Abs. 1 BGB, an der Pfandsache weder ein Gebrauchs- noch ein Nutzungsrecht zu[514]. Doch auch für den Fall der Ausgestaltung als Nutzungspfand erhält dieser nur das Recht zur Nutzungsziehung, nicht aber eigentümerähnliche Einflussrechte i.S.d. § 903 S. 1 BGB. Den Pfandgläubiger trifft in erster Linie die Verwahrungspflicht nach § 1215 BGB. Im Übrigen beschränken sich die Rechte des Pfandgläubigers im Hinblick auf den Pfandgegenstand auf ein vorzeitiges Verwertungsrecht nach § 1219 BGB. Die Verpfändung eines GmbH-Geschäftsanteils bezieht sich somit ausschließlich auf die vermögensrechtliche Seite der Mitgliedschaft. Der Pfandgläubiger erhält in diesem Zusammenhang lediglich das Recht zur Verwertung der im Pfandvertrag vereinbarten Vermögenssubstanz. Keine Auswirkung hingegen hat die Verpfändung auf die verwaltungsrechtliche Seite der Mitgliedschaft. Die sich hieraus ergebenden Einflussrechte auf die Gesellschaft bleiben unverändert dem verpfändenden Gesellschafter vorbehalten.

Die eingangs angedeutete Gefahr einer möglichen Beeinträchtigung oder Vernichtung des Pfandobjekts ist somit evident. Dadurch, dass dem Gesellschafter nach der Verpfändung weiterhin alle Stimm- und Verwaltungsrechte zustehen, ist dieser in der Lage, entweder selbst oder durch Stimmabgabe bei der Gesellschafterversammlung einschneidend auf die Gesellschaft und den Geschäftsanteil einzuwirken. Er kann beispielsweise ohne die Mitwirkung der anderen Gesellschafter die Einziehung und damit den Untergang seines Geschäftsanteils und damit auch des Pfandrechts herbeiführen. Er ist ebenfalls allein in der Lage, seinen Anteil preiszugeben, aus der Gesellschaft auszutreten oder die Kündigung zu erklären. Durch entsprechende Stimmabgabe bei der Gesellschafterversammlung kann er etwa die Verkürzung von Sonderrechten, die Auflösung oder Umwandlung der Gesellschaft bewirken. Diese beispielhafte Aufführung gesellschaftlicher Maßnahmen zeigt, dass die geteilte Zuweisung von Vermögens- und Verwaltungsrechten dazu führt, dass der verpfändende Gesellschafter zwar die wirtschaftliche Substanz seiner Beteiligung an der Gesellschaft aus der Hand gibt, er aber weiterhin durch die Ausübung der Mitgliedschaftsrechte hierauf Einfluss nehmen kann. Er selbst und seine Mitgesellschafter können für die Dauer des Bestehens des Pfandrechts durch die Ausübung ihrer Verwaltungsrechte über das Schicksal der Ge-

---

[512] BGHZ 119, 191, 194 f.
[513] Bereits RGZ 157, 52, 54 f.; BGHZ 119, 191, 194 f.
[514] *Habersack*, in: SoergelBGB, §§ 1213 Rn. 1; 1215 Rn. 4; *Wiegand*, in: StaudingerBGB, § 1213 Rn. 1.

sellschaft, des Geschäftsanteils und damit letztlich auch über den Wert des Pfandobjekts bestimmen.

B. Der Zustimmungsvorbehalt gemäß § 1276 BGB

I. Gesetzliche Ausgangssituation

Für die Lösung des, aus der zweigeteilten Zuweisung von Vermögens- und Verwaltungsrechten folgenden, Problems der möglichen Pfandrechtsentwertung ist die Vorschrift des § 1276 BGB von zentraler Bedeutung. Danach bedarf sowohl die Aufhebung (§ 1276 Abs. 1 BGB) als auch die pfandrechtsbeeinträchtigende Änderung (§ 1276 Abs. 2 BGB) des verpfändeten Rechts der Zustimmung des Pfandgläubigers. Während nämlich die Übertragung eines verpfändeten Rechts das Pfandrecht nicht beeinträchtigt, da es als dingliches Recht hiervon unberührt bleibt, würde das Pfandrecht bei einer Aufhebung des Rechts (Vernichtung des gesamten Geschäftsanteils) untergehen. Auch die bloße inhaltliche Änderung des verpfändeten Rechts würde sich insoweit spiegelbildlich auf den Umfang des Pfandrechts auswirken. Der Gesetzgeber hat mit der Regelung des § 1276 Abs. 1 und 2 BGB diese Problematik aufgegriffen und sie durch einen Zustimmungsvorbehalt seitens des Gläubigers gelöst. Die Regelung schützt den Pfandgläubiger vor Verfügungen des Rechtsinhabers, soweit diese die Aufhebung oder beeinträchtigende Änderung des Pfandrechts zur Folge hat. Den Gesetzesmaterialien[515] zufolge soll auf diese Weise die „rechtliche Verfügungsmacht des Berechtigten durch das Erfordernis der Einwilligung des Pfandgläubigers unterbunden werden", um die Realisierung des Pfandrechtes nicht zu beeinträchtigen. Ausgewiesenes Ziel der Vorschrift ist es, das pfandrechtsbelastete Recht zu Gunsten desjenigen zu erhalten, zu dessen Gunsten es beschwert ist[516]. Ein Vergleich zum Sachpfandrecht zeigt, dass die Vorschrift keinen besonders starken, sondern lediglich einen vergleichbaren Schutz des Rechtspfandgläubigers gegenüber dem Sachpfandgläubiger bezweckt[517]. Zu den in § 1276 BGB vorausgesetzten Fallgestaltungen kann es bei einem Sachpfand nicht kommen, so dass eine entsprechende Regelung entbehrlich war. Die Aufhebung (Aufgabe) des Eigentums nach § 959 BGB (Dereliktion) hat nicht das Erlöschen von Rechten Dritter zur Folge, sondern diese bleiben an der nunmehr herrenlosen Sache bestehen[518]. Ein Untergang des Pfandrechts wäre insoweit nur durch die Zerstörung der Pfandsache denkbar, welche mangels Zugriffsmöglichkeit des Eigentümers praktisch kaum vorstellbar ist[519]. Eine inhaltliche Änderung des Sacheigentums, welche zu einer dem § 1276 Abs. 2 entsprechenden Beeinträchtigung des Sachpfand-

---

[515] *Mugdan*, Materialien zum BGB, Band 3, S. 478.

[516] *Mugdan*, Materialien zum BGB, Band 3, S. 478.

[517] *Damrau*, in: MünchKommBGB, § 1276 Rn. 1; *Habersack*, in: SoergelBGB, § 1276 Rn. 2.

[518] Unstr., vgl. nur *Gursky*, in: StaudingerBGB, § 959 Rn. 9; *Habersack*, in: SoergelBGB, § 1276 Rn. 2; *Tiedtke*, NJW 1985, 1305.

[519] Das Sachpfand ist so konzipiert, dass der Verpfänder keine alleinige Einwirkungsmöglichkeit mehr auf die Pfandsache hat. (vgl. §§ 1205, 1206, 1215 BGB) Vgl. auch *Damrau*, in: MünchKommBGB, § 1276 Rn. 1. Dennoch geht der BGH (BGHZ 92, 280, 290 f.) davon aus, dass Zerstörung einer Sache und Aufhebung eines Rechts gleichzusetzen seien und nimmt einen stärkeren Schutz des Rechtspfandgläubigers an. Für die Frage der Anwendbarkeit der Vorschrift auf die Anteilsverpfändung ist die Bestimmung der Intensität der Schutzwirkung indes unerheblich.

rechts führen würde, ist darüber hinaus rechtlich nicht möglich[520]. § 1276 BGB wird damit den speziellen Risiken bei einem Rechtspfand gerecht und gewährleistet durch den Zustimmungsvorbehalt die Erhaltung des verpfändeten Rechts. Die Geschäftsanteilsverpfändung stellt eine Rechtsverpfändung i.S.d. §§ 1273 ff. BGB dar, so dass die Anwendbarkeit der Vorschrift des § 1276 im Grunde außer Frage steht. Gleichwohl ist ihre Anwendung auf die Verpfändung von Gesellschaftsanteilen Bedenken ausgesetzt und im Schrifttum höchst umstritten. Allen Schwierigkeiten in diesem Zusammenhang liegt ein zentraler Konflikt zu Grunde. Das Zustimmungserfordernis des Pfandgläubigers gemäß § 1276 BGB führt im Ergebnis zu einer Einflussmöglichkeit eines gesellschaftsfremden Dritten auf den Willensbildungsprozess der Gesellschaft und steht damit im Widerspruch zum gesellschaftsrechtlichen Grundsatz der Verbandssouveränität. Dieser besagt im Kern, dass die Regelung der gesellschaftlichen Angelegenheiten allein den Gesellschaftern vorbehalten ist. Gesellschaftsfremden Dritten soll demgegenüber kein Einfluss auf den Willensbildungsprozess der Gesellschaft zukommen[521]. Diese Kontroverse beherrscht letztlich die gesamte Diskussion um die Anwendung des § 1276 BGB auf die Verpfändung von GmbH-Geschäftsanteilen.

II. Überblick über den derzeitigen Meinungsstand

Der Meinungsstand hinsichtlich der Anwendung des § 1276 BGB auf die Verpfändung von GmbH-Geschäftsanteilen könnte unübersichtlicher nicht sein. Grund hierfür ist in erster Linie, dass sich das bisherige Schrifttum bei der Auseinandersetzung mit der Thematik weitgehend auf die Beurteilung von Einzelmaßnahmen konzentriert, ohne dabei einem einheitlichen dogmatischen Ansatz zu folgen[522]. Die Darstellung erfolgt ausschließlich anhand verschiedener, häufiger vorkommender gesellschaftsrechtlicher Maßnahmen, wobei sich im Detail eine Reihe unterschiedlicher Ansichten gebildet hat, bei welcher gesellschaftlichen Maßnahme eine Zustimmung des Pfandgläubigers gemäß § 1276 BGB notwendig sein soll und wo nicht[523]. Hierdurch entsteht ein stark zerklüftetes Meinungsspektrum, dem keine einheitliche Dogmatik zu entnehmen ist. Vielmehr kommt es zu pauschalen Ja/Nein-Ergebnissen, ohne sich im Detail mit den Voraussetzungen, Ausnahmen und eventuellen Beschränkungen der anzuwendenden Schutzvorschrift des § 1276 BGB zu befassen. Diese einzelfallbezogene, meist nur auf Abwägung zwischen gesellschaftlicher Souveränität und Pfandgläubigerschutz basierende Herangehensweise macht eine allgemeine Bewertung gesellschaftlicher Maßnahmen bislang unmöglich. Dies führt zu einer enormen Unsicherheit im praktischen Umgang mit der Vorschrift des § 1276 BGB. Hinderlich ist dies vor allem im Hinblick auf eine vertragliche Regelung zum Schutz des Pfandgläubigers, da für die Beteiligten

---

[520] *Bassenge*, in: PalandtBGB, Überblick vor § 903 Rn. 1, 4; *Habersack*, in: SoergelBGB, § 1276 Rn. 2.

[521] Zur Herleitung dieses Prinzips aus der historischen Entwicklung des Verbandsrechts sowie zur funktionalen Abgrenzung vgl. umfassend *Schubel*, Verbandssouveränität, S. 1 ff. Einen allgemeinen Überblick zum Begriff der Verbandsautonomie findet sich bei *K. Schmidt*, Gesellschaftsrecht, § 5 I 3 sowie bei *Wiedemann*, in: Festschrift Schilling (1973), S. 105 f.

[522] Auch der einzigen, diesbezüglichen Gerichtsentscheidung des Reichsgerichts (RGZ 139, 224 ff.) lag der Einzelfall einer Satzungsänderung nach § 53 Abs. 3 GmbHG zu Grunde.

[523] Zu den vielen Strömungen in der Literatur vgl. *Damrau*, in: MünchKommBGB, § 1274 Rn. 60 ff.; *Reichert/Weller*, GmbH-Geschäftsanteil, § 15 Rn. 294 ff., *Sosnitza*, in: Bamberger/Roth, BGB, § 1276 Rn. 5 mit Fn. 12; *Büchner*, Verpfändung von Anteilen, S. 38 ff.

nicht erkennbar ist, bei welchen Maßnahmen die gesetzliche Schutzvorkehrung des BGB eingreift und welche Maßnahmen es gilt zusätzlich, schuldrechtlich abzusichern. Anders als bisher durchgängig im GmbH-rechtlichen Schrifttum geschehen, beschränkt sich die Arbeit daher nicht darauf, einzelne, (scheinbar) wichtige und häufiger vorkommende Maßnahmen in einer GmbH gesondert zu klassifizieren, sondern Ziel ist es, vor dem Hintergrund der Gesetzessystematik und der sich ergebenden Interessenkonflikte eine einheitliche dogmatische Handhabe für die Anwendung des § 1276 BGB auf gesellschaftliche Maßnahmen zu entwickeln. Aus diesem Grund erfolgt zunächst lediglich ein Überblick über den derzeitigen Meinungsstand zur Anwendung des § 1276 BGB bei der Anteilsverpfändung. Im Rahmen der anschließenden Entwicklung eines einheitlichen dogmatischen Ansatzes erfolgt eine eingehende Auseinandersetzung sowohl mit den in der Literatur vorgebrachten Argumenten als auch der angesprochenen Kontroverse zwischen Verbandsautonomie und Gläubigerschutz.

Um bereits bei der Darstellung des derzeitigen Meinungsstandes einer späteren, generellen Systematisierung Vorschub zu leisten, können die behandelten (Einzel-) Maßnahmen in drei Kategorien eingeteilt werden. Eine das Zustimmungsrecht des § 1276 BGB möglicherweise auslösende Maßnahme kann erstens in einem Gesellschafterbeschluss, der den Mehrheits- oder Gesamtwillen der Gesellschafter repräsentiert, zweitens in einem einseitigen rechtsgestaltenden Akt der Gesellschaft und drittens unabhängig von allen übrigen Gesellschaftern allein in der Ausübung der Gestaltungsrechte des verpfändenden Gesellschafters liegen. Die ersten beiden Maßnahmen (Akte der Gesellschafter/Gesellschaft) unterscheiden sich nur insofern, als dass bei ersteren alle Gesellschafter stimmberechtigt sind, während Akte der Gesellschaft ohne Mitwirkung desjenigen getroffen werden, gegen den sich die Maßnahme richtet. Berechtigt sind hierfür entweder die übrigen[524] oder nur die geschäftsführenden[525] Gesellschafter. Diese Dreiteilung gesellschaftlicher Maßnahmen hilft zum einen die vielfach ungeordnete Darstellung der Auffassungen zu § 1276 BGB zu strukturieren und zum anderen einheitliche Bewertungsmaßstäbe herauszufinden.

1. Akte der Gesellschafter

Nach Auffassung des RG[526] gilt § 1276 Abs. 2 BGB „nicht für Rechtsänderungen, die sich auf dem Wege der körperschaftlichen Willensbildung und damit auf sozialrechtlicher Grundlage vollziehen." Der Entscheidung lag der Fall einer Satzungsänderung nach § 53 Abs. 3 GmbHG (Neueinführung von Sonderleistungspflichten der Gesellschafter) zu Grunde. In diesem Zusammenhang hat das RG allgemein entschieden, dass die Schutzvorschrift des § 1276 BGB bei Gesellschaftsbeschlüssen jeglicher Art, das heißt mit oder ohne Beteiligung des verpfändenden Gesellschafters, keine Anwendung findet. Ohne dies in seiner Begründung ausdrücklich zu thematisieren, gibt das

---

[524] So beispielsweise bei Ausschluss des Gesellschafters aus wichtigem Grund, vgl. *Hueck/Fastrich*, in: Baumbach/Hueck, GmbHG, Anh. § 34 Rn. 9 sowie bei der Zwangseinziehung des Geschäftsanteils gemäß § 34 Abs. 2 GmbHG, vgl. *Hueck/Fastrich*, in: Baumbach/Hueck, GmbHG, § 34 Rn. 3, 7; § 46 Rn. 32.

[525] So etwa bei Kaduzierung gemäß § 21 Abs. 1 und 2 S. 1 GmbHG, vgl. *Hueck/Fastrich*, in: Baumbach/Hueck, GmbHG, § 21 Rn. 6.

[526] RGZ 139, 224, 229 f.

RG damit im Hinblick auf Gesellschafterbeschlüsse der gesellschaftsrechtlichen Souveränität zum Schutze vor einem Dritteinfluss auf die Gesellschaft uneingeschränkten Vorzug vor dem Pfandgläubigerschutz. Auf Beeinträchtigungen des Pfandrechts durch alleiniges Verhalten des verpfändenden Gesellschafters geht die Entscheidung allerdings nicht ein. Ein Teil des Schrifttums[527] folgt der Entscheidung des RG uneingeschränkt und verneint eine Zustimmung des Pfandgläubigers nach § 1276 BGB bei jeglichen Akten, die den Mehrheits- oder Gesamtwillen der Gesellschafter beinhalten. Sowohl bei Satzungsänderungen, die Sonderrechte oder andere nur einverständlich entziehbare Mitgliedschaftsrechte verkürzen, als auch bei solchen, die zu einer Vermehrung der Leistungspflichten nach § 53 Abs. 3 GmbHG führen[528], soll der verpfändende Gesellschafter sein Stimmrecht ohne Zustimmung seines (Pfand-) Gläubigers ausüben dürfen. Vereinzelt[529] wird genau die gegenteilige Ansicht vertreten, nämlich dass das zivilrechtliche Rechtsprinzip des § 1276 BGB zum Schutze des Pfandgläubigers streng eingehalten werden sollte und eine Zustimmung des Pfandgläubigers immer dort notwendig sein soll, wo durch Gesellschafterbeschlüsse eine Beeinträchtigung des Pfandrechts erfolgt. Entgegen der Einschätzung des RG soll die Vorschrift demzufolge auch für Rechtsänderungen gelten, die sich auf dem Weg der gesellschaftlichen oder körperschaftlichen Willensbildung vollziehen[530]. Dieser Auffassung nach kann der Pfandgläubiger durch die Verweigerung seiner Zustimmung den Schuldner (Gesellschafter) daran hindern, dass er einem solchen Gesellschafterbeschluss zustimmt. Ohne die Zustimmung erlangt der Beschluss keine Wirksamkeit; ihr kommt nach dieser Auffassung demnach volle Außenwirkung zu[531]. In diesem Zusammenhang geht ein Teil der Literatur[532] zwar dem Grunde nach ebenfalls von der generellen Anwendung des § 1276 BGB auf Gesellschafterbeschlüsse aus, schwächt die Position des Pfandgläubigers aber durch die Annahme, dass der Zustimmungsvorbehalt den verpfändenden Gesellschafter nur im Innenverhältnis binde und eine fehlende Zustimmung des Pfandgläubigers deshalb den entsprechenden Gesellschafterbeschluss in seiner Wirksamkeit insgesamt unberührt lässt. Neben der strikten Auffassung, dass Gesellschafterbeschlüsse insgesamt nicht von § 1276 BGB erfasst werden, da diese unabhängig von ihrer konkreten Ausgestaltung stets Ausdruck organschaftlicher Willensbildung sind, hat

---

[527] Ebbing, in: Michalski, GmbHG, § 15 Rn. 227; Hueck/Fastrich, in: Baumbach/Hueck, GmbHG, § 15 Rn. 50; Rowedder/Bergmann, in: Rowedder/Schmidt-Leithoff, GmbHG, § 15 Rn. 95; H. Winter/Seibt, in: Scholz, GmbHG, § 15 Rn. 191; Zöllner, in: Baumbach/Hueck, GmbHG, § 53 Rn. 38; Zutt, in: Hachenburg, GmbHG, 8. Auflage, Anh. § 15 Rn. 44; Kolkmann, MittRhNotK 1992, 1, 9 f.; Müller, GmbHR 1969, 4, 7; Mühl, in: Hadding/Schneider, S. 129, 158.

[528] Zum Streitstand, ob § 53 Abs. 3 GmbHG entsprechend auch für die Verkürzung von Mitgliedschafts- und Vorzugsrechten gilt vgl. Priester, in: Scholz, GmbHG, § 53 Rn. 54. Dem BGH zufolge (BGHZ 116, 362 f.) ist eine entsprechende Anwendung ausgeschlossen.

[529] Priester, in: Scholz, GmbHG, § 53 Rn. 99; Roth, ZGR 2000, 187, 216 f., 222; Wiedemann, Mitgliedschaftsrechte, S. 428 ff.

[530] Ausdrücklich Roth, ZGR 2000, 187, 222.

[531] Vgl. M. Winter/Löbbe, in: Ulmer/Habersack/Winter, GmbHG, § 15 Rn. 161.

[532] Bülow, Kreditsicherheiten, Rn. 672; Sieger/Hasselbach, GmbHR 1999, 633, 637. Auch Zöllner, in: Baumbach/Hueck, GmbHG, § 47 Rn. 35, § 53 Rn. 38, geht davon aus, dass § 1276 Abs. 2 BGB nur für das Innenverhältnis zwischen Gesellschafter und Pfandgläubiger gilt. Allerdings halten die Mitkommentatoren Hueck/Fastrich, in: Baumbach/Hueck, GmbHG, § 15 Rn. 50 die Vorschrift des § 1276 BGB nur für wenige Einzelmaßnahmen des Gesellschafters für anwendbar (Einziehung und ordentliche Kündigung; vgl. im Folgenden).

sich eine differenzierende Ansicht[533] gebildet, die insbesondere bei Satzungsbeschlüssen nach § 53 Abs. 3 GmbHG ein Zustimmungsrecht des Pfandgläubigers bejaht. Danach bedürfen Gesellschafterbeschlüsse, die zu einer Vermehrung[534] der den Gesellschaftern nach dem Gesellschaftsvertrag obliegenden Leistungen führen, zu ihrer Wirksamkeit der Zustimmung des Pfandgläubigers. Es handele sich insoweit gerade nicht um einen Akt körperschaftlicher Willensbildung, da der Gesellschafter in diesem Fall seine Individualinteressen uneingeschränkt wahrnehmen dürfe.

Manche Autoren[535] unternehmen zusätzlich den Versuch, Gesellschafterbeschlüsse nach dem Adressat des Beschlusses zu kategorisieren. Ein Zustimmungsvorbehalt könne überhaupt nur dann bestehen, wenn der Gesellschafterbeschluss den betreffenden Geschäftsanteil als solchen und nicht die Gesellschaft als Ganzes, wie etwa bei einem Auflösungs- oder Umwandlungsbeschluss, betreffe. Bislang wurde vertreten, dass immer dort, wo dem Grunde nach ein Zustimmungsrecht des Pfandgläubigers angenommen wird, dieses tatsächlich nur dann bestehen soll, wenn die Pfandrechtsbestellung entsprechend § 16 Abs. 1 GmbHG bei der Gesellschaft angemeldet ist[536]. Vor dem Hintergrund der Änderung der Anmeldepflicht in eine Pflicht zur Eintragung in die Gesellschafterliste wird dies kaum noch gefordert werden können. Man wird als Legitimation gegenüber der Gesellschaft zur Ausübung eines etwaig bestehenden Zustimmungsrechts wiederum die Vorlage des notariell beurkundeten Pfandvertrags ausreichen lassen[537].

2. Akte der Gesellschaft

Weitgehende Einigkeit herrscht hingegen bei Akten der Gesellschaft, die ohne Mitwirkung des verpfändenden Gesellschafters vorgenommen werden[538]. Hier wird, sofern

---

[533] *Damrau*, in: MünchKommBGB, § 1274 Rn. 61; *Reichert/Weller*, GmbH-Geschäftsanteil, § 15 Rn. 297; *Fischer*, GmbHR 1961, 21, 26; *Schuler*, NJW 1960, 1423, 1428; *Fleck*, in: Festschrift Fischer (1979), S. 107, 125 f.

[534] *Damrau*, in: MünchKommBGB, § 1274 Rn. 61, wendet die Vorschrift des § 53 Abs. 3 GmbHG entsprechend auch bei der Verkürzung von Mitgliedschafts- und Vorzugsrechten an.

[535] *Reichert/Weller*, GmbH-Geschäftsanteil, § 15 Rn. 296; *M. Winter/Löbbe*, in: Ulmer/Habersack/Winter, GmbHG, § 15 Rn. 160; wohl auch *H. Winter/Seibt*, in: Scholz, GmbHG, § 15 Rn. 192, in Bezug auf die Rechtsfolge der ordentlichen Kündigung.

[536] *Damrau*, in: MünchKommBGB, § 1274 Rn. 61; *Reichert/Weller*, GmbH-Geschäftsanteil, § 15 Rn. 297; *H. Winter/Seibt*, in: Scholz, GmbHG, § 15 Rn. 192.

[537] Vgl. die Ausführungen zu § 3 A II 2 b bb.

[538] Genannt werden im Schrifttum regelmäßig die Kaduzierung gemäß § 21 GmbHG, der Ausschluss aus wichtigem Grund sowie die Zwangseinziehung des Geschäftsanteils gemäß § 34 Abs. 2 GmbHG.

eine argumentative Auseinandersetzung erfolgt[539], mit teilweise völlig unterschiedlichen Begründungsansätzen[540], ein Zustimmungsrecht des Pfandgläubigers verneint.

3. Akte des Gesellschafters

Im Ergebnis noch unübersichtlicher stellt sich das Meinungsspektrum wiederum bei Akten des verpfändenden Gesellschafters dar. Gegenüber der Behandlung von Gesellschafterbeschlüssen und Akten der Gesellschaft erfolgt hier eine noch sehr viel stärker an Einzelmaßnahmen orientierte Betrachtung des Problems. Das Schrifttum befasst sich vor allem durchgängig nur mit etwa fünf[541] Mitgliedschaftsrechten und wendet als maßgebliches Unterscheidungskriterium das Merkmal „verzichtbare und unverzichtbare Gesellschafterrechte" an, ohne eine Begriffsdefinition von „un-/verzichtbar" vorzunehmen[542]. Es wird scheinbar eine Bestimmung nach einem allgemeinen Wertegefühl vorgenommen, welche Rechte dem Gesellschafter nach einer Anteilsverpfändung allein und welche ihm nur mit Zustimmung des Pfandgläubigers zustehen sollen[543]. Maßnahmen, wie die Auflösungsklage gemäß § 61 GmbHG und das Austrittsrecht aus wichtigem Grund, die dem Gesellschafter bei Unzumutbarkeit der Fortsetzung der Gesellschaft eine vorzeitige Lösung aus der Gesellschafterstellung ermöglichen sollen, bedürfen der absolut überwiegenden Auffassung[544] nach keiner Zustimmung des Pfandgläubigers. Für die kapitalistisch strukturierte GmbH, das heißt eine Gesellschaft mit einem größeren, nur durch den Anteilsbesitz am GmbH-Unternehmen verbundenen Gesellschafterkreis[545], wird für beide Maßnahmen jedoch vereinzelt[546] die Zustimmung

---

[539] Fehlend etwa bei *Ebbing*, in: Michalski, GmbHG, § 15 Rn. 227; *H. Winter/Seibt*, in: Scholz, GmbHG, § 15 Rn. 192.

[540] *Kolkmann*, MittRhNotK 1992, 1, 9 beispielsweise betont die Tatsache, dass es sich bei Akten der Gesellschaft aufgrund der fehlenden Mitwirkung des betroffenen Pfandschuldners gerade nicht um eine Verfügung des Gesellschafters, sondern der Gesellschaft handelt. Ähnlich sehen das auch *Reichert/Weller*, GmbH-Geschäftsanteil, § 15 Rn. 296, indem sie herausstellen, dass der Pfandgläubiger derartige Entscheidungen der übrigen Gesellschafter ebenso hinnehmen muss, wie der Gesellschafter für den Fall, dass keine Verpfändung des Geschäftsanteils vorliegt. *Roth*, ZGR 2000, 187, 217 f. hingegen hält § 1276 BGB überall dort nicht für einschlägig, wo der Surrogationsgrundsatz eingreift. Dieser stelle sich als „institutionelle Schranke" der Vorschrift dar. Das Gesetz selbst beschränke den betreffenden Geschäftsanteil nur vornherein, so dass § 1276 BGB nicht zur Anwendung gelange. Dies ist unverständlich, da seine, von *Polzius*, DGVZ 1987, 17, 19 gestützte Ansicht im Einzelnen nicht weiter erläutert wird. Die Frage, wodurch die Beschränkung dogmatisch erfolgen soll, bleibt unbeantwortet.

[541] Einziehung (§ 34 GmbHG), Auflösungsklage (§ 61 GmbHG), Abandon (§ 27 GmbHG), Kündigung und Austritt, vgl. statt aller *Reichert/Weller*, GmbH-Geschäftsanteil, § 15 Rn. 295, 297.

[542] Vgl. bereits *Zutt*, in: Hachenburg, GmbHG, 8. Auflage, Anh. § 15 Rn. 64; aktuell *Reichert/Weller*, GmbH-Geschäftsanteil, § 15 Rn. 295; *M. Winter/Löbbe*, in: Ulmer/Habersack/Winter, GmbHG, § 15 Rn. 160.

[543] Dies lassen auch *Reichert/Weller*, GmbH-Geschäftsanteil, § 14 Rn. 85 erkennen, indem sie feststellen, dass es keine sichere Beurteilungsgrundlage gebe und somit eine Einzelfallbetrachtung vorgenommen werden müsse.

[544] *Ebbing*, in: Michalski, GmbHG, § 15 Rn. 227; *Habersack*, in: SoergelBGB, § 1274 Rn. 37; *Reichert/Weller*, GmbH-Geschäftsanteil, § 15 Rn. 295; *H. Winter/Seibt*, in: Scholz, GmbHG, § 15 Rn. 192; *M. Winter/Löbbe*, in: Ulmer/Habersack/Winter, GmbHG, § 15 Rn. 160. Ebenso auch für umwandlungsbedingten Austritt.

[545] Definiert bei *K. Schmidt*, Gesellschaftsrecht, § 33 III 2 b.

des Pfandgläubigers gefordert. Für die Ausübung eines statutarisch eingeräumten ordentlichen Kündigungsrechts hingegen wird das Eingreifen des Zustimmungsvorbehalts von der mehrheitlichen Auffassung bejaht[547], allerdings auch mit beachtlichen Argumenten verneint[548]. Während nämlich die Bejahung des Zustimmungserfordernisses bei ordentlicher Kündigung fast ausnahmslos[549] ohne Begründung erfolgt, geht die Gegenauffassung im Kern davon aus, dass der Pfandgläubiger die satzungsmäßigen Rechte des verpfändenden Gesellschafters in ihrem Bestand hinnehmen muss, da er selbst Änderungen der Satzung nicht wirksam verhindern kann. Eine Ansicht[550] im Schrifttum kritisiert diese Ja-/Nein-Betrachtung und stellt heraus, dass eine kategorische Lösung des Problems nicht möglich sei, sondern zwischen der statutarischen Folge des Kündigungsrechts differenziert werden müsse. Fraglich sei danach, welche konkreten Auswirkungen die Kündigung auf den betreffenden Geschäftsanteil habe[551]. Diese Auffassung gibt erstmalig ein rechtliches Unbehagen zu erkennen, gesellschaftliche Maßnahmen per se in zustimmungsbedürftig oder -unbedürftig einzuteilen. Zwar findet sie für diesen Fall eine differenzierende und flexible Lösung, bleibt aber weiterhin auf der Ebene der Einzelbetrachtung einer Maßnahme. Für die Ausübung des Abandonrechts nach § 27 GmbHG wird durchgehend ohne Begründung angenommen, der Gesellschafter könne seinen Geschäftsanteil ohne die Zustimmung des Pfandgläubigers preisgeben, wobei diesem bei der Zustimmung des Gesellschafters zu einer anderen Art des Verkaufs gemäß § 27 Abs. 2 S. 2 GmbHG ein Mitspracherecht zukäme[552]. Hingegen soll die freiwillige Einziehung des Geschäftsanteils nach § 34 GmbHG nach nunmehr überwiegender Ansicht[553] von der Zustimmung des Pfandgläubigers abhängig sein. Die Gegenauffassung[554] betont, dass eine solche Entscheidung nicht von einem Verbandsfremden beeinflusst werden soll und der Pfandgläubiger im Übrigen durch den Surrogationsgrundsatz geschützt werde.

---

[546] *Wiedemann*, Mitgliedschaftsrechte, S. 430.

[547] *Altmeppen*, in: Roth/Altmeppen, GmbHG, § 15 Rn. 64; *Ebbing*, in: Michalski, GmbHG, § 15 Rn. 228; *Habersack*, in: SoergelBGB, § 1274 Rn. 37; *Hueck/Fastrich*, in: Baumbach/Hueck, GmbHG, § 15 Rn. 50; *Lutter/Bayer*, in: Lutter/Hommelhoff, GmbHG, § 15 Rn. 66; *Sommer*, in: MünchHdBGesR, Band 3, § 26 Rn. 172; *Reichert/Weller*, GmbH-Geschäftsanteil, § 15 Rn. 297; *M. Winter/Löbbe*, in: Ulmer/Habersack/Winter, GmbHG, § 15 Rn. 161; *Teichmann*, ZGR 1972, 1, 16.

[548] OLG Hamm GmbHR 1971, 57, 59 (allerdings für den Nießbrauch an einem GmbH-Anteil); *Damrau*, in: MünchKommBGB, § 1274 Rn. 63; *Fischer*, GmbHR 1961, 21, 27; *Müller*, GmbHR 1969, 4, 8.

[549] Lediglich *Reichert/Weller*, GmbH-Geschäftsanteil, § 15 Rn. 297 begründen ihre Auffassung damit, dass eine in der Satzung zugelassene ordentliche Kündigung nicht zu den unabdingbaren Mitgliedschaftsrechten gehört und daher von der Zustimmung des Pfandgläubigers abhängig gemacht werden kann.

[550] *H. Winter/Seibt*, in: Scholz, GmbHG, § 15 Rn. 192.

[551] Unterschieden wird zwischen der Pflicht zur Abnahme des Geschäftsanteils durch die Gesellschaft oder die einzelnen Gesellschafter (Erhalt des Geschäftsanteils) und dem Fall, dass die Kündigung einen Auflösungsgrund nach § 60 Abs. 2 GmbHG oder Einziehungsvoraussetzung ist (Wegfall des Geschäftsanteils).

[552] Vgl. statt aller *H. Winter/Seibt*, in: Scholz, GmbHG, § 15 Rn. 192. A. A. *Becker*, GmbHR 1935, 803, 806, der generell eine Zustimmung des Pfandgläubigers für das Preisgaberecht annimmt.

[553] Vgl. statt aller *Reichert/Weller*, GmbH-Geschäftsanteil, § 15 Rn. 297, deren Hinweis auf die Entscheidung RGZ 139, 224 in diesem Zusammenhang allerdings verfehlt ist, da diese in keiner Weise auf die Einziehung oder andere Mitverwaltungsrechte eingeht. Vgl. auch *H. Winter/Seibt*, in: Scholz, GmbHG, § 15 Rn. 193.

[554] Aus neuerer Zeit *Roth*, ZGR 2000, 187, 217 f. Im Übrigen *Fischer*, GmbHR 1961, 23, 27; *Müller*, GmbHR 1969, 4, 8; wohl auch *Wiedemann*, Mitgliedschaftsrechte, S. 430.

Neben den aufgezeigten groben Strömungen in Rechtsprechung und Literatur finden sich im Detail noch weitere maßnahmenspezifische Feinheiten[555], deren Systematisierung weder zu bewerkstelligen noch zielführend ist.

III. Eigener normativer Ansatz

Die vorstehende Übersicht macht bereits in Ansätzen deutlich, welchen praktischen Schwierigkeiten die Beteiligten einer Anteilsverpfändung gegenüberstehen. Die Rechtsberatung sieht sich mit einer Vielzahl völlig unterschiedlicher Auffassungen konfrontiert, was die vertragliche Ausgestaltung außerordentlich schwierig und die Anteilsverpfändung dadurch zu einem, in diesem Punkt, schwer kalkulierbaren und unsicheren Finanzierungsinstrument macht. Die Lösungsvorschläge des Schrifttums weisen zum einen das Problem auf, dass diese nur für einzelne gesellschaftliche Maßnahmen entwickelt wurden und zum anderen sich nicht nach allgemeinen Kriterien richten. Es wird stets nur die abstrakte Frage beantwortet, ob für die jeweilige Maßnahme ein Zustimmungsrecht des Pfandgläubigers besteht, also die Vorschrift des § 1276 BGB generell Anwendung findet, ohne auf die konkreten Voraussetzungen und möglichen Beschränkungen der Norm selbst abzustellen. Den gefundenen Ergebnissen liegt damit kein einheitlicher Lösungsweg zu Grunde. Darüber hinaus macht die Vorgehensweise des Schrifttums und die Vielzahl der kursierenden Meinungen die sichere Bewertung anderer, bisher nicht im Schrifttum erörterter, Maßnahmen für die Praxis nahezu unmöglich. Ziel ist es daher, eine Rechtssicherheit schaffende einheitliche Dogmatik zu entwickeln, die es ermöglicht, die Anwendung des § 1276 BGB im Hinblick auf alle gesellschaftlichen Maßnahmen in einer GmbH einheitlich zu beurteilen. Hierfür muss geklärt werden, ob die Vorschrift auf die Anteilsverpfändung überhaupt Anwendung findet; inwieweit gesellschaftliche Maßnahmen in der Lage sind, die tatbestandlichen Voraussetzungen der Norm zu erfüllen; und ob es gegebenenfalls Beschränkungen der Vorschrift gibt.

1. Die Anwendbarkeit des § 1276 BGB bei der Anteilsverpfändung

a) Kein Ausschluss durch das Gesellschaftsrecht

Das allgemeine Zivilrecht hält mit § 1276 BGB eine den Rechtspfandgläubiger schützende Vorschrift bereit. Sowohl die rechtsgeschäftliche Aufhebung als auch die beeinträchtigende Änderung des verpfändeten Rechts bedürfen danach der Zustimmung des Pfandgläubigers. Ursprünglich von § 1276 BGB erfasst waren reine Zwei-Personen-Verhältnisse, bei denen der berechtigte Rechtsinhaber (Pfandschuldner) durch eine Bindung an die Zustimmung des Pfandgläubigers in seiner Verfügungsbefugnis beschränkt werden sollte[556]. Durch die Verpfändung der Mitgliedschaft in einer GmbH

---

[555] Beispielsweise wird im Detail diskutiert, wann eine direkte und wann eine analoge Anwendung des § 1276 BGB angenommen werden soll. Anlass hierfür ist zum einen die Einteilung in mittel- und unmittelbare Beeinträchtigungen des Pfandrechts sowie die Frage, ob § 1276 BGB nur bei rechtsgeschäftlichen Handlungen eingreift und, ob die Stimmabgabe des Gesellschafters auf eine Rechtsfolge gerichtet ist, vgl. hierzu im Überblick *Damrau*, in: MünchKommBGB, § 1274 Rn. 60 ff.; *Ruffmann*, Stimmrecht, S. 21 ff.

[556] *Mugdan*, Materialien zum BGB, Band 3, S. 478.

ergibt sich nunmehr das Problem, dass durch das gesetzlich angeordnete Zustimmungsrecht des Pfandgläubigers ein gesellschaftsfremder Dritter Einfluss auf den Willensbildungsprozess der Gesellschaft erhält. Dies widerspricht dem anerkannten[557] Prinzip der Verbandssouveränität. Die Annahme der Alleinzuständigkeit der Gesellschafter für Angelegenheiten der Gesellschaft fußt letztlich auf dem Gedanken des Gleichlaufs von Verantwortung und Entscheidungsmacht[558]. Nur derjenige, den die mit der Mitgliedschaft verbundenen Pflichten und Risiken treffen, soll auch über den Gesellschaftsverband bestimmen können. Durch die Anwendung des § 1276 BGB würde also in das abgeschlossene System von Verantwortlichkeiten einer Gesellschaft eingegriffen.

Dies nehmen Rechtsprechung[559] und Literatur[560] zum Anlass und gehen einerseits davon aus, dass § 1276 BGB bei organschaftlicher Willensbildung (Gesellschafterbeschlüsse) generell nicht zur Anwendung gelange und unterscheiden andererseits bei Gesellschafterrechten zwischen verzichtbaren und unverzichtbaren Rechten des verpfändenden Gesellschafters. Bei Letzteren sei die Vorschrift ebenfalls unanwendbar. Ausgegangen wird damit von einem absoluten Vorrang des Gesellschaftsrechts vor dem allgemeinen Zivilrecht, sobald das Prinzip der Verbandsautonomie betroffen ist. Eine in dieser Stringenz angenommene Spezialität des gesellschaftsrechtlichen Prinzips der Verbandssouveränität gegenüber dem zivilrechtlich angeordneten (Rechts-) Pfandgläubigerschutz ist allerdings nicht zu rechtfertigen. Es ist kein rechtlicher Anhaltspunkt ersichtlich, der dazu führt, dass das durch Rechtsfortbildung entwickelte Prinzip der Alleinzuständigkeit der Gesellschafter den ausdrücklich durch den Gesetzgeber normierten Schutz des Rechtspfandgläubigers von vornherein vollständig verdränge. Hierbei ist nämlich zu beachten, dass der Pfandgläubiger zwar ein gesellschaftsfremder Dritter ist, er aber durch das gesetzlich normierte Zustimmungsrecht in § 1276 BGB und damit letztlich durch die von der Gesellschaft legitimierte Verpfändung Einflussrechte erhält. In Anbetracht der Auswirkung des § 1276 BGB bei der Anteilsverpfändung kommt der Verbandssouveränität als tragendem Grundsatz des Gesellschaftsrechts sicherlich gesteigerte Aufmerksamkeit zu. Allerdings kann dies weder die generelle Anwendbarkeit der zivilrechtlichen Schutzvorschrift des § 1276 BGB ausschließen noch eine inhaltliche Beschränkung der Norm darstellen. Zwischen dem gesellschaftsrechtlichen (Verbandsautonomie) und dem zivilrechtlichen Schutzinstitut (§ 1276 BGB) besteht kein Vorrangverhältnis, was nach dem Grundsatz „lex specialis derogat legi generali" bewertet werden müsste. Dem gesellschaftsrechtlichen Souveränitätsprinzip und dem zivilrechtlich angeordneten Pfandgläubigerschutz kommt insofern gleichwertige Bedeutung zu. Hieraus folgt, dass der Anwendungsbereich und die Reichweite des § 1276 BGB nicht durch den Grundsatz der Verbandssouveränität eingeschränkt werden kann, sondern Beschränkungen sich nur aus der Norm selbst und allgemeiner Zivilrechtsdogmatik ergeben können.

---

[557] Lediglich vereinzelt wird an der strengen Ausgestaltung der Verbandsautonomie Kritik geübt und vertreten, dass es gerade Ausfluss der Satzungsautonomie sei, einem gesellschaftsfremden Dritten statutarische Einflussrechte einzuräumen, vgl. *Beuthien/Gätsch*, ZHR 156 (1992), 459, 473, 477 f.

[558] *Reuter*, in: Festschrift Steindorff (1990), S. 229 ff.; *Wiedemann*, in: Festschrift Schilling (1973), S. 105, 111 f.

[559] RGZ 139, 224 ff., allerdings nur für Gesellschafterbeschlüsse.

[560] Vgl. statt aller, *Reichert/Weller*, GmbH-Geschäftsanteil, § 15 Rn. 294 f.

104

b) Kein Ausschluss durch das Surrogationsprinzip

In der Literatur zur GmbH-Anteilsverpfändung wird vereinzelt[561] vertreten, die Anwendung des § 1276 BGB sei immer dann ausgeschlossen, wenn das Surrogationsprinzip eingreife. Dem Grundsatz der Surrogation komme, wie der Vorschrift des § 1276 BGB, gläubigerschützende Wirkung zu, so dass Maßnahmen, die eine Kompensation durch das Surrogat erfahren, nicht der Vorschrift des § 1276 BGB unterfallen. Diese Auffassung ist aus zwei Gründen abzulehnen. Zuerst ist zu beachten, dass die Vorschrift des § 1276 BGB den Erhalt der ursprünglichen Pfandmasse und damit die Realisierung des konkreten Pfandrechtes sicherstellen soll[562]. Solange nämlich der in Pfand genommene Geschäftsanteil unverändert bleibt, trägt der Pfandgläubiger einzig das Risiko, ob im Falle einer Verwertung des Pfandrechts der Erlös den rechnerisch ermittelten Wert des Anteils tatsächlich erreicht. Das vom Pfandrecht infolge der Ausübung mitgliedschaftlicher Rechte erfasste Surrogat schmälert jedoch oftmals den Pfandgegenstand selbst[563]. So entspricht das Einziehungs- und Liquidationsentgelt selten dem für eine planmäßige Verwertung ermittelten Wert des Geschäftsanteils. Auch der Übererlös infolge der Ausübung des Preisgaberechts oder etwaige Abfindungszahlungen bei Kündigung oder Austritt erreichen diesen Wert selten. Der geringere Schutzumfang des Surrogationsprinzips wird auch bei der Ausgestaltung als Nutzungspfand deutlich. Der Zugriff auf den anteilig ausgeschütteten Gewinn stellt sich im Verhältnis zu anderweitig angelegtem Kapital meist als renditestärker dar[564]. Der Pfandgläubiger erhält durch das Surrogat zwar einen finanziellen Ausgleich, eine vollständige Kompensation des ursprünglichen Anteilspfandwertes findet in der Regel jedoch nicht statt[565]. Damit kommt es genau zu dem Ergebnis, welches durch die Schutzvorschrift des § 1276 BGB verhindert werden soll, nämlich zur Beeinträchtigung des ursprünglichen Pfandobjekts. Das Eingreifen des Surrogationsprinzips ändert somit nichts an der konkreten Gefährdung der Vermögensinteressen des Pfandgläubigers und kann insofern auch nicht zum Ausschluss des § 1276 BGB führen.

In diesem Zusammenhang ist ein zweiter Gedanke von Bedeutung. Der Auffassung, das Surrogationsprinzip sperre die Anwendung des § 1276 BGB, liegt scheinbar die Annahme zu Grunde, dass zwischen den beiden pfandgläubigerschützenden Instituten ein Exklusivitätsverhältnis besteht[566]. Betrachtet man allerdings die Ebenen auf denen die Schutzwirkung beider Institute eingreifen, wird deutlich, dass ein Exklusivitätsverhältnis gerade nicht besteht. Der Zustimmungsvorbehalt des § 1276 BGB soll bereits das anfängliche, nachteilige Einwirken auf den Pfandgegenstand verhindern, während

---

[561] Strikt, *Roth*, ZGR 2000, 187, 217 f.; für einzelne Maßnahmen auch, *Fischer*, GmbHR 1961, 23, 27 f., in Ansätzen auch *Kolkmann*, MittRhNotK 1992, 1, 10.

[562] *Mugdan*, Materialien zum BGB, Band 3, S. 478.

[563] Insofern sind die Ausführungen von *Wiedemann*, Mitgliedschaftsrechte, S. 431 verfehlt. Er führt die Gefahr, dass der erzielte Verwertungserlös den rechnerisch ermittelten Wert in den Schatten stellt, als Argument gegen die vorgebrachte Meinung *Roths* a.a.O. an. Die Gefahr einer schlechten Verwertung trägt der Pfandgläubiger aber immer. Anknüpfungspunkt ist deshalb nicht der Verwertungserlös, sondern das entstehende Surrogat bei der Ausübung von Mitgliedschaftsrechten.

[564] Zutreffend auch, *Wiedemann*, Mitgliedschaftsrechte, S. 431.

[565] Eine vollständige Kompensation ist beispielsweise bei der effektiven Kapitalherabsetzung gegeben, da sich das Pfandrecht exakt auf den herabgesetzten Anteil des Stammkapitals erstreckt.

[566] Ein Exklusivitätsverhältnis für den direkten Anwendungsbereich von § 1287 BGB und § 1276 BGB annehmend, *Apfelbaum*, Verpfändung AG, S. 119.

der Surrogationsgrundsatz erst bei Wegfall des Pfandrechts oder -gegenstands nachträglich kompensierend einreift. Der Grundsatz der Surrogation ändert somit nichts an der eingetretenen konkreten Beeinträchtigung des Pfandobjekts, sondern versucht diese durch die Erfassung des Surrogats aufzufangen. Zwischen beiden Schutzmechanismen bestehen demnach sowohl in zeitlicher Hinsicht ihres Eingreifens als auch in ihrer rechtlichen Auswirkung beachtliche Unterschiede. Beide Schutzmaßnahmen können demnach nebeneinander ergänzend eingreifen. Das Surrogationsprinzip ändert weder etwas an der Beeinträchtigung der Vermögensinteressen des Pfandgläubigers noch an der eingetretenen Beeinträchtigung des Pfandrechts. Ein Ausschluss der Schutzvorschrift des § 1276 BGB durch den Grundsatz der Surrogation ist damit nicht anzunehmen.

c) Fazit

Die Anwendbarkeit des § 1276 BGB im Rahmen der Anteilsverpfändung wird weder durch das Gesellschaftsrecht und hier den Grundsatz der Verbandssouveränität noch durch das Surrogationsprinzip generell ausgeschlossen. Letzterem kommt aufgrund seiner Wirkungsweise keinerlei Bedeutung im Rahmen der Fragestellung um die Anwendbarkeit des § 1276 BGB bei der Anteilsverpfändung zu. Das Prinzip der Surrogation greift vielmehr nachträglich kompensierend ein, um eine entstandene Beeinträchtigung des Pfandobjekts und deren Auswirkung auf die Vermögensinteressen des Pfandgläubigers möglichst gering zu halten. Differenziert werden muss bei dem gesellschaftsrechtlichen Grundsatz der Verbandssouveränität. Ein einheitlicher Ansatz zur Anwendung des § 1276 BGB bei der Anteilsverpfändung darf in Anbetracht des hierdurch entstehenden Dritteinflusses auf die Gesellschaft diesen tragenden Grundsatz nicht unberücksichtigt lassen. Der Vergleich beider Schutzmechanismen hat jedoch gezeigt, dass ein absoluter Vorrang des Gesellschaftsrechts vor dem allgemeinen Zivilrecht nicht angenommen werden kann. Auch dort, wo durch die Anwendung des § 1276 BGB in den abgeschlossenen Kreis gesellschaftlicher Verantwortung eingegriffen würde, erfolgt kein genereller Ausschluss der Vorschrift. Das Prinzip der Verbandssouveränität findet erst dann Beachtung, wenn sich nach der Gesetzessystematik ein Zustimmungsrecht des Pfandgläubigers ergibt. Inwiefern eine solche Berücksichtigung stattfindet, ist Gegenstand der folgenden Entwicklung des einheitlichen Ansatzes.

Auf die Verpfändung eines GmbH-Anteils als Rechtsverpfändung findet die Vorschrift des § 1276 BGB zunächst uneingeschränkte Anwendung, so dass sich ein einheitlicher Ansatz in erster Linie an den Tatbestandsvoraussetzungen der Norm zu orientieren hat.

2. Der Tatbestand des § 1276 BGB

a) Rechtsgeschäftsqualität gesellschaftlicher Maßnahmen

Der Tatbestand des § 1276 BGB setzt in seinem Absatz 1 die rechtsgeschäftliche Aufhebung und in Absatz 2 die rechtsgeschäftliche Änderung des verpfändeten Rechts voraus. Gesellschaftlichen Maßnahmen müsste damit in erster Linie Rechtsgeschäftsqualität zukommen. Das allgemeine Zivilrecht geht davon aus, dass sowohl eine einzelne als auch der Verbund mehrerer Willenserklärungen rechtsgeschäftliche Handlungen darstellen[567]. In diesem Sinne ist grundlegende Voraussetzung für § 1276 BGB entweder eine einseitige Willenserklärung oder der Abschluss eines Vertrages[568]. Für die Einordnung von Gesellschaftsmaßnahmen kann auf die vorgenommene Dreiteilung zurückgegriffen werden. Akte der Gesellschafter, welche in Form von Gesellschafterbeschlüssen vorgenommen werden, stellen nach einhelliger Auffassung[569] Rechtsgeschäfte dar. Ihre Eigenart besteht darin, dass für sie in der Regel nicht das Prinzip der Willensübereinstimmung, sondern das Mehrheitsprinzip gilt[570]. Akte der Gesellschaft gegen den betroffenen Gesellschafter stellen, soweit sie auf einem Beschluss der übrigen Gesellschafter beruhen, ebenfalls Rechtsgeschäfte in diesem Sinne dar. Doch auch wenn lediglich die geschäftsführenden Gesellschafter eine Maßnahme der Gesellschaft, wie etwa die Kaduzierung des Geschäftsanteils, vornehmen, erfolgt dies durch einseitige empfangsbedürftige Willenserklärung[571] und damit durch Rechtsgeschäft. Gleiches gilt für Maßnahmen des verpfändenden Gesellschafters. Sie sind Folge der Ausübung seiner Mitgliedschafts- und Stimmrechte, welche ebenfalls als Willenserklärungen und damit als Rechtsgeschäfte im Sinne der Vorschrift anzusehen sind[572]. Eine das Zustimmungsrecht auslösende Aufhebung oder Beeinträchtigung des verpfändeten Geschäftsanteils kann damit entweder in einem Beschluss der Gesellschafter, einem einseitigen rechtsgestaltenden Akt der Gesellschaft oder des verpfändenden Gesellschafters liegen. Allen gesellschaftlichen Maßnahmen kommt die von § 1276 BGB geforderte Rechtsgeschäftsqualität zu.

b) Rechtsaufhebung gemäß § 1276 Abs. 1 BGB

Die Vorschrift des § 1276 Abs. 1 BGB will die Aufhebung des verpfändeten Rechts ohne Zustimmung des Pfandgläubigers verhindern, da mit dem Untergang des Rechts auch das an ihm bestellte Pfandrecht erlöschen würde. Tatbestandliche Voraussetzung des Absatzes 1 ist grundsätzlich die unmittelbare Rechtsaufhebung[573]. Erfasst werden damit in erster Linie unmittelbare Einwirkungen auf den Geschäftsanteil, die seinen Untergang zur Folge haben. Dies ist regelmäßig dann der Fall, wenn der Anteil, beispielsweise durch eine freiwillige oder zwangsweise Einziehung, direkt vernichtet wird. Problematischer bei der Verpfändung von Mitgliedschaften erscheinen Maßnahmen, die erst in ihrer mittelbaren Folge zum Untergang des verpfändeten Geschäftsanteils führen. Beschließen die Gesellschafter gemäß § 60 Abs. 1 Nr. 2 GmbHG die Auflösung der Gesellschaft, führt dies nicht unmittelbar zur Vernichtung aller Gesellschaftsanteile. Der

---

[567] Mot. I, S. 126; *Heinrichs*, in: PalandtBGB, Überblick vor § 104 Rn. 2.

[568] *Damrau*, in: MünchKommBGB, § 1276 Rn. 2.

[569] Vgl. statt aller, *Heinrichs*, in: PalandtBGB, Überblick vor § 104 Rn. 12; *Römermann*, in: Michalski, GmbHG, § 47 Rn. 9; *Zöllner*, in: Baumbach/Hueck, GmbHG, § 47 Rn. 4; *K. Schmidt*, Gesellschaftsrecht, § 15 I 2; ablehnend früher RGZ 122, 369 ff.; auch *Külbs*, Pfändung, S. 26 und *Ruffmann*, Stimmrecht, S. 17, 88 gelangen lediglich zu einer analogen Anwendung der Vorschrift, da sie die Rechtsgeschäftsqualität gesellschaftlicher Beschlüsse ablehnen.

[570] BGH NJW 1998, 3713, 3715; 2003, 3629, 3631 f.

[571] *Hueck/Fastrich*, in: Baumbach/Hueck, GmbHG, § 21 Rn. 6 ff.

[572] BGHZ 14, 264, 267; 48, 163, 173; 152, 63, 67; *Zöllner*, in: Baumbach/Hueck, GmbHG, § 47 Rn. 7; *K. Schmidt*, Gesellschaftsrecht, § 15 I 2.

[573] *Habersack*, in: SoergelBGB, § 1276 Rn. 3; *Wiegand*, in: StaudingerBGB, § 1276 Rn. 5.

werbende Zweck wird zwar fortan durch den der Abwicklung überlagert[574], jedoch besteht die aufgelöste GmbH bis zur ihrer Beendigung als juristische Person fort[575]. Eine unmittelbare Rechtsaufhebung des Anteils findet in diesen Fällen nicht statt. Ziel des vorangegangenen Beschlusses ist es jedoch, die Voraussetzungen für die Beendigung der Gesellschaft zu schaffen. Bei einer konsequenten Verfolgung des Liquidationszweckes kommt es letztlich zu einem Untergang aller Geschäftsanteile. Dieser Gesichtspunkt muss bei der Bewertung der Tatbestandsvoraussetzungen des § 1276 BGB im Vordergrund stehen. Ratio der Vorschrift ist der Erhalt des Pfandgegenstandes in seiner ursprünglichen Form, um die Realisierung des Pfandrechts nicht zu gefährden[576]. Insbesondere stellen rechtsaufhebende oder rechtsbeeinträchtigende Maßnahmen im Rahmen von Mitgliedschaftsverpfändungen häufig die Folge des Vollzugs zuvor gefasster Gesellschafterbeschlüsse dar. Diesen Maßnahmen aufgrund mangelnder Unmittelbarkeit die Tatbestandsmäßigkeit im Rahmen von § 1276 BGB abzusprechen, erschiene nicht im Interesse des Gesetzgebers, der einen umfassenden Schutz des Rechtspfandgläubigers und seines Pfandobjekts bezwecken wollte.

Folglich ist unerheblich, ob der Anteil unmittelbarer Adressat einer rechtsvernichtenden Maßnahme ist oder sich der Untergang als mittelbare Folge aus der Umsetzung eines Gesellschaftsbeschlusses darstellt. Das Tatbestandsmerkmal der Rechtsaufhebung i.S.d. § 1276 Abs. 1 BGB ist immer dann gegeben, wenn der Geschäftsanteil letztlich vollständig untergeht.

c) Rechtsänderung gemäß § 1276 Abs. 2 BGB

Die Regelung des § 1276 Abs. 2 BGB will Änderungen des verpfändeten Rechts, sofern diese das Pfandrecht beeinträchtigen, ohne Zustimmung des Pfandgläubigers verhindern. Dieser soll darauf vertrauen dürfen, dass das in Pfand genommene Recht nicht ohne seine Mitwirkung Veränderungen erfährt, die sich nachteilig auf die aktuellen Pfandrechtsbedingungen und eine spätere Verwertung auswirken. Bei der Frage nach dem Vorliegen einer beeinträchtigenden Rechtsänderung muss demzufolge an die ursprünglich prägenden Merkmale der verpfändeten Mitgliedschaft und die konkrete Ausgestaltung des Pfandrechts angeknüpft werden.

Beeinträchtigende Rechtsänderungen können sich in erster Linie aus nachträglichen Satzungsänderungen ergeben, durch die der Geschäftsanteil inhaltlich nachteilig verändert wird. Voraussetzung hierfür ist, dass der Beschluss die mitgliedschaftliche Stellung des Anteilsinhabers berührt. Spürbar wird dies insbesondere bei Kapitalherabsetzungsbeschlüssen. Hierdurch verringert sich der Nennbetrag des verpfändeten Geschäftsanteils. Zwar wird der wirtschaftliche Wert eines Anteils nicht durch den Nennbetrag, sondern hauptsächlich durch das gesamte Gesellschaftsvermögen und eine Vielzahl variabler Faktoren bestimmt[577], jedoch ist der Nennwert Maßstab für die Beteili-

---

[574] Str. *Rasner*, in: Rowedder/Schmidt-Leithoff, GmbHG, § 60 Rn. 4; *Schulze-Osterloh/Fastrich*, in: Baumbach/Hueck, GmbHG, § 60 Rn. 9; *K. Schmidt*, Gesellschaftsrecht, § 11 V 4 c. Eine vollständige Zweckänderung nehmen an, *Ulmer*, in: Hachenburg, GmbHG, 8. Auflage, § 60 Rn. 74; *Kraft/Kreutz*, Gesellschaftsrecht, S. 64.

[575] Unstr. *Schulze-Osterloh/Fastrich*, in: Baumbach/Hueck, GmbHG, § 60 Rn. 9.

[576] *Mugdan*, Materialien zum BGB, Band 3, S. 478.

[577] *Hueck/Fastrich*, in: Baumbach/Hueck, GmbHG, § 14 Rn. 6.

gungsverhältnisse in der Gesellschaft[578]. Der Geschäftsanteil verkörpert damit einen prozentualen Anteil am Gesellschaftsvermögen[579]. Verringert sich also der Nennwert des Anteils, so verringert sich auch insgesamt dessen wirtschaftlicher Substanzwert, auf den der Pfandgläubiger im Sicherungsfall Zugriff hat. Die Herabsetzung des Stammkapitals führt demzufolge zu einer direkten Abwertung des Geschäftsanteils und damit des Pfandrechts. Im Hinblick auf den isolierten Geschäftsanteil stellt im Falle der effektiven Kapitalherabsetzung das Surrogationsprinzip eine vollständige Kompensation des Wertverlustes dar. Das Pfandrecht erfasst in diesem Fall den vollständigen Differenzbetrag des früheren Anteilswertes. Dagegen kann der Surrogationsgrundsatz die Beeinträchtigung weitergehender Rechte (z. B. Recht zur Nutzungsziehung) nicht kompensieren. Gemäß § 29 Abs. 3 S. 1 GmbHG bemisst sich die gesetzliche Normalverteilung von ausgeschütteten Gewinnen nach dem Verhältnis der Geschäftsanteile. Bestand also ein Nutzungspfandrecht, so schmälert die effektive Kapitalherabsetzung durch die damit einhergehende Verringerung der Beteiligungsquote, auch das Zugriffsrecht auf den anteiligen Gewinn. Das erfasste Surrogat ändert daran nichts. Bei der nominellen Kapitalherabsetzung greift das Surrogationsprinzip ohnehin nicht ein, so dass es bei der nachteiligen Inhaltsänderung des Anteils bleibt.

Den Verkehrswert eines Geschäftsanteils bestimmen darüber hinaus die Rechte und Pflichten, die mit diesem verbunden sind[580]. Damit kann eine pfandrechtsbelastende inhaltliche Änderung des Geschäftsanteils auch dadurch entstehen, dass die ursprünglich mit der Mitgliedschaft verbundenen Rechte satzungsmäßig entweder verkürzt oder gänzlich aufgehoben[581] oder bestehende Pflichten ausgeweitet oder neue begründet[582] werden. Die Einschränkung von Rechten und die Ausweitung von Pflichten berührt massiv die mitgliedschaftliche Stellung des Gesellschafters. Der Geschäftsanteil verliert zum einen aufgrund der Beschränkung von Gesellschafterrechten gegenüber seinem ursprünglichen Bestand deutlich an Attraktivität. Zum anderen wächst durch die Vermehrung von Pflichten die Gefahr, dass der verpfändende Gesellschafter diesen nicht nachkommt oder nicht nachkommen kann und gezwungen ist, anteilsbeeinträchtigende Gesellschafterrechte, wie etwa das Abandonrecht, auszuüben. Hierdurch können sich ebenfalls nachteilige Änderungen des Geschäftsanteils einstellen. Übt der Gesellschafter beispielsweise sein Abandonrecht aus, um sich von einem eingeforderten Nachschuss auf den Anteil zu befreien, erstreckt sich das Pfandrecht bestenfalls auf den erzielten Überschuss nach § 27 Abs. 2 S. 3 GmbHG. Satzungsmäßige Veränderungen im Bereich der Rechte und Pflichten des Gesellschafters können den Wert der Anteilssubstanz mithin erheblich beeinträchtigen. Damit fallen sämtliche nachträglichen Satzungsänderungen, die den Geschäftsanteil gegenüber seinem ursprünglichen Bestand

---

[578] Hueck/Fastrich, in: Baumbach/Hueck, GmbHG, § 14 Rn. 4; Reichert/Weller, GmbH-Geschäftsanteil, § 14 Rn. 7, 16.

[579] BGH JZ 1980, 105; BGH NJW 1992, 892; OLG Köln NZG 1999, 1222, 1224; Reichert/Weller, GmbH-Geschäftsanteil, § 14 Rn. 21.

[580] Hueck/Fastrich, in: Baumbach/Hueck, GmbHG, § 14 Rn. 6

[581] Beispielsweise die Herabsenkung oder Streichung bestimmter Sonder- (bezugs-) rechte, Änderung von Austritts- oder Kündigungsmodalitäten oder deren gänzliches Verbot, Einschränkungen der Rechte durch nachträgliche Vinkulierung des Anteils.

[582] Beispielsweise die Einführung von Nachschusspflichten, Änderung der unbeschränkten in beschränkte Nachschusspflicht, wodurch die Möglichkeit der Preisgabe nach § 27 GmbHG entfällt.

(Nennwert, Rechte und Pflichten) verändern, unter den Begriff der Rechtsänderung i.S.d. § 1276 BGB. Von satzungsändernden Maßnamen sind solche zu unterscheiden, die in den praktischen Aufgabenkreis der Gesellschafter fallen und Fragen der Ausgestaltung und Führung der Gesellschaft betreffen. Hier sind zum Beispiel der Beschluss über die Gewinnverwendung nach § 29 GmbHG sowie die in § 46 Nr. 1-8 GmbHG aufgeführten Angelegenheiten zu nennen. Diese Maßnahmen führen nicht zu einer Inhaltsänderung des Geschäftsanteils und berühren somit nicht die mitgliedschaftliche Stellung des Gesellschafters. Sie betreffen vielmehr tatsächliche Fragen gesellschaftlichen Handelns. Genau aus diesem Grund wird vertreten, dass derartige Maßnahmen prinzipiell nicht unter § 1276 Abs. 2 BGB gefasst werden können[583]. Nur bei satzungsändernden Maßnahmen und nicht bei rein tatsächlichen Fragen, wie etwa der Höhe des auszuschüttenden Gewinns, komme eine pfandrechtsbeeinträchtigende Änderung des Anteils in Betracht. Dieser Auffassung ist in der vertretenen Strenge nicht zu folgen. Ausgehend von der Regelung des § 1276 Abs. 2 BGB ist zu beachten, dass primärer Schutzzweck der Vorschrift die Nichtbeeinträchtigung der Realisierung des Pfandrechts ist. Dabei steht die Unversehrtheit des „Pfandobjekts" im Mittelpunkt. Welche Maßnahmen über eine Inhaltsänderung hinaus zu einer Beeinträchtigung der Realisierung des Pfandes führen können, hängt regelmäßig von der genauen Ausgestaltung des Pfandrechts ab. So kann neben einer inhaltlichen Änderung des verpfändeten Rechts auch eine Maßnahme beeinträchtigend sein, die ein anderes als das Zugriffsrecht auf die Anteilssubstanz konterkariert. Ist das Pfandrecht als Nutzungspfand ausgestaltet oder nur der Gewinnanspruch verpfändet, so führt der Beschluss der Gesellschafter, keine Gewinne auszuschütten, zu einer massiven Beeinträchtigung des Pfandrechts. Der Pfandgläubiger ist nicht mehr in der Lage, das Pfandrecht, wie ursprünglich vorgesehen, zu realisieren. Genau dieses Ergebnis möchte § 1276 BGB verhindern. Demnach ist unerheblich, ob der Geschäftsanteil durch eine Satzungsänderung eine materielle inhaltliche Veränderung erfährt oder eine bloß gesellschaftliche Maßnahme pfandrechtsbeeinträchtigend wirkt. Letzteres kann sowohl in einem Gesellschafterbeschluss als auch in der Ausübung eines Mitgliedschaftsrechts des verpfändenden Gesellschafters liegen. Entsprechend der zu § 1276 Abs. 1 BGB vertretenen Meinung ist maßgeblich für das Vorliegen einer beeinträchtigenden Rechtsänderung, dass sich die Maßnahme in irgendeiner Art nachteilig auf die aktuellen Pfandrechtsbedingungen und/oder eine spätere Verwertung auswirkt.

Nicht immer lässt sich zweifelsfrei ermitteln, ob eine Rechtsänderung i.S.d. § 1276 Abs. 2 BGB das Pfandrecht auch tatsächlich beeinträchtigt. Eine Beeinträchtigung scheidet in jedem Falle aus, wenn der Anteil infolge der gesellschaftlichen Maßnahme in seinem tatsächlichen und rechtlichen Bestand unverändert bleibt. Ist satzungsmäßige Rechtsfolge einer Kündigung oder eines Austritts des Gesellschafters die Übernahme des Anteils durch die Gesellschaft oder die übrigen Gesellschafter, entsteht keine Beeinträchtigung des Pfandrechts, da es als dingliches Recht bei einer Anteilsübertragung unverändert bestehen bleibt. Anders ist dies freilich zu bewerten, wenn Rechtsfolge der Maßnahmen die Auflösung der Gesellschaft ist.

Maßgebliches Kriterium bei der Beantwortung der Frage, ob durch die Rechtsänderung eine Beeinträchtigung des Pfandrechts entsteht, ist der Entzug von Vermögens-

---

[583] *Apfelbaum*, Verpfändung AG, S. 111.

substanz des Pfandobjekts. Die Schmälerung des Pfandwertes kann dabei sowohl auf direktem (z. B. Kapitalherabsetzung) als auch indirektem (z. B. Änderung der Rechte und Pflichten) Weg geschehen. Kernfrage ist stets, ob der Pfandgläubiger den Geschäftsanteil nach der fraglichen Maßnahme in gleicher finanzieller Art und Weise dazu nutzen kann, seine Forderung abzusichern wie vorher. Schwierig ist die Beantwortung dieser Frage bei rechtlich nachteiligen, aber wirtschaftlich notwendigen Maßnahmen. Kann beispielsweise der Bestand der Gesellschaft nur dadurch gesichert werden, dass ein dem verpfändenden Gesellschafter satzungsmäßig eingeräumtes, überdurchschnittliches Gewinn- oder Sonderbezugsrecht aufgehoben wird, so führt dies bei Bestehen eines Nutzungspfandrechts zu einer starken Beeinträchtigung. Auf der anderen Seite sähe sich der Pfandgläubiger allerdings damit konfrontiert, dass andernfalls der gesamte Bestand der Gesellschaft und damit auch sein Anteil bedroht wäre. Eine rechtlich nachteilige Änderung des Pfandgegenstands kann sich in diesem Fall langfristig für die Vermögensinteressen des Pfandgläubigers als sinnvoll erweisen. Dennoch muss bei der Beurteilung des formalen Tatbestandsmerkmals der Beeinträchtigung die rechtliche Betrachtung im Vordergrund stehen. Aus Gründen der Rechtssicherheit muss sich das Merkmal der Beeinträchtigung unmittelbar aus einem rechtlichen Vorher-/Nachher-Vergleich des Geschäftsanteils und nicht aus einer prognostizierten wirtschaftlichen Entwicklung der Gesellschaft ergeben. Die Frage nach der wirtschaftlichen Notwendigkeit einer Maßname ist auf anderer Ebene als der tatbestandlichen zu berücksichtigen.

d) Fazit

Der Tatbestand des § 1276 BGB setzt entweder die rechtsgeschäftliche Aufhebung (Absatz 1) oder die rechtsgeschäftliche Änderung (Absatz 2) des verpfändeten Rechts voraus. Allen gesellschaftlichen Maßnahmen kommt die notwendige Rechtsgeschäftsqualität zu. Das Tatbestandsbestandsmerkmal der Rechtsaufhebung ist immer dann gegeben, wenn der Geschäftsanteil infolge eines gesellschaftlichen Aktes vollständig untergeht. Hierbei ist es unerheblich, ob der Anteil unmittelbarer Adressat einer rechtsvernichtenden Maßnahme ist oder sich den Untergang als mittelbare Folge aus dem Vollzug eines Gesellschaftsbeschlusses darstellt. Das Tatbestandsmerkmal der Rechtsänderung liegt entweder bei satzungsändernden Maßnahmen, die eine Inhaltsänderung des Geschäftsanteils und damit eine Änderung der mitgliedschaftlichen Stellung des Gesellschafters bewirken oder bei sonstigen tatsächlichen Gesellschaftshandlungen, die Veränderungen des Pfandrechts mit sich bringen, vor. Neben der Rechtsänderung ist zusätzliche Voraussetzung, dass diese das Pfandrecht beeinträchtigt. Bei der Bestimmung des Merkmals kommt es auf einen rechtlichen Vorher-/Nachher-Vergleich an. Eine Beeinträchtigung ist demzufolge gegeben, wenn die Rechtsänderung dem Geschäftsanteil insoweit Vermögenssubstanz entzieht, dass der Pfandgläubiger sein Pfandrecht nicht mehr in ursprünglicher Art und Weise zur Sicherung seiner Forderung einsetzen kann.

Bislang ist festzustellen, dass die Tatbestandsvoraussetzungen des § 1276 BGB durch eine Vielzahl unterschiedlichster gesellschaftlicher Maßnahmen verwirklicht werden können. Dies führt allerdings nicht zu der Annahme, dass in all diesen Fällen auch ein Zustimmungsrecht des Pfandgläubigers gegeben ist. Im Folgenden werden Einschränkungen des § 1276 BGB aufgezeigt, die sich zum einen aus Systematik und Funktion der Vorschrift ergeben und zum anderen mit Rücksicht auf die Tatsache, dass es sich um eine Geschäftsanteilsverpfändung handelt, aus allgemeinen Rechtsgrundsätzen zu machen sind.

3. Einschränkung durch die Kausalität der Simmmacht des Gesellschafters

Die Vorschrift des § 1276 BGB schränkt die rechtsgeschäftliche Verfügungsbefugnis des berechtigten Rechtsinhabers zu Gunsten des Pfandgläubigers ein[584]. Hieraus folgt, dass es nicht ausreicht, dass allein eine tatbestandliche Aufhebung oder Änderung des Rechts eintritt, sondern diese muss durch den Inhaber des Rechts herbeigeführt worden sein. Sein Verhalten muss kausal zur Verwirklichung des Tatbestandes beigetragen haben. Im Ergebnis führt dies dazu, dass trotz des Vorliegens der tatbestandlichen Voraussetzungen des § 1276 BGB ein Zustimmungsrecht des Pfandgläubigers nicht besteht, wenn die Aufhebung oder Änderung des Rechts auch ohne die Mitwirkung des Verpfänders wirksam werden konnte[585]. Für eine Anteilsverpfändung bedeutet dies, dass ein Zustimmungsrecht des Pfandgläubigers nach § 1276 BGB die kausale Verwirklichung des Tatbestands durch den verpfändenden Gesellschafter voraussetzt.

Durch die Verpfändung der Mitgliedschaft einer GmbH ergibt sich die Besonderheit, dass durch eine Mehrheitsentscheidung der übrigen Gesellschafter Rechtsänderungen des Anteils bewirkt werden können, die nicht vom Willen des verpfändenden Gesellschafters umfasst sind. Wird der Gesellschafter bei einer Beschlussfassung durch die Mehrheit der Stimmen (§ 47 Abs. 1 GmbHG) oder eines Drei-Viertel-Quorums (§ 53 Abs. 2 S. 1 GmbHG) majorisiert, hat er keine Möglichkeit, die Entscheidung durch sein Stimmrecht zu beeinflussen. Ob der Beschluss in seinem Interesse liegt oder nicht, ist unerheblich. Der Gesellschafter kann in diesem Fall die Aufhebung oder Änderung seines Geschäftsanteils nicht verhindern. Die fehlende Kausalität der Stimmmacht des Gesellschafters sperrt deswegen die Annahme eines Zustimmungsrechts. Andernfalls käme dem Pfandgläubiger mehr Rechtsmacht zu als dem Vollrechtsinhaber. Er muss den Beschluss demnach in gleicher Weise hinnehmen, wie dies auch der Gesellschafter tun muss. Ansonsten würde die Pfandrechtsbestellung den Beteiligten der Pfandabrede ein im Übrigen nicht bestehendes Vetorecht einräumen[586]. In § 1276 BGB ist allerdings kein eigenständiges Recht des Pfandgläubigers statuiert, sondern es werden nur solche Befugnisse des Rechtsinhabers abgeleitet, die diesem auch tatsächlich zustehen. Nur dann, wenn der Pfandgläubiger die Aufhebung oder nachteilige Änderung des Rechts verhindern kann, soll diese Rechtsmacht auch dem Pfandgläubiger zustehen. Deutlicher noch wird das Erfordernis der Kausalität des Gesellschafters bei Akten der Gesellschaft. Hier liegt bereits keine rechtsgeschäftliche Handlung des Gesellschafters vor, da die Maßnahmen ohne Mitwirkung des betroffenen Gesellschafters vorgenommen werden. Auch hier scheidet mangels kausaler Verursachung der Aufhebung oder Änderung des Rechts ein Zustimmungsrecht des Pfandgläubigers aus.

---

[584] *Mugdan*, Materialien zum BGB, Band 3, S. 478; *Wiegand*, in: StaudingerBGB, § 1276 Rn. 1; *Wilhelm*, NJW 1987, 1785, 1787.

[585] Im Ergebnis auch *Reichert/Weller*, GmbH-Geschäftsanteil, § 15 Rn. 296; *Wiedemann*, Mitgliedschaftsrechte, S. 429. Allerdings erfolgt hier jeweils keine dogmatische Einordnung als einschränkendes Merkmal des § 1276 BGB.

[586] So auch *Reichert/Weller*, GmbH-Geschäftsanteil, § 15 Rn. 296.

Die Vorschrift des § 1276 BGB erfährt aufgrund ihrer gesetzlichen Systematik eine Einschränkung über das Merkmal der Kausalität des verpfändenden Gesellschafters. Nur dort, wo der Gesellschafter einen kausalen Beitrag zur rechtsaufhebenden oder -ändernden Maßnahme geleistet hat, kommt überhaupt ein Zustimmungsrecht des Pfandgläubigers in Betracht. Im Ergebnis folgt hieraus, dass sowohl bei Akten der Gesellschaft, bei denen regelmäßig keine Mitwirkung des Gesellschafters gegeben ist als auch bei Gesellschafterbeschlüssen, bei denen eine Majorisierung des Gesellschafters vorliegt, ein Zustimmungsrecht ausscheidet. Vor diesem Hintergrund kann ein Zustimmungsrecht nach § 1276 BGB überhaupt nur aus einseitig rechtsgestaltenden Akten des verpfändenden Gesellschafters oder aus Gesellschafterbeschlüssen, bei denen dem Gesellschafter eine kausale Stimmmacht zukommt, resultieren. Letzteres ist immer dann gegeben, wenn entweder ein Gesellschaftsbeschluss einstimmig gefasst werden muss oder die erforderliche Mehrheit der Stimmen bei konträrem Verhalten des Gesellschafters nicht erzielt worden wäre („Zünglein an der Waage")[587].

4. Einschränkung durch allgemeine Prinzipien des Zivilrechts

Zu diskutieren bleibt, ob die Vorschrift des § 1276 BGB weitere Einschränkungen erfährt, weil sie in ihrer Rechtsfolge in einen Konflikt mit dem gesellschaftsrechtlichen Prinzip der Verbandssouveränität gerät. Zu beachten ist, dass der Souveränitätsgrundsatz selbst keine Beschränkung des § 1276 BGB darstellen kann, da diesem Rechtsinstitut kein genereller Vorrang vor dem allgemeinen Zivilrecht zukommt. Allein der entstehende Dritteinfluss auf das Verantwortungsgefüge der Gesellschaft kann demzufolge ein Zustimmungsrecht des Pfandgläubigers nicht ausschließen. Zu untersuchen ist vielmehr, ob die Vorschrift überhaupt Auswirkungen auf einen anderen Rechtskreis als der Pfandabrede erlaubt oder ob dem strukturelle Hindernisse genereller Art entgegenstehen. Entscheidend ist also die rechtliche Wirkungsbreite der Vorschrift. In Betracht kommen daher nur solche Einschränkungen der Norm, die auf allgemeinen zivilrechtlichen Prinzipien beruhen. Bei der Untersuchung der Frage ist zwischen einseitig rechtsgestaltenden Akten des Gesellschafters sowie dessen kausaler Mitwirkung an Gesellschafterbeschlüssen als möglichen Szenarien, die eine tatbestandliche Zustimmungspflicht nach § 1276 BGB auslösen können, zu trennen.

a) Kausale Mitwirkung bei Gesellschafterbeschlüssen

Zunächst ist zu untersuchen, ob die kausale Mitwirkung des verpfändenden Gesellschafters an einem die Tatbestandsvoraussetzungen des § 1276 BGB erfüllenden Gesellschafterbeschluss die Zustimmungspflicht des Pfandgläubigers auslöst. In Betracht kommen zum einen Beschlüsse, die der Zustimmung aller betroffener Gesellschafter bedürfen. Zu denken ist etwa an die nachträgliche Einführung der Zwangseinziehung[588] oder die Einführung einer unbeschränkten Nachschusspflicht, bei der sich das Erfor-

---

[587] Ein Beispiel hierfür ist, dass im Rahmen eines Dreiviertelmehrheitsbeschlusses von zwölf Gesellschaftern neun einschließlich des verpfändenden Gesellschafters für die nachteilige Maßnahme gestimmt haben und drei Gesellschafter dagegen. Hier könnte der Gesellschafter durch die Änderung seines Stimmverhaltens die derzeit bestehende Dreiviertelmehrheit zunichte machen.

[588] BGHZ 9, 160 f.; 116, 359, 363; Hueck/Fastrich, in: Baumbach/Hueck, GmbHG, § 34 Rn. 8.

113

dernis der Zustimmung sämtlicher beteiligter Gesellschafter unmittelbar aus § 53 Abs. 3 GmbHG ergibt[589]. Aber auch solche Beschlüsse, bei denen die Stimmmacht des Gesellschafters das „Zünglein an der Waage" darstellt, fallen hierunter. Der Gesellschafter könnte in einem solchen Fall ebenfalls die nachteilige Rechtshandlung durch Änderung seines Stimmverhaltens abwenden. Nach dem bisher Gesagten gilt, dass immer dann, wenn der Vollrechtsinhaber die Aufhebung oder nachteilige Änderung des Rechts verhindern kann, diese Rechtsmacht gemäß § 1276 BGB auch dem Pfandgläubiger zukommen soll. Demzufolge müsste der Pfandgläubiger derartige Beschlüsse durch die Verweigerung seiner Zustimmung ebenso verhindern können. Etwas anderes würde nur dann gelten, wenn man die Rechtsfolge der Vorschrift trotz Vorliegens der tatbestandlichen Voraussetzungen nicht eintreten ließe. Grund dafür könnte eine teleologische Reduktion der Norm sein.

Grundfall des § 1276 BGB ist ein Zwei-Personen-Verhältnis, bei dem der Pfandschuldner in seiner Verfügungsbefugnis zu Gunsten des Pfandgläubigers beschränkt ist. Sinn und Zweck der Vorschrift ist es, den Pfandgläubiger vor nachteiligen Rechtsakten seines Pfandschuldners zu schützen. Nur innerhalb dieses Rechtsverhältnisses entfaltet die Norm ihre Schutzwirkung. Dies folgt aus einer Anlehnung an den bei Schuldverhältnissen geltenden Grundsatz[590] der Relativität der Schuldverhältnisse. Hiernach werden nur die an ihnen beteiligten Personen berechtigt und verpflichtet. Überträgt man diesen Gedanken auf das Verhältnis zwischen Pfandgläubiger und Pfandschuldner, so erfasst die Vorschrift des § 1276 BGB nur den Rechtskreis der Pfandabrede. Adressaten der Norm sind damit nur Beteiligte des Pfandrechtsvertrags, so dass von einer entsprechend relativen Schutzwirkung der Vorschrift auszugehen ist. Unabhängig von der Frage, ob der Gesetzgeber die Möglichkeit der Anteilsverpfändung bedacht hat, wäre es auch der Systematik des Zivilrechts fremd, aus der Anwendung einer Schutzvorschrift eines Zwei-Personen-Verhältnisses in einen anderen als den eigentlich geschützten Rechtskreis einzugreifen[591]. Das Zustimmungsrecht des Pfandgläubigers darf demnach die Sphäre des Pfandvertrages nicht verlassen und muss in seiner Rechtsfolge allein den Pfandschuldner adressieren. Spiegelbildlich muss sich die Aufhebung oder Änderung des verpfändeten Rechts als allein durch den Verpfänder veranlasste Rechtshandlung darstellen. Denn nur dann führt das Zustimmungsrecht zu einer Einschränkung lediglich des Pfandschuldners. Obwohl also die tatbestandlichen Voraussetzungen des § 1276 BGB erfüllt sind, besteht bei einer Anteilsverpfändung kein Zustimmungsrecht des Pfandgläubigers, wenn hierdurch in Maßnahmen eingegriffen würde, bei denen der verpfändende Gesellschafter nicht allein und selbstbestimmt agiert und dadurch das Zustimmungsrecht in einen anderen Rechtskreis eingreifen würde. Die Vorschrift erfährt insoweit eine teleologische Einschränkung, als dass ihre Rechtsfolge nur streng in dem jeweiligen Pfandrechtsverhältnis Wirkung erlangt. Ihr kommt lediglich relative Schutzwirkung zu.

Bei der kausalen Mitwirkung des Gesellschafters an Gesellschafterbeschlüssen ist somit trotz Vorliegens der tatbestandlichen Voraussetzungen des § 1276 BGB ein Zu-

---

[589] KG NZG 2000, 688 f.; *Hueck/Fastrich*, in: Baumbach/Hueck, GmbHG, § 26 Rn. 7; § 53 Rn. 31.
[590] Zu diesem Grundsatz und seinen Auswirkungen vgl. *Kramer*, in: MünchKommBGB, Einleitung vor § 241 Rn. 15 ff.
[591] Dies spiegelt sich auch in dem generellen Verbot von Verträgen zu Lasten Dritter wider, vgl. hierzu BGHZ 78, 374 f.; *Grüneberg*, in: PalandtBGB, Einführung vor § 328 Rn. 10.

stimmungsrecht des Pfandgläubigers nicht anzunehmen. Der Gesellschafter ist bei Beschlüssen gerade nicht alleiniger Entscheidungsträger. Dass ihm eine kausale Stimmmacht zukommt, ändert hieran nichts, da die Handlungsmotivation zu einer das Pfandrecht beeinträchtigenden Rechtshandlung nicht allein von ihm, sondern aus einer Interaktion mit den übrigen Gesellschaftern herrührt. Er ist in einen Verband gesellschaftlicher Verantwortungsträger eingebunden, der ihn nicht mehr eigeninitiativ sein lässt. Ein Zustimmungsrecht des Pfandgläubigers hätte in diesem Fall nicht nur Auswirkung gegenüber dem Vertragspartner, indem es Einfluss auf dessen allein veranlasste Rechtshandlung nähme, sondern es würde in den Rechtskreis der anderen Gesellschafter eingreifen. Hierdurch bekäme die Vorschrift eine unerlaubte Bedeutung außerhalb der Pfandrechtsabrede.

Damit ist festzustellen, dass nicht das Prinzip der Verbandssouveränität die Vorschrift einschränkt oder ausschließt, sondern diese aufgrund allgemeiner Prinzipien durch eine teleologische Reduktion ohnehin von solchen Drittwirkungen auszunehmen ist. Aus diesem Grund ist auch die in der Literatur vertretene Ansicht[592] abzulehnen, dass bei satzungsändernden Maßnahmen nach § 53 Abs. 3 GmbHG ein Zustimmungsrecht des Pfandgläubigers anzunehmen ist. Das Argument, die gesellschaftliche Souveränität sei in dem Fall nicht betroffen, da der Gesellschafter bei derartigen Beschlüssen sein Individualinteresse in den Vordergrund stellen dürfe, ist gegenstandslos, da der Grundsatz der Verbandssouveränität gerade kein einschränkendes Kriterium der Vorschrift ist. Gesellschafterbeschlüsse können demnach in keinem Fall die Zustimmungspflicht des Pfandgläubigers gemäß § 1276 BGB auslösen. Die Regelung erfasst nur Interaktionen innerhalb der Pfandrechtsabrede. Der Pfandschuldner muss alleinverantwortlicher Veranlasser für die pfandrechtsbeeinträchtigende Maßnahme sein, so dass das Zustimmungsrecht auch nur ihn in seinen Rechten beschränkt. Nur diese einschränkende Anwendung der Norm wird der relativen Schutzwirkung des § 1276 BGB gerecht.

b) Einseitig rechtsgestaltende Akte des Gesellschafters

Legt man die einschränkenden Kriterien der Kausalität, der Alleinverantwortlichkeit und Selbstbestimmtheit des Gesellschafters bei einseitig rechtsgestaltenden Akten zu Grunde, so ergibt sich, dass diese als einzige, die Zustimmungspflicht auslösenden, Maßnahmen verbleiben. Die Entscheidung zur Ausübung der Gesellschafterrechte, etwa des Abandonrechts nach § 27 Abs. 1 S. 1 GmbHG oder der Zustimmung zur freiwilligen Einziehung gemäß § 34 Abs. 1, 2 GmbHG, trifft der verpfändende Gesellschafter allein in eigener Verantwortung. Er ist in diesem Fall sowohl für die Veranlassung als auch für das letztendliche Eintreten der beeinträchtigenden Maßnahme verantwortlich. Ein Zustimmungsrecht des Pfandgläubigers verlässt in diesem Fall also nicht den Rechtskreis der Pfandabrede. Demzufolge bedürfen Akte des Gesellschafters, sofern sie den Untergang oder eine vermögensrechtlich nachteilige Änderung des Geschäftsanteils zur Folge haben, der Zustimmung des Pfandgläubigers.

---

[592] *Damrau*, in: MünchKommBGB, § 1274 Rn. 61; *Reichert/Weller*, GmbH-Geschäftsanteil, § 15 Rn. 297; *Fischer*, GmbHR 1961, 21, 26; *Schuler*, NJW 1960, 1423, 1428; *Fleck*, in: Festschrift Fischer (1979), S. 107, 125 f.

Die häufig vorgenommene Unterscheidung zwischen verzichtbaren und unverzichtbaren Gesellschafterrechten ist insofern abzulehnen. Hiernach wird ein Zustimmungsrecht des Pfandgläubigers verneint, wenn sich das Mitgliedschaftsrecht des Gesellschafters als ein unverzichtbares darstellt. Dieser Beurteilungsansatz setzt abermals voraus, dass vereinzelten Gesellschafterrechten ein besonderes Gewicht gegenüber dem zivilrechtlich angeordneten Pfandgläubigerschutz zukommt. Eine derart verdrängende Wirkung kann den Gesellschafterrechten bei der Anteilsverpfändung jedoch nicht zugesprochen werden. Hiergegen kann auch nicht das, häufig im Zusammenhang mit dem Abandon- und Einziehungsrecht, geäußerte Argument[593] angeführt werden, dass dem Gesellschafter die Loslösung von seinen Verpflichtungen aus dem Recht der Mitgliedschaft stets möglich sein muss. Dass einzelne Verpflichtungen oder das Recht aufgehoben werden können, ist kein gesellschaftsrechtliches Phänomen, sondern jedem Recht bereits im Zeitpunkt der Verpfändung immanent. Diese privatautonome Möglichkeit der Parteien und damit auch des Verpfänders zur Rechtsaufhebung oder -änderung möchte § 1276 BGB gerade im Interesse des Pfandgläubigers beschränken. Insofern stehen gesellschaftliche Verpflichtungen aus einer Mitgliedschaft Verpflichtungen aus anderen Schuldverhältnissen gleich. Darüber hinaus ist festzustellen, dass im Hinblick auf das Recht zur Preisgabe der Zustimmungsvorbehalt im Ergebnis nicht zu einer Einschränkung dieses Gesellschafterrechts führt. Kommt der Gesellschafter der Nachschusszahlung nicht nach und verweigert der Pfandgläubiger die Zustimmung zur Preisgabe, so steht der Gesellschaft gemäß § 27 Abs. 1 S. 2 GmbHG die Möglichkeit zu, die Preisgabe zu fingieren. Damit kann es im Ergebnis dennoch zu einer Abandonnierung des Geschäftsanteils kommen[594]. Es entspricht außerdem dem Grundsatz der Privatautonomie, dass der Gesellschafter durch die Pfandbestellung einen Dritten vermögensrechtlich an seinem Geschäftsanteil beteiligen kann. Er entscheidet freiwillig, ob und in welchem Umfang er den Pfandgläubiger an den Vermögenswerten des Anteils teilhaben lässt. Macht er von diesem Recht Gebrauch, muss er auch die zivilrechtliche Folge hinnehmen, die ihn kraft gesetzlicher Anordnung gegenüber dem Pfandgläubiger in seiner Verfügungsmacht beschränkt. Er ist aus dem Pfandvertrag angehalten, die Vermögenssubstanz des Pfandobjekts nicht zu schmälern[595]. Um dies zu gewährleisten, sieht § 1276 BGB den Zustimmungsvorbehalt des Pfandgläubigers vor. Die Grenze findet der Pfandgläubigerschutz des § 1276 BGB dort, wo der Rechtskreis der Pfandabrede verlassen wird. Dies ist bei einseitig rechtsgestaltenden Akten des Gesellschafters nicht der Fall, so dass hier ein Zustimmungsrecht des Pfandgläubigers anzunehmen ist.

Das Zustimmungsrecht steht allerdings unter einem wesentlichen Vorbehalt. Der Pfandgläubiger ist nicht berechtigt, die Zustimmung pauschal, unter Hinweis auf sein Interesse an dem uneingeschränkten Erhalt seines Pfandrechts, zu verweigern. Soweit

---

[593] Vgl. nur den Tenor bei *Reichert/Weller*, GmbH-Geschäftsanteil, § 15 Rn. 295 und *Wiedemann*, Mitgliedschaftsrechte, S. 430.

[594] Dieser rechtliche Gesichtspunkt ist insbesondere dem Schrifttum entgegenzuhalten, das nämlich davon ausgeht, dass das Zustimmungserfordernis gerade das Abandonrecht zu stark beeinträchtige. Auch im Hinblick auf mögliche Folgeansprüche des Pfandgläubigers gegen den Gesellschafter ist es unerheblich, ob die Situation der Abandonnierung direkt durch den Pfandgläubiger oder durch die Fingierung seitens der Gesellschaft herbeigeführt wurde. Der Gesellschafter ist in beiden Fällen seiner Nachschussverpflichtung nicht nachgekommen.

[595] Eingehend § 4 D.

dem Pfandnehmer ein Zustimmungsrecht eingeräumt wird, hat er es grundsätzlich unter hinreichender Berücksichtigung der tatsächlichen Möglichkeiten und der rechtlichen und wirtschaftlichen Interessen des Verpfänders auszuüben[596]. Dies folgt aus dem allgemeinen zivilrechtlichen Grundsatz von Treu und Glauben nach § 242 BGB. Zwischen Pfandgeber und Pfandnehmer besteht aufgrund der pfandrechtlichen Rechtsbeziehung ein Treuepflichtverhältnis, welches auch den Pfandgläubiger hinsichtlich seiner Rechte gegenüber dem Pfandgeber bindet[597]. Er ist danach verpflichtet, auch auf die Belange seines Vertragspartners Rücksicht zu nehmen. Darüber hinaus ist zu berücksichtigen, dass insbesondere die Gestaltungsrechte des Gesellschafters häufig eine Loslösungsmöglichkeit wegen unzumutbaren Gegebenheiten darstellen. Diese Umstände hat der Pfandgläubiger bei der Ausübung seines Zustimmungsrechts ebenfalls zu bedenken. Die Pflicht zur Rücksichtnahme führt aber im Ergebnis nicht dazu, dass der Pfandgläubiger bei der Ausübung seines Zustimmungsrechts seine Interessen an dem Erhalt des ursprünglichen Pfandrechts stets hinter die des Gesellschafters zu stellen hat. Insbesondere die Berücksichtigung gesamtwirtschaftlicher Interessen sind für ihn nachrangig, da selbst für den Gesellschafter die Intensität der gesellschaftlichen Treuepflicht bei der Ausübung eigennütziger Rechte stark abnimmt[598]. Auch kann er den Gesellschafter bis zur Grenze der Unzumutbarkeit etwa an seinen gesellschafterlichen Verpflichtungen zur Zahlung von Nachschüssen festhalten, indem er die Zustimmung zur Ausübung des Abandonrechts verweigert. Beachtung findet die Pflicht zur Rücksichtnahme insbesondere bei Gründen, die in der Person des Gesellschafters und seinem Verhältnis zur Gesellschaft liegen. Ist dem verpfändenden Gesellschafter der weitere Verbleib in der Gesellschaft aus persönlichen Gründen unzumutbar, ist der Pfandgläubiger in der Regel gehalten, die Herauslösung des Gesellschafters zu respektieren. Er darf die Zustimmung vor dem Hintergrund des Grundsatzes von Treu und Glauben dann nicht verweigern. Hierbei sind allerdings die genauen Umstände der Unzumutbarkeit sowie die möglichen Verursachungsbeiträge des gestörten Gesellschaftsverhältnisses zu berücksichtigen. Die Pflicht zur Rücksichtnahme auf die persönlichen Belange des Gesellschafters nimmt in dem Maße ab, in dem er selbst für das gestörte Verhältnis verantwortlich ist.

c) Fazit

Beschränkungen des Anwendungsbereiches und der Reichweite des § 1276 BGB können sich nur aus der Vorschrift selbst und der zivilrechtlichen Dogmatik ergeben. Allein das gesellschaftsrechtliche Prinzip der Verbandssouveränität ist hierzu nicht in der Lage. Neben der Kausalität der Stimmmacht des Gesellschafters ist einschränkendes Merkmal, dass die Vorschrift nur unmittelbar gegenüber den Beteiligten der Pfandabrede gilt. Das Zustimmungsrecht des Pfandgläubigers darf insofer nur den verpfändenden Gesellschafter in seinen Rechten einschränken. Dieses Normverständnis setzt voraus, dass der Gesellschafter allein und selbstbestimmt die nachteilige Maßnahme initiiert. Denn nur, wenn er alleinverantwortlich handelt und nicht Teil des gesellschaftlichen

---

[596] So auch *Rodewald*, GmbHR 1995, 418 f.

[597] § 4 D.

[598] *Hueck/Fastrich*, in: Baumbach/Hueck, GmbHG, § 14 Rn. 12; *Reichert/Weller*, GmbH-Geschäftsanteil, § 14 Rn. 76.

Verantwortungsgefüges ist, bleibt das Zustimmungsrecht innerhalb des Rechtskreises der Pfandabrede. Im Ergebnis bedeutet dies, dass selbst bei kausaler Mitwirkung des Gesellschafters bei Gesellschafterbeschlüssen kein Zustimmungsrecht des Pfandgläubigers besteht. Bei einseitig rechtsgestaltenden Maßnahmen des Gesellschafters hingegen besteht ein solches.

Auf den ersten Blick kann es hierdurch zu scheinbar unsachgerechten Ergebnissen kommen. Während beispielsweise der Gesellschafter auf der einen Seite zur freiwilligen Einziehung seines Geschäftsanteils der Zustimmung des Pfandgläubigers bedarf, ist er auf der anderen Seite in der Lage, ohne Mitwirkung des Pfandgläubigers einem nachträglichen Satzungsänderungsbeschluss, der die zwangsweise Einziehung seines Geschäftsanteils ermöglicht, zuzustimmen[599]. Dadurch kann er anscheinend letztlich doch die Einziehung ohne Zustimmung des Pfandgläubigers ermöglichen. Eine genauere rechtliche Betrachtung erhärtet diese Annahme allerdings nicht. Von dem Anwendungsbereich des § 1276 BGB sind von vornherein solche Beschlüsse auszunehmen, die lediglich das Ziel verfolgen, den Pfandgläubiger zu schädigen[600]. Hier ist er durch die allgemeinen Nichtigkeitsregeln geschützt, ohne dass es einer Anwendung des § 1276 BGB bedarf[601]. Dies ergibt sich aus dem allgemeinen Grundsatz, dass ein Gesellschaftsbeschluss immer dann nichtig ist, wenn er den Pfandgläubiger sittenwidrig schädigt oder bewusst gläubigerschützende Vorschriften zu umgehen versucht[602]. Die satzungsmäßige Einführung eines Zwangsamortisationstatbestandes nach versagter Zustimmung zur freiwilligen Einziehung wäre demnach ohnehin wegen Umgehung von Gläubigerschutzvorschriften unwirksam. Dies vor allem vor dem Hintergrund, dass die Zwangseinziehung eigentlich ein Mittel der Gesellschaft ist, um auf Störungen des Verhältnisses zu dem jeweiligen Gesellschafter reagieren zu können[603]. Eine bewusste Schädigung des Pfandgläubigers wird wohl auch dann anzunehmen sein, wenn der Gesellschaftsbeschluss offensichtlich keine wirtschaftliche Notwendigkeit darstellt und damit erkennbar nicht der Zweckerreichung der Gesellschaft dient oder sogar kontraproduktiv ist. Ein Indiz hierfür kann die satzungsmäßige Ungleichbehandlung der Geschäftsanteile sein. Wird etwa die unbeschränkte Nachschusspflicht nur für den verpfändeten Anteil oder eine Sonderdividende für alle außer dem verpfändeten Anteil beschlossen, so legt dies die Vermutung einer nicht zweckgebundenen Entscheidung nahe. Indes werden derartige Fälle äußerst selten vorkommen, da die Interessen der Gesellschafter und des Pfandgläubigers regelmäßig konform gehen. Beide sind letztlich am Überleben und einer guten wirtschaftlichen Entwicklung der Gesellschaft interes-

---

[599] Vgl. auch *Reymann*, DNotZ 2005, 425, 440, der diesen Punkt gegenüber einem Teil der Literatur äußert, der infolge der Einzelfallbetrachtung im Ergebnis zur gleichen Bewertung wie der vorgestellte normative Ansatz gelangt.

[600] So auch *H. Winter/Seibt*, in: Scholz, GmbHG, § 15 Rn. 191.

[601] Dies verkennen *Hackenbroch*, Verpfändung OHG/KG, S. 82, der die Vorschrift auf Gesellschafterbeschlüsse anwenden will, um dem Pfandgläubiger einen Schutz vor Willkür zu bieten und *Wiedemann*, Mitgliedschaftsrechte, S. 430, der ein Zustimmungsrecht bejaht, wenn in die Satzung ein Amortisationstatbestand aufgenommen werden soll, um gerade den belasteten Anteil zu vernichten.

[602] *H. Winter/Seibt*, in: Scholz, GmbHG, § 15 Rn. 191; *Zöllner*, in: Baumbach/Hueck, GmbHG, Anhang § 47 Rn. 44, 51, 55 ; *Müller*, GmbHR 1969, 4, 34; *Wiedemann*, Mitgliedschaftsrechte, S. 432; *Büchner*, Verpfändung von Anteilen, S. 39.

[603] BGH NJW 1977, 2316; *Westermann*, in: Scholz, GmbHG, § 34 Rn. 38.

siert. Der normative Ansatz führt demnach nicht zu unsachgerechten Ergebnissen, sondern fügt sich nahtlos in das gesellschaftliche Rechtsgefüge ein.

5. Die Rechtsfolge der fehlenden Zustimmung

Der verpfändende Gesellschafter darf gemäß § 1276 BGB seine mitgliedschaftlichen Rechte nicht ohne die Zustimmung des Pfandgläubigers ausüben, wenn dies zum Untergang des Geschäftsanteils oder zu einer anderweitigen Beeinträchtigung der Vermögensinteressen des Pfandgläubigers an dem Anteil führen würde. Entscheidend für den Schutz des Pfandgläubigers ist, welche Rechtsfolge eine Maßnahme ohne die erforderliche Zustimmung hat.

Stellenweise geht die Literatur[604] davon aus, dass die Vorschrift des § 1276 BGB nur im Innenverhältnis zwischen Pfandgläubiger und Pfandschuldner zur Anwendung gelangt. Danach wäre die jeweilige Maßnahme insgesamt wirksam und der Pfandgläubiger lediglich auf einen Schadensersatzanspruch aus §§ 280 Abs. 1, 823 Abs. 1 BGB verwiesen. Der Vorschrift würde hierdurch allerdings ihre Schutzwirkung genommen. Der Pfandgläubiger soll gerade vor der Vernichtung oder nachteiligen Änderung des konkreten Pfandobjekts geschützt werden, um eine spätere Realisierung des Pfandes nicht zu beeinträchtigen. Die Rechtsmacht der Verhinderung einer pfandrechtsbeeinträchtigenden Maßname soll in diesem Fall auf den Pfandgläubiger übergehen. Er erhält insoweit die Verfügungsmacht auf die Wirksamkeit des Rechtsgeschäfts Einfluss nehmen zu können. Ein Schadensersatzanspruch würde diesem grundlegenden Schutzprinzip nicht gerecht werden[605].

Mit der herrschenden Meinung[606] ist daher davon auszugehen, dass Rechtsfolge der fehlenden Zustimmung die relative Unwirksamkeit i.S.d. § 135 Abs. 1 S. 1 BGB der Maßnahme gegenüber dem Pfandgläubiger ist. Durch die Versagung der Zustimmung ist der Pfandgläubiger in der Lage, die Wirksamkeit der Maßnahme gegenüber sich selbst zu verhindern und dadurch Beeinträchtigungen seines Pfandrechts abzuwehren[607].

6. Schlussfolgerung zum normativen Ansatz

Das aus der zweigeteilten Zuweisung von Vermögens- und Verwaltungsrechten resultierende Problem der nachteiligen Einwirkung auf das verpfändete Recht hat der Gesetzgeber gesehen und durch die Einführung der Vorschrift des § 1276 BGB gelöst. Gleichwohl wird die Frage nach dem gesetzlichen Schutz des Anteilspfandgläubigers

---

[604] *Zöllner*, in: Baumbach/Hueck, GmbHG, § 47 Rn. 35, § 53 Rn. 38; *Bülow*, Kreditsicherheiten, Rn. 672; *Sieger/Hasselbach*, GmbHR 1999, 633, 637.

[605] Zumal dieser im Fall der Insolvenz, anders als der in Pfand genommene Geschäftsanteil, nur quotenmäßig befriedigt wird.

[606] BGH NJW 1967, 200 f.; bereits RGZ 90, 232, 236; *Damrau*, in MünchKommBGB, § 1276 Rn. 4; *Habersack*, in: SoergelBGB, § 1276 Rn. 4; *Wiegand*, in: StaudingerBGB, § 1276 Rn. 3; *Beer*, Relative Unwirksamkeit, S. 196; *Börner*, JuS 1968, 108 f.

[607] Zur dogmatischen Funktionsweise der relativen Unwirksamkeit im Einzelnen siehe im Überblick *Armbrüster*, in: MünchKommBGB, § 135 Rn. 31 ff. Eingehend *Raape*, Gesetzliches Veräußerungsverbot, S. 1 ff., 129 ff.

im Schrifttum bislang weitestgehend abstrakt und losgelöst von dieser Norm behandelt. Es erfolgt im Grunde lediglich eine flüchtige Abwägung zwischen den Interessen der Gesellschaft oder des Gesellschafters und denen des Pfandgläubigers. Kern der Diskussion bildet dabei stets der gesellschaftliche Grundsatz der Verbandssouveränität. Im Detail hat sich eine Vielzahl von Ansichten gebildet, die für die unterschiedlichsten Maßnahmen und Situationen entweder die Waagschale des Gesellschafters oder die des Pfandgläubigers stärker belastet sehen. Allerdings liegt nahezu allen Ansichten ein gemeinsamer Tenor zu Grunde. Dem Prinzip der Verbandssouveränität kommt von Anfang an eine übergeordnete Stellung zu, so dass die Waagschale bereits über die Maße im Sinne der Gesellschaft vorbelastet ist, während dem Pfandgläubigerschutz trotz seiner zivilrechtlichen Anordnung keine oder allenfalls sehr geringe Bedeutung zukommt.

Der vorgeschlagene normative Ansatz sieht eine neue, bislang nicht erfolgte Herangehensweise vor. Er geht zuallererst von der grundsätzlichen Gleichrangigkeit von gesellschaftlicher Souveränität und zivilrechtlichem Pfandgläubigerschutz aus. Dies bedeutet, dass, im Unterschied zur bisherigen Bewertung, die Verbandssouveränität selbst kein einschränkendes Kriterium mehr darstellt. Im Mittelpunkt des normativen Ansatzes steht die Vorschrift des § 1276 BGB. Der Gesetzgeber hat mit der Einführung eines Zustimmungsvorbehalts eine eindeutige Wertung getroffen. Der Pfandgläubiger soll gegenüber seinem Vertragspartner darauf vertrauen dürfen, nicht ohne seine Mitwirkung einen Nachteil an dem vereinbarten Pfandrecht zu erleiden. In Anbetracht dieses Regelungszwecks werden die tatbestandlichen Anforderungen weit ausgelegt. Danach sind zunächst alle gesellschaftlichen Maßnahmen in der Lage beeinträchtigend auf das Pfandrecht einzuwirken, sofern sie das Realisierungsinteresse des Pfandgläubigers tangieren. Dabei wird nicht verkannt, dass der Gesetzgeber bei der Schaffung des § 1276 BGB offensichtlich nur klassische Rechtsverpfändungen und nicht den Fall der Anteilsverpfändung bedacht hat. Allerdings können sich etwaige Einschränkungen im Hinblick auf den entstehenden Dritteinfluss wiederum nur aus der Norm selbst oder allgemeinen zivilrechtlichen Prinzipien ergeben. Die bei Gesellschafterbeschlüssen bestehende Besonderheit der Mehrheitsentscheidung wird über das einschränkende Merkmal der Kausalität berücksichtigt. Der Pfandgläubiger hat solche Beeinträchtigungen des Anteils hinzunehmen, mit denen sich selbst der Gesellschafter ohne die Anteilsverpfändung hätte abfinden müssen. Vor dem Hintergrund des entstehenden Dritteinflusses bei kausaler Mitwirkung des Gesellschafters an Gesellschafterbeschlüssen erfährt die Vorschrift des § 1276 BGB eine weitere Einschränkung. In Anlehnung an den Grundsatz der Relativität der Schuldverhältnisse ist die Reichweite ihrer Wirkung insoweit teleologisch zu reduzieren, als dass sie sich nur auf den an der Pfandabrede beteiligten Personenkreis erstreckt. Der Vorschrift kommt dementsprechend ebenfalls nur eine relative Schutzwirkung zu. Legt man den normativen Ansatz der Anteilsverpfändung zu Grunde bleiben als zustimmungsbedürftige Maßnahmen regelmäßig nur einseitig rechtsgestaltende Maßnamen des verpfändenden Gesellschafters.

Vorteil des normativen Ansatzes gegenüber der bisherigen Herangehensweise ist die Vereinheitlichung der Bewertungsmaßstäbe. Während das bisherige Schrifttum jede Einzelmaßnahme für sich bewertet, steht hier die für diesen Fall geschaffene Schutznorm des § 1276 BGB im Mittelpunkt. Durch eine allgemeine dogmatische Analyse des Anwendungsbereichs und der Reichweite des § 1276 BGB bei der Anteilsverpfändung gelangt der Ansatz zu einheitlichen und sachgerechten Ergebnissen. An die Stelle einer sehr subjektiv geprägten Abwägung zwischen Verbandssouveränität und

Pfandgläubigerschutz treten klare Anwendungsrichtlinien für die zentrale Vorschrift des § 1276. Der normative Ansatz zeichnet sich daher durch seine Rechtssicherheit schaffende Dogmatik aus.

C. Die Abwehrrechte des Pfandgläubigers bei drohender Beeinträchtigung

I. Ablösungsrecht gemäß § 268 BGB analog

Dem Pfandgläubiger steht nur in sehr eingeschränktem Maß ein Zustimmungsrecht aus § 1276 BGB zu. Es stellt sich deshalb die Frage, ob ihm daneben möglicherweise andere Rechte zukommen, um eine drohende Beeinträchtigung des Pfandrechts abzuwehren. In Betracht kommt zunächst ein Ablösungsrecht gemäß § 268 BGB analog in den Fällen, in denen der Gesellschafter seiner finanziellen Leistungsverpflichtung nicht nachkommt. Eine Beeinträchtigung des Pfandrechts kann sich hierbei einerseits durch eine Kaduzierung seitens der Gesellschaft wegen Nichtleistung der übernommenen Stammeinlage oder des begrenzten Nachschusses ergeben (§§ 21, 28 GmbHG). Andererseits kann der Gesellschafter durch die Ausübung des Abandonrechts letztlich selbst für eine Beeinträchtigung des Pfandrechts verantwortlich sein. In beiden Fällen ist Auslöser der späteren Pfandrechtsbeeinträchtigung die Nichtvornahme einer Zahlung durch den hierzu verpflichteten Gesellschafter. Fraglich ist daher, ob der Pfandgläubiger das Recht besitzt, die Beeinträchtigung durch eine „stellvertretende" Zahlung für den Gesellschafter abzuwenden. Bei der Preisgabe des verpfändeten Geschäftsanteils ist der Pfandgläubiger allerdings nach der hier vertretenen Auffassung bereits über § 1276 BGB geschützt, so dass es keines Ablöserechts mehr bedarf[608]. Ein solches ist deshalb nur für die drohende Kaduzierung zu diskutieren.

Anders als bei der Abandonnierung steht der infolge der Kaduzierung erzielte Erlös insgesamt der Gesellschaft zu, auch insoweit, als er die rückständige Einlage oder den begrenzten Nachschuss übersteigt[609]. Das Pfandrecht setzt sich demnach, im Unterschied zur Rechtsfolge bei der Verwertung nach Preisgabe des Anteils, nicht an dem erzielten Überschuss fort[610]. Der Pfandnehmer verliert insofern durch die Kaduzierung das Pfandrecht in vollem Umfang, ohne eine Kompensation durch ein Pfandsurrogat zu erhalten. Sein primäres Ziel muss deshalb die Verhinderung der Kaduzierung sein. Eine Möglichkeit, dies zu erreichen, bestünde für ihn darin, die fällige Einlage oder den fälligen Nachschuss selbst zu leisten.

Sowohl die Regelung des § 267 BGB als auch die des § 268 BGB sehen eine Möglichkeit der Drittleistung vor[611]. Nach der Vorschrift des § 267 Abs. 1 S. 1 BGB kann die

---

[608] A. A. *Büchner*, Verpfändung von Anteilen, S. 67, 71, der § 1276 BGB für nicht einschlägig hält und insofern ein Ablöserecht auch für diesen Fall diskutiert.

[609] H. M. *Hueck/Fastrich*, in: Baumbach/Hueck, GmbHG, § 23 Rn. 8. A. A. *Melber*, Kaduzierung, S. 178 ff., der davon ausgeht, dass sich auch bei der Kaduzierung das Pfandrecht am Übererlös fortsetzt. Für die Notwendigkeit eines Ablösungsrechts ist dies jedoch nicht ausschlaggebend, da nur in Ausnahmefällen ein signifikanter Überschuss erzielt werden wird.

[610] *Damrau*, in: MünchKommBGB, § 1274 Rn. 65; *Emmerich*, in: Scholz, GmbHG, § 21 Rn. 28.

[611] Näher zu den strukturellen Unterschieden beider Normen (einfache Zahlung einer fremden Schuld, § 267 und eigenes Ablöserecht, § 268) vgl. *Bittner*, in: StaudingerBGB, § 268 Rn. 1; *Krüger*, in: MünchKommBGB, § 268 Rn. 1.

Leistung auch ein Dritter bewirken, sofern der Schuldner nicht in Person zu leisten hat. Das gleiche Recht steht gemäß § 268 Abs. 1 BGB demjenigen zu, der durch die Betreibung der Zwangsvollstreckung seitens des Gläubigers den Verlust eines Rechts (S. 1) oder seines Besitzes (S. 2) befürchten muss. Der Regelung des § 267 BGB kommen gegenüber der aus § 268 BGB indes zwei entscheidende Nachteile zu. Zum einen kann die Gesellschaft gemäß § 267 Abs. 2 BGB die Leistung des Pfandgläubigers ablehnen, wenn der säumige Gesellschafter dieser widerspricht. Zum anderen sieht § 267 BGB keinen, dem § 268 Abs. 3 S. 1 BGB vergleichbaren, gesetzlichen Forderungsübergang vor, so dass der Pfandgläubiger nach § 1216 S. 1 BGB auf die Vorschriften der Geschäftsführung ohne Auftrag (§§ 670, 683 Abs. 1, 677 BGB) verwiesen wäre[612]. Die gesetzliche Forderungszession bietet demgegenüber den Vorteil des Übergangs etwaiger Neben- und Vorzugsrechte (§§ 412, 401). Zwar ist § 268 BGB nicht direkt anwendbar, da es an der Voraussetzung des Betreibens einer Zwangsvollstreckung fehlt, allerdings ist vor dem Hintergrund des Regelungszwecks von einer analogen Anwendung auszugehen. Das Ablösungsrecht des Dritten aus § 268 BGB wird allgemein durch die Gefahr des Rechtsverlustes gerechtfertigt[613]. Diese ist bei der Kaduzierung ebenso gegeben, wie bei der Zwangsvollstreckung durch den Gläubiger. Aufgrund der bestehenden Rechtsähnlichkeit ist dem Pfandgläubiger bei einer drohenden Kaduzierung ein Ablösungsrecht entsprechend § 268 BGB zuzubilligen[614]. Auch der gesetzliche Forderungsübergang nach § 268 Abs. 3 S. 1 BGB kann entsprechend herangezogen werden, so dass es eines Rückgriffs auf § 1216 S. 1 BGB nicht bedarf. Die analoge Anwendung der Regelungen des § 268 BGB führt weder zu einer Beeinträchtigung der Gesellschaft noch des säumigen Gesellschafters. Für die Gesellschaft ist es ohne Belang, ob die Zahlung durch den Gesellschafter persönlich oder einen Dritten erfolgt. Gleiches gilt für den Gesellschafter. Anders als das Preisgaberecht nach § 27 GmbHG hat die Kaduzierung nicht den Zweck der Befreiung von der Zahlungsverpflichtung, sondern der Gesellschafter bleibt der Gesellschaft gemäß § 21 Abs. 3 GmbHG verhaftet. Insofern ist unerheblich, ob er der Gesellschaft, oder aufgrund des gesetzlichen Forderungsübergangs gemäß § 268 Abs. 3 S. 1 BGB analog, dem Pfandgläubiger gegenüber zur Zahlung verpflichtet ist. Für die zur Verhinderung der Kaduzierung vorgenommenen Zahlungen haftet dem Pfandgläubiger neben dem Gesellschafter gemäß §§ 1274 Abs. 2, 1216, 1210 Abs. 2 BGB das Anteilspfandrecht[615].

II. Verwertungsrecht gemäß § 1219 BGB

Angesichts der nachteiligen Rechtsfolgen der Kaduzierung für das Pfandrecht stellt sich weiterhin die Frage, ob dem Pfandgläubiger bei drohenden Pfandrechtsbeeinträchtigungen neben dem Ablösungsrecht auch ein Recht zur vorzeitigen Verwertung nach

---

[612] Zu diesem unbefriedigenden Ergebnis gelangen auch *Reichert/Weller*, GmbH-Geschäftsanteil, § 15 Rn. 303, indem sie Regressansprüche über die Vorschrift des § 1216 BGB regeln, obwohl sie die Vorschrift des § 268 BGB hinsichtlich des Ablösungsrechts für entsprechend anwendbar halten.

[613] *Bittner*, in: StaudingerBGB, § 268 Rn. 1; *Krüger*, in: MünchKommBGB, § 268 Rn. 2.

[614] Vgl. auch *Damrau*, in: MünchKommBGB, § 1274 Rn. 64; *Reichert/Weller*, GmbH-Geschäftsanteil, § 15 Rn. 303; *Wiedemann*, Mitgliedschaftsrechte, S. 427 f.; *Büchner*, Verpfändung von Anteilen, S. 61.

[615] Im Ergebnis auch *Damrau*, in: MünchKommBGB, § 1274 Rn. 64; *Reichert/Weller*, GmbH-Geschäftsanteil, § 15 Rn. 303.

§ 1219 Abs. 1 BGB zusteht[616]. Nach dieser Vorschrift kann der Pfandgläubiger im Falle eines drohenden Verderbs des Pfandes oder einer wesentlichen Minderung des Wertes das Pfand öffentlich versteigern lassen, mit der Folge, dass gemäß § 1219 Abs. 2 S. 1 BGB der Erlös an die Stelle des Pfandes tritt. Zur Klärung der Fragestellung, ob ein solches Verwertungsrecht besteht, sind die generelle Anwendbarkeit und die tatbestandlichen Voraussetzungen der Norm zu nehmen.

Es ist bereits umstritten, ob die Vorschrift des § 1219 BGB überhaupt gemäß § 1273 Abs. 2 S. 1 BGB entsprechend auf die Rechtsverpfändung Anwendung findet. Ein Teil der Literatur[617] geht pauschal und ohne argumentative Auseinandersetzung von der uneingeschränkten Anwendbarkeit der Regelung aus, während eine andere Auffassung im Schrifttum[618] die entsprechende Anwendung mit einem gewichtigen Grund ablehnt. Ihre Vertreter führen richtigerweise an, dass der Rechtspfandgläubiger selbst bei Eintritt der regulären Pfandreife grundsätzlich kein Recht zum Privatverkauf hat. Abweichend von den Vorschriften über die Ausführung des Verkaufs eines Sachpfandes (§§ 1233 ff. BGB) bestimmt § 1277 S. 1 BGB nämlich, dass die Befriedigung aus dem Recht „nur aufgrund eines vollstreckbaren Titels nach den für die Zwangsvollstreckung geltenden Vorschriften" erfolgt. Zwar bleibt es den Beteiligten nach dem eindeutigen Wortlaut des § 1277 S. 1 BGB („sofern nicht ein anderes bestimmt ist") vorbehalten, hiervon abweichende Vereinbarungen zu treffen[619], allerdings gilt gemäß § 1277 S. 2 BGB für solche Abreden die Vorschrift des § 1245 Abs. 2 BGB. Danach kann auf die Beobachtung der Vorschriften §§ 1235, 1237 S. 1 oder 1240 BGB nicht vor Eintritt der Verkaufsberechtigung – also der Pfandreife – verzichtet werden. Vor Eintritt der Pfandreife können die Beteiligten also nicht von der Regelung des § 1277 S. 1 BGB durch einen Verzicht auf die öffentliche Versteigerung (§ 1235 BGB) etwa durch Vereinbarung des freihändigen Verkaufs (§ 1221 BGB) abweichen. Bis zur Pfandreife gilt demnach uneingeschränkt § 1277 S. 1 BGB. Darüber hinaus finden nach § 1273 Abs. 2 S. 1 BGB die Vorschriften des Sachpfandes nur insoweit entsprechende Anwendung auf das Rechtspfand, als sich nicht aus den §§ 1274 bis 1296 etwas anderes ergibt. Das Korsett der Abweichmöglichkeiten von der vorgesehenen Befriedigung durch Zwangsvollstreckung ist durch die Regelung des § 1277 S. 2 BGB allerdings sehr eng, so dass eine entsprechende Anwendung des § 1219 BGB vor diesem Hintergrund nicht anzunehmen ist. Insofern greift der Vorbehalt des § 1273 Abs. 2 S. 1 BGB ein, da sich aus der Vorschrift des § 1277 eine abschließende Verwertungsregelung ergibt[620].

Gegen die Annahme eines vorzeitigen Verwertungsrechts nach § 1219 BGB spricht noch ein weiterer Gesichtspunkt. Der Tatbestand der Vorschrift setzt einen Verderb oder eine zu erwartende wesentliche Wertminderung des „Pfandes" voraus. Der Gesetzgeber unterscheidet in den pfandrechtlichen Vorschriften bewusst zwischen dem Begriff „Pfandrecht" i.S.d. Verwertungsrechts (Legaldefinition § 1204 Abs. 1 BGB) und

---

[616] Für die GmbH-Anteilsverpfändung hat bislang keine Auseinandersetzung mit dieser Fragestellung stattgefunden.

[617] *Bassenge*, in: PalandtBGB, § 1273 Rn. 2; *Habersack*, in: SoergelBGB, § 1273 Rn. 10; *Wiegand*, in: StaudingerBGB, § 1273 Rn. 19, die jeweils die Norm lediglich unter dem Punkt „Anwendbare Vorschriften" nennen.

[618] *Damrau*, in: MünchKommBGB, § 1273 Rn. 8; *Michalski*, in: ErmanBGB, § 1273 Rn. 7; *Sosnitza*, in: Bamberger/Roth, BGB, § 1273 Rn. 6.

[619] Vgl. nur *Wiegand*, in: StaudingerBGB, § 1277 Rn. 8.

[620] § 6.

dem Begriff des „Pfandes" i.S.d. Pfand- oder Sicherungsgegenstandes. Deutlich wird dies vor allem in § 1212 BGB[621], in dem der Gesetzgeber beide Begriffe nebeneinander in diesem Sinne gebraucht. Für § 1219 BGB ist demzufolge notwendig, dass der Pfandgegenstand selbst – also der Geschäftsanteil – eine wesentliche Wertminderung erfährt. Dies ist regelmäßig nur bei einer nachteiligen Inhaltsänderung des Mitgliedschaftsrechts der Fall. Die tatbestandlichen Voraussetzungen sind bei Maßnahmen wie etwa der Kaduzierung damit ohnehin nicht erfüllt. Diese wirken sich regelmäßig nur auf das Pfandrecht des Gläubigers aus, da sie den Geschäftsanteil selbst unberührt lassen. Eine inhaltliche Änderung des verpfändeten Geschäftsanteils, die eine für § 1219 erforderliche Wertminderung zur Folge hat, kann allein durch den Gesellschafter nicht herbeigeführt werden. Er ist hierbei auf die anderen Gesellschafter in der Gesellschafterversammlung angewiesen. Im Hinblick auf drohende Beeinträchtigungen dieser Art ist ein Verwertungsrecht allerdings mit den zu § 1276 dargestellten Argumenten abzulehnen. Anders als das zuvor diskutierte Ablösungsrecht käme es zu einem verbotenen Eingriff in die Rechte der anderen Gesellschafter. Damit besteht in keinem Fall ein vorzeitiges Befriedigungsrecht nach § 1219 BGB.

D. Die Treuepflicht des Gesellschafters gegenüber dem Pfandgläubiger

I. Rücksichtnahmepflicht bei der Ausübung des Stimmrechts

Neben den Möglichkeiten des Pfandgläubigers, eine Beeinträchtigung des Pfandrechts selbst zu verhindern, ist zu untersuchen, ob zwischen dem Gesellschafter und dem Pfandgläubiger ein Treueverhältnis besteht, das den Gesellschafter bei der Ausübung seines Stimmrechts verpflichtet, auf die Interessen des Pfandgläubigers Rücksicht zu nehmen. Sofern eine Rücksichtnahmepflicht angenommen wird, ist in einem zweiten Schritt zu klären, wie weit eine solche Pflicht zur Wahrung der Gläubigerinteressen reicht.

Eine Pflicht zur Rücksichtnahme gegenüber dem Pfandgläubiger wird im Schrifttum nahezu einheitlich, allerdings überwiegend ohne nähere Auseinandersetzung, bejaht[622]. *Kolkmann*[623] etwa folgert die Begründung der Treuepflicht aus der zwischen Verpfänder und Pfandgläubiger bestehenden schuldrechtlichen Sicherungsabrede, also der Einigung über die Sicherung einer bestimmten Forderung durch ein Pfandrecht. Zwar sei mit der Bestellung des Pfandrechts der Verpflichtungsvertrag in seiner Hauptpflicht erfüllt, jedoch wirke er einerseits als causa des bestellten Pfandrechts und andererseits als Quelle vertraglicher Nebenpflichten fort. *Büchner*[624] hingegen sieht in der Sicherungsabrede lediglich die Verpflichtung zum Abschluss eines Pfandvertrages, aus der sich keine weiteren Verhaltenspflichten des Verpfänders herleiten lassen. Durch

---

[621] „Das Pfandrecht erstreckt sich auf die Erzeugnisse, die von dem Pfande getrennt werden".

[622] *Altmeppen*, in: Roth/Altmeppen, GmbHG, § 15 Rn. 61; *Ebbing*, in: Michalski, GmbHG, § 15 Rn. 229; *Reichert/Weller*, GmbH-Geschäftsanteil, § 15 Rn. 298; *Rowedder/Bergmann*, in: Rowedder/Schmidt-Leithoff, GmbHG, § 15 Rn. 96; *H. Winter/Seibt*, in: Scholz, GmbHG, § 15 Rn. 191. Die ablehnende Haltung *Damraus*, in: MünchKommBGB, § 1274 Rn. 60 basiert scheinbar lediglich auf seiner Ansicht von der Unzweckmäßigkeit einer solchen Treuepflicht.

[623] *Kolkmann*, MittRhNotK, 1992, 1, 8.

[624] *Büchner*, Verpfändung von Anteilen, S. 51 f.

den Vollzug der Sicherungsabrede in Form der dinglichen Pfandrechtsbestellung entstehe ein gesetzliches Schuldverhältnis zwischen Verpfänder und Gläubiger, aus welchem die Pflicht für den Verpfänder folge, die Sicherheit nicht zu gefährden. Dass infolge einer wirksamen Pfandrechtsbestellung ein Schuldverhältnis zwischen den Beteiligten entsteht, ist unbestritten, allerdings herrscht Uneinigkeit darüber, ob dieses als gesetzliches[625] oder vertragliches[626] qualifiziert werden soll. Für die Beantwortung der Frage, ob zwischen dem Verpfänder und dem Gläubiger ein Treuepflichtverhältnis besteht, ist weder diese Einordnung noch die Unterscheidung von schuldrechtlichem und dinglichem Pfandvertrag ausschlaggebend. Sowohl die Sicherungsabrede als auch das durch die Pfandbestellung entstehende Schuldverhältnis, sei es vertraglicher oder gesetzlicher Natur, unterliegt den allgemeinen schuldrechtlichen Grundsätzen, insbesondere dem Grundsatz von Treu und Glauben (§ 242 BGB)[627]. Unabhängig davon, in welchem rechtlichen Verhältnis die konkrete Begründung von Treuepflichten gesehen wird, sind diese in gleicher Art und Weise ausgestaltet. Allgemein gilt, dass die Parteien die dem jeweils anderen Teil aufgrund des Schuldverhältnisses gewährten Vorteile weder entziehen noch wesentlich schmälern dürfen[628]. Jeder Vertragspartner hat alles zu tun, um den Leistungserfolg vorzubereiten, herbeizuführen und zu sichern und hat alles zu unterlassen, was den Vertragszweck oder den Leistungserfolg beeinträchtigen oder gefährden würde[629]. Für die schuldvertragliche Sicherungsabrede bedeutet dies, dass der Verpfänder gehalten ist, den vereinbarten Sicherungszweck nicht durch eine spätere nachteilige Einwirkung auf das Pfandobjekt zu konterkarieren. Gleiches ergibt sich für das gesetzliche oder vertragliche Schuldverhältnis infolge des dinglichen Vertrages. Auch hier trifft den Verpfänder die Pflicht, den gewährten Vorteil, nämlich das Pfandrecht an dem Sicherungsgegenstand, nicht zu entziehen oder zu beeinträchtigen. Den Verpfänder trifft damit in der Gesamtschau seiner rechtlichen Beziehung zum Pfandgläubiger die Pflicht, die Sicherheit nicht zu gefährden. Den Treue- und Rücksichtnahmepflichten kommt insbesondere dann Bedeutung zu, wenn der Pfandgeber weiterhin die Möglichkeit hat, auf das Pfandobjekt einzuwirken, wie es bei der Anteilsverpfändung der Fall ist. Damit hat der Gesellschafter als Verpfänder bei der Ausübung seines Stimmrechts grundsätzlich auf die Belange seines Pfandgläubigers Rücksicht zu nehmen.

Zu klären bleibt, wie weit diese Rücksichtnahmepflicht bei der Ausübung des Stimmrechts reicht. Für die Beantwortung dieser Frage ist zunächst das Verhältnis des verpfändenden Gesellschafters zur Gesellschaft zu bewerten. Es entspricht einhelliger Auffassung, dass den Gesellschafter gegenüber der Gesellschaft und auch gegenüber

---

[625] So die wohl herrschende Ansicht RGZ 101, 47, 49; *Bassenge*, in: PalandtBGB, § 1204 Rn. 1; *Damrau*, in: MünchKommBGB, vor § 1204 Rn. 3; § 1215 Rn. 1; *Wiegand*, in: StaudingerBGB, Vorbemerkung zu § 1204 Rn. 25; § 1215 Rn. 1; *Baur/Stürner*, Sachenrecht, § 55 B III 3.

[626] *Habersack*, in: SoergelBGB, vor § 1204 Rn. 15; *Seiler*, in: StaudingerBGB, Einleitung zum Sachenrecht §§ 854 ff. Rn. 35; *von Rintelen*, Übergang von Sicherheiten, S. 275 ff.

[627] RGZ 74, 151, 154; 101, 47, 49; 161, 338 f.; BGHZ 16, 4, 10 ff.; *Heinrichs*, in: PalandtBGB, § 242 Rn. 1, 16.

[628] BGHZ 16, 4, 10; BGH ZIP 2004, 2345, 2347.

[629] BGHZ 93, 29, 39; *Heinrichs*, in: PalandtBGB, § 242 Rn. 27.

den übrigen Gesellschaftern ebenfalls eine allgemeine Treuepflicht trifft[630]. Sie stellt eine generelle Verhaltensregel hinsichtlich der mitgliedschaftlichen Belange dar[631]. Ihr kommt dabei einerseits disziplinierende Wirkung bei der gesellschaftlichen Willensbildung zu, indem sie missbräuchliche Stimmabgaben mit einer Schadensersatzpflicht (§ 280 Abs. 1 BGB) sanktioniert und legt andererseits jedem Gesellschafter die Pflicht auf, den Gesellschaftszweck zu fördern[632]. Zu beachten ist, dass weder die Verpfändung des Geschäftsanteils noch der hieraus fließenden gegenwärtigen und künftigen Vermögensansprüche eine Veränderung der Gesellschafterstellung des Gesellschafters bewirkt, so dass dieser auch während des Bestehens eines Anteilspfandrechts der Treuepflicht in vollem Umfang nachzukommen hat. Somit ist der seinen Anteil verpfändende Gesellschafter aus dem jeweils bestehenden Treueverhältnis sowohl dem Sicherungs- und Erhaltungsinteresse des Pfandgläubigers als auch der Erreichung und Förderung des Gesellschaftszwecks verpflichtet. Er gerät hierdurch immer dann in eine Konfliktlage, wenn sich die Interessen beider Treuepartner konträr gegenüberstehen[633]. Für die Beantwortung der Frage nach der Reichweite der Rücksichtnahmepflicht gegenüber dem Pfandgläubiger ist das Verhältnis dieser beiden Treuepflichten entscheidend. Die gesellschaftliche Treuepflicht des Anteilsverpfänders folgt unmittelbar aus seiner mitgliedschaftlichen Stellung und ist damit notwendigerweise von Anfang an mit seinem Geschäftsanteil verbunden. Ihr kommt deshalb der generelle Vorrang vor später eingegangenen Treueverpflichtungen zu[634]. Dies folgt aus dem allgemeinen Grundsatz der Priorität. Die Rücksichtnahmepflicht tritt folglich immer dann zurück, wenn die Stimmrechtsausübung der vorrangig zu beachtenden Zweckerreichung der Gesellschaft dient. In einem solchen Fall sind die Interessen der Gesellschaft und der übrigen Gesellschafter von dem Verpfänder, trotz der anderweitig bestehenden Verpflichtung gegenüber dem Pfandgläubiger, in ausreichendem Maß zu beachten[635]. Der Gesellschafter verstößt demzufolge nur dann gegen die Pflicht zur Rücksicht, wenn er sein Stimmrecht in einer den Pfandgläubiger schädigenden Weise ausübt, obwohl andere, den Belangen der Gesellschaft gleich gerecht werdende Alternativen zu Verfügung stehen[636]. Die Treuepflicht des Gesellschafters gegenüber dem Pfandgläubiger führt demnach nur insoweit zu einer gesetzlichen Stimmbindung, als die Stimmrechtsausübung zu einer vermeidbaren Schädigung der Vermögensinteressen des Pfandgläubigers führt.

---

[630] Teilweise mit unterschiedlicher Begründung BGHZ 65, 17 ff.; BGH NJW 1992, 368; BGH NZG 2004, 516 f.; *Hueck/Fastrich*, in: Baumbach/Hueck, GmbHG, § 13 Rn. 26; *Pentz*, in: Rowedder/Schmidt-Leithoff, GmbHG, § 13 Rn. 37.

[631] *Hueck/Fastrich*, in: Baumbach/Hueck, GmbHG, § 13 Rn. 26.

[632] BGHZ 9, 163; 14, 38; 16, 322; 65, 15, 18 ff.; 88; 320, 328; 98, 276; *Altmeppen*, in: Roth/Altmeppen, GmbHG, § 13 Rn. 61; *Hueck/Fastrich*, in: Baumbach/Hueck, GmbHG, § 13 Rn. 26; *Zöllner*, ZHR 162 (1998), 235, 239.

[633] Dies kann beispielsweise der Fall sein, wenn bei Bestehen eines Nutzungspfandrechts die Entscheidung zu treffen ist, ob eine Ausschüttung des Gewinns oder eine Reinvestition beschlossen wird. Hier kann es im Einzelfall für die Erreichung des Gesellschaftszwecks sinnvoller sein, den Jahresüberschuss zu investieren, während sich für den Nutzungspfandgläubiger die Ausschüttung des Gewinns als die vorteilhaftere Entscheidung darstellte.

[634] Ohne Begründung auch *Zutt*, in: Hachenburg, GmbHG, 8. Auflage, Anh. § 15 Rn. 44.

[635] *H. Winter/Seibt*, in: Scholz, GmbHG, § 15 Rn. 191; *Buchwald*, GmbHR 1959, 5, 7; *Müller*, GmbHR 1969, 4, 7, 34; *Rodewald*, GmbHR 1995, 418, 420.

[636] So auch *Kolkmann*, MittRhNotK 1992, 1, 8.

Der Wert dieser (gesetzlichen) Stimmbindung ist dementsprechend gering. Dem Pfandgläubiger wird es nur selten gelingen, dem Gesellschafter nachzuweisen, dass eine
bestimmte Alternativmaßnahme dem Gesellschaftsinteresse in gleicher Weise gerecht
geworden wäre als die tatsächlich vorgenommene Maßnahme, für das Pfandrecht aber
weniger gravierende Auswirkungen gehabt hätte. Welche Maßnahmen im Interesse der
Gesellschaft geboten und angemessen sind, unterliegt in erster Linie dem unternehmerischen Ermessen der Gesellschafter. Der Pfandgläubiger hat regelmäßig weder einen
genauen Einblick in den operativen noch in den strategischen Bereich der Unterneh-
mensführung und hat demnach keine vollumfängliche Informationsgrundlage, auf die er
einen solchen Beweis stützen könnte. Unter diesem Gesichtspunkt ist die Rücksichtnahmepflicht für den Pfandgläubiger kein effektives Druckmittel, um eine nachteilige
Stimmrechtsausübung zu verhindern. Sofern er der Beweisführung für eine Alternativmaßnahme nicht nachkommen kann, muss er die aus der gesellschaftlichen Treuepflicht resultierenden Schranken bis zur Grenze der sittenwidrigen Benachteiligung hinnehmen. Rücksichtnahmepflichten aus dem Pfandrechtsverhältnis werden damit in der
Regel nur solchen Gesellschafterbeschlüssen entgegen gehalten werden können, die
erkennbar darauf abzielen, den Pfandgläubiger zu schädigen oder evident den Unter-
nehmens- und Marktverhältnissen zuwiderlaufen.

II. Anfechtungspflicht von Gesellschafterbeschlüssen

Fraglich ist, ob der Gesellschafter aus dem bestehenden Treuepflichtverhältnis über die
Rücksichtnahmepflicht hinaus gegenüber dem Pfandgläubiger verpflichtet ist, einen
Gesellschafterbeschluss anzufechten, soweit dieser negative Auswirkungen auf das
Pfandrecht hat. Ein Beschluss der Gesellschafterversammlung kann analog § 243
Abs. 1 AktG „wegen Verletzung des Gesetzes oder der Satzung durch Klage angefoch-
ten werden"[637]. Anfechtungsberechtigt sind nur Gesellschafter, da das Anfechtungsrecht zum Kernbereich der Mitgliedschaft gehört und nicht isoliert übertragen werden
kann[638]. Ein eigenes Anfechtungsrecht steht dem Pfandgläubiger daher nicht zu, so
dass er auf eine etwaige Verpflichtung des Gesellschafters angewiesen ist[639].

Der Gesellschafter ist aus dem Treueverhältnis gegenüber dem Pfandgläubiger
grundsätzlich verpflichtet, alles zu unterlassen, was den Sicherungszweck vereiteln
könnte. Umgekehrt wird man ihm prinzipiell auch die Pflicht auferlegen müssen, einen
gesetzes- oder satzungswidrigen Beschluss, der eine kausale Beeinträchtigung des
Pfandrechts bewirkt, aktiv anzufechten[640]. Diese Verpflichtung besteht uneingeschränkt
für den Fall, dass Anfechtungsgrund etwa ein Verstoß gegen die Gesellschaftszweck-
bindung[641] oder die gesellschaftliche Treuebindung[642] vorliegt. In diesem Fall ist der

---

[637] *Raiser*, in: Ulmer/Habersack/Winter, GmbHG, Anh. § 47 Rn. 94; *Römermann*, in: Michalski, GmbHG, Anh. § 47 Rn. 298; *Zöllner*, in: Baumbach/Hueck, GmbHG, Anh. § 47 Rn. 81.

[638] BGH NJW-RR 1992, 1388 f.; *Raiser*, in: Ulmer/Habersack/Winter, GmbHG, Anh. § 47 Rn. 168; *Römermann*, in: Michalski, GmbHG, Anh. § 47 Rn. 388; *Zöllner*, in: Baumbach/Hueck, GmbHG, Anh. § 47 Rn. 135.

[639] Der Pfandgläubiger kann allenfalls als Nebenintervenient gemäß § 66 Abs. 1 ZPO dem Gesellschafter im Anfechtungsprozess beitreten.

[640] Im Ergebnis wohl auch *Büchner*, Verpfändung von Anteilen, S. 57.

[641] *Zöllner*, in: Baumbach/Hueck, GmbHG, Anh. § 47 Rn. 93.

verpfändende Gesellschafter sowohl aus dem Pfandrechtsverhältnis als auch aus seiner gesellschaftlichen Treuepflicht zur Anfechtung verpflichtet. Die Anfechtungspflicht steht nämlich, wie die Rücksichtnahmepflicht bei der Stimmrechtsausübung, unter dem Vorbehalt der vorrangig zu beachtenden Gesellschaftsinteressen. Ist ein pfandrechtsbeeinträchtigender Gesellschaftsbeschluss anfechtbar, besteht für den Gesellschafter gegenüber dem Pfandgläubiger keine Verpflichtung zur Anfechtung, wenn er die Entscheidung für richtig und im Sinne der Gesellschaft hält. In Analogie zu § 244 AktG haben die Gesellschafter die Möglichkeit, die Anfechtbarkeit eines Beschlusses durch einen Bestätigungsbeschluss zu beseitigen[643]. Sofern der Gesellschafter also von der Richtigkeit des Beschlusses überzeugt ist, greift die Anfechtungsverpflichtung nicht ein. Somit gilt, dass ebenso wenig wie der Verpfänder verpflichtet ist, stets im Sinne des Pfandgläubigers abzustimmen, er verpflichtet ist, jeden anfechtbaren Gesellschafterbeschluss auch tatsächlich anzufechten. Seiner gesellschaftlichen Treuebindung ist insoweit ebenfalls stets der Vorrang einzuräumen. Hieraus folgt, dass auch der Wert der Anfechtungsverpflichtung für den Pfandgläubiger gering ist. Er wird eine Bestätigung des anfechtbaren Beschlusses oder das Verstreichenlassen der Anfechtungsfrist wiederum bis zur Grenze der sittenwidrigen Beeinträchtigung hinnehmen müssen, da er kaum in der Lage sein wird, neben der Beeinträchtigung seines Pfandrechts auch die gesellschaftliche Notwendigkeit der Anfechtung zu beweisen.

III. Informationsrechte und Informationspflichten

Der Pfandgläubiger ist nur dann in der Lage, seine Rechte geltend zu machen, wenn er von den rechtsbegründenden Tatsachen Kenntnis erlangt. Das Zustimmungsrecht nach § 1276 BGB setzt etwa voraus, dass der Pfandgläubiger über die Ausübung der Mitgliedschaftsrechte des verpfändenden Gesellschafters informiert ist. Das Ablösungsrecht aus § 268 BGB analog erfordert hingegen, dass entweder die Gesellschaft oder der Gesellschafter den Pfandgläubiger von der Einforderung der Stammeinlage oder des begrenzten Nachschusses in Kenntnis setzt. Auch eine Bewertung der Stimmrechtsausübung hinsichtlich etwaiger Anfechtungs- und Rücksichtnahmepflichten kann nur dann erfolgen, wenn der Pfandgläubiger Beschlussthemen und -ergebnisse kennt. Vor diesem Hintergrund ist zu untersuchen, ob und inwieweit Informationsrechte und Informationspflichten im Rahmen der Anteilsverpfändung bestehen. Derartigen Rechten und Pflichten kommt außerordentliche Bedeutung zu, da dem Pfandgläubiger als gesellschaftsfremdem Dritten regelmäßig der Einblick in die sein Pfandrecht betreffenden Maßnahmen fehlen wird.

Jedem Gesellschafter steht gemäß § 51a Abs. 1 GmbHG zwingend (§ 51a Abs. 3 GmbHG) ein allgemeines Kontroll- und Informationsrecht zu, welches auch außerhalb der Gesellschafterversammlung ausgeübt werden kann[644]. Er ist danach berechtigt, Auskunft über die Angelegenheiten der Gesellschaft sowie die Einsicht in Bücher und Schriften zu verlangen. Das Auskunftsrecht ist unteilbar mit der mitgliedschaftlichen Stellung des Gesellschafters verbunden und kann auch nur von diesem wahrgenommen werden[645]. Hieran ändert auch die dingliche Mitberechtigung des Pfandnehmers

---

[642] *Zöllner*, in: Baumbach/Hueck, GmbHG, Anh. § 47 Rn. 98.

[643] BGHZ 21, 354, 356; *Zöllner*, in: Baumbach/Hueck, GmbHG, Anh. § 47 Rn. 131.

[644] *Zöllner*, in: Baumbach/Hueck, GmbHG, § 51a Rn. 1.

[645] Unstr. *Zöllner*, in: Baumbach/Hueck, GmbHG, § 51 Rn. 5 f.

128

nichts, da der Pfandgläubiger in keiner vertraglichen Beziehung zur Gesellschaft steht[646]. Seine Berechtigung an dem Geschäftsanteil beschränkt sich auf dessen Vermögenswerte, so dass ihm die mitgliedschaftlichen Informationsrechte aus dem GmbH-Gesetz nicht zustehen. Aus dem Abschluss des Pfandbestellungsvertrags und der dinglichen Bestellung des Pfandrechts erwächst daher auch für die Gesellschaft keine Informationspflicht gegenüber dem Pfandgläubiger[647]. Informationsrechte und -pflichten können sich insofern wiederum nur aus dem bestehenden Treupflichtverhältnis zwischen Pfandgeber und Pfandnehmer ergeben[648]. Allgemein lässt sich daher sagen, dass Träger des GmbH-rechtlichen Auskunftsrechts nur der jeweilige Gesellschafter ist; dieser allerdings der Pflicht unterliegt, die für das Pfandrecht wesentlichen Informationen für den Pfandgläubiger einzuholen und weiterzuleiten[649].

Im Hinblick auf das Zustimmungsrecht gemäß § 1276 BGB bei rechtsgestaltenden Akten des Gesellschafters bedeutet dies, dass der pfandgebende Gesellschafter verpflichtet ist, den Pfandgläubiger von sich aus über die bevorstehende Ausübung seiner Mitgliedschaftsrechte zu informieren[650]. Andernfalls verhinderte der Gesellschafter die im Pfandrechtsverhältnis angelegte Möglichkeit zur Zustimmung. In diesem Zusammenhang ist es den Beteiligten der Pfandabrede möglich, sich über Beweggründe und mögliche Alternativen auszutauschen. Damit der Pfandgläubiger sein Ablösungsrecht bei drohender Kaduzierung ausüben kann, wird man den Gesellschafter für verpflichtet halten, den Pfandgläubiger über die Fristsetzung der Gesellschaft zu informieren. Die Gesellschaft hat demgegenüber keine Pflicht, dem Pfandgläubiger von der Einforderung des Fehlbetrags Mitteilung zu machen[651]. Auch hier besteht für den Pfandgläubiger die Möglichkeit, die Gründe für die Nichtleistung der Einlage oder des Nachschusses in Erfahrung zu bringen und ein Einvernehmen mit dem säumigen Vertragspartner zu suchen. Schwieriger ist es, dem berechtigten Informationsbedürfnis des Pfandgläubigers bei Beschlüssen der Gesellschafter gerecht zu werden. Ähnlich wie bei der Rücksichtnahmepflicht im Rahmen der Stimmrechtsausübung stehen sich hierbei die Interessen der Gesellschaft und die des Pfandgläubigers konträr gegenüber. Letzterer hat ein Interesse daran, sowohl im Vorfeld über die Beschlussthemen als auch über die getroffenen Gesellschafterbeschlüsse in Kenntnis gesetzt zu werden, um mögliche Treuepflichtverletzungen zu begegnen. Demgegenüber hat die Gesellschaft ein Interesse daran, außenstehenden Dritten keine Geschäftsinterna preiszugeben. Den pfandgebenden Gesellschafter trifft insofern einerseits die aus dem Pfandrechtsverhältnis resultierende (Treue-) Pflicht, den Pfandgläubiger über die seine dingliche Si-

---

[646] Dies verkennt *Wiedemann*, Mitgliedschaftsrechte, S. 432, indem er ohne Begründung annimmt, der Pfandnehmer könne als dinglich Mitberechtigter „von der Gesellschaft Auskunft beanspruchen".

[647] Eine andere Auffassung stünde im Widerspruch mit dem allgemein geltenden Verbot des Vertrags zu Lasten Dritter. Siehe *Grüneberg*, in: PalandtBGB, Einführung vor § 328 Rn. 10.

[648] Rechtlich unklar ist insofern die Ansicht von *H. Winter/Seibt*, in: Scholz, GmbHG, § 15 Rn. 179, wenn sie davon ausgehen, dass im Rahmen der gesellschaftlichen Treuepflicht Abreden hinsichtlich eines internen Auskunftsrechts vorgenommen werden können. Zum einen folgen aus einem Treueverhältnis Nebenpflichten gerade nicht durch Vereinbarung, sondern ipso iure und zum anderen kann ein internes Informationsrecht nur aus dem Rechtsverhältnis der Pfandbeteiligten resultieren.

[649] So auch *Zöllner*, in: Baumbach/Hueck, GmbHG, § 51 Rn. 6.

[650] Ähnlich *Kolkmann*, MittRhNotK 1992, 1, 9.

[651] Ausdrücklich auch *Damrau*, in: MünchKommBGB, § 1274 Rn. 64; *Reichert/Weller*, GmbH-Geschäftsanteil, § 15 Rn. 302; *M. Winter/Löbbe*, in: Ulmer/Habersack/Winter, GmbHG, § 15 Rn. 164.

cherheit betreffenden Belange in Kenntnis zu setzen und andererseits, die aus der mitgliedschaftlichen Stellung folgende Treuepflicht, Geschäftsgeheimnisse zu wahren. Auch für diesen Konflikt muss das bereits im Rahmen der Rücksichtnahmepflicht angesprochene Prioritätsprinzip gelten. Der Loyalität des Gesellschafters gegenüber der Gesellschaft kommt im Hinblick auf die Wahrung elementarer Geschäftsinterna grundsätzlich der Vorrang gegenüber dem Informationsinteresse des Pfandnehmers zu. Der Gesellschafter hat seinem Vertragspartner allerdings ausreichende Informationen über Maßnahmen zuzuleiten, die das Pfandrecht in seiner Vermögenssubstanz betreffen. Für Gesellschafterbeschlüsse, die den Geschäftsanteil nachteilig inhaltlich verändern, bedeutet dies, dass dem Pfandgläubiger die wirtschaftlichen Beweggründe, in Betracht gezogene Alternativmaßnahmen sowie die Beschlussprotokolle zur Kenntnis gebracht werden. Dem Pfandgläubiger soll die Möglichkeit gegeben werden, den Beschluss vor dem Hintergrund der Anfechtungs- und Rücksichtnahmepflicht zu bewerten, um gegebenenfalls weitere notwendige Informationen einzufordern. Die Auskunft sollte insofern die gesellschaftliche und wirtschaftliche Notwendigkeit der Maßnahme erkennen lassen und deutlich machen, dass dem Gesellschafter keine weniger einschneidende Alternative zur Verfügung stand, die den Gesellschaftszweck ebenso effektiv hätte erreichen können. Unter Beachtung der oben zur Treuepflicht dargestellten Grundsätze muss die Information an den Pfandgläubiger allerdings in erster Linie deutlich machen, dass sie keiner willkürlichen, rein pfandrechtsschädigenden, sondern unternehmerischer Motivation entspringt.

Der Gesellschafter ist folglich aus der Pfandabrede verpflichtet, dem Pfandgläubiger die Informationen zuzuleiten, die dieser benötigt, um seine Rechte auszuüben und die Verpflichtungen des Gesellschafters bestmöglich zu kontrollieren. Die Grenze findet die Informationsverschaffung in elementaren Geschäftsinterna, deren Weiterleitung an gesellschaftsfremde Dritte die Erreichung des Gesellschaftszwecks gefährden könnte. Diese ist der Gesellschafter berechtigt zurückzuhalten.

IV. Rechtsfolgen bei Verstoß gegen die Treuepflicht

Zu klären bleibt, welche Rechtsfolge sich bei einem Verstoß gegen die jeweilige Treuepflicht ergibt. Hierbei ist zunächst zu beachten, dass Nebenpflichten aus dem Pfandrechtsverhältnis nur zwischen den Beteiligten der Pfandabrede und nicht auch gegenüber der Gesellschaft wirken[652]. Ihre Verletzung kann daher nur zu Schadensersatzverpflichtungen des Verpfänders gegenüber dem Pfandgläubiger führen. Auf die Rechtswirksamkeit des gefassten Beschlusses und sonstiger Maßnahmen der Gesellschaft hat sie hingegen keine Auswirkung. Trotz einer Pflichtverletzung im Innenverhältnis kommt dem Beschluss oder der Maßnahme im Außenverhältnis vollständige Wirkung zu. Nur für den Fall, dass der Beschluss oder die Maßnahme eine dritte, nicht anfechtungsberechtigte Person in sittenwidriger Art und Weise schädigt, tritt Nichtigkeit und damit die Unwirksamkeit nach außen ein[653].

---

[652] BGHZ 48, 163, 169 ff.; *Reichert/Weller*, GmbH-Geschäftsanteil, § 15 Rn. 298; *Kolkmann*, MittRhNotK 1992, 1, 9.

[653] RGZ 161, 143; BGHZ 15, 382, 385; OLG Dresden NZG 1999, 1109; *Zöllner*, in: Baumbach/Hueck, GmbHG, Anh. § 47 Rn. 55.

Grundsätzlich gilt, dass das Abstimmungsverhalten des Gesellschafters, auch wenn es den Pfandgläubiger benachteiligt, nicht zu einer Schadensersatzpflicht des Gesellschafters führt, sofern es dem vorrangigen Gesellschaftsinteresse dient. Ein Verstoß gegen die Rücksichtnahmepflicht bei der Stimmrechtsausübung liegt nur unter den dargestellten engen Voraussetzungen vor und führt dann nur zu einem Schadensersatzanspruch aus § 280 Abs. 1 BGB[654]. Ein Anspruch besteht allerdings nur insoweit, als die pflichtwidrige Stimmabgabe kausal für die Beeinträchtigung oder den Wegfall des Pfandrechts war. Dies ist insbesondere bei einer Majorisierung durch die anderen Gesellschafter zu verneinen, da der Gesellschafter den Beschluss ohnehin nicht verhindern konnte. Die Beweisführung für einen solchen Anspruch ist trotz des bestehenden Informationsrechts für den Pfandgläubiger äußerst schwierig, so dass er in der Regel Maßnahmen und Beschlüsse bis zur Grenze der Sittenwidrigkeit dulden muss. Dann greift in schadensersatzrechtlicher Hinsicht zusätzlich § 826 BGB ein. Darüber hinaus wird in diesem Fall der Beschluss ohnehin nichtig und damit unwirksam sein. Dem Schadensersatzanspruch gemäß § 280 Abs. 1 BGB wegen Verletzung der Rücksichtnahmepflicht wird nur dann praktische Bedeutung zukommen, wenn sich aus den erlangten Informationen eine nachweisbare Alternativmaßnahme ergibt. Dies wird in der Regel nicht der Fall sein. Gleiches gilt für die Pflicht zur Anfechtung von Gesellschafterbeschlüssen. Zwar kann sich aus der Verletzung ein Schadensersatzanspruch nach § 280 Abs. 1 BGB ergeben, jedoch befindet sich der Pfandgläubiger wieder in einer schwierigen Beweissituation. Auch hier wird es letztlich, wenn überhaupt, auf einen Anspruch aus § 826 BGB hinauslaufen.

Neben den dargestellten speziellen Ausprägungen der Treuepflicht in Form der Rücksichtnahme- und der Anfechtungspflicht ist der Gesellschafter aus dem Pfandrechtsverhältnis generell gehalten, alles zu tun oder zu unterlassen um den angestrebten Vertragszweck zu erreichen. Zu klären bleibt, ob hieraus auch die Verpflichtung des Gesellschafters folgt, etwa eine Kaduzierung oder eine Zwangseinziehung zu verhindern und er für den Fall der schuldhaften Verursachung derartiger Gesellschaftsmaßnahmen schadensersatzpflichtig wird. Zwar gibt § 1276 BGB zu erkennen, dass der Schutz des Pfandgegenstands primär dem Pfandgläubiger obliegt[655], allerdings ändert sich hierdurch nichts an dem zwischen Pfandgeber und Pfandnehmer bestehenden Treueverhältnis. Für die Abwendungspflicht hinsichtlich der Kaduzierung bedeutet dies, dass der Gesellschafter, soweit er über die finanziellen Mittel verfügt, im Rahmen seiner Leistungsfähigkeit[656] die entsprechenden Einlagen oder Nachschüsse zu erbringen hat. Kommt er dieser Verpflichtung nicht nach, steht dem Pfandgläubiger wiederum ein Schadensersatzanspruch aus der Pflichtverletzung des Treueverhältnisses zu[657]. Ähnliches gilt auch für die schuldhafte Verursachung der Zwangseinziehung. Mit dieser re-

---

[654] Zu pauschal deshalb *Rowedder/Bergmann*, in: Rowedder/Schmidt-Leithoff, GmbHG, § 15 Rn. 96, die stets eine Schadensersatzpflicht annehmen, wenn ein Satzungsbeschluss das Pfandrecht beeinträchtigt.

[655] Mit diesem Argument lehnt *Damrau*, in: MünchKommBGB, § 1276 Rn. 67 eine Schadensersatzpflicht ab.

[656] Hierbei ist zu beachten, dass im Rahmen einer Geldleistungspflicht der, sich infolge einer Auslegung (§§ 133, 157 BGB) regelmäßig ergebende, Schuldinhalt die Garantiehaftung i.S.d. § 276 Abs. 1 S. 1 BGB ist, da sowohl die Verkehrssitte als auch der Gesetzgeber im Zwangsvollstreckungs- und Insolvenzrecht die jederzeitige finanzielle Leistungsfähigkeit erwarten.

[657] Zutreffend auch *Büchner*, Verpfändung von Anteilen, S. 63 f.

131

agiert die Gesellschaft häufig auf Störungen des Verhältnisses zu ihren Gesellschaftern[658]. Hat der verpfändende Gesellschafter durch satzungsmäßig nicht toleriertes Verhalten die Zwangseinziehung provoziert oder leichtfertig herbeigeführt, ist ebenfalls eine Schadensersatzpflicht anzunehmen. Dies muss auch gelten, wenn der Gesellschafter einen anderen, in der Satzung festgelegten, Grund zur Zwangseinziehung missachtet[659]. Der Gesellschafter ist demzufolge verpflichtet, beeinträchtigende Maßnahmen der Gesellschaft im Rahmen seiner (Leistungs-) Möglichkeiten zu verhindern. Anders als bei der Stimmrechtsausübung oder der Anfechtung von Gesellschafterbeschlüssen kommt der gesellschaftlichen Treuepflicht hierbei keine vorrangige Bedeutung zu, da die Veranlassung von anteilsbeeinträchtigenden oder -vernichtenden Maßnahmen hiervon nicht erfasst ist.

§ 5 Vertragliche Regelungsmöglichkeiten und das Risiko der Nachrangigkeit des Pfandgläubigers

Der vorstehende Abschnitt hat die gesetzliche Rechtsstellung der Beteiligten einer Anteilsverpfändung aufgezeigt. Dabei wurde zu Beginn herausgestellt, dass die Effektivität eines Pfandrechts zur Kreditsicherung neben dem Zugriffsgegenstand hauptsächlich von der rechtlichen Stellung der Beteiligten abhängt, da durch die getrennte Zuweisung von Vermögens- und Verwaltungsrechten die Gefahr einer Wertminderung oder einer vollständigen Vernichtung des Pfandobjekts besteht. Der Pfandgläubiger läuft Gefahr, im Verwertungsfall ein Pfandobjekt in den Händen zu halten, welches nicht mehr in der Lage ist, die anfänglich prognostizierte Kompensation zu erreichen. Trotz aller Unsicherheiten im Detail, insbesondere in Bezug auf die Anwendung des § 1276 BGB, wird deutlich, dass der Anteilspfandgläubiger nur in geringem Umfang Einfluss auf das Schicksal seines Pfandobjekts nehmen kann. Ihm steht nach hier vertretener Auffassung[660] weder bei pfandrechtsbeeinträchtigenden Beschlüssen der Gesellschafter noch bei Akten der Gesellschaft ein Zustimmungsrecht nach § 1276 BGB zu. Nach der hier vertretenen Konzeption greift die Vorschrift lediglich bei einseitig rechtsgestaltenden Maßnahmen des Gesellschafters und bietet dem Pfandgläubiger daher nur äußerst eingeschränkten Schutz. Auch das punktuelle Ablösungsrecht nach § 268 BGB analog bei drohender Kaduzierung sowie die sich aus der Treuepflicht ergebenden Rechte wiegen die dem Kreditgeber erwachsenden Nachteile und Risiken nicht auf. Sowohl die von den Gesellschaftern in den Angelegenheiten der Gesellschaft zu treffenden Bestimmungen (§ 47 Abs. 1 GmbHG) als auch Abänderungen des Gesellschaftsvertrages (§ 53 Abs. 1 GmbHG) erfolgen nämlich durch Beschlussfassung der Gesellschafter. Ein Großteil der pfandrechtsbeeinträchtigenden Rechtsänderungen des verpfändeten Geschäftsanteils wird demzufolge aus Gesellschafterbeschlüssen resultieren. Auf diese hat der Pfandgläubiger selbst dann keinen Einfluss, wenn diese das Pfandrecht beeinträchtigen. Ihm bleibt in der Regel nur die Möglichkeit, bei offensichtlich rücksichtsloser Ausübung des Stimmrechts Schadensersatz wegen Treuepflichtverletzung gegen den

---

[658] *Westermann*, in: Scholz, GmbHG, § 34 Rn. 38.

[659] So etwa, wenn der Gesellschafter seinen Anteil an einen familienfremden veräußert, obwohl dies einen satzungsmäßigen Einziehungsgrund der Gesellschaft darstellt.

[660] Ein Großteil des Schrifttums gelangt im Ergebnis zu einer ähnlichen Rechtsfolge.

Gesellschafter geltend zu machen. Im Ergebnis lässt sich feststellen, dass die kraft Gesetzes bestehenden Mitwirkungs- und Einflussmöglichkeiten des Pfandgläubigers äußerst begrenzt sind und das Pfandrecht nur unzureichend vor Beeinträchtigungen schützen.

Angesichts dieses geringen Schutzniveaus für den Pfandgläubiger, ergibt sich das praktische Bedürfnis, dieses durch vertragliche Regelungen anzuheben. Neben allgemeinen Vereinbarungen, die die bereits gesetzlich bestehenden Rechte lediglich dokumentieren oder präzisieren, sind zwei weitere Arten der Vertragsgestaltung denkbar. Zum einen können Vereinbarungen zur Ausübung des Stimmrechts getroffen werden und zum anderen kann sich der Darlehensgeber darüber hinaus die Möglichkeit einer breitflächigen Einflussnahme auf Geschäftsführung und Ausgestaltung des Schuldnerunternehmens verschaffen. Im Folgenden sollen die rechtliche Möglichkeit, die Reichweite sowie die bestehenden Risiken solcher Vereinbarungen untersucht werden.

A. Allgemeine Vereinbarungen

Im Rahmen der allgemeinen Vereinbarungen werden in erster Linie die nach hier vertretener Auffassung bereits kraft Gesetzes bestehenden Rechte des Pfandgläubigers und Verpflichtungen des Gesellschafters schuldrechtlich manifestiert. Dies erscheint vor dem Hintergrund der uneinheitlichen Beurteilung der gesetzlich bestehenden Rechte und Pflichten notwendig. Im Hinblick auf das Zustimmungsrecht bei einseitig rechtsgestaltenden Akten des Gesellschafters sollten die Beteiligten insbesondere den einschränkenden Vorbehalt von Treu und Glauben präzisieren. Hierfür empfiehlt es sich, in der Verpfändungsabrede klare Einschränkungen des Zustimmungserfordernisses festzulegen. Der Gesellschafter sollte danach etwa berechtigt sein, seine Gestaltungsrechte – insbesondere die Loslösung von der Gesellschafterstellung – immer dann ohne Zustimmung auszuüben, wenn er schwerwiegende persönliche Gründe vorweisen kann, die nicht aus seiner Verantwortungssphäre stammen. Die vereinbarten Einschränkungen sollten sich insofern an den bereits dargelegten Grundsätzen orientieren und möglichst präzise Regelungen aufstellen. Im Zusammenhang mit der schuldrechtlichen Regelung der gesetzlichen Rücksichtnahmepflicht des Gesellschafters ist die häufig vorgeschlagene Generalabwehrklausel zu sehen, wonach der Verpfänder verpflichtet ist, alles zu unterlassen, was den Wert des verpfändeten Geschäftsanteils beeinträchtigen oder zu seinem Untergang führen könnte[661]. Als Sanktion für die Verletzung dieser Klausel wird regelmäßig eine Kündigungsmöglichkeit des Kreditvertrages oder ein Nachbesicherungsrecht festgelegt. Von der Aufnahme solcher generellen Abwehrklauseln in den Pfandvertrag ist vor dem Hintergrund der Ausführungen zur gesetzlichen Rücksichtnahmepflicht abzuraten, da sie einen nicht zu rechtfertigenden, unbedingten Vorrang der Interessen des Pfandgläubigers statuieren[662]. Die kraft Gesetzes bestehende Pflicht des Gesellschafters zur Rücksichtnahme steht unter dem Vorbehalt des Vorrangs der gesellschaftlichen Treuepflicht, so dass Gleiches auch für schuld-

---

[661] Heidenhain, in: MünchVertrag, Band 1, IV.68 Anm. 7, Formularziffer 4. Auf diese Klauseln weisen auch Reichert/Weller, GmbH-Geschäftsanteil, § 15 Rn. 299; Mertens, ZIP 1998, 1787, 1789; Rodewald, GmbHR 1995, 418, 420 mit Anmerkung in Fn. 27; Roth, ZGR 2000, 187, 220 hin.

[662] Reichert/Weller, GmbH-Geschäftsanteil, § 15 Rn. 299; Mertens, ZIP 1998, 1787, 1789; Rodewald, GmbHR 1995, 418, 420 mit Fn. 27; Roth, ZGR 2000, 187, 220.

rechtliche Abreden im Verpfändungsvertrag gilt[663]. Auch hier bildet die Treuepflicht des Gesellschafters gegenüber der Gesellschaft die Grenze für eine Bindung an die Interessen des Pfandgläubigers. Dies gilt spiegelbildlich auch für positiv formulierte Generalklauseln, wonach der Gesellschafter alles zu unternehmen hat, um den Interessen des Pfandgläubigers gerecht zu werden[664]. Die vertragliche Regelung und Präzisierung von Informationsrechten und -pflichten sollte ebenfalls unter den Vorbehalt gestellt werden, dass der Gesellschafter durch ihre Befolgung weder Treue- noch Geheimhaltungspflichten gegenüber der Gesellschaft verletzt. Die dargestellten Einschränkungen der gesetzlichen Gläubigerrechte aufgrund der gesellschaftlichen Treuepflicht gelten insoweit auch für alle schuldrechtlichen Vereinbarungen.

Ausgangspunkt schuldrechtlicher Verpfändungsabreden zur Erhöhung des Schutzniveaus des Pfandgläubigers sollte daher zunächst die allgemeine Verpflichtung des Gesellschafters sein, den Pfandnehmer sowohl von der Ausübung sämtlicher Verwaltungs- und Teilhaberechte in Kenntnis zu setzen als auch diesen über die Tagesordnungspunkte künftiger Gesellschafterversammlungen und den Inhalt der zu fassenden Beschlüsse zu unterrichten. Hierdurch ist der Pfandgläubiger in der Lage, die rechtliche und/oder wirtschaftliche Gefährdung seiner Sicherheit selbst zu beurteilen und gegebenenfalls entsprechende Maßnahmen zu ihrer Abwendung zu ergreifen. Die Information über einen bevorstehenden Kaduzierungsbeschluss etwa ermöglicht dem Pfandgläubiger, rechtzeitig von seinem Ablösungsrecht Gebrauch zu machen. In Bezug auf die Ausübung einseitiger Gestaltungsrechte hat der pfandgebende Gesellschafter ohnehin die Zustimmung seines Gläubigers einzuholen, es sei denn, seine Handlungsmotivation erfüllt einen gesetzlichen (§ 242 BGB) oder vereinbarten Ausnahmetatbestand. Der Sicherstellung des Informationsflusses zwischen Pfandgeber und Pfandnehmer kommt demnach absoluter Vorrang zu. Hierdurch wird eine offene Kommunikation zwischen den an der Pfandabrede Beteiligten gefördert und Konflikten vorgebeugt.

Dennoch bleibt zu beachten, dass trotz schuldrechtlicher Kodifizierung der gesetzlich bestehenden Gläubigerrechte kein Einfluss des Pfandgläubigers auf die für den Wert der Geschäftsanteile einflussreichen Gesellschafterbeschlüsse besteht. Durch die Verpfändung eines GmbH-Geschäftsanteils erhält der Pfandgläubiger nicht das Stimmrecht des verpfändenden Gesellschafters[665]. Hinzu kommt, dass ihm auch bei Beschlüssen, die sich nachteilig auf sein Pfandrecht auswirken, kein Zustimmungsrecht zusteht. In diesem Punkt bleibt es für ihn bei dem unbefriedigenden Ergebnis, auf die gesetzliche oder schuldrechtlich vereinbarte Rücksichtnahmepflicht seines Schuldners vertrauen zu müssen. Im Folgenden werden daher die rechtlichen Möglichkeiten der Vertragsgestaltung im Hinblick auf die Ausübung des Stimmrechts untersucht.

---

[663] Vgl. auch H. Winter/Seibt, in: Scholz, GmbHG, § 15 Rn. 191; Rodewald, GmbHR 1995, 418, 420 mit Fn. 27.

[664] Dies etwa um den Gesellschafter zu verpflichten, anfechtbare Gesellschafterbeschlüsse stets anzufechten, sofern sie pfandrechtsbeeinträchtigend wirken.

[665] Hüffer, in: Ulmer/Habersack/Winter, GmbHG, § 47 Rn. 50; K. Schmidt, in: Scholz, GmbHG, § 47 Rn. 18; Zöllner, in: Baumbach/Hueck, GmbHG, § 47 Rn. 35.

B. Vereinbarungen zur Ausübung des Stimmrechts

I. Stimmrechtsübertragung

Hinsichtlich vertraglicher Vereinbarungen zur Stimmrechtsausübung kommt als effektivste Gestaltungsform die vollständige Übertragung des Stimmrechts in Betracht. Denkbar ist, dass der Gesellschafter für die Dauer des Pfandrechtsverhältnisses sein Stimmrecht unter der auflösenden Bedingung (§ 158 Abs. 2 BGB) der Beendigung des Pfandrechts auf den Pfandgläubiger überträgt. Hierdurch wäre der Pfandnehmer in der Lage, das seinem inpfandgenommenen Geschäftsanteil zugehörige Stimmrecht selbständig und grundsätzlich in eigenem Interesse auszuüben. Zu untersuchen ist, ob eine solche auflösend bedingte, zeitweilige Übertragung des Stimmrechts auf einen gesellschaftsfremden Dritten möglich ist.

Das Stimmrecht ist die aus der Mitgliedschaft folgende Befugnis, durch Stimmabgabe an der organschaftlichen Willensbildung teilzunehmen und damit den Willen mit zuformen, der der GmbH als eigener zugerechnet wird[666]. Einigkeit herrscht in dem Punkt, dass das Stimmrecht sich unmittelbar aus dem Geschäftsanteil ableitet und deshalb die originäre Begründung eines Stimmrechts durch eine Satzungsregelung ohne dazugehörigen Geschäftsanteil nicht möglich ist[667]. Sofern aber das Stimmrecht einmal infolge der Schaffung des Geschäftsanteils entstanden ist, stellt sich die Frage, ob es hiervon abgespalten und isoliert übertragen werden kann. Dies wird insbesondere im Hinblick auf die für die Anteilsverpfändung in Betracht kommende vorübergehende Stimmrechtsübertragung nicht einheitlich beurteilt.

Die Rechtsprechung[668] sowie die herrschende Meinung in der Literatur[669] lehnt generell sowohl die vorübergehende als auch die dauerhafte Übertragung des Stimmrechts mit Verweis auf das Abspaltungsverbot ab. Dieses besagt, dass Mitgliedschaftsrechte – im Gegensatz zu einzelnen, aus ihnen erwachsende Ansprüche – von der Mitgliedschaft nicht abtrennbar sind[670]. Eine unzulässige Abspaltung liegt danach vor, wenn ein Gesellschafter seinen Geschäftsanteil behalten, das Stimmrecht aber auf einen anderen übertragen will. Seine gesetzliche Grundlage findet dieses Prinzip für Personengesellschaften in § 717 S. 1 BGB[671]. Für die Gesellschaftsform der GmbH wird das Verbot der Stimmrechtsabspaltung mit dem Charakter als organisierte Wirkungs-

---

[666] Einhellig *Hüffer*, in: Ulmer/Habersack/Winter, GmbHG, § 47 Rn. 40; *Römermann*, in: Michalski, GmbHG, § 47 Rn. 43; *K. Schmidt*, in: Scholz, GmbHG, § 47 Rn. 13; *Zöllner*, in: Baumbach/Hueck, GmbHG, § 47 Rn. 32; *K. Schmidt*, Gesellschaftsrecht, § 21 II 1 b.

[667] BayObLG WM 1986, 226 ff.; *Hüffer*, in: Ulmer/Habersack/Winter, GmbHG, § 47 Rn. 25, 40, 52; *Römermann*, in: Michalski, GmbHG, § 47 Rn. 45; *Koppensteiner*, in: Rowedder/Schmidt-Leithoff, GmbHG, § 47 Rn. 25; *K. Schmidt*, in: Scholz, GmbHG, § 47 Rn. 20; *Ulmer*, in: Festschrift Werner (1984), S. 911, 919.

[668] Bereits RGZ 132, 149, 159; BGHZ 43, 261, 267; BGH NJW 1968, 396 f. (jeweils für die GmbH); BGHZ 3, 354, 357; 36, 292 f. (für die oHG); BGHZ 20, 363, 365 (für die KG); BGH NJW 1987, 780 f. (für die AG).

[669] *Hüffer*, in: Ulmer/Habersack/Winter, GmbHG, § 47 Rn. 52 f.; *Römermann*, in: Michalski, GmbHG, § 47 Rn. 46-49; *K. Schmidt*, in: Scholz, GmbHG, § 47 Rn. 20; *Zöllner*, in: Baumbach/Hueck, GmbHG, § 47 Rn. 40; *K. Schmidt*, Gesellschaftsrecht, § 21 II 1 b.

[670] Vgl. statt vieler *K. Schmidt*, Gesellschaftsrecht, § 19 III 4 a.

[671] Eingehend *Habermeier*, in: StaudingerBGB § 717 Rn. 1 ff.; *Sprau*, in: PalandtBGB, § 717 Rn. 4.

einheit ihrer Mitglieder begründet[672]. Dahinter steht das Verständnis des Stimmrechts als unentbehrliches und damit inhaltsprägendes Instrument zur Verwirklichung des gemeinschaftlichen Gesellschaftszwecks, da der Gesellschafter hierdurch an der innergesellschaftlichen Entscheidungsfindung mitwirken kann[673]. Auch vor dem Hintergrund der verbandsrechtlichen Souveränität ist zwischen dem Stimmrecht und dem Gesellschaftsanteil eine zentrale Verknüpfung anzunehmen. Nur bei der Stimmrechtsausübung durch einen Gesellschafter ist die Orientierung am Gesellschaftsinteresse sichergestellt[674]. Mit diesem Ordnungsbild ist die Anerkennung von Stimmrechten zugunsten gesellschaftsfremder Dritter nicht vereinbar.

Demgegenüber vertritt ein Teil des Schrifttums[675], dass die zeitweilige Übertragung des Stimmrechts unter bestimmten Voraussetzungen zuzulassen sei. Zunächst ist zu beachten, dass diese Auffassung die Ausnahme vom Abspaltungsverbot ausdrücklich nur für den Fall annimmt, dass die Stimmrechtsübertragung von vornherein zeitlich begrenzt oder mit einer Kündigungsmöglichkeit versehen ist[676]. Die dauerhafte und unwiderrufliche Abspaltung des Stimmrechts soll auch hiernach unzulässig sein. Bei der temporären Übertragung spiele die Gefahr von Dritteinflüssen keine Rolle, da die Verbindung von Geschäftsanteil und Stimmrecht zumindest in gelockerter Form erhalten bleibe[677]. Teilweise[678] wird jedoch verlangt, dass ein Kernbereich an Mitgliedschaftsrechten bei dem Inhaber der materiellen Gesellschafterstellung verbleiben müsse. Insgesamt wird die vorübergehende Stimmrechtsübertragung an einen Nichtgesellschafter als zulässig erachtet, wenn der zukünftige Stimmrechtsträger hinreichend eng und rechtssicher an das Gesellschaftsinteresse gebunden bleibt. Dies soll der Fall sein, wenn er entweder zumindest partiell in einem nicht unerheblichen Maße die wirtschaftliche Stellung eines Gesellschafters habe oder das Stimmrecht streng weisungsgebunden ausübe[679]. Hierbei wird stellenweise[680] darauf abgestellt, ob die Abspaltung des Stimmrechts im Rahmen eines Rechtsverhältnisses erfolgt, das zum einen ihren vorübergehenden Charakter sicherstellt und zum anderen erwarten lässt, dass der Stimmrechtszessionar von seiner Befugnis im Einklang mit dem Gesellschaftsinteresse Gebrauch macht. Selbst einige Vertreter[681] dieser differenzierenden Literaturmeinung sehen die letztgenannte Voraussetzung bei einem Vertragspfandrecht regelmäßig für nicht gegeben und verneinen daher die Möglichkeit der Stimmrechtsübertragung zu Gunsten des Pfandgläubigers.

---

[672] Vgl. *Hüffer*, in: Ulmer/Habersack/Winter, GmbHG, § 47 Rn. 52; *Römermann*, in: Michalski, GmbHG, § 47 Rn. 47.

[673] *K. Schmidt*, Gesellschaftsrecht, § 19 III 4 a.

[674] *K. Schmidt*, Gesellschaftsrecht, § 19 III 4 a; *Wiedemann*, Mitgliedschaftsrechte, S. 281.

[675] *Lutter/Hommelhoff*, in: Lutter/Hommelhoff, GmbHG, § 47 Rn. 2; *Koppensteiner*, in: Rowedder/Schmidt-Leithoff, GmbHG, § 47 Rn. 24 f.; *Fleck*, in: Festschrift Fischer (1979), S. 107 ff.; *Theißen*, DB 1993, 469 ff.; *Weber*, Privatautonomie, S. 229 ff.

[676] *Koppensteiner*, in: Rowedder/Schmidt-Leithoff, GmbHG, § 47 Rn. 25.

[677] *Koppensteiner*, in: Rowedder/Schmidt-Leithoff, GmbHG, § 47 Rn. 25.

[678] *Lutter/Hommelhoff*, in: Lutter/Hommelhoff, GmbHG, § 47 Rn. 2.

[679] *Lutter/Hommelhoff*, in: Lutter/Hommelhoff, GmbHG, § 47 Rn. 2.

[680] *Koppensteiner*, in: Rowedder/Schmidt-Leithoff, GmbHG, § 47 Rn. 24 f.; *Fleck*, in: Festschrift Fischer (1979), S. 107, 113, 118 f.; *Weber*, Privatautonomie, S. 229 ff.

[681] *Koppensteiner*, in: Rowedder/Schmidt-Leithoff, GmbHG, § 47 Rn. 24 f.; *Lutter/Hommelhoff*, in: Lutter/Hommelhoff, GmbHG, § 47 Rn. 2; *Fleck*, in: Festschrift Fischer (1979), S. 107, 120 ff.

Zwar hat der BGH[682] die Richtigkeit der vermittelnden Ansicht ausdrücklich offen gelassen, allerdings zeigen bereits die erwähnten Einschränkungen einiger Vertreter im Hinblick auf das Vertragspfandrecht, dass eine Stimmrechtsübertragung zu Gunsten des Pfandgläubigers abzulehnen ist. Vor dem Hintergrund des Stimmrechts als Mitgliedschaftsrecht stellt sich die Zulassung der Stimmrechtsabspaltung als Systembruch dar, da das Stimmrecht auf diese Weise gerade seinen mitgliedschaftlichen Bezug verliert. Hierfür ist es unerheblich, ob die Abspaltung auf einen bestimmten Zeitraum limitiert ist oder dauerhaft erfolgt. Entscheidend ist jeweils der Zeitraum der Stimmrechtstrennung, so dass für dessen Beurteilung nicht ein etwaiger Beendigungszeitpunkt entscheidend sein kann[683]. Auch der Verweis auf eine gesellschafterähnliche Stellung ist verfehlt, da dass Stimmrecht unmittelbar aus dem Geschäftsanteil folgt und nicht etwa mit dem Gesellschafter verknüpft ist. Auch sprechen praktische Gesichtspunkte für die konsequente Einhaltung des Abspaltungsverbots. Die differenzierende Ansicht trägt ein großes Maß an Rechtsunsicherheit in die Gesellschafterversammlung. Im Rahmen von Gesellschafterbeschlüssen muss die Frage, wer Inhaber eines Stimmrechts ist, einfach geklärt werden können[684]. Andernfalls wird eine Situation herbeigeführt, in der es für die übrigen Gesellschafter im Einzelfall nicht mehr möglich ist, die Stimmbefugnisse richtig zuzuordnen. Hierdurch wird das organisatorische Verantwortungsgefüge und damit der laufende und zukünftige Geschäftsbetrieb stark beeinträchtigt. Die einschränkende Auffassung[685], dass stets Kernbereiche der Mitgliedschaftsrechte bei dem ursprünglichen Anteilseigner verbleiben müssen, verschärft diesen Umstand zusätzlich. Zwar fordern ihre Vertreter, dass in jedem Fall eine „klare Befugnisabgrenzung" zu erfolgen hat, allerdings birgt eine solche Regelung stets die Gefahr von Missverständnissen und führt ebenfalls zu einer erheblichen Behinderung des Geschäftsbetriebs.

Mit der herrschenden Meinung ist damit von der generellen Geltung des Abspaltungsverbots auszugehen, so dass auch die auf die Dauer des Pfandrechtsverhältnisses beschränkte Übertragung des Stimmrechts auf den Pfandgläubiger untersagt ist.

II. Legitimationszession

Von der Stimmrechtsübertragung wird die sog. Legitimationszession oder auch Legitimationsübertragung unterschieden. Sie bezeichnet die Ermächtigung eines Dritten, das Stimmrecht aus ihm nicht gehörenden Gesellschaftsanteilen im eigenen Namen auszuüben. Der Pfandgläubiger bekommt hiernach das Stimmrecht nicht übertragen, sondern ist lediglich ermächtigt, dieses für die Dauer des Pfandrechtsverhältnisses im eigenen Interesse auszuüben. Dennoch stellte diese Konstruktion eine der Stimmrechtsübertragung vergleichbar effektive Regelung zum Schutz des Pfandgläubigers dar. Die Legitimationszession ist für das Recht der Aktiengesellschaft nunmehr in § 129 Abs. 3 AktG[686] positivrechtlich geregelt. Es ist umstritten, ob eine Ermächtigung zur Stimm-

---

[682] BGH NJW 1987, 780 f.

[683] BGHZ 3, 354, 359; *Römermann*, in: Michalski, GmbHG, § 47 Rn. 49.

[684] Zutreffend *K. Schmidt*, Scholz, GmbHG, § 47 Rn. 20; *Reymann*, DNotZ 2005, 425, 441.

[685] *Lutter/Hommelhoff*, in: Lutter/Hommelhoff, GmbHG, § 47 Rn. 2.

[686] Gesetzeswortlaut: „Wer von einem Aktionär ermächtigt ist, im eigenen Namen das Stimmrecht für Aktien auszuüben, die ihm nicht gehören, hat bei Nennbetragsaktien den Betrag (...) zur Aufnahme in das Verzeichnis gesondert anzugeben."

rechtsausübung nach dem Vorbild des Aktienrechts auch im GmbH-Recht zulässig ist. Eine eindeutig herrschende Meinung ist dabei bislang nicht auszumachen.

Das RG[687] hat insbesondere bei Vorliegen eines Anteilspfandrechts die Legitimationszession zu Gunsten des Pfandgläubigers ausdrücklich zugelassen. Zwei neuere Entscheidungen[688] haben diese Frage hingegen bewusst offen gelassen. Ein Teil des heutigen Schrifttums[689] geht mit dem RG von der Zulässigkeit der Legitimationszession aus. Die Auffassung zieht eine Parallele zum Aktienrecht, wo die Übertragung des Stimmrechts, ebenso wie bei der GmbH, unzulässig, die Legitimationszession jedoch nach § 129 Abs. 3 AktG ausdrücklich gestattet sei. Vor dem Hintergrund dieser Regelung sei kein Grund ersichtlich, die GmbH als vergleichbare Kapitalgesellschaft in diesen beiden Punkten anders zu behandeln[690]. Hiergegen wendet sich die Meinung[691], die eine Ermächtigung zur Stimmrechtsausübung für unzulässig hält. Diese Auffassung verweist im Kern auf den Grundgedanken des Abspaltungsverbots. Das Innenrecht der GmbH wolle danach nicht nur die formale Zusammengehörigkeit von Stimmrecht und Mitgliedschaft sichern, sondern es gehe darum, dass das Stimmrecht stets im Namen des Gesellschafters ausgeübt wird[692].

Der BGH hat bislang nicht ausdrücklich zur Frage der Zulässigkeit der Legitimationszession Stellung genommen. Allerdings lässt er in einer zentralen Entscheidung[693] zur Ausgestaltung einer Stimmrechtsvollmacht grundlegende Wertungen erkennen[694]. Ausgangspunkt der Entscheidung ist die strikte Anwendung des Verbots der Stimmrechtsübertragung. Die unzulässige Stimmrechtsabspaltung sei dadurch geprägt, dass sie zu einem Wechsel des Rechtsträgers und daher zu einem vollständigen Verlust der Rechtsstellung des bisherigen Stimmrechtsinhabers führe. Demgegenüber kennzeichne die Bevollmächtigung, dass sie das Recht bei dem bisherigen Rechtsträger belasse und lediglich eine weitere Befugnis in der Person des Bevollmächtigten schaffe. Der BGH misst in seiner Entscheidung diesem Wesensunterschied zwischen Abtretung und Bevollmächtigung „wesentliche Bedeutung" für die Beurteilung von Vereinbarungen zur

---

[687] RGZ 157, 52, 55 f. „Man wird (...) den Verpfänder für berechtigt halten müssen, den Pfandgläubiger zur Ausübung des Stimmrechts im eigenen Namen zu ermächtigen, ohne dass es zur Erreichung dieses Zweckes des (...) Umweges über die unwiderrufliche Vollmacht bedarf."

[688] OLG Frankfurt GmbHR 1990, 79; OLG Hamburg GmbHR 1990, 42 f.; BayObLG GmbHR 1986, 87 f.

[689] *Ebbing*, in: Michalski, GmbHG, § 15 Rn. 201 f., 230; *Hüffer*, in: Ulmer/Habersack/Winter, GmbHG, § 47 Rn. 54 f.; *Koppensteiner*, in: Rowedder/Schmidt-Leithoff, GmbHG, § 47 Rn. 27; *Römermann*, in: Michalski, GmbHG, § 47 Rn. 52 f.; wohl auch *Roth*, in: Roth/Altmeppen, GmbHG, § 47 Rn. 19.

[690] Insbesondere *Hüffer*, in: Ulmer/Habersack/Winter, GmbHG, § 47 Rn. 55 und *Römermann*, in: Michalski, GmbHG, § 47 Rn. 53.

[691] *Habersack*, in: SoergelBGB, § 1274 Rn. 38; *Hueck/Fastrich*, in: Baumbach/Hueck, GmbHG, § 15 Rn. 50; *K. Schmidt*, in: Scholz, GmbHG, § 47 Rn. 21; *Sommer*, in: MünchHdBGesR, § 26 Rn. 172; *Wiegand*, in: StaudingerBGB, § 1274 Rn. 55; *M. Winter/Löbbe*, in: Ulmer/Habersack/Winter, GmbHG, § 15 Rn. 162; *H. Winter/Seibt*, in: Scholz, GmbHG, § 15 Rn. 179; *Zöllner*, in: Baumbach/Hueck, GmbHG, § 47 Rn. 41; *Kolkmann*, MittRhNotK 1992, 1, 12; *Reymann*, DNotZ 2005, 425, 441.

[692] Insbesondere *K. Schmidt*, in: Scholz, GmbHG, § 47 Rn. 13, 21.

[693] BGHZ 3, 354, 356 ff. Leitsatz 2: „Die Erteilung einer unwiderruflichen Stimmrechtsvollmacht unter gleichzeitigem Stimmrechtsverzicht seitens des Gesellschafters gegenüber dem Bevollmächtigten ist (...) nichtig."

[694] Der Begriff der „Legitimationszession" kommt dabei erstmals in der Entscheidung BGHZ 20, 363 f. vor, ohne dass hierauf näher eingegangen wird. Allerdings erfolgt auch hier der Verweis auf die in der vorhergehenden Fußnote genannte Entscheidung.

138

Stimmrechtsausübung bei[695]. Entscheidendes Kriterium sei danach, ob der Gesellschafter neben dem Pfandgläubiger ebenfalls zur Ausübung des Stimmrechts befugt bleibe[696]. Sofern die Vereinbarung nach ihrem Sinngehalt den Wechsel des Rechtsträgers und damit die vollständige Verdrängung des Gesellschafters aus seiner Stimmrechtsbefugnis bezweckt, ist die Vereinbarung als nichtig anzusehen. Dabei wird ausdrücklich herausgestellt, dass es keinen Unterschied machen könne, ob zur Erreichung dieses Ziels die Form der dinglich wirkenden Abtretung oder unter gleichzeitiger Begründung zwingender schuldrechtlicher Verpflichtungen die Rechtsform einer unwiderruflichen, stimmrechtsverdrängenden Vollmacht gewählt wird[697]. Dieser Auffassung ist zuzustimmen, da andernfalls der Grundsatz des Abspaltungsverbots leicht umgangen werden könnte. Entsprechendes muss daher auch für die Bewertung der Legitimationszession gelten. Zwar wird bei dieser nur die Berechtigung zur Geltendmachung bzw. Ausübung des Rechts in eigenem Namen übertragen, so dass das Recht selbst beim bisherigen Inhaber verbleibt. Dennoch charakterisiert die Legitimationsübertragung gerade die vom BGH nicht tolerierte vollständige Verdrängung des Gesellschafters aus seiner Stimmrechtsposition. Der Pfandgläubiger wird in die Lage versetzt, das Stimmrecht in eigenem Namen geltend zu machen, ohne dass der eigentlich stimmrechtsberechtigte Gesellschafter daneben noch Einflussmöglichkeiten hat. Der Zweck und die praktische Wirkung einer solchen Ermächtigung rücken diese in einen so engen Zusammenhang mit der dinglich wirkenden Abtretung des Stimmrechts, dass die rein formale Differenzierung zwischen Übertragung und umfänglicher Ermächtigung ebenso ausscheidet, wie die zwischen Übertragung und unwiderruflich verdrängender Vollmacht[698].

Gegen die Zulässigkeit der Legitimationszession spricht noch ein weiterer Gedanke. Nach einem Großteil der eine Legitimationszession befürwortenden Meinung[699] soll die Legitimationsübertragung in dem selben Umfang zulässig sein, wie die Stimmrechtsvollmacht. Vorgreifend ist festzustellen, dass sowohl nach den Befürwortern der Stimmrechtsermächtigung als auch nach der übrigen herrschenden Auffassung die stimmrechtsverdrängende Vollmacht unzulässig ist[700]. Hierdurch entsteht innerhalb der befürwortenden Meinung ein Widerspruch, da gerade die Legitimationsübertragung letztlich zu einen den Gesellschafter verdrängenden Wirkung führt. Konsequenterweise müssten daher ihre Vertreter die Zulässigkeit der Legitimationsübertragung unter der einschränkenden Bedingung der zusätzlichen Stimmmöglichkeit seitens des Gesellschafters annehmen[701]. Vor diesem Hintergrund wird deutlich, dass es für die Legitima-

---

[695] BGHZ 3, 354, 358.

[696] Ähnlich Reuter, in: MünchKommBGB, § 38 Rn. 69.

[697] BGHZ 3, 354, 359.

[698] Hierzu im Folgenden unter Punkt III.

[699] Ebbing, in: Michalski, GmbHG, § 15 Rn. 201 f.; Hüffer, in: Ulmer/Habersack/Winter, GmbHG, § 47 Rn. 55; Römermann, in: Michalski, GmbHG, § 47 Rn. 53; Roth, in: Roth/Altmeppen, GmbHG, § 47 Rn. 19. Anders Koppensteiner, in: Rowedder/Schmidt-Leithoff, GmbHG, § 47 Rn. 27, der die von ihm angenommenen Grundsätze zur Stimmrechtsübertragung anwenden will.

[700] Vgl. nur Ebbing, in: Michalski, GmbHG, § 15 Rn. 230; Hüffer, in: Ulmer/Habersack/Winter, GmbHG, § 47 Rn. 95; Römermann, in: Michalski, GmbHG, § 47 Rn. 436 f.; H. Winter/Seibt, in: Scholz, GmbHG, § 15 Rn. 179.

[701] Im Ergebnis wohl auch K. Schmidt, in: Scholz, GmbHG, § 47 Rn. 21.

tionszession keine praktische Notwendigkeit gibt[702]. Die Ermächtigung zur Stimmrechtsausübung müsste im Einklang mit den Grundsätzen zur Stimmrechtsvollmacht
ausgestaltet werden, wodurch dieses Institut letztlich seine Eigenständigkeit verlieren
würde.
Die Zulässigkeit der Legitimationszession ist aufgrund ihrer Ähnlichkeit zur Stimmrechtsübertragung abzulehnen. Der Pfandgläubiger kann sich daher durch vertragliche
Vereinbarung weder das gesamte Stimmrecht noch die alleinige Berechtigung zur Ausübung übertragen lassen.

III. Stimmrechtsvollmacht

Eine Möglichkeit des Pfandgläubigers, unmittelbaren Einfluss auf die Ausübung des
Stimmrechts zu nehmen, stellt die Einräumung einer Stimmrechtsvollmacht dar. Die
Zulässigkeit der Stimmrechtsausübung durch Bevollmächtigte ergibt sich ausdrücklich
aus § 47 Abs. 3 GmbHG. Danach bedürfen Vollmachten zu ihrer Gültigkeit der Textform. Die Vorschrift bringt damit stillschweigend zum Ausdruck, dass es sich bei den
Mitverwaltungsrechten des Gesellschafters nicht um höchstpersönliche Rechte handelt
und sie daher durch Vertreter ausgeübt werden können[703]. Erfasst wird nur die durch
Rechtsgeschäft erteilte Vertretungsmacht (Vollmacht, § 166 Abs. 2 BGB)[704]. Dementsprechend gelten die allgemeinen Regelungen der §§ 164 ff. BGB. Der Vertreter
(Pfandgläubiger/Kreditgeber) muss daher, um eine wirksame Stimme abzugeben,
durch eigene Willenserklärung im Namen des Gesellschafters und mit entsprechender
Vertretungsmacht dessen Stimmrecht ausüben. Die Erteilung der Vollmacht erfolgt
nach § 167 Abs. 1 BGB durch einseitige empfangsbedürftige (Willens-) Erklärung gegenüber dem Pfandgläubiger oder der Gesellschaft. Erfolgt die Erteilung der Stimmrechtsvollmacht nur innerhalb der Parteien des Pfandvertrags und damit ausschließlich
gegenüber dem Pfandgläubiger, so hat sich dieser durch Vorlage der Vollmachtsurkunde in der Gesellschafterversammlung zu legitimieren[705]. Vorbehaltlich abweichender Satzungsbestimmungen kann der Gesellschafter frei darüber entscheiden, wen er
zu seiner Vertretung ermächtigt[706]. Gesetzliche Schranken seines Auswahlermessens
ergeben sich aus seiner Treuepflicht gegenüber der Gesellschaft und den Mitgesellschaftern. Die Gesellschafterversammlung kann einen Bevollmächtigten zurückweisen,
sofern die Person des Vertreters, etwa weil sie in Verbindung mit einem Konkurrenzun-
ternehmen steht oder es in der Vergangenheit anderweitige Zerwürfnisse gab, unzumutbar ist[707]. Zu ihrer „Gültigkeit" bedarf die Vollmacht gemäß § 47 Abs. 3 GmbHG der
Textform (§ 126 b BGB).

---

[702] Zutreffend im Ergebnis *Kolkmann*, MittRhNotK 1992, 1, 12.

[703] *Hüffer*, in: Ulmer/Habersack/Winter, GmbHG, § 47 Rn. 94; *K. Schmidt*, in: Scholz, GmbHG, § 47
Rn. 76.

[704] *Koppensteiner*, in: Rowedder/Schmidt-Leithoff, GmbHG, § 47 Rn. 44.

[705] Eingehend hierzu *Hüffer*, in: Ulmer/Habersack/Winter, GmbHG, § 47 Rn. 100.

[706] *Hüffer*, in: Ulmer/Habersack/Winter, GmbHG, § 47 Rn. 102; *Koppensteiner*, in: Rowedder/Schmidt-
Leithoff, GmbHG, § 47 Rn. 48; *Römermann*, in: Michalski, GmbHG, § 47 Rn. 387 ff.; *K. Schmidt*, in:
Scholz, GmbHG, § 47 Rn. 84; *Zöllner*, in: Baumbach/Hueck, GmbHG, § 47 Rn. 45.

[707] *Hüffer*, in: Ulmer/Habersack/Winter, GmbHG, § 47 Rn. 102; *Römermann*, in: Michalski, GmbHG,
§ 47 Rn. 388; *Zöllner*, in: Baumbach/Hueck, GmbHG, § 47 Rn. 45; eingehend *Renkl*, Gesellschafterbeschluss, S. 49.

140

Auch durch die scheinbar eindeutige Neuformulierung des § 47 Abs. 3 GmbHG seit dem 1. August 2001[708], hat sich der jahrzehntelang währende Meinungsstreit, ob die gesetzlich vorgesehene Form tatsächlich eine Voraussetzung für die Wirksamkeit (Gültigkeit) der Vollmacht darstellt[709] oder ob auch eine formlos erteilte Vollmacht Rechtswirksamkeit erlangt[710], nicht geklärt[711]. Angesichts der vorherigen Aufnahme der Stimmrechtsvollmacht in den Pfandvertrag ist der Streit bei einer Anteilsverpfändung nicht gegenständlich. Die schriftliche (§ 126 BGB) Fixierung der Vollmacht erfüllt ohne Weiteres auch die Voraussetzungen der geforderten Textform nach § 126 b BGB[712]. Darüber hinaus sollte der Grundsatzstreit nicht darüber hinwegtäuschen, dass beide Ansichten in den diskutierten Streitfällen regelmäßig zu gleichen Ergebnissen führen[713]. Die herrschende Meinung, welche die Textform als Wirksamkeitserfordernis auffasst, lässt insbesondere in den von der Gegenmeinung als unbillig erscheinenden Situationen[714] ebenfalls Ausnahmen von der Nichtigkeit bei Fehlen der Textform zu[715]. Insgesamt steht die Regelung des § 47 Abs. 3 GmbHG im Hinblick auf die Ausführungen zur Stimmrechtsübertragung und Legitimationszession unter der Einschränkung, dass die Bevollmächtigung nicht zur Stimmrechtslosigkeit des Gesellschafters führen darf[716]. Vor diesem Hintergrund sind auch Art und Umfang der Vollmacht zu bestimmen.

Der Umfang der Vollmacht ist gesetzlich nicht festgelegt. Bei der Ausgestaltung kann der Gesellschafter entweder auf die handelsrechtlichen Möglichkeiten von Spezial-, General- und Handlungsvollmacht (§ 54 HGB) sowie der Prokura (§§ 48 ff. HGB) zurückgreifen oder die Vollmacht individuell auf einzelne Versammlungen oder sogar Tagesordnungspunkte abstimmen[717]. Im Rahmen eines Anteilspfandrechts wird sich der Pfandgläubiger regelmäßig eine Generalvollmacht einräumen lassen, die zur Ausübung des Stimmrechts in vollem Umfang und ohne Bindung an die vorher angekündigte Tagesordnung berechtigt. Letztlich kommt es nur darauf an, ob der Bevollmächtigte nach dem Inhalt der Vollmacht zu dem jeweiligen Beschlussgegenstand die Stimme des Gesellschafters ausüben darf. Die Vollmacht sollte insofern die Befugnisse des Vertreters und ihre Reichweite genau bezeichnen.

---

[708] Geändert durch Art. 28 des Gesetzes zur Anpassung der Formvorschriften des Privatrechts und anderer Vorschriften vom 15. 7. 2001, BGBl. I, S. 1542.

[709] So, die wohl h. M. BGHZ 49, 183, 194; *Hüffer*, in: Ulmer/Habersack/Winter, GmbHG, § 47 Rn. 99; *Lutter/Hommelhoff*, in: Lutter/Hommelhoff, GmbHG, § 47 Rn. 9; *Roth*, in: Roth/Altmeppen, GmbHG, § 47 Rn. 32; *Zöllner*, in: Baumbach/Hueck, GmbHG, § 47 Rn. 51.

[710] KG NZG 2000, 787 f.; *Koppensteiner*, in: Rowedder/Schmidt-Leithoff, GmbHG, § 47 Rn. 46; *Römermann*, in: Michalski, GmbHG, § 47 Rn. 407 ff., 413; *K. Schmidt*, in: Scholz, GmbHG, § 47 Rn. 85, 89.

[711] Ausführliche Darstellung des Meinungsstreits bei *K. Schmidt*, in: Scholz, GmbHG, § 47 Rn. 85, 89 sowie *Bärwaldt/Günzel*, GmbHR 2002, 1112 ff.

[712] *Einsele*, in: MünchKommBGB, § 126 b Rn. 8; *Heinrichs*, in: PalandtBGB, § 126 b Rn. 2.

[713] Dies zutreffend feststellend auch *Römermann*, in: Michalski, GmbHG, § 47 Rn. 408.

[714] Diese sind stets dadurch gekennzeichnet, dass die formlose Vollmachtserteilung sämtlicher Gesellschaftern bekannt ist und sie der Stimmabgabe nicht widersprechen.

[715] Vgl. die Übersicht bei *Römermann*, in: Michalski, GmbHG, § 47 Rn. 409 ff.

[716] So auch ausdrücklich *Roth*, in: Roth/Altmeppen, GmbHG, § 47 Rn. 31a; *Zöllner*, in: Baumbach/Hueck, GmbHG, § 47 Rn. 44.

[717] *Hüffer*, in: Ulmer/Habersack/Winter, GmbHG, § 47 Rn. 96; *Koppensteiner*, in: Rowedder/Schmidt-Leithoff, GmbHG, § 47 Rn. 45; *Römermann*, in: Michalski, GmbHG, § 47 Rn. 400 ff.

Die Vollmachtserteilung bewirkt nicht die Verdrängung des Gesellschafters aus seiner Rechtsposition. Sie belässt das Stimmrecht bei dem bisherigen Rechtsinhaber und schafft zusätzlich eine weitere Befugnis in der Person des Bevollmächtigten[718]. Hierdurch läuft der vertretungsberechtigte Pfandgläubiger Gefahr, dass der Gesellschafter selbst bei der Gesellschafterversammlung erscheint und sein Stimmrecht ausübt. Das Verlangen des Gesellschafters, sein Stimmrecht ausüben zu wollen, spätestens aber die eigentliche Stimmabgabe, stellt einen konkludenten Widerruf (§ 168 S. 2 BGB) der Stimmrechtsvollmacht – mindestens für diesen Abstimmungsfall – dar[719]. Der Gesellschafter hat jedoch auch ohne konkrete Absichten, sein Stimmrecht auszuüben, die Möglichkeit, nach § 168 S. 2 BGB die Vollmacht zu widerrufen. Der Gesellschafter ist gegenüber dem Pfandgläubiger damit grundsätzlich in der stärkeren Position, da die letztendliche Stimmmacht bei ihm verbleibt. Für die Vertragsgestaltung stellt sich deshalb die Frage, wie sowohl im Hinblick auf einen ausdrücklichen als auch auf einen konkludenten Widerruf infolge der Stimmrechtsausübung seitens des Gesellschafters reagiert werden kann, ohne mit den Grundsätzen des Abspaltungsverbots in Konflikt zu geraten. Für die Gestaltung einer effektiven und nach den bisher vertretenen Auffassungen rechtskonformen vertraglichen Regelung muss streng zwischen dem Problem der konkurrierenden Stimmrechtsausübung und der Möglichkeit des Widerrufs unterschieden werden. Hinsichtlich Ersterem kommt als vertragliche Regelung eine sog. verdrängende Vollmacht und hinsichtlich Letzterem die Gestaltung als unwiderrufliche Vollmacht in Betracht. Es gilt zunächst die rechtliche Möglichkeit und Effektivität beider Gestaltungen getrennt zu beurteilen, um im Anschluss die mögliche Kombination beider untersuchen zu können[720].

Die Vollmacht ist in ihrer Ausgangsform nach § 168 S. 2 BGB grundsätzlich jederzeit widerruflich. Hiervon kann bei der Stimmrechtsvollmacht, ebenso wie bei jeder anderen Vollmacht, abgewichen und vertraglich die Unwiderruflichkeit vereinbart werden[721]. Die unwiderrufliche Stimmrechtsvollmacht ist mit der Einschränkung zulässig, dass sie zum einen mit dem zu Grunde liegenden Rechtsverhältnis endet und zum anderen stets aus wichtigem Grund widerrufen werden kann[722]. Die alleinige Ausgestaltung der Vollmacht als unwiderruflich hat für den Pfandgläubiger allerdings nur geringen Wert, da diese den Gesellschafter nur in der Loslösung von der erteilten Vollmacht einschränkt, sein Stimmrecht dagegen unberührt lässt. Der unwiderruflichen Vollmacht kommt insofern keine die Rechte des Vollmachtgebers ausschließende oder verdrängende Wirkung zu[723]. Dieser bleibt weiterhin zur Stimmrechtsausübung befugt. Der Pfandgläubiger er-

---

[718] BGHZ 3, 354, 358; *K. Schmidt*, in: Scholz, GmbHG, § 47 Rn. 82.

[719] *Koppensteiner*, in: Rowedder/Schmidt-Leithoff, GmbHG, § 47 Rn. 48; *Römermann*, in: Michalski, GmbHG, § 47 Rn. 437; *K. Schmidt*, in: Scholz, GmbHG, § 47 Rn. 95; vgl. auch *Schramm*, in: MünchKommBGB, § 168 Rn. 19 hinsichtlich der Rückforderung einer Vollmachtsurkunde.

[720] In der Literatur werden diese beiden Gestaltungsformen meist nicht sauber getrennt, sondern direkt unübersichtlich vermengt.

[721] Einhellig BGHZ 3, 354, 356 ff.; BGH NJW 1987, 780 f.; 1988, 2603 ff.; *Heinrichs*, in: PalandtBGB, § 168 Rn. 6; *Schramm*, in: MünchKommBGB, § 168 Rn. 20 ff.

[722] *Hüffer*, in: Ulmer/Habersack/Winter, GmbHG, § 47 Rn. 95; *Koppensteiner*, in: Rowedder/Schmidt-Leithoff, GmbHG, § 47 Rn. 48; *Römermann*, in: Michalski, GmbHG, § 47 Rn. 434; *Roth*, in: Roth/Altmeppen, GmbHG, § 47 Rn. 31; *K. Schmidt*, in: Scholz, GmbHG, § 47 Rn. 83; *Zöllner*, in: Baumbach/Hueck, GmbHG, § 47 Rn. 50.

[723] *Leptien*, in: SoergelBGB, § 168 Rn. 22; *Schilken*, in: StaudingerBGB, § 168 Rn. 13; *Schramm*, in: MünchKommBGB, §§ 167 Rn. 114; 168 Rn. 29; *Müller*, GmbHR 1969, 4, 9 f.

hielte für die Laufzeit des Pfandrechtsverhältnisses lediglich eine unwiderrufliche konkurrierende Stimmrechtsposition. Die Gestaltung ist daher unter dem Gesichtspunkt des Abspaltungsverbots nicht zu beanstanden, verbessert die Position des Pfandgläubigers aber nicht wesentlich. Zwar stellt in diesem Fall die Stimmrechtsausübung oder das Verlangen des Gesellschafters hierzu, keinen konkludenten Widerruf der Vollmacht dar, allerdings greift hinsichtlich der Wirksamkeit der Stimmabgabe das Prioritätsprinzip. Der Pfandgläubiger ist daher nur durch das Zeitmoment geschützt, was aufgrund der engeren Einbindung des Pfandschuldners in die gesellschaftlichen Abläufe hinderlich ist. Der Gesellschafter wird regelmäßig früher über Gesellschafterversammlungen und Beschlussthemen informiert sein, so dass er hinsichtlich der Stimmabgabe einen zeitlich entscheidenden Vorsprung besitzt. Es wird deutlich, dass auch bei der Ausgestaltung als unwiderrufliche Vollmacht das Hauptproblem des Pfandgläubigers in seiner konkurrierenden Stimmrechtsposition liegt.

Als denkbare Lösung für das Problem der Stimmrechtskonkurrenz kommt die Erteilung einer verdrängenden Vollmacht in Betracht. Hierunter ist eine Vollmacht zu verstehen, bei der ausschließlich dem Vertreter und nicht auch dem Vollmachtgeber entsprechende Stimmrechtsbefugnisse zustehen. Die verdrängende Stimmrechtsvollmacht ist sowohl nach allgemeinen zivilrechtlichen Grundsätzen als auch unter dem Gesichtspunkt des Abspaltungsverbots nicht möglich, soweit daraus ein dinglicher Stimmrechtsverlust des vertretenen Gesellschafters einhergehen soll[724]. Eine Stimmrechtsvollmacht kann insofern keine außenwirksame Verdrängung gegenüber dem vollmachtgebenden Gesellschafter bewirken. Denkbar ist aber, die Konstruktion der verdrängenden Vollmacht dahingehend auszugestalten, dass der vertretene Gesellschafter für die Dauer der Vollmachtserteilung auf die persönliche Ausübung des Stimmrechts verzichtet[725]. Dem Stimmrechtsverzicht kommt als vertragliche Abrede lediglich schuldrechtliche Wirkung zu, so dass weder zivilrechtliche Grundsätze (§ 137 BGB) noch das Abspaltungsverbot entgegenstehen. Der Gesellschafter wird nämlich durch diese Vertragsgestaltung wiederum nicht daran gehindert, an der Gesellschafterversammlung teilzunehmen und sein Stimmrecht im Außenverhältnis wirksam auszuüben.

Aus diesem Grund findet sich die Überlegung der Erteilung einer unwiderruflichen Vollmacht unter gleichzeitigem Stimmrechtsverzicht seitens des Gesellschafters gegenüber dem Bevollmächtigten. Mit den zur Legitimationszession dargelegten Gründen ist auch diese Konstruktion abzulehnen, da sie nach ihrem Zweck und ihrer praktischen Wirkung einer Stimmrechtsübertragung gleichkommt[726]. Die Vereinbarung möchte si

---

[724] Einhellig BGHZ 3, 354, 358; BGH NJW 1987, 780 f.; *Hüffer*, in: Ulmer/Habersack/Winter, GmbHG, § 47 Rn. 95; *Koppensteiner*, in: Rowedder/Schmidt-Leithoff, GmbHG, § 47 Rn. 48; *Leptien*, in: SoergelBGB, § 168 Rn. 28; *Schilken*, in: StaudingerBGB, § 168 Rn. 15; *Römermann*, in: Michalski, GmbHG, § 47 Rn. 436; *Schramm*, in: MünchKommBGB, § 167 Rn. 114; *Zöllner*, in: Baumbach/Hueck, GmbHG, § 47 Rn. 50.

[725] *Römermann*, in: Michalski, GmbHG, § 47 Rn. 437; *Zöllner*, in: Baumbach/Hueck, GmbHG, § 47 Rn. 50.

[726] Einhellige Auffassung BGHZ 3, 354, 359; BGH NJW 1987, 780 f.; BGH DB 1976, 2295, 2297; OLG Koblenz NJW 1992, 2163, 2165; *Hüffer*, in: Ulmer/Habersack/Winter, GmbHG, § 47 Rn. 95; *Koppensteiner*, in: Rowedder/Schmidt-Leithoff, GmbHG, § 47 Rn. 48; *Leptien*, in: SoergelBGB, § 168 Rn. 28; *Lutter/Hommelhoff*, in: Lutter/Hommelhoff, GmbHG, § 47 Rn. 11; *Schilken*, in: StaudingerBGB, § 168 Rn. 15; *Römermann*, in: Michalski, GmbHG, § 47 Rn. 432 ff.; *K. Schmidt*, in: Scholz, GmbHG, § 47 Rn. 83; *Schramm*, in: MünchKommBGB, §§ 167 Rn. 114; 168 Rn. 26; *Zöllner*, in: Baumbach/Hueck, GmbHG, § 47 Rn. 50.

cherstellen, dass nicht mehr der Gesellschafter als originärer Träger des Stimmrechts, sondern ausschließlich der bevollmächtigte Pfandgläubiger das Stimmrecht auszuüben vermag. Die Stimmrechtsvollmacht darf jedoch nicht zur tatsächlichen Verdrängung des Gesellschafters aus seiner Stimmrechtsposition im Außenverhältnis führen. Für die Beurteilung von vertraglichen Gestaltungen, die im Ergebnis diesen Zweck verwirklichen, darf nicht rein formal juristisch zwischen eindeutig dinglich wirkender Übertragung des Stimmrechts und zwingenden schuldrechtlichen Vereinbarungen unterschieden werden. Es spielt insofern keine Rolle, ob die Verdrängung des Gesellschafters infolge der Stimmrechtsübertragung oder infolge zwingender schuldrechtlicher Abreden eintritt[727]. Auch die Einschränkung hinsichtlich der Unwiderruflichkeit der Vollmacht, nämlich die Beendigung mit dem Kausalverhältnis und die jederzeitige Widerrufsmöglichkeit aus wichtigem Grund, ändern an der Unzulässigkeit dieser Konstruktion nichts. Wie auch bei der vorübergehenden Stimmrechtsübertragung wird die faktische Abspaltung des Stimmrechts von der Mitgliedschaft damit nur zeitlich eingeschränkt, aber nicht beseitigt.

Für die vertragliche Gestaltung der Stimmrechtsvollmacht ergibt sich als zentrale Regelungsmaxime, dass der Gesellschafter der Gesellschaft für die Stimmrechtsausübung stets verantwortlich bleiben muss. Hierfür ist es unerlässlich, dass er sich nicht der Möglichkeit begibt, jederzeit durch Widerruf der Vollmacht den Gleichlauf von Gesellschafterstellung und Stimmrechtsträger herbeizuführen. Er bleibt insofern auch dann der Gesellschaft gegenüber verantwortlich, wenn er im Rahmen einer widerruflichen Vollmacht einen schuldrechtlichen Stimmrechtsverzicht vereinbart. Für den Pfandgläubiger stellt sich diese Form der Vollmacht als rechtskonformes und effektivstes Mittel dar, unmittelbaren Einfluss auf die Stimmrechtsausübung zu nehmen. Unsicherheiten bestehen für ihn allerdings hinsichtlich der freien Widerruflichkeit. Der Pfandgläubiger hat ein berechtigtes Interesse daran, diese Unsicherheit, zumindest in ihrer möglichen Folge, effektiv zu regeln. Daher sollte bei der vertraglichen Ausgestaltung der Vollmacht, einer Regelung der Folgen eines ausdrücklichen oder konkludenten Widerrufs durch Stimmrechtsausübung des Gesellschafters besondere Beachtung geschenkt werden. Wichtig erscheint hier, dass die Rechtsfolgen die an einen (teilweisen) Widerruf der Vollmacht geknüpft sind, den Gesellschafter nicht derart einschneidend belasten und damit der Regelung eine so starke Zwangswirkung zukommt, dass diese faktisch zu einer Unwiderruflichkeit der Vollmacht führt. Deshalb erscheint es nicht sinnvoll, im Falle des Widerrufs der Vollmacht, etwaige Strafversprechen (§ 343 Abs. 2 BGB) oder Schadensersatzverpflichtungen, sondern als Kompensation einer möglicherweise eingetretenen Vermögensminderung der Pfandsubstanz ein Nachbesicherungsrecht vorzusehen.

Der Wert der Stimmrechtsvollmacht hängt wiederum maßgeblich von einem intakten Informationsfluss ab. Die Ausübung der Vollmacht durch den Pfandgläubiger setzt in erster Linie voraus, dass er durch den Gesellschafter über Gesellschafterversammlungen und Beschlussthemen umfassend informiert wird. Macht der Pfandgläubiger von der Vollmacht Gebrauch, ist er nicht berechtigt, die Mitwirkungsrechte – insbesondere das Stimmrecht – ausschließlich zur Wahrung seiner eigenen Interessen zu nutzen. Zwar unterliegt er als gesellschaftsfremder Dritter keiner eigenen Treuepflicht, allerdings leitet er die Stimmberechtigung nur vom vollmachtgebenden Gesellschafter ab

---

[727] BGHZ 3, 354, 359.

144

und hat damit die Beschränkungen aus dessen Treuepflicht zu berücksichtigen[728]. Als Vertreter des Gesellschafters unterliegt er damit, ebenso wie dieser, den Bindungen des Gesellschaftsvertrags. Der Pfandgläubiger kann sich demnach bei der Ausübung des Stimmrechts im Namen des Gesellschafters nicht allein auf die Regelungen des Pfandvertrages berufen, sondern muss im Hinblick auf die gesellschaftliche Treuepflicht die Belange der Gesellschaft vorrangig berücksichtigen. Dies schließt indes nicht aus, dass er bei Zweifelsfragen oder möglichen Beschlussalternativen sein eigenes Interesse in den Vordergrund stellt und im Sinne des Erhaltes seines Pfandrechts abstimmt.

IV. Stimmrechtsbindung

Eine weitere Möglichkeit des Pfandgläubigers, vertraglichen Einfluss auf die Ausübung des Stimmrechts zu nehmen, stellt die Stimmrechtsbindung dar. Hierunter wird die rechtsgeschäftliche Bindung an zukünftiges Abstimmungsverhalten verstanden[729]. Der Gesellschafter verpflichtet sich gegenüber dem Pfandgläubiger, von seinem Stimmrecht nur in der vertraglich festgelegten Weise Gebrauch zu machen. Eine andere Gestaltung kann vorsehen, dass der Gläubiger der Stimmbindung die Konkretisierung der Stimmabgabe erst künftig vornimmt[730]. Die Stimmbindung ist demzufolge eine obligatorisch wirkende Beschränkung der Stimmrechtsausübung[731]. Die Beschränkung kann sowohl positiv (für einen Beschluss zu stimmen) als auch negativ (gegen einen Beschluss zu stimmen oder sich der Stimme zu enthalten) formuliert sein. Anders als bei der Stimmrechtsvollmacht übt der Pfandgläubiger das Stimmrecht nicht selbst in seinem Interesse aus, sondern sorgt durch eine entsprechende vertragliche Regelung dafür, dass der Gesellschafter dies für ihn vornimmt. Für die Stimmrechtsbindung gilt im Ergebnis der gleiche zentrale Grundsatz, wie für die Stimmrechtsvollmacht. Es darf letztlich nicht zu einer vollständigen Entkoppelung von Gesellschafterstellung und Stimmrechtsverantwortlichkeit kommen.

Die Zulässigkeit von Stimmbindungsverträgen ist sowohl in der Rechtssprechung[732] als auch im Schrifttum[733] anerkannt. Allerdings begegnet gerade die pauschale Zulassung von Stimmbindungen gegenüber gesellschaftsfremden Dritten wegen ihrer recht-

---

[728] BGH NJW 1995, 1739, 1742; *H. Winter/Seibt*, in: Scholz, GmbHG, § 15 Rn. 191; *Kolkmann*, MittRhNotK 1992, 1, 12; *Rodewald*, GmbHR 1995, 418, 420; *Schöne*, WM 1992, 212; *Sieger/Hasselbach*, GmbHR 1999, 633, 638; *Timm*, WM 1991, 481, 489.

[729] *Koppensteiner*, in: Rowedder/Schmidt-Leithoff, GmbHG, § 47 Rn. 28; *K. Schmidt*, in: Scholz, GmbHG, § 47 Rn. 35; eingehend *Lübbert*, Abstimmungsvereinbarungen, S. 1 ff.

[730] Vgl. *Zöllner*, in: Baumbach/Hueck, GmbHG, § 47 Rn. 113.

[731] *Hüffer*, in: Ulmer/Habersack/Winter, GmbHG, § 47 Rn. 65; *Ulmer*, in: MünchKommBGB, § 717 Rn. 18; *Zöllner*, in: Baumbach/Hueck, GmbHG, § 47 Rn. 113.

[732] Seit RGZ 107, 67, 71; BGHZ 48, 163, 166 ff.; BGH NJW 1983, 1910 f.; 1987, 1890, 1892; OLG Köln GmbHR 1989, 76, 78. Ein umfassender Überblick über die Judikatur findet sich bei *Lübbert*, Abstimmungsvereinbarungen, S. 97 ff.

[733] Vgl. nur *Hüffer*, in: Ulmer/Habersack/Winter, GmbHG, § 47 Rn. 73 ff.; *Koppensteiner*, in: Rowedder/Schmidt-Leithoff, GmbHG, § 47 Rn. 29; *Lutter/Hommelhoff*, GmbHG, § 47 Rn. 5; *Roth*, in: Roth/Altmeppen, GmbHG, § 47 Rn. 38; *K. Schmidt*, in: Scholz, GmbHG, § 47 Rn. 35 ff.; *Zöllner*, in: Baumbach/Hueck, GmbHG, § 47 Rn. 113; *K. Schmidt*, Gesellschaftsrecht, § 21 II 4 a cc; *Priester*, in: Festschrift Werner (1984), S. 657 ff.

lichen Ausformung durch die Rechtsprechung des BGH[734] zunehmend kritischen Stimmen[735]. Entgegen der ständigen Rechtssprechung des RG[736] hat der BGH[737] Stimmbindungsvereinbarungen mit unmittelbarem Erfüllungszwang ausgestattet, indem er deren Durchsetzung im Wege der Erfüllungsklage und der Möglichkeit anschließender Zwangsvollstreckung (§§ 894, 890 ZPO) für zulässig erachtet hat[738]. Angesichts dieser Ausprägung habe die Stimmbindung als Rechtsinstitut einen Charakter bekommen, der mit den Wertungen des Abspaltungsverbots unvereinbar sei[739]. Die Gesellschaft werde insgesamt Fremdeinflüssen ausgesetzt, denen kein Vermögenseinsatz und keine Risikoteilhabe entspreche. Der unter Erfüllungszwang stehende Gesellschafter sei nur noch „Werkzeug des Dritten", was einer Stimmrechtsübertragung faktisch gleichkomme[740]. Dieser Ansicht zufolge sind Stimmbindungsverträge mit Nichtgesellschaftern prinzipiell nichtig. Allerdings braucht auf diese grundsätzliche Kontroverse hier nicht eingegangen zu werden, da die Vertreter der einschränkenden Auffassung, insbesondere im Hinblick auf ein Pfandrechtsverhältnis, entscheidende Ausnahmen zulassen. Stimmbindungen gegenüber Dritten seien danach zulässig, wenn das Resultat nicht einer Übertragung des Stimmrechts entspreche, sondern eine Stimmpflicht als leistungssichernde Nebenpflicht vereinbart werde und der Dritte etwa als Pfandnehmer oder in vergleichbarer Weise am Geschäftsanteil mit berechtigt sei[741]. Es komme darauf an, ob der Dritte ein eigenes, rechtlich anerkanntes Interesse an dem Geschäftsanteil habe, da in diesen Fällen eine allgemeine Fremdbeeinflussung der Gesellschaft ausscheide[742]. Dies ist anerkanntermaßen bei einem Anteilspfandrecht der Fall, da der Pfandgläubiger aufgrund seines dinglichen Verwertungsrechts Mitberechtigter am Geschäftsanteil ist. Im Übrigen wird die Stimmrechtsbindung nicht als Haupt-, sondern leistungssichernde Nebenpflicht zum Pfandvertrag vereinbart. Durch die Bindung des Gesellschafters an die vertraglichen Vorgaben zur Stimmrechtsausübung soll der wirtschaftliche Erfolg des Pfandrechts, als hauptvertragliche Pflicht, gesichert werden[743]. Der Zulässigkeit von Stimmbindungen gegenüber Nichtgesellschaftern, wie etwa dem Pfandgläubiger, begegnet insofern keinen Bedenken.

Die Stimmrechtsbindung wird als leistungssichernde Nebenpflicht im Rahmen des schuldrechtlichen Pfandbestellungsvertrags vereinbart. Sie folgt den allgemeinen Vertragsschlussregeln des BGB und ist entsprechend dem schuldrechtlichen Hauptvertrag

---

[734] BGHZ 48, 163 ff.

[735] *Hopt*, in: Baumbach/Hopt, HGB, § 119 Rn. 18; *Hüffer*, in: Ulmer/Habersack/Winter, GmbHG, § 47 Rn. 75; *Ulmer*, in: MünchKommBGB, § 717 Rn. 25; *Habersack*, ZHR 164 (2000), 1, 11 f.

[736] RGZ 112, 273, 279; 119, 386, 389 f.; 133, 90, 95; 160, 257, 262; 170, 358, 371 f.

[737] BGHZ 48, 163, 169 ff.

[738] Diese Auffassung wird nunmehr auch einhellig im angegebenen Schrifttum vertreten.

[739] *Hopt*, in: Baumbach/Hopt, HGB, § 119 Rn. 18; *Hüffer*, in: Ulmer/Habersack/Winter, GmbHG, § 47 Rn. 75; *Ulmer*, in: MünchKommBGB, § 717 Rn. 25; *Habersack*, ZHR 164 (2000), 1, 11 f.

[740] *Hüffer*, in: Ulmer/Habersack/Winter, GmbHG, § 47 Rn. 75.

[741] Vgl. *Hüffer*, in: Ulmer/Habersack/Winter, GmbHG, § 47 Rn. 75; ähnlich *Ulmer*, in: MünchKommBGB, § 717 Rn. 26.

[742] Vgl. *K. Schmidt*, in: Scholz, GmbHG, § 47 Rn. 42.

[743] Vgl. die Beispiele bei *Hüffer*, in: Ulmer/Habersack/Winter, GmbHG, § 47 Rn. 72; *K. Schmidt*, in: Scholz, GmbHG, § 47 Rn. 38; *Römermann*, in: Michalski, GmbHG, § 47 Rn. 483.

(Pfandrecht) formlos möglich[744]. Aus Gründen der Rechtsklarheit ist dagegen zu empfehlen, die Bindungsvereinbarung als formellen Satzungsbestandteil auszugestalten[745]. Die Stimmrechtsabrede zwischen dem Gesellschafter und dem Pfandgläubiger wird danach zwar in den Satzungstext aufgenommen, allerdings ändert sich hierdurch nichts an dem rein schuldrechtlichen Charakter der Vereinbarung. Diese wird lediglich durch den Satzungstext verlautbart[746]. Dass der Stimmrechtsvereinbarung in keinem Fall Außenwirkung in der Form zukommt, dass eine vertragswidrige Stimmabgabe ungültig ist, stellt ein wesentliches Merkmal der Stimmrechtsbindung dar[747]. Der Gesellschafter verliert demzufolge, trotz vertraglich bindender Beschränkung, nicht die tatsächliche Rechtsmacht, sein Stimmrecht frei auszuüben[748]. Eine bindungswidrige Stimmabgabe stellt daher zunächst lediglich eine Verletzung des Stimmbindungsvertrags dar, berührt jedoch nicht unmittelbar die Wirksamkeit der Stimmabgabe oder des Beschlusses[749]. Gleichwohl ist zu beachten, dass der Stimmrechtsbindung durch die Möglichkeit der zwangsweisen Durchsetzung mittelbare Außenwirkung zukommt[750]. Der Pfandgläubiger kann die schuldrechtlich vereinbarte Stimmbindung im Wege der Erfüllungsklage und anschließender Zwangsvollstreckung gerichtlich durchsetzen[751]. Auf diese Weise löst ein Verstoß gegen die getroffenen Nebenabreden nicht nur Rechtsfolgen unter den Parteien des Stimmbindungsvertrags aus, sondern dieser entfaltet letztlich auch Wirkung im Außenverhältnis, indem die Regelungen nach erfolgreicher Durchsetzung auf die organisationsrechtliche Ebene der Gesellschaft durchschlagen. Anders als bei der widerruflichen Stimmrechtsvollmacht mit vereinbartem Stimmrechtsverzicht ist der Pfandgläubiger bei der Stimmbindung in der Lage, seine vertraglich fixierten Interessen dem Abstimmungsverhalten nachträglich zwangsweise zu Grunde zu legen. Bei der Bestimmung der inhaltlichen Gestaltungsgrenzen ist gerade dieser Erfüllungszwang der Stimmbindung ausschlaggebend. Es muss stets berücksichtigt werden, dass die ver-

---

[744] BGHZ 48, 163, 170 f.; OLG Köln GmbHR 2003, 416 (nur Leitsatz); *Hüffer*, in: Ulmer/Habersack/Winter, GmbHG, § 47 Rn. 68; *Römermann*, in: Michalski, GmbHG, § 47 Rn. 484.

[745] *Hüffer*, in: Ulmer/Habersack/Winter, GmbHG, § 47 Rn. 69.

[746] *Priester*, in: Scholz, GmbHG, § 53 Rn. 5 ff.; *Römermann*, in: Michalski, GmbHG, § 47 Rn. 487; *Ulmer*, in: Festschrift Werner (1984), S. 911, 914 ff.

[747] BGH NJW 1983, 1910 f.; OLG Koblenz GmbHR 1986, 430, 432; *Hüffer*, in: Ulmer/Habersack/Winter, GmbHG, § 47 Rn. 65, 79; *Koppensteiner*, in: Rowedder/Schmidt-Leithoff, GmbHG, § 47 Rn. 28; *Römermann*, in: Michalski, GmbHG, § 47 Rn. 532; *K. Schmidt*, in: Scholz, GmbHG, § 47 Rn. 53; *Zöllner*, in: Baumbach/Hueck, GmbHG, § 47 Rn. 117; *Lübbert*, Abstimmungsvereinbarungen, S. 123, 168.

[748] Ähnlich wie bei der Stimmrechtsabspaltung wird auch in diesem Zusammenhang stellenweise auf den Rechtsgedanken des § 137 S. 1 BGB abgestellt; vgl. *Hüffer*, in: Ulmer/Habersack/Winter, GmbHG, § 47 Rn. 79.

[749] Zwar hat der BGH in zwei Entscheidungen (BGH NJW 1983, 1910 und 1987, 1890) die Anfechtung von Gesellschafterbeschlüssen bejaht, die aufgrund stimmbindungswidriger Stimmabgaben zustande gekommen waren. Allerdings begründet er diese Ausnahme damit, dass sich in beiden Fällen sämtliche Gesellschafter gegenseitig zu einem bestimmten Stimmverhalten verpflichtet hatten und sich die Abrede damit als solche der Gesellschaft darstelle. Bei Stimmbindungsverträgen gegenüber Dritten kann diese Argumentation hingegen nicht gelten, so dass es bei der fehlenden Außenwirkung bleibt.

[750] Zutreffend *Hüffer*, in: Ulmer/Habersack/Winter, GmbHG, § 47 Rn. 80.

[751] Eingehend zur Vorgehensweise der gerichtlichen Durchsetzung und zur Möglichkeit des einstweiligen Rechtsschutzes vgl. die Darstellung bei *K. Schmidt*, in: Scholz, GmbHG, § 47 Rn. 55 ff.; *Nietsch*, GmbHR 2006, 393, 395 ff.; *Lübbert*, Abstimmungsvereinbarungen, S. 1 ff., 97 ff.

einbarten Stimmrechtsbindungen, trotz ihres schuldrechtlichen Charakters, für den Gesellschafter faktisch zwingend sind, da im Falle der Nichtbefolgung die Möglichkeit der prozessualen Rechtsdurchsetzung besteht. Vor diesem Hintergrund ist der vertragliche Regelungsspielraum als äußerst begrenzt einzuschätzen.

Gegenstand vertraglicher Stimmbindung kann damit nur eine Vereinbarung sein, die den Gesellschafter zu gesellschaftsrechtlich zulässigem Abstimmungsverhalten verpflichtet[752]. Ein Stimmbindungsvertrag, der eine unzulässige Stimmabgabe vorschreibt, entfaltet gegenüber dem Gesellschafter keine Bindungswirkung. Gleiches gilt, sofern der Stimmbindungsvertrag generalklauselartig gefasst ist und der Pfandgläubiger auf der Grundlage dieses Vertrags eine Weisung erteilt, die eine unzulässige Stimmabgabe verlangt. Auch hier entfaltet die konkrete Weisung keine Bindungswirkung gegenüber dem Gesellschafter[753]. Eine wirksame Stimmrechtsbindung kann demnach immer nur im Rahmen des dem Gesellschafter zur Verfügung stehenden stimmrechtlichen Ermessens gegeben sein[754]. Der Spielraum, der ihm bei Abstimmungen zur Verfügung steht, wird dabei jeweils durch die gesellschaftliche Treuepflicht begrenzt. Über diesen Bereich des durch die Treuepflicht gegenüber der Gesellschaft und den anderen Gesellschaftern limitierten eigenen Abstimmungsermessens hinaus, kann sich der Gesellschafter nicht wirksam binden. Vor diesem Hintergrund ist die vertretene Ansicht[755] zu untersuchen, strukturändernde Maßnahmen, wie Satzungsänderungen, generell aus dem Kreis zulässiger Stimmrechtsbindung auszunehmen. Solchen Bindungen stehe der unverzichtbare Kern der Verbandsautonomie entgegen[756]. Durch den unmittelbaren Erfüllungszwang von Stimmbindungsverträgen erlange der Dritte einen unerlaubten Einfluss auf Satzungsänderungen und andere wesentliche Strukturentscheidungen. Die pauschale Herausnahme von strukturändernden Maßnahmen aus dem Bereich zulässiger Stimmbindung lässt sich indessen nicht mit dem Grundsatz der Verbandssouveränität begründen. Dieser bleibt aufgrund der Abstimmung durch den Gesellschafter im Grunde unberührt. Die eigentliche Stimmbindung bezieht sich darüber hinaus nur auf den Bereich des ohnehin vorhandenen freien Abstimmungsermessens. Dessen Einengung oder Beschränkung ist einzig Sache des jeweiligen Gesellschafters. Solange sich daher die Strukturänderung in dem Bereich des zulässigen Abstimmungsermessens hält, ist eine Stimmbindung auch hier zuzulassen[757].

---

[752] Ausdrücklich auch *Römermann*, in: Michalski, GmbHG, § 47 Rn. 511 f.; *Zöllner*, in: Baumbach/Hueck, GmbHG, § 47 Rn. 113.

[753] *Römermann*, in: Michalski, GmbHG, § 47 Rn. 513.

[754] BGH WM 1970, 904 f.; *Koppensteiner*, in: Rowedder/Schmidt-Leithoff, GmbHG, § 47 Rn. 29, 31; *Römermann*, in: Michalski, GmbHG, § 47 Rn. 511; *Zöllner*, in: Baumbach/Hueck, GmbHG, § 47 Rn. 113.

[755] *Hüffer*, in: Ulmer/Habersack/Winter, GmbHG, § 47 Rn. 73, 78; *Lutter/Hommelhoff*, in: Lutter/Hommelhoff, GmbHG, § 47 Rn. 5; *Priester*, in: Scholz, GmbHG, § 53 Rn. 35; *ders.*, in: Festschrift Werner (1984), S. 657, 659 ff.; ohne Begründung *Sommer*, in: MünchHdBGesR, § 26 Rn. 172; *Hergeth/Mingau*, DStR 2001, 1217 ff.

[756] *Lutter/Hommelhoff*, in: Lutter/Hommelhoff, GmbHG, § 47 Rn. 5; eingehend *Priester*: Festschrift Werner (1984), S. 657, 671 ff.

[757] Zutreffend daher *Koppensteiner*, in: Rowedder/Schmidt-Leithoff, GmbHG, § 47 Rn. 29, 31; *Römermann*, in: Michalski, GmbHG, § 47 Rn. 511; *Roth*, in: Roth/Altmeppen, GmbHG, § 47 Rn. 38, 40; *Zöllner*, in: Baumbach/Hueck, GmbHG, § 47 Rn. 113.

V. Fazit

Vergleicht man die rechtliche Stellung des Pfandgläubigers vor und nach den bisher aufgezeigten vertraglichen Schutzvorkehrungen, zeigt sich vor allem im Hinblick auf das zentrale Stimmrecht eine deutliche Besserstellung. Zwar ist es dem Pfandgläubiger rechtlich nicht möglich, sich das Stimmrecht seines Anteilspfandschuldners vollständig übertragen zu lassen oder zumindest eine Stimmrechtsermächtigung zu vereinbaren, allerdings stellen sowohl Stimmrechtsvollmacht als auch Stimmrechtsbindung zwei effektive Vertragsgestaltungen dar. Beide Regelungen ermöglichen es dem Pfandgläubiger, Einfluss auf die Ausübung des Stimmrechts zu nehmen. Die Stimmrechtsvollmacht bietet dabei den Vorteil, dass der Pfandgläubiger selbst das Stimmrecht ausüben und somit unmittelbar bei der Beschlussfassung mitwirken kann. Für einen Pfandgläubiger, der eine derart enge Einbindung in die Organisationsstruktur der Gesellschaft nicht wahrnehmen kann oder will, stellt die Stimmrechtsbindung eine Alternative dar. Die Reichweite des Einflusses beider Gestaltungen ist ähnlich. Der Pfandgläubiger unterliegt bei der Ausübung der Vollmacht ebenso wie der Gesellschafter der Treuepflicht, so dass er seine Interessen zunächst hinter die der Gesellschaft zurückstellen muss. Aufgrund der Möglichkeit der prozessualen Durchsetzung beschränkt sich die Stimmbindungsvereinbarung jeweils nur auf das durch die Treuepflicht begrenzte Abstimmungsermessen des Gesellschafters. Somit erlangen die vertraglich fixierten Interessen des Pfandgläubigers ebenfalls nur nachrangige Bedeutung. Die Durchsetzungsstärke der Stimmrechtsbindung macht sie, gegenüber der jederzeit widerruflichen Stimmrechtsvollmacht, allerdings zur effektiveren Vertragsgestaltung. Insofern ist es denkbar, die beiden Vertragsgestaltungen in der Weise zu verbinden, dass dem Pfandgläubiger eine widerrufliche Stimmrechtsvollmacht eingeräumt, der Gesellschafter darüber hinaus aber zusätzlich einer Stimmbindung unterworfen wird, für den Fall, dass er von seinem Stimmrecht Gebrauch macht. Sofern sich beide Vertragsgestaltungen in dem dargelegten rechtlichen Rahmen bewegen, stehen einer solchen Kombination keine Bedenken entgegen.

C. Die Einräumung weiterer Einflussrechte (Covenants)

Einleitend wurde bereits erwähnt, dass neben allgemeinen Vereinbarungen und solchen zur Ausübung des Stimmrechts noch eine weitere Gruppe vertraglicher Regelungen zum Schutz des Pfandgläubigers besteht. Der Kreditgeber versucht, sich als Pfandgläubiger eines Geschäftsanteils häufig weitere Einflussrechte auf die entsprechende Gesellschaft zu verschaffen, um das Ausfallrisiko sowohl seines Darlehens als auch seiner Sicherheit zusätzlich zu senken. Zu diesem Zweck bedienen sich Kreditinstitute zunehmend sog. Financial Covenants[758]. Hierunter werden Absprachen im Rahmen von Kreditverträgen verstanden, die dem Darlehensgeber Einblick in und Einfluss auf die Geschäftsführung des Schuldnerunternehmens gewähren[759]. Kennzeichnend hierfür sind Vereinbarungen, die Mindestanforderungen an die gesamtwirtschaftli-

---

[758] Bereits *Thießen*, ZBB 1996, 19 „Financial Covenants sind auf dem Vormarsch"; *Wittig*, WM 1996, 1381. Umfassend zu den aktuellen Rechtsfragen der Verwendung von Covenants siehe *Kästle*, Rechtsfragen Covenants, S. 1 ff.

[759] *Fleischer*, ZIP 1998, 313; *Früh*, GmbHR 1999, 842 f.; *Köndgen*, in: Insolvenzrecht, S. 127, 130 f.; *Schwintowski/Dannischewski*, ZIP 2005, 840 f.

che Vermögenssituation der Gesellschaft stellen. Die verwendeten Vertragsbestimmungen sind meist an vier betriebwirtschaftlichen Schlüsselkriterien ausgerichtet, an denen sich die finanzielle Lage des Kreditnehmers messen lässt. Hierzu gehören die Eigenkapitalausstattung, der Verschuldungsgrad, die Ertragsquote sowie die Liquidität der Gesellschaft[760]. Die einzuhaltenden Grenzwerte der einzelnen Kriterien werden dabei entweder durch absolute Beträge oder durch einen Verhältniswert zueinander festgelegt[761].

Financial Covenants sollen primär zwei Funktionen erfüllen. Zum einen dienen sie zur Früherkennung einer Krise des Schuldnerunternehmens, da eine verschlechterte wirtschaftliche Situation des Kreditnehmers frühzeitig daran erkennbar ist, dass die vereinbarten Covenants nicht eingehalten werden können[762]. Zum anderen geben sie dem Kreditnehmer Ziele in Form von Kennzahlen vor, die sein unternehmerisches Ermessen im Hinblick auf finanzwirtschaftliche Entscheidungen beschränken und ihn hierdurch in die finanzielle Disziplin nehmen[763]. Financial Covenants stellen daher vor allem für einen Kreditgeber, der gleichzeitig Pfandgläubiger eines Geschäftsanteils des Schuldnerunternehmens ist, eine in doppelter Hinsicht effektive Regelung dar. Einerseits geht es ihm darum, die laufende Bedienung des Kredites sowie seine endgültige Rückführung sicherzustellen und andererseits um die Werterhaltung des Geschäftsanteils, der zugleich als Sicherheit für das ausgegebene Darlehen fungiert.

Die Zahl der möglichen und selbst der gebräuchlichen Financial Covenants ist nahezu unüberschaubar[764]. Im Hinblick auf das Pfandrecht an einem GmbH-Geschäftsanteil und der sich anschließenden zentralen Fragestellung der Risiken einer weitreichenden Vertragsgestaltung erscheint eine Einteilung, nach der die Regelungsziele der Klauseln in den Vordergrund gerückt werden, besonders geeignet. Danach lassen sich vier allgemeine Zielsetzungen unterscheiden[765]. Für den anteilsgesicherten Kreditgeber stehen an erster Stelle Klauseln, die ihn gegen eine Verschlechterung und Verwässerung der Verwertungspriorität seiner Sicherheit schützen sollen. Erreicht wird dieses Ziel vor allem mit sog. Negative-pledge-Klauseln oder Negativklauseln. In ihrer Grundform verbieten diese dem Schuldner jegliche künftige Belastung seiner Aktiva oder derjenigen seiner Tochtergesellschaften. Eine weniger strikte Variante gestattet dem Schuldner zwar eine spätere Besicherung, allerdings nur ranggleich mit dem Covenant-Gläubiger. In der Praxis wird die Klausel oft dahingehend eingeschränkt, dass sie sich nur auf verschiedene Sicherungsarten, etwa dingliche Sicherheiten, oder auf bestimmte Schuldformen, wie Anleihen des Schuldners, bezieht[766]. Damit auch ungesicherte Forderungen anderer Gläubiger keinesfalls besseren Rang erwerben können, werden Negative-pledge-Klauseln häufig durch sog. Pari-passu-Klauseln ergänzt. Sie garantieren dem Covenant-Gläubiger eine gleichrangige Schuldenbedienung sowohl in der Insolvenz als

---

[760] *Wittig*, WM 1996, 1381 f.
[761] *Wittig*, WM 1969, 1381 ff.; *Köndgen*, in: Insolvenzrecht, S. 127, 130, 132. Bedeutung hat dabei vor allem das Verhältnis von Fremd- zu Eigenkapital (debt-equity-ratio).
[762] Hierzu insbesondere *Alberth*, WPg 1997, 744, 747; *Kühbacher*, Konzerndarlehen, S. 191 ff.; *Thießen*, in: Sadowski/Czap/Wächter, S. 143, 156.
[763] *Köndgen*, in: Insolvenzrecht, S. 127, 129; *Peltzer*, GmbHR 1995, 15, 23; *Wittig*, WM 1996, 1381 f.
[764] Vgl. nur die Nachweise bei *Kästle*, Rechtsfragen Covenants, S. 1 ff., 36 ff.
[765] Diese Einteilung entspricht in den Grundzügen derjenigen bei *Fleischer*, ZIP 1998, 313 f. und *Köndgen*, in: Insolvenzrecht, S. 127, 131 ff.
[766] Weitere Ausformungen bei *Thießen*, ZBB 1996, 19 f.

150

auch in einem außergerichtlichen Sanierungsvergleich[767]. Zur zweiten zentralen Zielsetzung des Kreditgebers gehört die Erhaltung der Solvenz und der Liquidität des Schuldners. Der Bestand der Aktiva darf sich zwar gegenständlich, aber nicht wertmäßig verändern. Hierfür werden Mindestanforderungen an die bereits dargestellten betriebswirtschaftlichen Schlüsselgrößen Eigenkapital- und Ertragsquote, Liquidität und Verschuldungsgrad gestellt. Eine dritte Gruppe von Covenants will sicherstellen, dass die Identität des Schuldnerunternehmens im Wesentlichen unverändert bleibt. Es finden sich beispielsweise Klauseln, die dem Kreditgeber umfassende Zustimmungsvorbehalte, etwa bei einschneidender Investitionstätigkeit und anderer strategischer Entscheidungen, dem Austausch von Schlüsselpersonal sowie bei strukturändernden Maßnahmen einräumen. Diese Abreden sind streng vor dem Hintergrund des bereits dargestellten Verbots der Stimmrechtsabspaltung und des Grundsatzes der Verbandssouveränität zu beurteilen. Danach stoßen insbesondere weitreichende Zustimmungsbefugnisse an die aufgezeigten (gesellschafts-) rechtlichen Grenzen. Entsprechend den Ausführungen zu den allgemeinen vertraglichen Vereinbarungen wird die Sicherungsfunktion von Financial Covenants ebenfalls durch umfassende Informationspflichten des Kreditnehmers abgestützt[768]. In der letzten Gruppe finden sich insofern Informations- und Rechnungslegungspflichten, die es dem Kreditgeber ermöglichen, seine Informationen periodisch – aber gegebenenfalls auch auf Ad-hoc-Anfrage hin – zu aktualisieren. Hierbei geht es nicht in erster Linie um die ohnehin testier- und publizitätspflichtige unternehmerische Rechnungslegung, sondern auch um „weiche" Informationen, wie etwa Zukunftsprognosen, -absichten und Entwicklungstendenzen.

Die Nichteinhaltung der vereinbarten Covenants berechtigt den Kreditgeber regelmäßig, das ausgereichte Darlehen nach einer Nachfristsetzung fällig zu stellen[769]. In der Praxis wird von dieser rigiden Sanktion aber eher selten Gebrauch gemacht. Die Bedeutung dieser Rechtsfolge liegt vor allem in einer günstigen Verhandlungsposition. Häufig benutzt der Gläubiger sein Kündigungsrecht lediglich, um Nachverhandlungen des Vertrags zu erzwingen oder um Druck auf das Management mit dem Ziel einer Änderung und Verbesserung der Unternehmensstrategie auszuüben. Auch das Recht zur Nachbesicherung aufgrund der gestiegenen Kreditrisiken ist eine typische Rechtsfolge der Verletzung von Covenants[770]. Insgesamt bewirken Financial Covenants auf diese Art eine beachtliche Einschränkung der unternehmerischen Freiheit. Zwar zielen die Vereinbarungen nicht auf eine unmittelbare Einflussnahme auf geschäftliche Entscheidungen ab, allerdings bewirkt bereits die Vereinbarung von eventuellen Sanktionen, dass der Pfandgeber zu wirtschaftlichen Entscheidungen gedrängt wird, um die verabredeten Kennzahlen einzuhalten[771]. Darüber hinaus kann es zu weitreichenden Eingriffs- und Mitwirkungsmöglichkeiten bis hin zur faktischen Übernahme der Unterneh-

---

[767] Vgl. die Nachweise bei *Köndgen*, in: Insolvenzrecht, S. 127, 131 f.

[768] Ausdrücklich *Köndgen*, in: Insolvenzrecht, S. 127, 133.

[769] *Köndgen*, in: Insolvenzrecht, S. 127, 133 f.; *Thießen*, ZBB 1996, 19, 21; *Wittig*, WM 1996, 1381, 1387 f.

[770] *Wittig*, WM 1996, 1381, 1386 f.

[771] *Wittig*, WM 1996, 1381, 1389.

mensleitung durch den Covenant-Gläubiger kommen, wenn dieser, im Fall der Verletzung der Covenants, mit dem Abzug des dringend benötigten Kapitals droht[772]. Aus betriebswirtschaftlicher Sicht erscheinen Financial Covenants als höchst effektive Möglichkeit zur Einflussnahme auf die Gesellschaft, welche gerade bei Anteilsverpfändungen die beabsichtigten Kontroll- und Steuerungsoptionen bieten. Dies sollte allerdings nicht dazu führen diese angelsächsischen Rechtsinstitute, unbesehen ihres rechtssystematischen Hintergrundes, in das nationale Recht zu übertragen. Die Ausgestaltung der einzelnen Covenants hat sich nach Maßgabe der aufgezeigten gesellschaftsrechtlichen Grundsätze zu richten und darf daher weder gesellschaftliche Stimmrechte noch strukturändernde Einflussrechte begründen oder übertragen.

D. Das Risiko der Nachrangigkeit des Pfandgläubigers

Der Kreditgeber hat ein berechtigtes Interesse daran, sein ausgereichtes Darlehen für den Fall der Zahlungsunfähigkeit des Schuldners ausreichend abzusichern. Die bisherigen Ausführungen hatten daher die Frage zum Gegenstand, wie man die gesetzlich eher schwach ausgestaltete Rechtsposition des Anteilspfandgläubigers durch entsprechende Vertragsgestaltung stärken kann. Hierzu lässt sich zunächst das Fundament der Zugriffsgegenstände verbreitern, indem man das Pfandrecht an dem isolierten Geschäftsanteil als Nutzungspfandrecht ausgestaltet und darüber hinaus zusätzlich alle gegenwärtigen und künftigen Kapitalforderungen verpfändet, die nicht bereits durch das Nutzungspfand oder unmittelbar als Anteilssurrogate erfasst sind. Daneben erfolgt eine Stärkung der Rechtsposition durch die drei hauptsächlichen Regelungsmöglichkeiten zur Einflussnahme auf die Gesellschaft; der Stimmrechtsvollmacht, der Stimmrechtsbindung und der Vereinbarung von (Financial) Covenants. Diese ermöglichen es dem Pfandgläubiger, gesellschaftsrechtlichen Einfluss auszuüben, um die Werthaltigkeit seiner Pfandgegenstände zu kontrollieren und sicherzustellen. Der anteilsgesicherte Kreditgeber hat ein viel größeres Bedürfnis, sich umfangreiche Einflussrechte auf das Schuldnerunternehmen zu verschaffen als der durch klassische Sicherheiten geschützte, da die Werthaltigkeit seiner Sicherheit von der Entwicklung der wirtschaftlichen Verfassung der Gesellschaft abhängt. Aus diesem Grund wird bei Kreditverträgen, die durch Geschäftsanteile gesichert werden, regelmäßig eine weitreichende Vertragsgestaltung vorgenommen, die sowohl auf der Seite der Pfandgegenstände als auch auf der Seite der Einflussrechte die aufgezeigten Möglichkeiten umfassend nutzt. Insbesondere im Hinblick auf die zunehmend verwendeten, häufig äußerst extensiv ausgestalteten Financial Covenants stellt sich das Problem, inwieweit eine weitreichende Vertragsgestaltung das Risiko birgt, dass der Pfandgläubiger als nachrangiger Insolvenzgläubiger behandelt wird. Betrachtet man nämlich die Summe der zur Verfügung stehenden Vertragsgestaltungen, wird deutlich, dass sich hierdurch das ursprüngliche Bild des typischen Anteilspfandgläubigers, der lediglich ein Verwertungsrecht an dem isolierten Geschäftsanteil hat, stark verändern kann. Gegenstand der folgenden Ausführungen ist

---

[772] Der englische Bankrechtler *Philip Wood*, International Loans, S. 31 prägte im Hinblick auf dieses Szenario das aussagekräftige Diktum, dass Fremdkapitalgeber zwar keine Stimme in der Gesellschafterversammlung haben; ihr „Stimmrecht" seien jedoch die Covenants.

es, die Risiken einer weitreichenden Vertragsgestaltung unter dem Gesichtspunkt der Gefahr der Nachrangigkeit des Pfandgläubigers im Insolvenzverfahren aufzuzeigen[773].

I. Die gesetzliche Ausgangssituation vor und nach der GmbH-Reform durch das MoMiG

Nach bisherigem GmbH-Recht stand im Mittelpunkt der Diskussion um eine eventuelle Nachrangigkeit des Pfandgläubigers im Insolvenzverfahren die Vorschrift des § 32a Abs. 3 S. 1 GmbHG. Danach galten die Vorschriften über eigenkapitalersetzende Darlehen (§ 32a Abs. 1, 2 GmbHG) sinngemäß auch für Rechtshandlungen eines Dritten, sofern sich hierdurch unter wirtschaftlichen Gesichtspunkten ein Tatbestand des Eigenkapitalersatzrechts ergab[774]. Der Pfandgläubiger lief bei der Einräumung weitreichender Einflussrechte Gefahr, als gesellschaftergleicher Dritter i.S.d. § 32a Abs. 3 S. 1 GmbHG eingeordnet zu werden, mit der Folge, dass sein gewährtes Darlehen in ein eigenkapitalersetzendes umqualifiziert wurde[775]. Für den kreditgebenden Pfandgläubiger war bzw. ist dies mit erheblichen Nachteilen verbunden[776], da die Umqualifizierung eines Darlehens in Eigenkapital dieses zu nicht sicherungsfähigem Risikokapital macht[777]. Zudem wird der Rückzahlungsanspruch im Falle der Insolvenz erst nach der vollständigen Befriedigung aller anderen Fremdkapitalgeber getilgt (§ 32a Abs. 1 GmbHG) und fällt damit in aller Regel aus[778].

Der RegE-MoMiG vom 23.5.2007[779] sieht eine vollständige Neuordnung des Eigenkapitalersatzrechts vor, ohne dieses jedoch inhaltlich grundlegend zu ändern. Die Vorschriften der §§ 32a und 32b GmbHG sollen aufgehoben und das Recht der „kapitalersetzenden Darlehen" auf eine rein insolvenz- und anfechtungsrechtliche Grundlage gestellt werden[780]. Nach der amtlichen Begründung des Regierungsentwurfs gibt es nach der Neukonzeption keine „kapitalersetzenden Gesellschafterdarlehen" mehr[781]. Jedes Gesellschafterdarlehen ist nach dem neu gefassten § 39 RegE-InsO bei Einritt der Insolvenz nachrangig[782]. Insofern wird auch auf das Merkmal der Krise der Gesellschaft (§ 32a Abs. 1 GmbHG) zum Zeitpunkt der Gewährung oder des Belassens des

---

[773] Zur Fragestellung, inwieweit sich durch eine weitreichende Vertragsgestaltung eine sittenwidrige Knebelung oder Gläubigergefährdung nach § 138 BGB ergeben kann, vgl. eingehend *Köndgen*, in: Insolvenzrecht, S. 127, 140 ff. sowie *Westermann*, in Festschrift Brandner (1996), S. 579, 587 ff.

[774] Vgl. nur *Löwisch*, Eigenkapitalersatzrecht, Rn. 149.

[775] BGHZ 119, 191. Hierzu genauer im Folgenden.

[776] *Weitnauer*, ZIP 2005, 1443 bezeichnet die Umqualifizierung des Darlehens in Eigenkapitalersatz als „drakonischste Folge" weitgefasster Covenants.

[777] *Hueck/Fastrich*, in: Baumbach/Hueck, GmbHG, § 32a Rn. 63; *Lutter/Hommelhoff*, in: Lutter/Hommelhoff, GmbHG, § 32a Rn. 91 ff.; *Löwisch*, Eigenkapitalersatzrecht, Rn. 48 ff.; *Dauner-Lieb*, DStR 1998, 609.

[778] Vgl. *Früh*, GmbHR 1999, 842.

[779] BT-Drucks. 16/6140 = ZIP 2007, Beilage zu Heft 23.

[780] Vgl. hierzu umfassend *Bayer/Graff*, DStR 2006, 1654 ff. zum RefE; *Haas*, ZInsO 2007, 617 ff. zum RegE; *Habersack*, ZIP 2007, 2145 ff. zum RegE; *Mülbert*, WM 2006, 1977 ff. zum RefE; *Tillmann*, GmbHR 2006, 1289 ff. zum RefE.

[781] Begr. RegE-MoMiG, ZIP 2007, Beilage zu Heft 23, S. 32.

[782] Begr. RegE-MoMiG, ZIP 2007, Beilage zu Heft 23, S. 32.

Darlehens verzichtet. Das MoMiG versieht in § 39 Abs. 1 Nr. 5 RegE-InsO[783] sämtliche Forderungen auf Rückgewähr eines Darlehens oder Forderungen aus Rechtshandlungen, die einem solchen wirtschaftlich entsprechen, in der Insolvenz mit dem Nachrang. Anders als noch in der Eigenkapitalersatzregelung des § 32a Abs. 3 S. 1 GmbHG fehlt in § 39 Abs. 1 Nr. 5 RegE-InsO ein Hinweis auf gesellschaftergleiche „Dritte". Dies bedeutet indessen nicht das Aus für die Rechtsfigur des „wirtschaftlichen Gesellschafters". Ausweislich sowohl der amtlichen Begründung des Referentenentwurfs[784] als auch der des Regierungsentwurfs[785] wird durch die Formulierung „Forderungen aus Rechtshandlungen, die einem solchen Darlehen wirtschaftlich entsprechen" der bisherige § 32a Abs. 3 S. 1 GmbHG in „personeller („Dritte") und sachlicher Hinsicht übernommen"[786]. Der Gesetzgeber stellt damit ausdrücklich klar, dass im Hinblick auf die bislang bestehende Ausweitung des Eigenkapitalersatzrechts durch § 32a Abs. 3 S. 1 GmbHG eine Änderung in der Sache nicht bezweckt ist[787]. Die Neuregelung des § 39 Abs. 1 Nr. 5 RegE-InsO soll demnach nicht nur für einem Darlehen wirtschaftlich entsprechende Finanzierungen, sondern darüber hinaus für Finanzierungen durch Dritte gelten. Dabei verzichtet das MoMiG auf die Einführung einer dem § 138 InsO entsprechenden Regelung, die eine dem Gesellschafter „nahestehende Person" durch die Vorgabe klar bestimmter Kriterien definiert. Stattdessen sollen ausdrücklich die zu § 32a Abs. 3 S. 1 GmbHG entwickelten Grundsätze fortgelten[788].

II. Der Pfandgläubiger als gesellschaftergleicher Dritter

Als Fixpunkt der wissenschaftlichen Diskussion um die Frage des gesellschaftergleichen Dritten i.S.d. § 32a Abs. 3 S. 1 GmbHG gilt die sog. Pfandgläubiger-Entscheidung des BGH[789]. Nach deren Leitsatz unterliegt der Pfandgläubiger an einem (GmbH-) Geschäftsanteil den Grundsätzen über die Erhaltung des Stammkapitals nur dann, wenn er sich zusätzliche Befugnisse einräumen lässt, die es ihm ermöglichen, die Geschicke der Gesellschaft ähnlich wie ein Gesellschafter (mit) zubestimmen. Trotz dieser Entscheidung ist die Frage, unter welchen konkreten Voraussetzungen der Pfandgläubiger

---

[783] Der Referentenentwurf vom 29.5.2006 sah bereits eine identische Regelung vor. Die Vorschrift lautet: Im Rang nach den übrigen Forderungen der Insolvenzgläubiger werden in folgender Rangfolge, bei gleichem Rang nach dem Verhältnis ihrer Beträge, berichtigt: Nr. 5: nach Maßgabe der Absätze 4 und 5 Forderungen auf Rückgewähr eines Gesellschafterdarlehens oder Forderungen aus Rechtshandlungen, die einem solchen Darlehen wirtschaftlich entsprechen.

[784] Amtliche Begr. RefE-MoMiG, S. 83. Abrufbar unter http://www.bmj.de.

[785] Amtliche Begr. RegE-MoMiG, S. 130. Abrufbar unter http://www.bmj.de. Abgedruckt in ZIP 2007, Beilage zu Heft 23, S. 32.

[786] Auf die ausdrückliche Regierungsbegründung abstellend auch *Ehricke*, in: MünchKommInsO, § 39 Rn. 57 mit Fn. 219; *Bayer/Graff*, DStR 2006, 1654, 1659; *Haas*, ZInsO 2007, 617, 620; *Habersack*, ZIP 2007, 2145, 2148; *Tillmann*, GmbHR 2006, 1289, 2191 f.

[787] Auch das Kleinbeteiligtenprivileg aus § 32a Abs. 3 S. 2 GmbHG wurde in § 39 Abs. 5 RegE-InsO und das Sanierungsprivileg aus § 32 Abs. 3 S. 3 GmbHG in § 39 Abs. 4 S. 2 RegE-InsO übernommen.

[788] So auch *Ehricke*, in: MünchKommInsO, § 39 Rn. 57; *Bayer/Graff*, DStR 2006, 1654, 1659; *Haas*, ZInsO 2007, 617, 620; *Habersack*, ZIP 2007, 2145, 2148; *Huber*, in: Festschrift Priester (2007), S. 259, 279 f.; *Tillmann*, GmbHR 2006, 1289, 2191 f.

[789] BGHZ 119, 191.

154

als gesellschaftergleicher Dritter zu qualifizieren ist, nicht klar zu beantworten[790]. Dies liegt maßgeblich daran, dass der BGH in seiner Entscheidung hauptsächlich auf eine „Gesamtbetrachtung"[791] abstellt, ohne allgemeine Kriterien für den Begriff des gesellschaftergleichen Dritten i.S.d. § 32a Abs. 3 S. 1 GmbHG zu formulieren. Gleichwohl ist die Entscheidung aufgrund ihrer generellen Weisungsrichtung ganz überwiegend zustimmend aufgenommen worden[792].

Kritiker[793] der Pfandgläubiger-Entscheidung stützen ihre ablehnende Haltung vor allem darauf, dass Grundlage für die Einwirkungsmöglichkeiten des Pfandgläubigers auf die Gesellschaft nicht seine Rolle als dinglich Berechtigter, sondern lediglich die als herkömmlicher Kreditgeber und somit als Partner eines schuldrechtlichen Austauschvertrages sei. Vor diesem Hintergrund sei die Leitaussage des BGH, dass der atypische Pfandgläubiger dem atypisch stillen Gesellschafter gleichzusetzen sei und daher der gesellschafterähnliche Einfluss des Pfandgläubigers ebenfalls eine gesellschaftergleiche Finanzierungsverantwortung nach sich ziehe, abzulehnen. Vor dem Hintergrund dieser Kritik gilt es im Folgenden zu untersuchen, welche Kriterien dazu führen, dass ein Anteilspfandgläubiger als gesellschaftergleicher Dritter i.S.d. § 32a Abs. 3 S. 1 GmbHG zu qualifizieren ist und demnach auch von der zukünftigen Regelung des § 39 Abs. 1 Nr. 5 RegE-InsO erfasst wird.

1. Die Leitlinien der Pfandgläubiger-Entscheidung (BGHZ 119, 191)

Betrachtet man die bislang einzige höchstrichterliche Entscheidung zur Bestimmung des gesellschaftergleichen Dritten bei der Verpfändung von Geschäftsanteilen wird deutlich, dass sich der BGH zur Begründung der Einbeziehung des Pfandgläubigers in den Normadressatenkreis des § 32a Abs. 3 S. 1 GmbHG auf drei entscheidende Kriterien stützt. Entsprechend der hier vorgenommenen Einteilung in den Bereich der Zugriffsgegenstände und den der Einflussrechte stellt die Rechtsprechung ebenso auf den Umfang der Verpfändung und damit auf die erfassten Pfandgegenstände sowie auf die im Verpfändungsvertrag vereinbarten Einflussrechte ab. Als drittes Kriterium zieht der BGH die Art und Weise, mit der sich der Pfandgläubiger auf Grundlage des Verpfändungsvertrags tatsächlich Einfluss auf die Geschäftsführung der Gesellschaft verschafft hat, heran. Der vom 2. Zivilsenat zu entscheidende Fall bot hinsichtlich aller drei Kriterien weitreichende Anknüpfungspunkte. Dabei stellte der BGH seinen Entschei-

---

[790] Dies feststellend auch *Schwintowski/Dannischewski*, ZIP 2005, 840.

[791] BGHZ 119, 201.

[792] *Heidinger*, in: Michalski, GmbHG, § 32a Rn. 199; *Hueck/Fastrich*, in: Baumbach/Hueck, GmbHG, § 32a Rn. 21; *Löwisch*, Eigenkapitalersatzrecht, Rn. 194 f.; *Lutter/Hommelhoff*, in: Lutter/Hommelhoff, GmbHG, § 32a Rn. 54; *Pentz*, in: Rowedder/Schmidt-Leithoff, GmbHG, § 32a Rn. 74; *K. Schmidt*, in: Scholz, GmbHG, §§ 32a, 32b Rn. 152; *Dreher*, ZGR 1994, 144, 147 f.; *Fleischer*, ZIP 1998, 313, 315; *Früh*, GmbHR 1999, 842; *von Gerkan*, EWiR 1992, 999 f.; *Goette*, DStR 1992, 1480 f.; *Johlke/Schröder*, in: von Gerkan/Hommelhoff, Kapitalersatzrecht, Rn. 5.27 ff.; *Neuhof*, NJW 1999, 20 f.; *Rümker/Büchler*, in: Festschrift Claussen (1997), S. 337, 345 ff.; *Schwintowski/Dannischewski*, ZIP 2005, 840 f.

[793] *Altmeppen*, in: Roth/Altmeppen, GmbHG, § 32a Rn. 179; *ders.*, ZIP 1993, 1677 ff.; *Habersack*, in: Ulmer/Habersack/Winter, GmbHG, § 32a Rn. 151; *ders.*, ZGR 2000, 384, 393 ff.; *von Hagemeister/Bültmann*, WM 1997, 549, 553 f.; *Maier-Reimer*, in: Festschrift Rowedder (1994), S. 245, 265 ff.; *Westermann*, in: Festschrift Odersky (1996), S. 897, 916 ff.

dungsgründen zunächst die Feststellung voran, dass ein Pfandgläubiger, der sowohl in Bezug auf den Umfang des Pfandrechts als auch bezüglich seiner Einflussrechte eine dem gesetzlichen Leitbild entsprechende Rechtsstellung erlangt habe, kein Normadressat des § 32a Abs. 3 S. 1 GmbHG sei, da er „weder Mitgliedschafts- noch Gewinnbezugsrechte erhalte"[794]. Die Rechtsposition eines typischen (Anteils-) Pfandgläubigers verbiete es, ihn wie einen Gesellschafter in die Verantwortung für die Finanzierung der Gesellschaft einzubeziehen. Eine andere Beurteilung sei selbst dann nicht angezeigt, wenn die Parteien eine schuldrechtliche Generalabwehrklausel[795] vereinbart haben, die dem Pfandgläubiger Schadensersatzansprüche für den Fall der Beeinträchtigung seines Pfandrechts sichern soll[796].

Im Hinblick auf das Kriterium des Pfandrechtsumfangs lag neben der Verpfändung der isolierten Geschäftsanteile auch die Verpfändung der entsprechenden Gewinnbezugsrechte vor. Darüber hinaus sicherte sich die kreditgewährende Bank im Wege der Sicherungsabtretung die den Gesellschaftern zustehenden Ansprüche auf Auszahlung von Abfindungen, Liquidationserlösen sowie des Kaufpreises im Falle der Veräußerung der Gesellschaftsanteile[797]. Hinsichtlich des Kriteriums der vereinbarten Einflussrechte stellt der BGH fest, dass die Pfandgläubigerin sich durch schuldrechtliche Nebenabreden entscheidende Eingriffsbefugnisse vorbehalten hat, die es ihr ermöglichten, in ihrem Sinne Einfluss auf die Unternehmenspolitik und Geschäftsführung zu nehmen, so dass die Ausübung der den Gesellschaftern verbleibenden Mitgliedschaftsrechte letztlich „nur auf dem Papier stand"[798]. Die Gesellschafter waren in der Ausübung ihrer zentralen Mitgliedschaftsrechte vollständig an die Entscheidungen der Pfandgläubigerin gebunden, da sie etwa vor Abschluss oder Änderung des Gesellschaftsvertrages, vor der Fassung von Gewinnverwendungsbeschlüssen sowie vor Änderungen der Rechtsform oder der Einbringung der Geschäftsanteile in eine andere Gesellschaft die Zustimmung der kreditgewährenden Bank einholen mussten[799]. Die Heranziehung des dritten Kriteriums – der tatsächlichen Einflussnahme – hatte für den zuständigen 2. Senat weniger konstitutive Wirkung für die Begründung der gesellschaftergleichen Stellung der Pfandgläubigerin, als mehr eine affirmative Funktion. Zwar stellte der Senat ausführlich dar, dass die aufgrund der vertraglichen Vereinbarungen eingeschaltete Unternehmensberatung unter faktischer Verdrängung der bisherigen Geschäftsleitung die Führung der Geschäfte „gleichsam im Handstreich" übernommen habe; die Pfandgläubigerin den Geschäftsführer „ultimativ" vor die Alternative stellte, entweder das Kreditengagement sofort zu beenden oder eine Unternehmensberatung als Krisenmanager zu beauftragen, deren Inhaber bereits in einem „Hinterzimmer" wartete[800]. Mit den Worten „wenn nicht schon mit der Verpfändung, so aber spätestens mit der faktischen Entmachtung der bisherigen Geschäftsführung" sei eine gesellschafterähnliche

---

[794] BGHZ 119, 191, 194 f.
[795] Hiernach hat der Verpfänder alles zu unterlassen, was das Pfandrecht in irgendeiner Weise beeinträchtigen könnte.
[796] BGHZ 119, 191, 195.
[797] BGHZ 119, 191, 196 f.
[798] BGHZ 119, 191, 197.
[799] BGHZ 119, 191, 198.
[800] BGHZ 119, 191, 197, 199.

Stellung begründet worden[801], gibt der BGH allerdings deutlich zu erkennen, dass er letztlich die gesellschaftergleiche Stellung der Pfandgläubigerin bereits durch die Verpfändung der Geschäftsanteile und der dazu getroffenen Vereinbarungen als erfüllt ansieht.

Zusammenfassend stellt der BGH fest, dass ein Pfandnehmer dann in den Normadressatenkreis des § 32a Abs. 3 S. 1 GmbHG falle, wenn er sich durch weitergehende Nebenabreden eine Position einräumen lasse, die nach ihrer konkreten Ausgestaltung im wirtschaftlichen Ergebnis der Stellung eines Gesellschafters gleich- oder doch jedenfalls nahe komme[802]. Der Senat setzt damit ausdrücklich seine Rechtsprechungslinie in Bezug auf die Einbeziehung mittelbar Unternehmensbeteiligter in den Anwendungsbereich des Eigenkapitalersatzrechts fort. Als Paradigma zieht er die Rechtsprechung zur atypischen stillen Beteiligung[803] heran, die in einer vergleichbar gelagerten Fallkonstellation[804] ihren Abschluss fand. Dort entschied er, dass ein stiller Gesellschafter, der sich am Handelsgewerbe einer GmbH beteilige, den Grundsätzen zur Erhaltung des Stammkapitals ebenso wie der Gesellschafter unterliege, wenn er – ähnlich wie dieser – die Geschicke der GmbH bestimme sowie an Vermögen und Ertrag beteiligt sei. Die atypische Ausgestaltung eines Anteilspfandrechts könne insofern aus der Sicht des Eigenkapitalersatzrechts im Ergebnis keiner anderen Beurteilung unterliegen, als die Stellung eines atypischen stillen Gesellschafters[805]. Entscheidend sei deshalb, ob die Stellung des Pfandgläubigers im Einzelfall gesellschafterähnlich sei und er insbesondere ähnlich weitreichende Befugnisse zur Einflussnahme auf Geschäftsführung und Gestaltung der Gesellschaft habe. Nur dann sei er als „atypischer" Pfandgläubiger Normadressat des § 32a Abs. 3 S. 1 GmbHG.

2. Die Grenze zwischen typischem und atypischem Pfandgläubiger

In Anbetracht der Pfandgläubiger-Entscheidung ist die letztlich entscheidende Frage, wo die Grenze zwischen einem typischen und einem atypischen Pfandgläubiger zu ziehen ist. Denn ungeachtet der ablehnenden Haltung vereinzelter Kritiker – auf deren Ansicht an entsprechender Stelle noch einzugehen sein wird – besteht in der Praxis das Problem, Anteilsverpfändungen rechtsprechungskonform auszugestalten zu müssen[806]. Die aus vertragsgestalterischer Sicht maßgebliche Frage ist genau genommen nicht die, bei welcher Summe von Abreden eine Gesellschaftergleichheit anzunehmen ist, sondern welche Vertragsgestaltung die äußerste Grenze zum atypischen Pfandgläubiger bildet. Ein Unterschied zwischen diesen beiden Fragestellungen mag auf den ersten Blick nicht bestehen, da jede Frage scheinbar die Kehrseite der anderen darstellt. Dass dies nicht der Fall ist, zeigt die Überlegung, welche konkreten vertraglichen Absprachen in der Pfandgläubiger-Entscheidung hätten fehlen müssen, damit die Gesamtbetrachtung nicht zur Annahme einer Gesellschafterähnlichkeit des Pfandgläubi-

---

[801] BGHZ 119, 191, 201.

[802] BGHZ 119, 191, 195.

[803] BGHZ 83, 341; BGH ZIP 1983, 561; BGH ZIP 1985, 347.

[804] BGHZ 106, 7.

[805] BGHZ 119, 191, 195.

[806] Das Problem der Praxis erkennend auch *Rümker/Büchler*, in: Festschrift Claussen (1997), S. 337, 346.

gers geführt hätte. Konkret bedeutet dies: Hätte beispielsweise allein das Fehlen der Verpfändung des Gewinnbezugsrechts eine Anwendung des § 32a Abs. 3 S. 1 GmbHG verhindert? Aus der Vielzahl der dem BGH zustimmenden literarischen Reaktionen ist hierauf keine Antwort zu finden. Diese beschränken sich nahezu einhellig auf die Feststellung, dass „jedenfalls in dem vom BGH zu entscheidenden Fall die Voraussetzungen für eine Gleichstellung mit einem Gesellschafter und somit für die Anwendung des § 32a Abs. 3 S. 1 GmbHG vorlagen"[807]. Andere Autoren[808] nehmen die Rechtsprechung des BGH zum Anlass, die Frage aufzuwerfen, ob bereits allein die Einräumung von weitreichenden Einflussrechten auf die Gesellschaft durch Financial Covenants ohne eine gleichzeitige Verpfändung von Geschäftsanteilen den Kreditgeber in das (bisherige) Eigenkapitalersatzrecht einzubeziehen vermag[809]. Allerdings kann auch diese Frage keinen entscheidenden Fortschritt bei der Beantwortung der zentralen Fragestellung nach einer trennscharfen Abgrenzung zwischen einem typischen und einem atypischen Pfandgläubiger leisten.

In der Diskussion um die Anwendung des § 32a Abs. 3 S. 1 GmbHG sind insgesamt drei Strömungen vorzufinden. Zum einen die auf einem Einzelfall beruhende Rechtsprechung des BGH[810] und die ihr folgende herrschende Lehre[811], die letztlich jedoch keine Abgrenzungskriterien zur Unterscheidung zwischen typischem und atypischem Pfandgläubiger bietet. Zum anderen die noch weitergehende Auffassung[812], die sich dafür ausspricht, auch ohne eine Verpfändung des Geschäftsanteils den Kreditgeber als gesellschaftergleich einzustufen, wenn sich dieser durch weitreichende Covenants Mitspracherechte im Zusammenhang mit strukturändernden Maßnahmen oder echten unternehmerischen Führungsentscheidungen ausbedingt. Die dritte Strömung[813] lehnt sowohl die Einbeziehung eines Pfandgläubigers als auch die eines durch weitreichende Covenants geschützten Kreditgebers in die Regelungen zum (bisherigen) Eigenkapitalersatz ab, da es regelmäßig an dem erforderlichen gesellschaftertypischen Eigeninteresse an der Gesellschaft fehle[814].

---

[807] Vgl. nur *Löwisch*, Eigenkapitalersatzrecht, Rn. 195; *K. Schmidt*, in: Scholz, GmbHG, §§ 32a, 32b Rn. 152; *Dreher*, ZGR 1994, 144, 147 f.; *Rümker/Büchler*, in: Festschrift Claussen (1997), S. 337, 345 ff.

[808] *Fleischer*, ZIP 1998, 313 ff.; *Schwintowski/Dannischewski*, ZIP 2005, 840 ff. In Ansätzen auch *Lutter/Hommelhoff*, in: Lutter/Hommelhoff, GmbHG, § 32a Rn. 55.

[809] Von den vorgenannten Autoren wird dies einhellig bejaht. Die Kritiker der Pfandgläubiger-Entscheidung lehnen diese, nochmals erweiterte, Auffassung ebenfalls ab; vgl. *Habersack*, ZGR 2000, 384, 393 ff.; *von Hagemeister/Bültmann*, WM 1997, 549, 553 f.

[810] BGHZ 119, 191.

[811] Vgl. nur *Damrau*, in: MünchKommBGB, § 1274 Rn. 60; *Hueck/Fastrich*, in: Baumbach/Hueck, GmbHG, § 32a Rn. 21; *Löwisch*, Eigenkapitalersatzrecht, Rn. 194 f.; *Reichert/Weller*, GmbH-Geschäftsanteil, § 15 Rn. 301; *H. Winter/Seibt*, in: Scholz, GmbHG, § 15 Rn. 179; *Mertens*, ZIP 1998, 1787, 1789; *Reymann*, DNotZ 2005, 425, 444.

[812] *Lutter/Hommelhoff*, in: Lutter/Hommelhoff, GmbHG, § 32a Rn. 55; *Pentz*, in: Rowedder/Schmidt-Leithoff, GmbHG, § 32a Rn. 76; eingehend *Fleischer*, ZIP 1998, 313 ff.; *Schwintowski/Dannischewski*, ZIP 2005, 840 ff.

[813] Insbesondere *Altmeppen*, ZIP 1993, 1677 ff.; *Habersack*, ZGR 2000, 384, 393 ff.; *Maier-Reimer*, in: Festschrift Rowedder (1994), S. 245, 265 ff.

[814] Allerdings zeigt die tatsächliche Einflussnahme auf die Geschicke der Gesellschaft im Rahmen der Pfandgläubiger-Entscheidung, dass sehr wohl ein Eigeninteresse des Kreditgebers bestand.

158

Die vorliegende Arbeit möchte angesichts der vielfach für die (Vertrags-) Praxis unbefriedigenden Beiträge[815] im Zusammenhang mit der Pfandgläubiger-Entscheidung einen anderen Weg aufzeigen. Vor dem Hintergrund der literarischen Strömungen ist es Ziel, die eingangs gestellte Frage zu beantworten, welche vertragliche Ausgestaltung des Anteilspfandrechts die äußerste Grenze vom typischen zum atypischen Pfandgläubiger darstellt. Hierbei geht es genaugenommen um die Frage, ab wann ein Dritter (Pfandgläubiger) eine gesellschaftergleiche Stellung bekommt. Als Vergleichsmaßstab zur Rechtsstellung des Dritten muss denklogisch die Rechtsposition eines Gesellschafters herangezogen werden. Diese folgt unmittelbar aus der Mitgliedschaft und umfasst zwei grundlegende Rechtskreise. Zum einen die Vermögensrechte und zum anderen die Verwaltungsrechte[816]. Die Qualifizierung eines außenstehenden Dritten als „gesellschaftergleich" hat sich an diesen beiden Rechtskreisen zu orientieren und muss beiden in der konkreten Ausgestaltung „gleichkommen". Um die Grenze von einem typischen zu einem atypischen (gesellschaftergleichen) Pfandgläubiger ausloten zu können, sind zunächst die beiden Regelungsbereiche des Anteilspfandrechts, also auf vermögensrechtlicher Seite der Bereich des Pfandgegenstands und auf verwaltungsrechtlicher Seite der der eingeräumten Einflussrechte und ihr möglicher Auswirkungsgrad auf eine gesellschaftergleiche Stellung des Pfandgläubigers, getrennt zu untersuchen.

a) Der gesellschaftergleiche Pfandgläubiger aus vermögensrechtlicher Sicht

Zu untersuchen ist zunächst die vermögensrechtliche Seite der Mitgliedschaft und welche Vertragsgestaltung in diesem Bereich zu einer gesellschaftergleichen Stellung führt. Dem Gesellschafter einer GmbH kommt im Rahmen seiner Vermögensrechte in erster Linie der Anspruch auf den anteiligen Gewinn gemäß § 29 Abs. 1 S. 1 GmbHG zu. Daneben umfasst die Vermögensseite der Mitgliedschaft den Anspruch auf den Liquidationserlös nach § 72 S. 1 GmbHG sowie jegliche Abfindungsansprüche oder Einziehungsentgelte bei einem freiwilligen oder zwangsweisen Ausscheiden aus der Gesellschaft. Auch jegliche Sonderbezugs- oder Sondernutzungsrechte sind von den Vermögensrechten der Mitgliedschaft erfasst. Das isolierte Anteilspfandrecht kann demzufolge eine in vermögensrechtlicher Hinsicht gesellschaftergleiche Stellung nicht begründen, da dieses als reines Anteilsverwertungsrecht ausgestaltet ist und zunächst keinen Zugriff auf anderweitige Vermögensrechte zulässt. Anders ist dies freilich zu beurteilen, sofern die anteiligen Gewinnansprüche in Form eines Nutzungspfandrechts oder isoliert mitverpfändet sind. Hierdurch bekommt der Pfandgläubiger Zugriff auf das zentrale Vermögensrecht des Gesellschafters. Im Hinblick auf die anderweitigen Vermögensrechte, wie etwa Liquidations-, Einziehungs- oder Abfindungsentgelte bedarf es im Grunde keiner gesonderten Vertragsregelung, da diese regelmäßig automatisch als Anteilssurrogate von dem isolierten Anteilspfandrecht erfasst sind. Vor diesem Hinter-

---

[815] Dies bemerkend auch *Rümker/Büchler*, in: Festschrift Claussen (1997), S. 337, 346. *Fleischer*, ZIP 1998, 313, 319 f. unternimmt zumindest den Versuch „schädliche" von „unschädlichen" Covenants abzugrenzen. Allerdings bleibt es bei einem genauen Hinsehen im Ergebnis bei der Zitierung einzelner Wortlaute der Pfandgläubiger-Entscheidung BGHZ 119, 191.

[816] Im Übrigen *Raiser*, in: Ulmer/Habersack/Winter, GmbHG, § 14 Rn. 21 ff.; *Reichert/Weller*, GmbH-Geschäftsanteil, § 14 Rn. 76 ff.

grund kommt gerade der Vereinbarung eines Nutzungspfandes bzw. der isolierten Gewinnverpfändung für die Begründung einer gesellschaftergleichen (Vermögens-) Stellung maßgebliche Bedeutung zu. Hat der Pfandgläubiger über den Substanzwert des Geschäftsanteils hinaus Zugriff auf den anteiligen Gewinn, partizipiert er, gleich einem Gesellschafter, an dem entscheidenden Vermögensrecht der Gesellschaft. Aus vermögensrechtlicher Sicht ist der Pfandgläubiger daher bereits dann als gesellschaftergleicher Dritter anzusehen, wenn er sich Zugriffsrechte auf den Gewinn der Gesellschaft einräumen lässt.

b) Der gesellschaftergleiche Pfandgläubiger aus verwaltungsrechtlicher Sicht

Hat der Pfandgläubiger aus vermögensrechtlicher Sicht bereits eine gesellschaftergleiche Stellung inne, kommt es entscheidend darauf an, dass zusätzlich auch aus verwaltungsrechtlicher Sicht gesellschaftergleiche Einflussrechte bestehen. Zu den verwaltungsrechtlichen Mitgliedschaftsbefugnissen zählen insbesondere das Recht auf Teilnahme an der Gesellschafterversammlung gemäß § 48 GmbHG sowie das Stimmrecht gemäß § 47 GmbHG. Im Rahmen der Verwaltungsrechte werden zudem alle Befugnisse erfasst, die dem Gesellschafter eine Teilnahme am Gesellschaftsleben ermöglichen, indem er auf die Gesellschaftsstruktur, das operative Geschäft und strategische Entscheidungen Einfluss nehmen kann. Betrachtet man die vereinbarten Einflussrechte, die bei der Pfandgläubiger-Entscheidung hauptsächlich zur Qualifizierung des Pfandgläubigers als gesellschaftergleich geführt haben und legt die hier vertretenen gesellschaftsrechtlich zulässigen Kriterien der Vertragsgestaltung zu Grunde, fällt auf, dass diese bereits unter rechtlichen Gesichtspunkten angreifbar sind. Die kreditgebende Bank hat sich entgegen dem gesetzlichen Leitbild der Anteilsverpfändung[817], nach dem die Mitgliedschaftsrechte bei dem Pfandbesteller verbleiben, durch schuldrechtliche Nebenabreden entscheidende Eingriffsbefugnisse vorbehalten. Als „schwerwiegende Beschränkung" der mitgliedschaftlichen Befugnisse stellt der BGH vor allem das vereinbarte generelle Zustimmungserfordernis heraus[818]. Hiernach waren die Gesellschafter bei allen grundsätzlichen Fragen wie etwa der Änderung des Gesellschaftsvertrages oder der Einbringung des Unternehmens in andere Gesellschaften, an die Zustimmung des Pfandgläubigers gebunden. Die Gesellschafter waren damit vollständig von den Entscheidungen der Bank abhängig. Ein eigenverantwortliches Agieren war für sie nicht mehr möglich, da die Bank alle getroffenen Entscheidungen durch ein Veto blockieren konnte[819]. Der BGH stellt in diesem Zusammenhang fest, dass hierdurch ein Einfluss begründet wird, „wie er sonst nur einem Gesellschafter zukommt"[820]. Führt man sich die aufgezeigten[821], gesellschaftsrechtlich zulässigen Vertragsregelungen vor Augen, wird deutlich, dass ein Pfandgläubiger, der die gesellschaftsrechtlichen Grenzen bei der Vertragsgestaltung einhält, weitreichende Einflussrechte wie die in der Pfandgläubiger-Entscheidung nicht begründen kann. Dem Pfandgläubiger kommt weder durch die Vorschrift des § 1276 BGB gesetzlich ein Zustimmungsrecht in Bezug auf Gesellschafter-

---

[817] Siehe § 4 A.
[818] BGHZ 119, 191, 197 f.
[819] BGHZ 119, 191, 198.
[820] BGHZ 119, 191, 200.
[821] Siehe § 5 A, B, C.

beschlüsse zu noch kann er sich durch anderweitige Vereinbarungen selbständige Stimm- und Verwaltungsrechte in der Gesellschaft einräumen lassen. Der im Gesellschaftsrecht tragende Grundsatz der Verbandssouveränität verbietet es, den Gesellschafter vollständig aus seiner Position zu verdrängen, indem er bei Grundsatzentscheidungen an die Zustimmung eines Dritten gebunden ist. Der Pfandgläubiger kann damit letztlich nur dann zu einer gesellschaftergleichen Stellung gelangen, wenn er sich bei der Vertragsgestaltung über die aufgezeigten gesellschaftsrechtlichen Grenzen hinwegsetzt. Aus verwaltungsrechtlicher Sicht ist der Pfandgläubiger somit dann als gesellschaftergleicher Dritter anzusehen, wenn er sich über die gesellschaftsrechtlich zulässige Vertragsgestaltung hinaus Zustimmungs- und Vetorechte einräumen lässt, die es ihm ermöglichen, unter Verdrängung der anderen Gesellschafter eigenverantwortlich die Geschicke der Gesellschaft zu bestimmen.

c) Die maximale Vertragsgestaltung

Die klare Beantwortung der Frage nach der maximalen Vertragsgestaltung, also welche Vereinbarungen die äußerste Grenze zum atypischen bzw. gesellschaftergleichen Pfandgläubiger bilden, ist für die Praxis von elementarer Bedeutung. Die vorstehenden Untersuchungen legen bei der Beantwortung der Frage eine konkrete Lösung nahe. Die Qualifizierung des eigentlich gesellschaftsfremden Dritten als „gesellschaftergleich" erfordert eine allen wesentlichen Merkmalen der Mitgliedschaft entsprechende Rechtsstellung. Als Vergleichsmaßstab sind insofern die mitgliedschaftlichen Befugnisse in vermögens- und verwaltungsrechtlicher Hinsicht zu berücksichtigen. Die Auffassung[822], die einen Kreditgeber lediglich aufgrund der Absicherung durch weitreichende Covenants als gesellschaftergleich qualifiziert, verkennt, dass über das eigentliche Sicherungsinteresse hinaus ein Interesse an der Finanzierung der Gesellschaft bestehen muss[823]. Die Ansicht nimmt eine Gleichstellung insbesondere nur in dem Fall an, dass die Covenants eine selbständige Leitung der Gesellschaft und strukturändernde Maßnahmen ermöglichen. Die Anwendung des bisherigen Eigenkapitalersatzrechts bzw. der neuen Vorschriften über Gesellschafterdarlehen nach § 39 RegE-InsO ist in diesem Fall systematisch verfehlt, da derartige Vereinbarungen, wie aufgezeigt, bereits nach den Grundsätzen des Gesellschaftsrechts unwirksam sind[824].

Die Lösung liegt insofern in der gesellschaftsrechtlichen Zulässigkeit der einzelnen Vertragsregelungen. Sofern auf vermögens-, vor allem aber auf verwaltungsrechtlicher Seite jeweils die gesellschaftsrechtlichen Grenzen eingehalten werden, führt selbst eine umfangreiche Kumulation von vertraglichen Vermögens- und Einflussrechten nicht zur Annahme eines atypisch ausgestalteten Pfandrechts. Ist dies gewährleistet, kann es im Übrigen auch nicht zu dem vom BGH angeführten dritten Kriterium der tatsächlichen Einflussnahme auf die Gesellschaft kommen. Der Pfandgläubiger kann allenfalls neben dem Gesellschafter Rechte geltend machen, diesen aber nicht vollständig verdrängen. Für die vertragliche Gestaltung ist demnach nicht die Anzahl der eingeräumten Ein-

---

[822] Insbesondere *Fleischer*, ZIP 1998, 313 ff.; *Schwintowski/Dannischewski*, ZIP 2005, 840 ff.

[823] *Habersack*, ZIP 2007, 2145, 2148 f., bereits zum RegE-MoMiG; *ders.*, ZGR 2000, 384, 398 ff.; *Huber*, in: Festschrift Priester (2007), S. 259, 279 f.; *Tillmann*, GmbHR 2006, 1289, 1292, zum RefE-MoMiG.

[824] Im Ergebnis auch *Habersack*, ZIP 2007, 2145, 2149.

fluss- oder Kontrollrechte ausschlaggebend, sondern die gesellschaftsrechtliche Zulässigkeit jeder einzelnen Vertragsvereinbarung.

§ 6 Die Verwertung des Anteilspfandrechts

A. Das gesetzliche Modell

Die Verwertung des Pfandrechts an einem GmbH-Anteil folgt, dem gesetzlichen Leitbild nach, der Vorschrift des § 1277 BGB. Danach kann der Pfandgläubiger seine Befriedigung aus dem Recht (Geschäftsanteil) nur auf Grund eines vollstreckbaren Titels nach den für die Zwangsvollstreckung geltenden Vorschriften suchen (§ 1277 S. 1 BGB). Die Pfandrechtsverwertung vollzieht sich danach in zwei Schritten. Zunächst muss der Pfandgläubiger nach dem Eintritt der Pfandreife (§ 1228 Abs. 2 S. 1 BGB) einen gegenüber dem verpfändenden Gesellschafter vollsteckbaren dinglichen Titel (§§ 704 ff., 794 ff. ZPO) erwerben, wonach dieser die Vollstreckung in den Geschäftsanteil zu dulden hat[825]. In einem zweiten Schritt hat die Pfändung des Geschäftsanteils nach den für die Rechtspfändung geltenden Regelungen des § 857 ZPO zu erfolgen[826]. Dies bedeutet im Ergebnis, dass die eigentliche Pfandverwertung durch die nochmalige vollstreckungsrechtliche Pfändung des Anteils durch das Vollstreckungsgericht geschieht. Dieses erlässt hierzu einen Pfändungsbeschluss, der erst durch den formellen Akt der Zustellung an den entsprechenden Anteilsinhaber wirksam wird (§§ 857 Abs. 1, 829 Abs. 1 ZPO)[827]. Die GmbH wird dabei einhellig als Drittschuldnerin qualifiziert, so dass der Pfändungsbeschluss auch dieser zugestellt werden muss (§§ 857 Abs. 1, 2, 829 Abs. 3 ZPO)[828]. Dies gilt ohne Weiteres auch für den Fall der Pfändung einzelner Vermögensrechte, die der Verpfändung unterliegen, da es sich hierbei um Fälle der reinen Forderungspfändung nach § 829 ZPO handelt. Durch die wirksame Pfändung erhält der Gläubiger ein Pfändungspfandrecht an dem Geschäftsanteil[829]. Der Gesellschafter hat sich ab diesem Zeitpunkt gemäß § 829 Abs. 1 S. 2 ZPO jeder Verfügung über das verpfändete Recht zu enthalten, die das Pfandrecht des Gläubigers beeinträchtigen oder zum Erlöschen bringen könnte[830].

Mit der vollstreckungsrechtlichen Pfändung trifft das Vollstreckungsgericht in der Regel auch die Anordnung, wie das Pfandrecht an dem Geschäftsanteil zu verwerten ist.

---

[825] *Damrau*, in: MünchKommBGB, § 1274 Rn. 69; § 1277 Rn. 2 f.; *Wiegand*, in: StaudingerBGB, § 1277 Rn. 1 f.

[826] *H. Winter/Seibt*, in: Scholz, GmbHG, § 15 Rn. 195.

[827] *Reichert/Weller*, GmbH-Geschäftsanteil, § 15 Rn. 320; *Wiegand*, in: StaudingerBGB, § 1277 Rn. 4; *Reymann*, DNotZ 2005, 425, 450 f.

[828] Vgl. nur *Altmeppen*, in: Roth/Altmeppen, GmbHG, § 15 Rn. 65; *Damrau*, in: MünchKommBGB, § 1274 Rn. 69; *Ebbing*, in: Michalski, GmbHG, § 15 Rn. 236; *Hueck/Fastrich*, in: Baumbach/Hueck, GmbHG; § 15 Rn. 60; *Lutter/Bayer*, in: Lutter/Hommelhoff, GmbHG, § 15 Rn. 55; *Reichert/Weller*, GmbH-Geschäftsanteil; § 15 Rn. 320; *H. Winter/Seibt*, in: Scholz, GmbHG, § 15 Rn. 195; *Walker*, in: Schuschke/Walker, ZPO, § 857 Rn. 31; *M. Winter/Löbbe*, in: Ulmer/Habersack/Winter, GmbHG, § 15 Rn. 166, 290; *Reymann*, DNotZ 2005, 425, 450 f.; *Roth*, ZGR 2000, 187, 213. Den GmbH-Anteil als drittschuldnerloses Recht qualifizierend noch RGZ 57, 414 f.; *Fischer*, GmbHR 1962, 21; einschränkend wohl auch *Büchner*, Verpfändung von Anteilen, S. 152.

[829] *Ebbing*, in: Michalski, GmbHG, § 15 Rn. 238; *Hueck/Fastrich*, in: Baumbach/Hueck, GmbHG, § 15 Rn. 62; eingehend *Heuer*, ZIP 1998, 405 ff.

[830] *Hueck/Fastrich*, in: Baumbach/Hueck, GmbHG, § 15 Rn. 62.

162

GmbH-Anteile sind Inbegriffe von Mitgliedschaftsrechten ohne einen konkreten objektiven Nennwert und können daher, anders als die mit ihnen einhergehenden Vermögensrechte, nicht nach § 835 ZPO zur Einziehung oder an Zahlungs statt überwiesen werden[831]. Das Vollstreckungsgericht ordnet deshalb regelmäßig die Veräußerung der Geschäftsanteile durch öffentliche Versteigerung oder mittels freihändigen Verkaufs durch den Gerichtsvollzieher an (§§ 857 Abs. 1, 5, 844 ZPO, § 383 Abs. 3 BGB). Das Gericht kann allerdings auch beschließen, die beiden Verwertungsmodalitäten durch eine Privatperson vornehmen zu lassen[832]. Bei der öffentlichen Versteigerung sind Ort und Zeit der Versteigerung „unter allgemeiner Bezeichnung der Sache" öffentlich bekannt zu geben (§§ 1237 S. 1, 383 Abs. 3 S. 2 BGB). Unabhängig von der angeordneten Verwertungsart ist der Pfandverkauf dem betroffenen Gesellschafter mindestens einen Monat vor der eigentlichen Pfandverwertung anzudrohen (§ 1234 BGB).

Bei der öffentlichen Versteigerung (§§ 816 ff. ZPO) durch den Gerichtsvollzieher wird der Geschäftsanteil durch den Erwerber automatisch mit dem Zuschlag als Hoheitsakt (§ 817 Abs. 1 ZPO) erworben, ohne dass es flankierender Rechtsgeschäfte in beurkundeter Form (§§ 15 Abs. 3, 4 GmbHG) bedarf[833]. Anders ist dies, wenn die Versteigerung nicht hoheitlich, sondern durch eine Privatperson (§ 156 BGB) vorgenommen wird. Hierbei muss sowohl der durch den Zuschlag zu Stande gekommene obligatorische Vertrag als auch der dingliche Abtretungsvertrag notariell beurkundet werden[834]. Bei der Verwertung durch freihändigen Verkauf richtet sich die Anwendbarkeit der gesetzlichen Formvorschriften ebenfalls nach dem Rechtsträger, der die Anteilsverwertung vornimmt. Erfolgt der freihändige Verkauf durch einen Gerichtsvollzieher, gelten die §§ 15 Abs. 3, 4 GmbHG nicht, da es sich auch hier um einen hoheitlichen Akt handelt[835]. Erfolgt der freihändige Verkauf hingegen durch eine Privatperson, greifen die Formvorschriften des § 15 GmbHG ein. Verkauf und Abtretung des Geschäftsanteils spielen sich in diesem Fall trotz gerichtlicher Anordnung auf privater Ebene ab[836]. Mit dem Zuschlag in der Zwangsversteigerung oder dem Vollzug der Abtretung beim freihändigen Verkauf wird der Erwerber Inhaber des Geschäftsanteils und damit Gesellschafter. Er erhält den Geschäftsanteil unbelastet, da infolge der Veräußerung im Vollstreckungsverfahren alle dinglichen Rechte entsprechend §§ 1242, 1247 BGB erlö-

---

[831] Brehm, in: Stein/Jonas, ZPO, § 859 Rn. 20, 22; Hueck/Fastrich, in: Baumbach/Hueck, GmbHG, § 15 Rn. 63; Walker, in: Schuschke/Walker, ZPO, § 857 Rn. 33.

[832] BGH MDR 1964, 999; Damrau, in: MünchKommBGB, § 1277 Rn. 4; zu Einzelheiten vgl. Maier-Reimer/Webering, BB 2003, 1630 f.

[833] Einhellig Damrau, in: MünchKommBGB, § 1274 Rn. 69; Ebbing, in: Michalski, GmbHG, § 15 Rn. 241; Hueck/Fastrich, in: Baumbach/Hueck, GmbHG, § 15 Rn. 27, 63; Reichert/Weller, GmbH-Geschäftsanteil, § 15 Rn. 320; Walker, in: Schuschke/Walker, ZPO, § 857 Rn. 33; H. Winter/Seibt, in: Scholz, GmbHG, § 15 Rn. 194, 200; Reymann, DNotZ 2005, 425, 453; Roth, ZGR 2000, 187, 214. Teilweise anderer Auffassung lediglich Maier-Reimer/Webering, BB 2003, 1630, 1634 f.

[834] Reymann, DNotZ 2005, 425, 453; Maier-Reimer/Webering, BB 2003, 1630, 1634 f., die zur Begründung auf die Rechtssprechung des BGH (BGHZ 138, 339) im Hinblick auf die Form bei Grundstückskaufverträgen durch Versteigerung abstellen.

[835] Vgl. nur Hueck/Fastrich, in: Baumbach/Hueck, GmbHG, § 15 Rn. 27, 63; Rowedder/Bergmann, in: Rowedder/Schmidt-Leithoff, GmbHG, § 15 Rn. 143; H. Winter/Seibt, in: Scholz, GmbHG, § 15 Rn. 200, 207; Roth, ZGR 2000, 187, 214.

[836] Damrau, in: MünchKommBGB, § 1274 Rn. 69; Hueck/Fastrich, in: Baumbach/Hueck, GmbHG, § 15 Rn. 24, 27, 63; Rowedder/Bergmann, in: Rowedder/Schmidt-Leithoff, GmbHG, § 15 Rn. 143. Hierzu auch Büchner, Verpfändung von Anteilen, S. 153 ff.

schen[837]. Der Erlös gebührt dem vollstreckenden Gläubiger soweit er zu seiner Befriedigung erforderlich ist.

B. Die Vereinbarung abweichender Verwertungsmodalitäten

Das gesetzlich vorgesehene Verwertungsmodell ist für beide Parteien in den wenigsten Fällen sachgerecht. Zum einen stellt es sich aufgrund der notwendigen Titelbeschaffung als zu zeit- und kostenintensiv dar; zum anderen besteht sowohl aus der Sicht des Verpfänders als auch aus der des Pfandgläubigers das Risiko, dass die gesetzlich vorgesehenen Verwertungsarten zu Bedingungen erheblich unterhalb des wahren Wertes der Beteiligung erfolgen. In diesem Zusammenhang besteht für beide vor allem die Unsicherheit, ob über den gesetzlich vorgesehenen Verwertungsweg überhaupt ein Erwerber für die Beteiligung gefunden wird. Für die Gesellschaft selbst bringt die öffentliche Bekanntgabe der Zwangsverwertung äußerst negative Publicity, die unter Umständen einen nicht wieder gut zumachenden Schaden nach sich zieht[838]. Vor diesem Hintergrund haben letztlich beide Parteien ein Interesse an einem unkomplizierten, effektiven und kostensparenden Verwertungsmodus, so dass sich die Vereinbarung eines vom gesetzlich abweichenden Modells empfiehlt. Diese Möglichkeit sieht § 1277 S. 1, 2. Halbsatz BGB ausdrücklich vor, wobei § 1277 S. 2 BGB der vertraglichen Ausgestaltung durch die Vorgabe der Einhaltung der §§ 1229, 1245 Abs. 2 BGB enge Grenzen setzt.

Keinen Beschränkungen unterliegt die vertragliche Ausgestaltung im Hinblick auf die erste Verwertungsvoraussetzung; dem vollstreckbaren Titel. Um nach dem Eintritt der Pfandreife ein zeitaufwendiges und kostenintensives Gerichtsverfahren zur Titelerstreitung zu vermeiden, empfiehlt es sich bereits in der notariellen Verpfändungsurkunde, entweder eine auf Duldung der Zwangsvollstreckung gerichtete Unterwerfung des Gesellschafters unter die sofortige Zwangsvollstreckung (§ 794 Abs. 1 Nr. 5 ZPO) oder einen vollständigen Verzicht beider Seiten auf das Erfordernis des Vollstreckungstitels (§ 1277 S. 1, 2. Halbsatz BGB) zu vereinbaren[839]. Letztere Lösung stellt dabei den Regelfall dar, da die Abbedingung des Vollstreckungstitels zum Inhalt des Pfandrechts und somit im Falle der Rechtsnachfolge keine Umschreibung der Vollstreckungsklausel (§ 727 ZPO) erforderlich wird[840].

Schwieriger gestalten sich hingegen abweichende Vereinbarungen hinsichtlich der gesetzlich vorgesehenen Verwertungsarten. Insbesondere den Interessen des Pfandgläubigers ist mit der üblichen Anordnung der öffentlichen Versteigerung oder dem freihändigen Verkauf durch einen Gerichtsvollzieher nicht gedient. Nur in Ausnahmefällen wird sich mit dieser Vorgehensweise ein geeigneter Erwerber finden lassen, der bereit ist, genau zum Zeitpunkt der Pfandreife den vollen Wert des Geschäftsanteils zu be-

---

[837] *H. Winter/Seibt*, in: Scholz, GmbHG, § 15 Rn. 207; *Reymann*, DNotZ 2005, 425, 454.

[838] *Kolkmann*, MittRhNotK 1992, 1, 13; *Maier-Reimer/Webering*, BB 2003, 1630.

[839] *Bassenge*, in: PalandtBGB, § 1277 Rn. 3; *Reichert/Weller*, GmbH-Geschäftsanteil, § 15 Rn. 319; *Wiegand*, in: StaudingerBGB, § 1277 Rn. 2; *Kolkmann*, MittRhNotK 1992, 1, 12; *Maier-Reimer/Webering*, BB 2003, 1630; *Reymann*, DNotZ 2005, 425, 450; *Rodewald*, GmbHR 1995, 418, 421; *Roth*, ZGR 2000, 187, 221.

[840] *Kolkmann*, MittRhNotK 1992, 1, 12 f.; *Maier-Reimer/Webering*, BB 2003, 1630; *Reymann*, DNotZ 2005, 425, 450.

164

zahlen. Gerade das Bekanntwerden der Zwangsverwertung hindert diesen Findungsprozess außerordentlich. Dem Pfandgläubiger ist deshalb regelmäßig daran gelegen, den inpfandgenommenen Geschäftsanteil im Verwertungsfall möglichst schnell und unauffällig im eigenen Namen zu erwerben, um ihn anschließend auf eigene Rechnung weiter zu verkaufen[841]. Er bekommt hierdurch die Möglichkeit, die Gesellschafterrechte zunächst selbst auszuüben und sich in Ruhe um den Verkauf des Geschäftsanteils zu kümmern. Aus diesem Grund bietet der Geschäftsanteil dem Pfandgläubiger nur dann wirtschaftlich eine volle Sicherung, wenn diesem die Möglichkeit geboten wird, den Anteil zu dem im Zeitpunkt der Pfandreife bestehenden Wert in Anrechnung auf die Forderung zu übernehmen. Obwohl § 1277 S. 1, 2. Halbsatz BGB abweichende Vereinbarungen über die Pfandverwertung gestattet, verbietet gerade § 1277 S. 2 BGB eine diesem Anliegen Rechnung tragende Gestaltung. Die Vorschrift sieht die unbedingte Beachtung der Normen § 1229 BGB sowie § 1245 Abs. 2 BGB bei der vertraglichen Gestaltung der Verwertung vor. Hieraus folgt zum einen, dass gemäß §§ 1277 S. 2, 1229 BGB vor dem Eintritt der Verkaufsberechtigung (Pfandreife) keine wirksame Vereinbarung über den Verfall des Geschäftsanteils getroffen werden kann. Eine vor der Pfandreife getroffene vertragliche Absprache, die vorsieht, dass der Geschäftsanteil bei nicht termingerechter Vornahme der Darlehensrückzahlung automatisch dem Pfandgläubiger zufallen oder übertragen werden soll, ist demnach nichtig. Zum anderen kann vor diesem Zeitpunkt nicht wirksam auf eine öffentliche Versteigerung und deren öffentliche Bekanntgabe verzichtet und ein freihändiger Verkauf (§ 1221 BGB) durch den Pfandgläubiger vereinbart werden (§§ 1277 S. 2, 1245 Abs. 2, 1235, 1237 S. 1 BGB). Wird dennoch vor dem Eintritt der Pfandreife eine Vereinbarung über den Verfall oder die Verwertung des Pfandes getroffen und veräußert der Pfandgläubiger daraufhin den Geschäftsanteil nach der Pfandreife aus freier Hand, ist die Veräußerung unrechtmäßig mit der Folge, dass der Erwerber nicht Inhaber des Geschäftsanteils wird (§§ 1273 Abs. 2, 1242 Abs. 1, 1243 Abs. 1 BGB).

Das Ziel des Pfandgläubigers, den Geschäftsanteil bei Eintritt der Pfandreife direkt selbst zu erwerben, lässt sich angesichts der engen gesetzlichen Grenzen nur bedingt erreichen. Alle hierauf gerichteten vertraglichen Gestaltungen laufen Gefahr, als Umgehung der Vorgaben des § 1277 S. 2 BGB qualifiziert zu werden. Als Vertragsgestaltung ist beispielsweise denkbar, die Verpfändung des Geschäftsanteils unter die auflösende Bedingung (§ 158 Abs. 2 BGB) des Eintretens der Pfandreife zu stellen und zugleich diesen Zeitpunkt als aufschiebende Bedingung (§ 158 Abs. 1 BGB) für das Wirksamwerden einer Sicherungszession des Anteils zu vereinbaren[842]. Mit dem Eintritt der Pfandreife wäre sogleich der Sicherungsfall gegeben, so dass der Kreditgeber den Geschäftsanteil direkt selbständig verwerten könnte. Vorstellbar ist auch, in den Pfandvertrag die Verpflichtung des Gesellschafters aufzunehmen, den Geschäftsanteil im Zeitpunkt der Pfandreife oder auf Verlangen des Pfandgläubigers sicherungsweise an diesen zu übertragen. Allerdings stellen beide Vertragsgestaltungen in ihrem Kern eine von §§ 1277 S. 2, 1229 BGB ausgeschlossene Vereinbarung dar. Die Vorschrift des 1229 BGB verbietet sowohl eine Vereinbarung, die direkt zum Eigentumsübergang des Pfandes führt als auch eine Verpflichtung hierzu. Die vor der Pfandreife vereinbarte

---

[841] Beispielsfälle aus der Praxis, die diese Vorgehensweise aufzeigen, finden sich bei *Maier-Reimer/Webering*, BB 2003, 1630.

[842] Vgl. auch *Kolkmann*, MittRhNotK 1992, 1, 13.

aufschiebend bedingte Sicherungszession oder die Verpflichtung zur Anteilsübertragung im Falle des Zahlungsverzugs stellen damit offensichtlich Verstöße gegen § 1277 S. 2 BGB dar und sind damit gemäß § 134 BGB nichtig[843].

Als einzige mit § 1277 S. 2 BGB in Einklang stehende Vertragsgestaltung erscheint die Aufnahme einer Verpflichtung in den Verpfändungsvertrag, im Verwertungsfall beim Vollstreckungsgericht entweder die freihändige Veräußerung des Geschäftsanteils durch den Gläubiger oder dessen Verfall zu seinen Gunsten zur Anordnung zu beantragen (§ 844 ZPO)[844]. Daher sollte bereits in den Pfandbestellungsvertrag der Antrag an das Vollstreckungsgericht aufgenommen werden, bei der Pfändung des Geschäftsanteils eine der beiden Verwertungsarten zuzulassen. Die Vorschrift des § 1229 BGB steht dem nicht entgegen, da die Vereinbarung nicht von sich aus automatisch die Verwertungsmodalität ändert, sondern eine positive Bescheidung des Antrags im Ermessen des Vollstreckungsgerichts steht und nur durch gesonderten Beschluss erfolgt[845]. In Anbetracht der offensichtlichen Nachteile der öffentlichen Versteigerung bei der Anteilsveräußerung wird dem Antrag regelmäßig stattgegeben. Der vorherigen vertraglichen Fixierung eines Antrags an das Vollstreckungsgericht kommt angesichts des Interessengleichlaufs beider Parteien allerdings nur eingeschränkte Bedeutung zu. Der Pfandgläubiger erhält hierdurch in erster Linie eine größere Sicherheit, dass der Pfandschuldner auch in der Krisensituation mit ihm gemeinsam die optimale Verwertungsstrategie verfolgt. Zu beachten ist aber, dass auch der Gesellschafter ein hohes Interesse daran hat, den verpfändeten Geschäftsanteil nicht im Wege der öffentlichen Versteigerung oder des freihändigen Verkaufs durch den Gerichtsvollzieher verwerten zu lassen, um eine möglichst hohe Ablöse seiner Schuld zu erreichen. Im Hinblick auf die Erzielung eines anteilsgerechten Wertes ist es für ihn ebenfalls vorteilhafter, den Geschäftsanteil vom Pfandgläubiger übernehmen zu lassen. Insofern ist damit zu rechnen, dass auch ohne explizite Vertragsvereinbarung nach dem Eintritt der Pfandreife Vereinbarungen zwischen Gesellschafter und Pfandgläubiger zum freihändigen Verkauf durch diesen oder dem Verfall des Anteils zu seinen Gunsten getroffen werden können. Im Zeitpunkt der Verkaufsberechtigung steht § 1277 S. 2 BGB derartigen Vereinbarungen nicht mehr im Weg.

C. Die Einflussmöglichkeiten der Gesellschaft/er auf die Verwertung

Während der regulären Laufzeit des Pfandrechtsverhältnisses werden die Interessen der Mitgesellschafter und der Gesellschaft selbst kaum berührt. Auch bei der Einräumung weitreichender Einflussrechte des Pfandgläubigers bleibt ihnen gegenüber ausschließlich der verpfändende Gesellschafter bestimmendes Mitglied des Gesellschaftsverbandes. Rechtswirkungen entfaltet das Pfandrecht in dieser Zeit nur zwischen den an der Pfandrechtsabrede unmittelbar Beteiligten. Dies ändert sich im Zeitpunkt drohender Verwertung. Die Möglichkeit, dass anlässlich der Verwertung des verpfändeten Geschäftsanteils der Kreditgeber oder ein beliebiger Dritter in die Gesellschaft ein-

---

[843] Zu diesem Ergebnis gelangt auch *Kolkmann*, MittRhNotK 1992, 1, 13; zustimmend *Reymann*, DNotZ 2005, 425, 455.

[844] Vgl. *Kolkmann*, MittRhNotK 1992, 1, 13; *Reymann*, DNotZ 2005, 425, 455.

[845] *Schuschke*, in: Schuschke/Walker, ZPO, § 844 Rn. 1, 3 ff.; *Kolkmann*, MittRhNotK 1992, 1, 13; *Reymann*, DNotZ 2005, 425, 455.

dringt, erweckt vornehmlich bei Gesellschaften mit personalistischem Einschlag Besorgnis[846]. Denn häufig wird dort ein Gesellschaftsverhältnis gerade wegen der konkreten Zusammensetzung der Mitgesellschafter eingegangen. Den übrigen Gesellschaftern ist deshalb regelmäßig daran gelegen, dass sich die Gesellschafterstruktur nicht im Zuge der Verwertung des Geschäftsanteils verändert, indem sie einen neuen Gesellschafter aufgedrängt bekommen. Vor diesem Hintergrund stellt sich die Frage nach den Möglichkeiten der Mitgesellschafter oder der Gesellschaft selbst, auf die drohende oder bereits begonnene Verwertung Einfluss zu nehmen, um dem Problem der Überfremdung[847] der Gesellschaft zu begegnen.

I. Vinkulierungsklauseln

Zunächst soll untersucht werden, ob Vinkulierungsklauseln gemäß § 15 Abs. 5 GmbHG den Gesellschaftern ein Instrument an die Hand geben können, um bei drohender oder bereits begonnener Verwertung den Weg der Inhaberschaft der Gesellschaftsbeteiligung nicht dem Zufall zu überlassen. Klassisches Regelungsziel von Abtretungs- bzw. Verpfändungsbeschränkungen nach § 15 Abs. 5 GmbHG ist es, die eigentliche Verpfändung von Geschäftsanteilen zu kontrollieren[848]. Knüpft der Gesellschaftsvertrag die Abtretung des Anteils als übergeordneten Vorgang zur Verpfändung oder diese selbst an die Zustimmung der Mitgesellschafter oder eines bestimmten Quorums, so können die übrigen Gesellschafter durch die Versagung der Zustimmung die Verpfändung insgesamt verhindern. Ermöglichen sie dem Gesellschafter durch ihre Zustimmung die Verpfändung seines Geschäftsanteils, eröffnen sie gleichzeitig die Gefahr des Eindringens Dritter in die Gesellschaft, da ihnen zwar der Pfandgläubiger bekannt ist, damit aber nicht zwingend auch der spätere Erwerber im Falle einer Anteilsverwertung. Zur Beantwortung der Frage, ob Vinkulierungsklauseln über ihren regulären Zweck hinaus den Gesellschaftern Einflussmöglichkeiten auf die Pfandverwertung verschaffen können, ist streng zwischen der vollstreckungsrechtlichen Pfändung und der darauffolgenden Verwertung des Geschäftsanteils zu trennen.

Zwar besteht ein legitimes Interesse der Mitgesellschafter daran, die Vinkulierung bereits auf die vollstreckungsrechtliche Pfändung der Geschäftsanteile auszuweiten und diese von ihrer Zustimmung abhängig zu machen, allerdings ist dies nach einhelliger Auffassung in Rechtsprechung[849] und Literatur[850] nicht möglich. Nach § 15 Abs. 5 GmbHG kann sowohl die Abtretung als auch die Verpfändung der Geschäftsanteile

---

[846] Repräsentative Erhebungen haben gezeigt, dass der überwiegende Teil der Gesellschaften zwischen 2 und 5 Gesellschafter hat; vgl. die Statistik bei *Ulmer*, in: Ulmer/Habersack/Winter, GmbHG, Einl. A Rn. A 72 mit Fn. 71, 72.

[847] Diesen Begriff prägend, *Wiedemann*, Mitgliedschaftsrechte, S. 433.

[848] Siehe bereits § 3 A II 1 b.

[849] Ständige Rechtssprechung seit RGZ 70, 64, 66 f.; 142, 373, 376; BGHZ 32, 151, 155 f.; 65, 22, 24 f.

[850] *Altmeppen*, in: Roth/Altmeppen, GmbHG, § 15 Rn. 65; *Brehm*, in: Stein/Jonas, ZPO, §§ 857 Rn. 14; 859 Rn. 20; *Ebbing*, in: Michalski, GmbHG, § 15 Rn. 243; *Hueck/Fastrich*, in: Baumbach/Hueck, GmbHG, § 15 Rn. 61; *Lutter/Bayer*, in: Lutter/Hommelhoff, GmbHG, § 15 Rn. 55; *Rowedder/Bergmann*, in: Rowedder/Schmidt-Leithoff, GmbHG, § 15 Rn. 134, 141; *M. Winter/Löbbe*, in: Ulmer/Habersack/Winter, GmbHG, § 15 Rn. 306; *Walker*, in: Schuschke/Walker, ZPO, § 857 Rn. 30; *H. Winter/Seibt*, in: Scholz, GmbHG, § 15 Rn. 202, 208; *Reymann*, DNotZ 2005, 425, 451; *Roth*, ZGR 2000, 187, 212 f.; *Wiedemann*, Mitgliedschaftsrechte, S. 434.

gesellschaftsvertraglich von der Genehmigung der Gesellschaft abhängig gemacht und auch an andere Voraussetzungen geknüpft werden. Der Regelungsgehalt dieser Bestimmung beschränkt sich jedoch auf freiwillige Verfügungen über den Geschäftsanteil, die ein Gesellschafter als Rechtsgeschäft unter Lebenden vornimmt[851]. Eine darüber hinausgehende Erschwerung von Verfügungen im Wege der Zwangsvollstreckung wird von der Vorschrift nicht erfasst. Aus der entsprechenden Anwendung des § 851 Abs. 2 ZPO, die § 857 Abs. 1 ZPO bei der Anteilsverpfändung vorsieht, folgt, dass selbst der satzungsmäßige Ausschluss von Abtretung und Verpfändung des Anteils für die Pfändung im Vollstreckungsverfahren unerheblich ist. Bei einem Geschäftsanteil können Forderung und Leistungsgegenstand nicht getrennt werden, sondern dieser besteht nur als einheitliches Recht. Aus diesem Grund muss auch bei der Vinkulierung das Gesamtrecht „Geschäftsanteil" pfändbar sein[852]. Für die vollstreckungsrechtliche Anteilspfändung gilt demnach zum einen, dass ein in die Satzung aufgenommenes Abtretungs- bzw. Verpfändungsverbot oder eine Erschwerung dieser Rechtsgeschäfte für die vollstreckungsrechtliche Pfändung gilt und zum anderen, dass eine Satzungsbestimmung, die eine vollstreckungsrechtliche Pfändung von Geschäftsanteilen für unzulässig erklärt oder deren Wirksamkeit an die Zustimmung der Gesellschaft knüpft, nach § 134 BGB i.V.m. § 15 Abs. 5 GmbHG nichtig ist[853]. Die Gesellschafter können durch Vinkulierungsklauseln die vollstreckungsrechtliche Pfändung weder erschweren noch ausschließen. Statutarische Beschränkungen nach § 15 Abs. 5 GmbHG sind demzufolge für das Pfändungsverfahren unerheblich und in diesem Stadium der Zwangsvollstreckung nicht zu beachten.

Umstritten ist dagegen, ob Vinkulierungsklauseln bei der vollstreckungsrechtlichen Verwertung zu beachten sind. Der Meinungsstand in der Literatur ist äußerst unübersichtlich. Dies liegt zum einen daran, dass nur selten zwischen den beiden Vollstreckungsmaßnahmen Pfändung und Verwertung unterschieden wird und zum anderen die Verwertungsmodalitäten nicht getrennt behandelt werden. Zudem ergeben sich innerhalb der verschiedenen Auffassungen Widersprüche hinsichtlich der generellen Anwendbarkeit des § 15 Abs. 5 GmbHG bei der vollstreckungsrechtlichen Verwertung. Es lassen sich im Grunde drei Meinungsspektren herausstellen. An erster Stelle wird vertreten, Vinkulierungsklauseln im Rahmen der vollstreckungsrechtlichen Verwertung keine Bedeutung beizumessen[854]. Dies soll unabhängig davon gelten, welche Verwertungsart vorliegt. Die Auffassung differenziert in ihrer Argumentation nicht zwischen der vollstreckungsrechtlichen Pfändung und der Verwertung, so dass es auch keine unterschiedlichen Begründungsmodelle gibt. Vinkulierungsklauseln sollen als vertragsmäßige Einschränkungen der Verfügungsbefugnis weder die Pfändung noch die Verwertung in der Zwangsvollstreckung tangieren. Dieser Ansicht zufolge genießt der Gläubigerschutz uneingeschränkten Vorrang. Die zweite Auffassung vertritt exakt Gegenteiliges,

---

[851] RGZ 70, 64, 67; BGHZ 32, 151, 155 f.; 65, 22, 24 f.; *Hueck/Fastrich*, in: Baumbach/Hueck, GmbHG, § 15 Rn. 39; *Heuer*, ZIP 1998, 405 Fn. 7; *Roth*, ZGR 2000, 187, 213.

[852] *Ebbing*, in: Michalski, GmbHG, § 15 Rn. 243; *Lutter/Bayer*, in: Lutter/Hommelhoff, GmbHG, § 15 Rn. 55; *M. Winter/Löbbe*, in: Ulmer/Habersack/Winter, GmbHG, § 15 Rn. 306; *Bork*, in: Festschrift Henckel (1995), S. 30 ff.

[853] RGZ 142, 373, 376, BGHZ 32, 151, 155; *Walker*, in: Schuschke/Walker, ZPO, § 857 Rn. 30; *Reymann*, DNotZ 2005, 425, 451; *Roth*, ZGR 2000, 187, 213.

[854] *Rowedder/Bergmann*, in: Rowedder/Schmidt-Leithoff, GmbHG, § 15 Rn. 141; *M. Winter/Löbbe*, in: Ulmer/Habersack/Winter, GmbHG, § 15 Rn. 306 f.

da sie Vinkulierungen unabhängig vom Verwertungsmodus für beachtlich hält[855]. Zentrales Argument ist dabei, dass es sich bei Vinkulierungsklauseln nicht, wie von der vorhergehenden Meinung angenommen, um rechtsgeschäftliche Verfügungsbeschränkungen auf der Ebene der §§ 137 S. 1 BGB, 851 Abs. 2 ZPO, sondern um inhaltliche Beschränkungen der Mitgliedschaft handele. Da sich Inhaltsbeschränkungen anders als rechtsgeschäftliche Verfügungsbeschränkungen gegenüber der Zwangsvollstreckung behaupten können, müsse der Pfändungsgläubiger diese Beschränkungen des Vollstreckungsobjekts hinnehmen. Eine dritte Meinungsrichtung unterscheidet nach der Art der Verwertung und hält Vinkulierungsklauseln nur bei einer Verwertung auf der Ebene des Privatrechts für beachtlich[856]. Bei der Versteigerung durch eine Privatperson oder dem freihändigen Verkauf durch eine solche erfolge die Veräußerung gerade ohne die Mitwirkung der Vollstreckungsbehörde und somit trotz gerichtlicher Anordnung auf privatrechtlicher Ebene, so dass auch die vertraglich vereinbarten Verfügungsbeschränkungen zu beachten seien. Im Zusammenhang mit dieser dritten Auffassung ist auf die anfänglich erwähnte Unstimmigkeit innerhalb der Auffassungen einzugehen. Bei genauerer Betrachtung der ersten Ansicht, die Vinkulierungen stets für unbeachtlich hält, stellt sich heraus, dass ihre Vertreter im Grunde ebenfalls von der generellen Anwendbarkeit des § 15 Abs. 5 GmbHG bei der privatrechtlichen Verwertung ausgehen, diese aber pauschal für unbeachtlich halten, da in der Zustimmung zur Verpfändung immer auch die Zustimmung zur Verwertung liege[857]. Gleiches vertreten die von dieser Ansicht herangezogenen und andere Literaturstimmen[858]. Zu beachten ist jedoch, dass es sich hierbei um zwei getrennt zu untersuchende Fragestellungen handelt. Zum einen, ob und bei welchen Verwertungsarten die Vorschrift des § 15 Abs. 5 GmbHG überhaupt Anwendung findet und zum anderen, wann ihre Voraussetzungen aufgrund einer Gleichsetzung von Verpfändungs- und Verwertungszustimmung möglicherweise automatisch vorliegen.

Mit der herrschenden Auffassung ist zunächst davon auszugehen, dass Vinkulierungsklauseln bei der Verwertung unter Mitwirkung staatlicher Vollstreckungsorgane nicht zu beachten sind, bei der Verwertung durch Privatpersonen jedoch berücksichtigt werden müssen. Dies entspricht der Beurteilung im Hinblick auf die Formvorschriften des § 15 Abs. 3 und 4 GmbHG. Weder Formvorschriften noch Beschränkungen nach § 15 Abs. 5 GmbHG entfalten daher Rechtswirkungen gegenüber dem Vollstreckungszugriff staatlicher Organe. Etwas anderes kann nach der Gegenauffassung[859] nur gelten, weil ihre Vertreter Vinkulierungsklauseln nicht als rechtsgeschäftliche Verfügungs-

---

[855] Lutter/Bayer, in: Lutter/Hommelhoff, GmbHG, § 15 Rn. 56 in Abweichung zur Vorauflage; Liebscher/Lübke, ZIP 2004, 241 ff.

[856] OLG Hamburg NJW 1960, 870 f.; Altmeppen, in: Roth/Altmeppen, GmbHG, § 15 Rn. 59; Damrau, in: MünchKommBGB, § 1274 Rn. 69; H. Winter/Seibt, in: Scholz, GmbHG, § 15 Rn. 194.

[857] Deutlich wird dies bei einem Vergleich der Rn.167 und 306 bei M. Winter/Löbbe, in: Ulmer/Habersack/Winter, GmbHG, § 15 und dem Vergleich der Rn. 93 und 141 bei Rowedder/Bergmann, in: Rowedder/Schmidt-Leithoff, GmbHG, § 15.

[858] Ebbing, in: Michalski, GmbHG, § 15 Rn. 243 und im Vergleich Rn. 235; Hueck/Fastrich, in: Baumbach/Hueck, GmbHG, § 15 Rn. 51; Reichert/Weller, GmbH-Geschäftsanteil, § 15 Rn. 322. Widersprüchlich ist insofern auch die Ansicht von Lutter/Bayer, in: Lutter/Hommelhoff, GmbHG, § 15, da diese in Rn. 56 davon ausgehen, dass Vinkulierungen stets zu beachten seien und in Rn. 66 in der Zustimmung zur Verpfändung generell die Zustimmung zur Verwertung erblicken. Hierdurch konterkarieren sie ihre eigene Ansicht.

[859] Lutter/Bayer, in: Lutter/Hommelhoff, GmbHG, § 15 Rn. 56; Liebscher/Lübke, ZIP 2004, 241 ff.

beschränkungen, sondern als Inhaltsbeschränkungen der Mitgliedschaft charakterisieren und deshalb § 851 Abs. 2 ZPO nicht entgegensteht. In Anlehnung an die Argumentation zur vollstreckungsrechtlichen Pfändung ist dieser Prämisse nicht zu folgen. Sowohl die Gesetzesbegründung[860] als auch die Auffassungen in Rechtsprechung[861] und Literatur[862] gehen richtigerweise davon aus, dass die durch § 15 Abs. 5 GmbHG eröffnete Möglichkeit zur Vinkulierung eine Ausnahme vom Grundsatz der Unmöglichkeit rechtsgeschäftlicher Verfügungsbeschränkungen gemäß § 137 S. 1 BGB darstellt. Der BGH hat in einer Leitentscheidung[863] an den Beispielen der Vinkulierung und der Einziehung bei Pfändung eines GmbH-Anteils eine überzeugende Abgrenzung zwischen Verfügungs- und Inhaltsbeschränkungen entwickelt. Danach lasse eine Verfügungsbeschränkung, wie etwa die Vinkulierung, den Geschäftsanteil in der Hand seines Inhabers unverändert bestehen, wohingegen eine Inhaltsbeschränkung, wie die Einziehungsmöglichkeit, unmittelbare Auswirkungen auf seinen Inhaber hat. Durch die Vinkulierung bleibt der Geschäftsanteil für den Inhaber inhaltlich unverändert, so dass von einer Verfügungsbeschränkung auszugehen ist. Diese ist allerdings nicht in der Lage, sich gegen zwangsvollstreckungsrechtliche Maßnahmen durchzusetzen. Die Funktionsfähigkeit und die Effizienz des staatlichen Gewaltmonopols und dessen Instrumentarien soll nicht durch privatautonomes Handeln in Frage gestellt werden. Die Geltung von derartigen Zustimmungserfordernissen würde die Rechtssicherheit und die Leichtigkeit der Verwertung im Vollstreckungsverfahren stark beeinträchtigen[864]. Dies ist freilich anders zu beurteilen, soweit der Gläubiger auf die Mitwirkung der klassischen Vollstreckungsorgane und damit auf das staatliche Gewaltmonopol verzichtet und als Privatmann vollstreckungsähnliche Handlungen vornimmt oder vornehmen lässt. Sofern sich der Gläubiger auf eine privatrechtliche Verwertungsebene begibt, muss er es hinnehmen, aufgrund privatautonomer Vereinbarungen bei der Durchsetzung seiner Ansprüche eingeschränkt zu werden. Vinkulierungsklauseln entfalten daher bei der vollstreckungsrechtlichen Verwertung nur dann Wirkung, wenn diese ohne Mitwirkung der staatlichen Vollstreckungsorgane im Wege des privatrechtsgeschäftlichen Verkehrs vorgenommen wird.

Entscheidend für die Effektivität von Vinkulierungsklauseln hinsichtlich der Einflussmöglichkeiten, die sie den Mitgesellschaftern auf die Verwertung einräumen, ist die Beantwortung der Frage, ob in der Zustimmung zur Verpfändung des Geschäftsanteils zugleich die Zustimmung zur Verwertung liegt. Nur, wenn die Gesellschafter im Zeitpunkt der Verwertung ihr Zustimmungsrecht noch ausüben können, kommt den Vinkulierungen auch eine Schutzwirkung zu. Neben der überwiegend vertretenen Auffas-

---

[860] Begründung zum GmbHG, stenographischer Bericht über die Verhandlungen des Reichstages, 8. Legislaturperiode, I. Session 1890/1892, 5. Anlagenband, Reichstag Aktenstück Nr. 660, S. 3738, spricht im Hinblick auf die Vinkulierungsmöglichkeit von einer „Verfügungsbeschränkung".

[861] BGHZ 32, 151, 155; 65, 22, 24 f.; OLG Hamburg NJW 1960, 870 f.

[862] *M. Winter/Löbbe*, in: Ulmer/Habersack/Winter, GmbHG, § 15 Rn. 210, 259, 307; *Roth*, ZGR 2000, 187, 213; *Schmitz*, in: Festschrift Wiedemann (2002), S. 1222, 1240; *Wiedemann*, Mitgliedschaftsrechte, S. 434.

[863] BGHZ 65, 22, 24 ff.

[864] *M. Winter/Löbbe*, in: Ulmer/Habersack/Winter, GmbHG, § 15 Rn. 307.

sung[865], dass die Zustimmung zur Verpfändung automatisch auch diejenige zur Verwertung umfasse, wird vereinzelt[866] vertreten, dass dies nicht ohne Weiteres gelte und daher eine Auslegung im Einzelfall vorzunehmen sei. Gibt die Gesellschaft ihre Zustimmung zur Verpfändung des Anteils, ist davon auszugehen, dass sie sich der Tragweite eines Pfandrechts bewusst ist. Das Hauptmotiv der Zustimmung wird zwar regelmäßig darin zu sehen sein, dass die Gesellschaft ihren oder den Vermögens- und Kreditinteressen des jeweiligen Gesellschafters Rechnung tragen will[867]. Allerdings weiß sie um die Gefahren einer möglichen Verwertung und damit um das Problem des möglichen Eindringens gesellschaftsfremder Dritter. Durch die Einwilligung in die Pfandrechtsbestellung schafft sie insbesondere gegenüber dem Pfandrechtsgläubiger das Vertrauen, dass der Geschäftsanteil, auch in der Konsequenz seiner Verwertung, vollwertig als Pfandobjekt bestehen bleibt. Durch die Versagung der Zustimmung aufgrund des Arguments der Gefahr des Eindringens Dritter in die Gesellschaft würde sich die Gesellschaft regelmäßig dem Vorwurf widersprüchlichen Verhaltens[868] (venire contra factum proprium) aussetzen, welches nach § 242 BGB als nichtig anzusehen ist. Der herrschenden Meinung ist insofern zu folgen, als dass regelmäßig die Zustimmung zur Verpfändung auch die zur Verwertung beinhaltet. Allerdings sollte dies nicht pauschal gelten, sondern stets eine Prüfung der Einzelfallumstände vorgenommen werden. Hat sich die Gesellschaft die Zustimmung zur Verwertung trotz Einwilligung in die Verpfändung ausdrücklich vorbehalten, steht ihr selbstverständlich zu, ihre Zustimmung zur Verwertung gesondert auszuüben. Diese Betrachtungsweise überzeugt auch aus praktischer Sicht, da ein Gläubiger nicht bereit sein wird, ein Pfandrecht zu akzeptieren, dessen Verwertung letztlich von der Gunst Dritter abhängig ist. Sofern die Zustimmung zur Anteilsverpfändung erteilt ist, will sich der Pfandgläubiger auf die Möglichkeit des uneingeschränkten Zugriffs im Falle der Pfandreife verlassen können.

Im Ergebnis ist festzustellen, dass nur in dem praktisch seltenen Fall, dass sich die Gesellschaft ausdrücklich die Zustimmung zur Verwertung vorbehalten hat, diese von der Zustimmung der Gesellschaft abhängt. Hierbei trifft sie die Pflicht im Rahmen des ihr zustehenden Ermessens sowohl eigene Schutzinteressen als auch die Verwertungsinteressen des Gläubigers zu berücksichtigen. Eine Verweigerung der Zustimmung wird sich in der Regel nur aufgrund einer unzumutbaren Erwerberperson, etwa bei einem Konkurrenten, rechtfertigen lassen. Effektiven Schutz können Vinkulierungsklauseln daher nur hinsichtlich der Anteilsverpfändung selbst entfalten, nicht aber im Hinblick auf die spätere Verwertung.

---

[865] Allerdings ohne nähere Begründung *Ebbing*, in: Michalski, GmbHG, § 15 Rn. 235; *Hueck/Fastrich*, in: Baumbach/Hueck, GmbHG, § 15 Rn. 51; *Lutter/Bayer*, in: Lutter/Hommelhoff, GmbHG, § 15 Rn. 66; *Rowedder/Bergmann*, in: Rowedder/Schmidt-Leithoff, GmbHG, § 15 Rn. 93; *M. Winter/Löbbe*, in: Ulmer/Habersack/Winter, GmbHG, § 15 Rn. 167; *Wiedemann*, Mitgliedschaftsrechte, S. 433.

[866] Ausdrücklich *H. Winter/Seibt*, in: Scholz, GmbHG, § 15 Rn. 194 sowie *Liebscher/Lübke*, ZIP 2004, 241, 247 f.; folgend wohl auch *Altmeppen*, in: Roth/Altmeppen, GmbHG, § 15 Rn. 59; *Damrau*, in: MünchKommBGB, § 1274 Rn. 69. Auch *Reichert/Weller*, GmbH-Geschäftsanteil, § 15 Rn. 322 gehen davon aus, dass es „Ausnahmekonstellationen" geben kann.

[867] So auch *Liebscher/Lübke*, ZIP 2004, 241, 247.

[868] Im Überblick *Heinrichs*, in: PalandtBGB, § 242 Rn. 55.

II. Drittleistung und Ablösungsrecht

Um das Eindringen Dritter in die Gesellschaft infolge der Pfandrechtsverwertung zu verhindern, liegt zunächst der Gedanke nahe, es durch Ablösung der Verbindlichkeiten nicht zur Verwertung des Pfandrechts kommen zu lassen. Vorbehaltlich dahingehender statutarischer Regelungen könnte dies bereits gesetzlich durch eine Drittleistung gemäß § 267 Abs. 1 S. 1 BGB[869] oder durch die Ausübung eines Ablösungsrechts gemäß § 1249 S. 1 (§ 268) BGB erreicht werden[870]. Die mit dem Anteilspfandrecht gesicherte Kreditverbindlichkeit ist grundsätzlich keine höchstpersönliche, so dass sowohl die Gesellschaft als auch die Gesellschafter gemäß § 267 Abs. 1 S.1 BGB in der Lage sind, mit Erfüllungswirkung für den verpfändenden Gesellschafter zu leisten. Der Möglichkeit des Schuldners, gemäß § 267 Abs. 2 BGB der Drittleistung zu widersprechen, kommt, sofern dies nicht bereits satzungsmäßig ausgeschlossen ist, keine Bedeutung zu, da dieser aufgrund seiner gesellschaftlichen Treuepflicht gehalten ist, der Drittleistung nicht zu widersprechen[871]. Dennoch wird eine Leistung durch die Mitgesellschafter nur in Betracht kommen, wenn die Verbindlichkeit im Verhältnis zum Anteilswert nicht zu hoch ist[872]. Zwar wird es stets nur um die Wiederaufnahme der Ratenzahlungen und nicht um die Leistung der gesamt fälligen Kreditsumme gehen, allerdings wird in der Regel nur die Gesellschaft selbst die Drittleistung in Erwägung ziehen. Hierbei muss sie ihre finanzielle Situation im Hinblick auf die Regelung des § 30 Abs. 1 GmbHG berücksichtigen. Auch die Tilgung von Verbindlichkeiten eines Gesellschafters stellt eine verbotene Einlagenrückgewähr nach § 30 Abs. 1 GmbHG dar, soweit hierdurch das Vermögen zur Erhaltung des Stammkapitals angegriffen wird[873]. Führt demzufolge die Ablösung der Kreditverbindlichkeit zu einer Unterbilanz, greift das Auszahlungsverbot des § 30 Abs. 1 GmbHG ein. An dieser Stelle könnte die Änderung des GmbH-Gesetzes durch das MoMiG für die Gesellschaft eine Erweiterung der Handlungsbefugnis eröffnen. Der RegE-MoMiG sieht vor, die Regelung des § 30 Abs. 1 GmbHG um einen Satz 2 zu ergänzen, demzufolge das bisherige Auszahlungsverbot nicht gelten soll, sofern das Stammkapital durch eine Vorleistung aufgrund eines Vertrags mit einem Gesellschafter angegriffen wird und die Leistung im Interesse der Gesellschaft liegt[874]. Zwar ist bislang nicht hinreichend konkretisiert, welche Leistungen als im Interesse der Gesellschaft liegend einzuordnen sind, allerdings erscheint es durchaus denkbar, im Einzelfall auch den Erhalt der Gesellschafterstruktur hiervon erfasst zu sehen. Sofern die Gesellschaft in diesem Fall aufgrund eines Vertrages mit dem verpfändenden Gesellschafter dessen Verbindlichkeit übernimmt, könnte sie nach § 30 Abs. 1 S. 2 RegE-GmbHG auch Zahlungen vornehmen, die zur Unterbilanz führen. Durch die Drittleis-

---

[869] Andenkend auch *Lutter/Bayer*, in: Lutter/Hommelhoff, GmbHG, § 15 Rn. 56; *M. Winter/Löbbe*, in: Ulmer/Habersack/Winter, GmbHG, § 15 Rn. 308; *H. Winter/Seibt*, in: Scholz, GmbHG, § 15 Rn. 203; *Lux*, GmbHR 2003, 938 f.; *Wiedemann*, Mitgliedschaftsrechte, S. 440.

[870] Auch *Lux*, GmbHR 2003, 938 ff.

[871] *H. Winter/Seibt*, in: Scholz, GmbHG, § 15 Rn. 203; *Wiedemann*, Mitgliedschaftsrechte, S. 440; *Schuler*, NJW 1961, 2281 f.

[872] *H. Winter/Seibt*, in: Scholz, GmbHG, § 15 Rn. 203; *Lux*, GmbHR 2003, 938 f.

[873] Einhellig BGHZ 60, 324, 330 f.; 122, 333, 337; BGH NJW 2003, 3629, 3631 f.; OLG Köln GmbHR 1996, 367; *Altmeppen*, in: Roth/Altmeppen, GmbHG, § 30 Rn. 29; *Habersack*, in: Ulmer/Habersack/Winter, GmbHG, § 30 Rn. 60; *Heidinger*, in: Michalski, GmbHG, § 30 Rn. 68; *Hueck/Fastrich*, in: Baumbach/Hueck, GmbHG, § 30 Rn. 17; *Westermann*, in: Scholz, GmbHG, § 30 Rn. 40.

[874] ZIP 2007, Beilage zu Heft 23, S. 16.

tung gemäß § 267 Abs. 1 S. 1 BGB erlischt sowohl das Schuldverhältnis zwischen Gläubiger und Schuldner (§ 362 Abs. 1 BGB) als auch jegliche für den Gläubiger bestellte akzessorische Sicherheiten[875]. Darüber hinaus werden keine weiteren Rechtsfolgen an die Vorschrift geknüpft. Weder das Pfandrecht noch die abgelöste Forderung gehen ipso iure auf den Drittleistenden über. Auch steht diesem kein Anspruch auf Abtretung der Forderung zu[876]. Durch die Drittleistung kann demnach zwar die Pfandrechtsverwertung abgewendet werden; eigene Rechte erwirbt der Dritte hierdurch allerdings nicht. Dieser ist auf schuldrechtliche Rückgriffsansprüche gegen den Schuldner angewiesen[877].

Die rechtlichen Folgen einer Drittleistung nach § 267 Abs. 1 S. 1 BGB stellen neben der übernommenen Schuld ein zusätzliches Risiko dar. Der Drittleistende hat ein berechtigtes Interesse daran, nach einer Tilgung der Verbindlichkeiten des Schuldners nicht nur schuldrechtlich, sondern auch mit dinglicher Wirkung ihm gegenüber berechtigt zu sein. Eine allgemeine Regelung dieser Art sieht das Ablösungsrecht des § 268 BGB vor. Hiernach ist jeder, der Gefahr läuft, durch die Zwangsvollstreckung ein Recht an einem Gegenstand zu verlieren, berechtigt den Gläubiger zu befriedigen, sofern dieser tatsächlich die Zwangsvollstreckung in den entsprechenden Gegenstand betreibt. Nach § 268 Abs. 3 S. 1 BGB geht in diesem Fall die Forderung kraft Gesetzes auf den Drittleistenden über. Der Leistende rückt hierdurch vollständig in die Rechtsstellung des bisherigen Gläubigers ein, da er neben der Forderung gemäß §§ 412, 401 Abs. 1 BGB auch die bestellten Sicherungs- und Nebenrechte erwirbt[878]. Die Vorschrift des § 1249 BGB sieht ein ähnlich ausgestaltetes Ablösungsrecht im Rahmen der Verpfändung vor. Abweichend von § 268 Abs. 1 S. 1 BGB setzt das Ablösungsrecht aus § 1249 S. 1 BGB allerdings nicht den Beginn der Zwangsvollstreckung, sondern lediglich die Leistungsberechtigung (§ 271 BGB) des Schuldners voraus. Die Rechtsfolge hingegen ist identisch, da § 1249 S. 2 BGB auf die Regelung des § 268 Abs. 3 S. 1 BGB verweist. Das Ablösungsrecht stellt sich mithin nicht als die bloße Tilgung einer fremden Schuld dar, sondern gestaltet sich als eigenständiges Recht des Dritten, an dessen Ausübung die Rechtsordnung zusätzlich den gesetzlichen Forderungsübergang knüpft[879]. In Wahrnehmung des Ablösungsrechts ginge sowohl die Forderung als auch das Anteilspfandrecht auf den Leistenden über. Hierdurch könnte die Verwertung des Pfandrechts verhindert und eine dingliche Rechtsposition an dem Geschäftsanteil erreicht werden.

Eine direkte Anwendung des Ablösungsrechts aus § 1249 S. 1 BGB scheidet aus, da dieses voraussetzt, dass der Dritte Gefahr läuft, ein Recht an dem Pfandgegenstand zu verlieren. Nach der bürgerlich-rechtlichen Terminologie ist damit ein dingliches

---

[875] BGH NJW-RR 2004, 983; BGH DB 1975, 2432, zum Erlöschen der akzessorischen Sicherheit; *Bittner*, in: StaudingerBGB, § 267 Rn. 22; *Heinrichs*, in: PalandtBGB, § 267 Rn. 6; *Krüger*, in: MünchKommBGB, § 267 Rn. 15; *Ebert*, in: ErmanBGB, § 267 Rn. 8.

[876] *Bittner*, in: StaudingerBGB, § 267 Rn. 24; *Lux*, GmbHR 2003, 938 f.

[877] Solche können sich aus dem Auftragsrecht (§ 670 BGB), dem Recht der Geschäftsführung ohne Auftrag (§§ 677, 683, 670 BGB) oder dem Bereicherungsrecht (§ 812 BGB) ergeben. BGHZ 47, 370, 375. Im Einzelnen hierzu *Bittner*, in: StaudingerBGB, § 267 Rn. 30 ff.; *Krüger*, in: MünchKommBGB, § 267 Rn. 19 ff.

[878] BGHZ 46, 14 f.; *Bittner*, in: StaudingerBGB, § 268 Rn. 15, 19; *Heinrichs*, in: PalandtBGB, § 268 Rn. 6; *Krüger*, in: MünchKommBGB, § 268 Rn. 12; *Ebert*, in: ErmanBGB, § 268 Rn. 1

[879] *Bittner*, in: StaudingerBGB, § 268 Rn. 1; *Krüger*, in: MünchKommBGB, § 268 Rn. 1.

Recht gemeint[880]. Weder der Gesellschaft selbst noch den übrigen Gesellschaftern steht eine dingliche Berechtigung an dem verpfändeten Geschäftsanteil ihres Mitgesellschafters zu. Ihre Verbindung beruht lediglich auf gesellschaftsvertraglichen Vereinbarungen, so dass keine direkte Ablösungsberechtigung aus §§ 1249 S. 1 (268) BGB folgt. Angesichts der fehlenden dinglichen Berechtigung der Mitgesellschafter wird zum Schutz von Mitgliedschaftsrechten eine analoge Anwendung des Ablösungsrechts gemäß § 268 Abs. 1 S. 1 BGB vertreten[881]. Die von den Vertretern angeführten Argumente gelten gleichermaßen auch für das Ablösungsrecht gemäß § 1249 S. 1 BGB, da die Vorschrift letztlich nur den Zeitpunkt der Ablöseberechtigung nach vorn verlegt, im Übrigen aber strukturell mit § 268 BGB identisch ist[882]. Problematisch erscheint in diesem Zusammenhang, dass die analoge Anwendung des Ablösungsrechts zum Schutz von Mitgliedschaftsrechten bislang nur für Personengesellschaften diskutiert wird[883]. Dementsprechend ist das Kernargument typisch für das Recht der Personengesellschaften. Wesentlicher Grund für die Annahme einer Analogie sei das Bedürfnis der Mitgesellschafter, die Auflösung der Gesellschaft verhindern zu können[884]. Einem Pfändungspfandgläubiger komme in Bezug auf Anteile einer Gesellschaft bürgerlichen Rechts (GbR) nach Maßgabe des § 725 Abs. 1 BGB und hinsichtlich Anteilen einer offenen Handelsgesellschaft (oHG) oder einer Kommanditgesellschaft (KG) nach der Vorschrift des § 135 HGB das Recht zu, die Gesellschaft zu kündigen. Die Mitgesellschafter sähen sich infolge der Pfändung des Gesellschaftsanteils mit dem Umstand konfrontiert, dass der (Pfändungs-) Pfandgläubiger sein Kündigungsrecht ausübt und es hierdurch zur Auflösung der gesamten Gesellschaft komme.

Zunächst ist festzustellen, dass diese Argumentation überhaupt nur im Hinblick auf die Regelung des § 725 Abs. 1 BGB zutreffend sein kann, da die Kündigung nur hier zu einer Auflösung der Gesellschaft führt[885]. Rechtsfolge der Kündigung nach § 135 HGB ist nicht wie angenommen die Auflösung der Gesellschaft, sondern diese führt gemäß § 131 Abs. 3 S. 1 Nr. 4, S. 2 HGB, vorbehaltlich abweichender Vereinbarungen, lediglich zum Ausscheiden des Schuldnergesellschafters zum Ende des Geschäftsjahres[886]. Richtig ist deshalb, jedoch nur mit Blick auf § 725 Abs. 1 BGB, dass durch die Kündigung des Pfändungspfandgläubigers die Gesellschaftsanteile der Mitgesellschafter ebenso wie dingliche Rechte Dritter betroffen sind, da durch die Auflösung der Gesellschaft die Mitgliedschaften untergehen. Dies vor allem vor dem Hintergrund, dass die

---

880   *Bassenge*, in: PalandtBGB, § 1249 Rn. 2; *Damrau*, in: MünchKommBGB, § 1249 Rn. 1 f.; *Michalski*, in: ErmanBGB, § 1249 Rn. 1; *Wiegand*, in: StaudingerBGB, § 1249 Rn. 2. Zur allgemeinen Vorschrift des § 268 BGB auch RGZ 167, 298 f.; *Bittner*, in: StaudingerBGB, § 268 Rn. 7; *Krüger*, in: Münch-KommBGB, § 268 Rn. 6.

881   *Bittner*, in: StaudingerBGB, § 268 Rn. 28; *Unberath*, in: Bamberger/Roth, BGB, § 268 Rn. 6; *Krüger*, in: MünchKommBGB, § 268 Rn. 6; *Sprau*, in: PalandtBGB, § 725 Rn. 4; *Ulmer*, in: Münch-KommBGB, § 725 Rn. 2; *Wolf*, in: SoergelBGB, § 268 Rn. 4; *Schönle*, NJW 1966, 1797; offen gelassen von BGHZ 97, 392, 396 in Bezug auf eine GbR.

882   So auch *Lux*, GmbHR 938, 940 mit Fn. 28.

883   Einzig *Lux*, GmbHR 2003, 938 ff. zieht eine Parallele zur GmbH.

884   Ausdrücklich *Bittner*, in: StaudingerBGB, § 268 Rn. 28; *Unberath*, in: Bamberger/Roth, BGB, § 268 Rn. 6; *Krüger*, in: MünchKommBGB, § 268 Rn. 6.

885   Statt aller *Sprau*, in: PalandtBGB, § 725 Rn. 3.

886   Statt aller *Hopt*, in: Baumbach/Hopt, HGB, § 135 Rn. 10.

174

Regelung des § 725 BGB zwingendes Recht darstellt[887], welches nicht gesellschaftsvertraglich ausgeschlossen werden kann[888]. Die entsprechende Anwendung des Ablösungsrechts im Recht der Personengesellschaften resultiert demnach aus der, dem
Verlust eines dinglichen Rechts vergleichbaren, Situation des Verlustes der Mitgliedschaft[889]. Vor diesem Hintergrund erscheint eine analoge Anwendung des Ablösungsrechts aus §§ 1249 S. 1 (268) BGB im GmbH-Recht nicht möglich, da keine, dem Verlust dinglicher Rechte vergleichbare, Gefährdungslage besteht. Der einen GmbH-Anteil
pfändende Gläubiger hat keine Möglichkeit, die Gesellschaft aufzulösen, sondern ist
auf die Verwertung des Geschäftsanteils angewiesen. Der Bestand der GmbH und damit auch die Mitgliedschaft der übrigen Gesellschafter ist nicht in seinem Bestand gefährdet, so dass es nicht gerechtfertigt erscheint, ein entsprechendes Ablösungsrecht
zu gewähren. Allein das Interesse der Mitgesellschafter, ein Eindringen gesellschaftsfremder Dritter zu verhindern, vermag, im Hinblick auf die zur Personengesellschaft
entwickelten Grundsätze, ein Ablösungsrecht nicht zu begründen[890].

Die Abwendung der Pfandverwertung durch Tilgung der Verbindlichkeiten des verpfändenden Gesellschafters können die Mitgesellschafter gesetzlich nur durch eine
Drittleistung gemäß § 267 Abs. 1 S. 1 BGB erreichen. Sie erhalten hierdurch keine
dingliche Rechtsposition, sondern sind gegenüber dem Schuldner lediglich schuldrechtlich berechtigt. Ein gesetzliches Ablösungsrecht i.S.d. §§ 1249 S. 1 (268) BGB kommt
ihnen nicht zu. Sinnvoll erscheint es daher, mit dem Gläubiger ein schuldrechtliches
Ablösungsrecht zu vereinbaren, wonach dieser verpflichtet ist, die Forderung gegen
den Schuldner abzutreten, sofern eine Leistung auf die gesicherte Verbindlichkeit erfolgt. Mit der Abtretung der Forderung ginge auch das Anteilspfandrecht mit über
(§§ 1250, 401 BGB). Sofern keine vertraglichen Abreden getroffen werden, besteht für
die Mitgesellschafter die Möglichkeit, die Tilgung der Verbindlichkeit nur gegen die Abtretung der Forderung anzubieten[891]. Die Forderung erlischt in der Folge nicht gemäß
§§ 267, 362 BGB, da es sich nicht um einen Fall der Drittleistung handelt. Der Wille des
Leistenden geht nicht dahin die Schuld zu tilgen, sondern ist auf den Erwerb der Forderung gerichtet. Die Vorschrift des § 267 BGB ist immer dann unanwendbar, wenn der
Leistende einen eigenen Zweck verfolgt[892]. Die Zahlung des Dritten stellt in diesem Fall
die Gegenleistung für die Abtretung der Forderung dar. Der Gläubiger wird in der Regel
weder der vertraglichen Vereinbarung eines Ablösungsrechts noch letzterer Konstruktion entgegenstehen, da er andernfalls Gefahr läuft, im Wege der Pfandverwertung weniger zu erlösen.

---

[887] Einhellig, vgl. nur *Habermeier*, in: StaudingerBGB, § 725 Rn. 3; *Ulmer*, in: MünchKommBGB, § 725
       Rn. 7.
[888] Unverständlich daher die Ausführungen bei *Bittner*, in: StaudingerBGB, § 268 Rn. 28 und *Lux*,
       GmbHR 2003, 938, 941, die die Möglichkeit eines gesellschaftsvertraglichen Ausschlusses des Kün-
       digungsrechts anführen. Dies allerdings nur um festzustellen, dass in einem solchen Fall keine, die
       Analogie auslösende, Gefährdungslage mehr bestehe.
[889] Richtigerweise aber nur mit Blick auf § 725 Abs. 1 BGB.
[890] Zutreffend daher *Lux*, GmbHR 2003, 928, 941.
[891] *Lux*, GmbHR 2003, 938, 941.
[892] BGH NJW 1982, 2308; *Bittner*, in: StaudingerBGB, § 267 Rn. 6; *Krüger*, in: MünchKommBGB, § 267
       Rn. 13.

III. Vorkaufsrecht

Kann die Zwangsverwertung des Geschäftsanteils nicht durch Zahlung an den Gläubiger abgewendet werden, kommt als denkbare Einflussmöglichkeit die Ausübung eines zuvor vereinbarten Vorkaufsrechts (§§ 463 ff. BGB) in Betracht. Die satzungsmäßige Einräumung eines solchen Rechts zu Gunsten der Gesellschaft oder der Gesellschafter ist grundsätzlich zulässig[893]. Allerdings scheidet das Vorkaufsrecht bei einem Anteilsverkauf im Wege der Zwangsvollstreckung als Mittel zur Wahrung der Gesellschaftsinteressen aus, da § 471, 1. Var. BGB die wirksame Vereinbarung für diesen Fall ausschließt. Hierbei ist es unerheblich, ob der Verkauf „im Wege der Zwangsvollstreckung" freihändig oder durch Zwangsversteigerung erfolgt[894]. Die Vorschrift fokussiert den staatlichen Gläubigerschutz und möchte verhindern, dass durch die vertragliche Einräumung eines Vorkaufsrechts der zu verwertende Gegenstand dem allgemeinen Zugriff entzogen wird und der Gläubiger einzig auf den vom Vorkaufsberechtigten gezahlten Erlös verwiesen wäre[895]. Dementsprechend stellt die Vorschrift zwingendes Recht dar[896]. Ungeachtet dessen sind im Schrifttum vereinzelt Lösungsansätze entwickelt worden, die in Anlehnung an diverse Auslandsrechte eine Art Vorrechtsstellung der Gesellschaft vorsehen, um den Interessen bei der Verwertung, ähnlich einem Vorkaufsrecht, gerecht zu werden[897]. Das österreichische GmbH-Gesetz (öGmbHG)[898] sieht etwa in § 76 Abs. 4 vor, dass die Gesellschaft bei der Pfändung eines vinkulierten Geschäftsanteils das Recht hat, vor der Verwertung des Anteils im Wege der Zwangsvollstreckung einen Käufer für den Geschäftsanteil namhaft zu machen, der dann innerhalb einer Frist von vierzehn Tagen, den gerichtlich festgesetzten Schätzungswert für den Geschäftsanteil zu zahlen hat. Eine ähnliche Übernahmeregelung des Geschäftsanteils sieht auch Art. 794 Abs. 1 Nr. 3 schweizerisches Obligationenrecht (SchweizOR)[899] vor. Angesichts dieser Regelungen soll das Vollstreckungsgericht nach §§ 857, 844 ZPO ermächtigt werden, vor einer anderweitigen Verwertung des Geschäftsanteils einen Käufer zu benennen, der innerhalb einer bestimmten Frist den festgesetzten Schätzwert zu zahlen hat und dem der Anteil sodann zu übertragen ist[900]. Hiervon teilweise abweichend wird auch eine Anordnung des Vollstreckungsgerichts für zulässig gehalten, wonach bei der Versteigerung des Geschäftsanteils der Zuschlag unter der Bedingung zu erteilen sei, dass der Gesellschaft das Recht zukomme, innerhalb einer Frist einen Erwerber zu benennen, der den Höchstgebotspreis zahlt[901]. Die Lösungsvorschläge des Schrifttums zur Begründung einer dem Vorkaufsrecht ähnli-

---

[893] Vgl. nur *H. Winter/Seibt*, in: Scholz, GmbHG, § 15 Rn. 117; *M. Winter/Löbbe*, in: Ulmer/Habersack/Winter, GmbHG, § 15 Rn. 268 f.

[894] *Mader*, in: StaudingerBGB, § 471 Rn. 4; *Weidenkaff*, in: PalandtBGB, § 471 Rn. 2 f.; *Westermann*, in: MünchKommBGB, § 471 Rn. 3.

[895] Umfassend zur ratio legis *Grunewald*, in: ErmanBGB, § 471 Rn. 1; *Mader*, in: StaudingerBGB, § 471 Rn. 1; *Westermann*, in: MünchKommBGB, § 471 Rn. 1.

[896] *Grunewald*, in: ErmanBGB, § 471 Rn. 3; *Mader*, in: StaudingerBGB, § 471 Rn. 3; *Weidenkaff*, in: PalandtBGB, § 471 Rn. 4.

[897] Ein Überblick findet sich bei *H. Winter/Seibt*, in: Scholz, GmbHG, § 15 Rn. 203.

[898] Abrufbar unter http://www.jusline.at.

[899] Abrufbar unter http://www.obligationenrecht.ch.

[900] *Wiedemann*, Mitgliedschaftsrechte, S. 439 f.; ähnlich auch *Fischer*, GmbHR 1961, 21, 24 f.

[901] *Wolany*, Rechte und Pflichten, S. 141 f.

176

chen Vorrechtsstellung bei der Zwangsverwertung des Geschäftsanteils sind mit der Regelung des § 471 BGB nicht vereinbar[902]. Sie laufen darauf hinaus, dem Vollstreckungsgericht die Begründung einer Art quasidinglichen Vorkaufsrechts zu gestatten, was durch die dafür herangezogenen Regelungen der §§ 857, 844 ZPO nicht mehr gedeckt und mit dem verfolgten Zweck des § 471 BGB unvereinbar ist[903]. Darüber hinaus stellen die Lösungsansätze auch aus praktischen Gesichtspunkten keine befriedigende Regelung dar, da der Erlass entsprechender Anordnungen im Ermessen des Vollstreckungsgerichts stünde und die Gesellschaft hiervon abhängig würde[904]. Die Vereinbarung eines satzungsmäßigen Vorkaufsrechts zu Gunsten der Gesellschaft oder der Gesellschafter für den Fall der Anteilsverwertung im Wege der Zwangsvollstreckung scheitert ebenso, wie dem gleichgestellte Konstruktionen, an der Vorschrift des § 471 BGB. Dies schließt indessen nicht aus, dass die Gesellschaft oder die Gesellschafter sich mit dem vollstreckenden Gläubiger nachträglich einigen und den Vorkauf mit dessen Zustimmung vereinbaren[905].

IV. Abtretungspflicht

Eine den Interessen der Gesellschaft/er gerecht werdende Satzungsregelung stellt die Abtretungspflicht für den Pfändungsfall dar. Hiernach kann der Gesellschaftsvertrag für den Fall, dass der Geschäftsanteil gepfändet wird, für dessen Inhaber die Pflicht begründen, den Anteil an andere Gesellschafter, an die Gesellschaft oder an von ihr zu bestimmende Dritte abzutreten[906]. Die Abtretungsverpflichtung stellt eine Inhaltsbestimmung[907] des Geschäftsanteils dar und wirkt als anteilsbezogenes Recht gegenüber jedermann[908]. Der Gläubiger hat daher die Abtretungsverpflichtung gegen sich gelten zu lassen, da er den Geschäftsanteil nur mit dem Inhalt pfänden kann, den dieser durch den Gesellschaftsvertrag erfährt. Umstritten ist die Frage, ob der Erwerber des Geschäftsanteils diesen pfandrechtsbelastet[909] oder unbelastet[910] erwirbt. Die Vertreter letzterer Auffassung gehen davon aus, dass das Anteilspfandrecht erlischt und sich das

---

[902] Heute einhellig vgl. *Ebbing*, in: Michalski, GmbHG, § 15 Rn. 245; *Rowedder/Bergmann*, in: Rowedder/Schmidt-Leithoff, GmbHG, § 15 Rn. 141; *M. Winter/Löbbe*, in: Ulmer/Habersack/Winter, GmbHG, § 15 Rn. 309; *H. Winter/Seibt*, in: Scholz, GmbHG, § 15 Rn. 203; *Ehlke*, DB 1995, 561, 566.

[903] So auch *H. Winter/Seibt*, in: Scholz, GmbHG, § 15 Rn. 203.

[904] *H. Winter/Seibt*, in: Scholz, GmbHG, § 15 Rn. 203; *Soufleros*, Ausschließung und Abfindung, S. 289.

[905] In diesem Sinne auch *Rowedder/Bergmann*, in: Rowedder/Schmidt-Leithoff, GmbHG, § 15 Rn. 141.

[906] BGH WM 1983, 956; *Altmeppen*, in: Roth/Altmeppen, GmbHG, § 15 Rn. 116 f.; *Ebbing*, in: Michalski, GmbHG, § 15 Rn. 245; *Lutter/Hommelhoff*, in: Lutter/Hommelhoff, GmbHG, § 34 Rn. 41; *H. Winter/Seibt*, in: Scholz, GmbHG, § 15 Rn. 204; *M. Winter/Löbbe*, in: Ulmer/Habersack/Winter, GmbHG, § 15 Rn. 309; *Wiedemann*, Mitgliedschaftsrechte, S. 439; *Reymann*, DNotZ 2005, 425, 451. Ablehnend mit der Begründung der Umgehung des § 471 BGB *Rowedder/Bergmann*, in: Rowedder/Schmidt-Leithoff, GmbHG, § 15 Rn. 141.

[907] Vgl. hierzu bereits die Ausführungen unter § 6 C I.

[908] *Altmeppen*, in: Roth/Altmeppen, GmbHG, § 15 Rn. 116; *M. Winter/Löbbe*, in: Ulmer/Habersack/Winter, GmbHG, § 15 Rn. 309.

[909] So *Altmeppen*, in: Roth/Altmeppen, GmbHG, § 15 Rn. 117; *H. Winter/Seibt*, in: Scholz, GmbHG, § 15 Rn. 204; *Wiedemann*, Mitgliedschaftsrechte, S. 439; *Reymann*, DNotZ 2005, 425, 451.

[910] So *M. Winter/Löbbe*, in: Ulmer/Habersack/Winter, GmbHG, § 15 Rn. 309; *Ulmer*, ZHR 149 (1985), 28, 38; *Soufleros*, Ausschließung und Abfindung, S. 290 ff.

vor der Abtretung entstandene Pfändungspfandrecht an dem Abfindungsentgelt oder dem Veräußerungserlös fortsetzt. Begründet wird dies unter Berufung auf den mit der Verfallserklärung bei der Kaduzierung eintretenden Untergang der dinglichen Rechte Dritter am Geschäftsanteil. Dem ist nicht zuzustimmen. Die Auffassung verkennt, dass es sich bei der Kaduzierung nach § 21 GmbHG um ein gesetzliches Zwangsverwertungsrecht der Gesellschaft zur Sicherung der Aufbringung des Stammkapitals handelt und die Ausübung bei einem Fortbestehen von dinglichen Anteilsbelastungen verhindert oder erheblich beeinträchtigt würde[911]. Eine statutarische Abtretungspflicht ist damit nicht vergleichbar und kann im Hinblick auf die gesetzliche Wertung der Kaduzierung keinen Anteilsübergang unter Wegfall des Anteilspfandrechts bewirken[912]. Insofern bleibt es bei dem Grundsatz, dass mit der Übertragung des Geschäftsanteils die dingliche Belastung bestehen bleibt und der Erwerber den Geschäftsanteil pfandrechtsbelastet erwirbt. Im Gesellschaftsvertrag wird zudem für diesen Fall regelmäßig keine Abfindungszahlung vorgesehen sein. Die Vereinbarung einer satzungsmäßigen Abtretungspflicht im Pfändungsfall gerät darüber hinaus nicht in einen Konflikt mit der Vorschrift des § 471 BGB[913]. Es ist zu beachten, dass die Abtretungspflicht nicht an den Verkauf im Rahmen der Zwangsvollstreckung anknüpft, sondern an die zeitlich vorgelagerte Bewirkung der Anteilspfändung[914]. Die Mitgliedschaft ist zu diesem Zeitpunkt bereits mit der dinglichen Abgabepflicht belastet, so dass der Pfändungspfandgläubiger diese Inhaltsbeschränkung gegen sich gelten lassen muss[915]. Dadurch, dass der Geschäftsanteil pfandrechtsbelastet auf den neuen Erwerber übergeht, findet lediglich ein Wechsel des Rechtsträgers statt. Für den Gläubiger ergibt sich hierdurch keine Beeinträchtigung i.S.d. § 471 BGB, da er weiterhin die Möglichkeit hat, den Anteil im Wege der Zwangsvollstreckung frei zu verwerten. Vorteilhaft erscheint auch die Rechtsposition des Erwerbers gegenüber dem Pfandgläubiger, da diesem als Eigentümer nunmehr ein eigenes Ablösungsrecht aus § 1249 S. 1 BGB zukommt. Er läuft Gefahr durch die Veräußerung des Geschäftsanteils sein Eigentum und damit ein dingliches Recht an dem Anteil zu verlieren[916]. Die satzungsmäßige Einräumung einer Abtretungspflicht für den Pfändungsfall stellt demnach eine für beide Seiten interessengerechte Lösung dar. Zum Einen wird sie dem Interesse der Gesellschafter nach einem Schutz vor Überfremdung gerecht, da diese mit dem pfandrechtsbelasteten Geschäftsanteil auch das Recht zur Ablösung der Verbindlichkeit nach § 1249 S. 1 BGB erwer-

---

[911] Vgl. H. Winter/Seibt, in: Scholz, GmbHG, § 15 Rn. 204.

[912] Die Satzung kann für den Fall der Anteilspfändung daher auch nicht die Kaduzierungsregeln (§§ 21 ff. GmbHG) vorschreiben. A. A. Lutter/Hommelhoff, in: Lutter/Hommelhoff, GmbHG, § 34 Rn. 42. Eine Lösung bietet hier die Möglichkeit der Einziehung des Geschäftsanteils. Dazu im Folgenden.

[913] A. A. Rowedder/Bergmann, in: Rowedder/Schmidt-Leithoff, GmbHG, § 15 Rn. 141, die ohne Begründung, unter Hinweis auf eine Umgehung des § 471 BGB, die satzungsmäßige Abtretungspflicht ablehnen.

[914] Zutreffend M. Winter/Löbbe, in: Ulmer/Habersack/Winter, GmbHG, § 15 Rn. 309; Ulmer, ZHR 149 (1985), 28, 38 f.

[915] Wiedemann, Mitgliedschaftsrechte, S. 439.

[916] Unverständlich ist insofern die Auffassung von H. Winter/Seibt, in: Scholz, GmbHG, § 15 Rn. 204, die von einem Ablösungsrecht des Erwerbers analog §§ 268, 1273 Abs. 2, 1223 Abs. 2 BGB ausgehen. Altmeppen, in: Roth/Altmeppen, GmbHG, § 15 Rn. 117 nehmen zwar ein Befriedigungsrecht des Erwerbers an, geben allerdings keine Vorschrift hierfür an.

ben. Zum Anderen behält der Pfandgläubiger das Recht, den Anteil im Wege der Zwangsvollstreckung frei zu verwerten.

V. Zwangseinziehung

Die satzungsmäßige Pflicht zur Abtretung des Geschäftsanteils führt im Ergebnis dazu, dass der Erwerber des Anteils die gesicherte Forderung vollständig ablösen muss, um die Verwertung und damit ein Eindringen Dritter in die Gesellschaft zu verhindern. Diese Vorgehensweise stellt sich für den Ablösenden dann nachteilig dar, wenn die Gläubigerforderung den Anteilswert übersteigt[917]. Das Interesse der Gesellschaft/er wird daher regelmäßig dahin gehen, durch Bestimmungen im Gesellschaftsvertrag sicherzustellen, dass der Pfandgläubiger stets nur auf den aktuellen Wert des Geschäftsanteils Zugriff nehmen kann. Vor diesem Hintergrund wird deutlich, warum sowohl in der Rechtsprechung[918] als auch im Schrifttum[919] die Zwangseinziehung im Pfändungsfall als wirksamstes Mittel zum Schutz vor Überfremdung vorgeschlagen wird. Hierbei sieht die Satzungsregelung im Pfändungsfall anstelle der Pflicht zur Abtretung des Geschäftsanteils dessen Zwangseinziehung nach § 34 Abs. 2 GmbHG vor. Auch diese Regelung stellt kein vollstreckungshinderndes Verfügungsverbot i.S.d. §§ 857 Abs. 1, 3, 851 Abs. 2 ZPO, sondern eine Inhaltsbestimmung des Geschäftsanteils dar, die der Pfändungspfandgläubiger gegen sich gelten lassen muss[920]. Die Aufnahme einer Zwangsamortisationsklausel für den Pfändungsfall im Statut der Gesellschaft macht die übrigen Zulässigkeitsvoraussetzungen einer (Zwangs-) Einziehung nicht entbehrlich[921]. Insofern setzt die Zwangsamortisation auch im Pfändungsfall voraus, dass es sich um einen voll eingezahlten Geschäftsanteil handelt, und dass das Einziehungsentgelt aus dem nicht zur Deckung des Stammkapitals erforderlichen Gesellschaftsvermögen gezahlt werden kann (§§ 34 Abs. 3, 30 Abs. 1 GmbHG)[922]. Der Geschäftsanteil geht infolge der Zwangseinziehung vollständig unter, wobei sich das Pfandrecht an dem Einziehungsentgelt ohne Weiteres im Wege dinglicher Surrogation fortsetzt[923]. Sieht die Satzung keine Regelung bezüglich der konkreten Höhe des Einziehungsentgelts vor, führt

---

[917] Vgl. auch *H. Winter/Seibt*, in: Scholz, GmbHG, § 15 Rn. 204.

[918] Seit RGZ 142, 373; BGHZ 32, 151, 156; 65, 22, 27 f.; 116, 359, 368; 144, 365, 367; BGH DB 2002, 261 f.

[919] *Altmeppen*, in: Roth/Altmeppen, GmbHG, § 15 Rn. 116, 118; *Ebbing*, in: Michalski, GmbHG, § 15 Rn. 246 f.; *Rowedder/Bergmann*, in: Rowedder/Schmidt-Leithoff, GmbHG, § 15 Rn. 141; *M. Winter/Löbbe*, in: Ulmer/Habersack/Winter, GmbHG, § 15 Rn. 309 ff.; *H. Winter/Seibt*, in: Scholz, GmbHG, § 15 Rn. 205; *Heuer*, ZIP 1998, 405, 412; *Reymann*, DNotZ 2005, 425, 452; *Roth*, ZGR 2000, 187, 214 f.; *Schuler*, NJW 1961, 2281 ff.; eingehend *Wiedemann*, Mitgliedschaftsrechte, S. 435.

[920] BGHZ 65, 22, 25; OLG Hamburg ZIP 1996, 962 f.; *Altmeppen*, in: Roth/Altmeppen, GmbHG, § 15 Rn. 116; *M. Winter/Löbbe*, in: Ulmer/Habersack/Winter, GmbHG, § 15 Rn. 309; *H. Winter/Seibt*, in: Scholz, GmbHG, § 15 Rn. 205; *Reymann*, DNotZ 2005, 425, 452.

[921] BGHZ 32, 151, 156; *Ebbing*, in: Michalski, GmbHG, § 15 Rn. 246; *M. Winter/Löbbe*, in: Ulmer/Habersack/Winter, GmbHG, § 15 Rn. 309 ff.; *H. Winter/Seibt*, in: Scholz, GmbHG, § 15 Rn. 205; *Reymann*, DNotZ 2005, 425, 452; *Wiedemann*, Mitgliedschaftsrechte, S. 435.

[922] *M. Winter/Löbbe*, in: Ulmer/Habersack/Winter, GmbHG, § 15 Rn. 309; *H. Winter/Seibt*, in: Scholz, GmbHG, § 15 Rn. 205; *Reymann*, DNotZ 2005, 425, 452.

[923] BGHZ 104, 351 ff.; *M. Winter/Löbbe*, in: Ulmer/Habersack/Winter, GmbHG, § 15 Rn. 310; *H. Winter/Seibt*, in: Scholz, GmbHG, § 15 Rn. 205; *Reymann*, DNotZ 2005, 425, 452.

dies nicht zur Unwirksamkeit der Klausel, sondern zu einer Abfindung nach dem vollen wirtschaftlichen Wert (Verkehrswert) des Geschäftsanteils[924]. Nicht durchgängig einheitlich wird hingegen die Frage beantwortet, ob eine satzungsmäßige Abfindungsbeschränkung in der Weise vorgenommen werden kann, dass das Einziehungsentgelt für den Fall der Pfändung hinter dem vollen Anteilswert zurückbleibt. Nur noch vereinzelt[925] wird im aktuellen Schrifttum die Auffassung vertreten, dass stets eine Abfindung zum vollen wirtschaftlichen Wert des Geschäftsanteils zu erfolgen hat. Die frühere höchstrichterliche Rechtsprechung[926] hat, dieser Auffassung entsprechend, Abfindungsbeschränkungen, die ein den vollen Anteilswert unterschreitendes Entgelt festsetzten, generell als nichtig angesehen. Diese strikte Sichtweise wurde mit der Entscheidung BGHZ 65, 22 ausdrücklich aufgegeben und die neue Rechtsprechungslinie durch nachfolgende Entscheidungen bestätigt[927]. Demnach sind Beschränkungen des Einziehungsentgelts dann zulässig, wenn sie nicht eigens darauf angelegt sind, dass Pfändungspfandrecht eines Vollstreckungsgläubigers zu beeinträchtigen, sondern dieselbe Entschädigungsregelung für alle vergleichbaren Fälle des zwangsweisen Ausscheidens des Gesellschafters gilt[928]. Dieser Auffassung hat sich das überwiegende Schrifttum angeschlossen[929]. Ihre Grenzen findet die Beschränkung des Einziehungsentgelts in den Grundsätzen der Gläubigergefährdung nach § 138 BGB und soweit sich die Abfindungsbeschränkung infolge der wirtschaftlichen Entwicklung der Gesellschaft zu einem späteren Zeitpunkt als grob unbillig und unverhältnismäßig darstellt[930]. In letzterem Fall ist die Beschränkung durch ergänzende Vertragsauslegung den geänderten Umständen angemessen anzupassen[931]. Die Auffassung, die eine Abfindung stets zum vollen Wert fordert, lässt die gesellschaftliche Bindung des Geschäftsanteils unberücksichtigt, indem sie lediglich Gläubigerschutzgesichtspunkte fokussiert. Bei der Bestimmung des Entgelts im Falle der Einziehung und ähnlich gelagerter Situationen des Ausscheidens des Gesellschafters können indessen schutzwürdige Interessen der Gesellschaft an der Sicherung vor bestandsgefährdenden Kapitalabflüssen und zeitaufwendigen Bewertungen des Geschäftsanteils bestehen[932]. Eine satzungsrechtliche Regelung zur Zwangseinziehung bei einer Anteilspfändung, die in einem vertretbaren Umfang solchen schutzwürdigen Gesellschaftsinteressen Rechnung trägt, ist dann nicht zu bean-

---

[924] Einhellig BGHZ 116, 359, 370 ff.; auch BGHZ 126, 226 f.; BGH NJW 1993, 2101; *Altmeppen*, in: Roth/Altmeppen, GmbHG, § 34 Rn. 44; *Ebbing*, in: Michalski, GmbHG, § 15 Rn. 247; *H. Winter/Seibt*, in: Scholz, GmbHG, § 15 Rn. 206; *M. Winter/Löbbe*, in: Ulmer/Habersack/Winter, GmbHG, § 15 Rn. 311; *Wolany*, Rechte und Pflichten, S. 92.

[925] *Bischoff*, GmbHR 1984, 61 ff.; *Engel*, NJW 1986, 345, 347; *Heuer*, ZIP 1998, 405, 413; *Roth*, ZGR 2000, 187, 214 f.

[926] RGZ 142, 373 ff.; BGHZ 32, 151 ff.

[927] BGHZ 116, 359, 368; 144, 365, 367; BGH DB 2002, 261 f.

[928] BGHZ 65, 22 (Leitsatz).

[929] *Altmeppen*, in: Roth/Altmeppen, GmbHG, § 15 Rn. 118 f.; *Ebbing*, in: Michalski, GmbHG, § 15 Rn. 247; *Lutter/Hommelhoff*, in: Lutter/Hommelhoff, GmbHG, § 15 Rn. 55; § 34 Rn. 52, 62; *Rowedder/Bergmann*, in: Rowedder/Schmidt-Leithoff, GmbHG, § 15 Rn. 147 f.; *H. Winter/Seibt*, in: Scholz, GmbHG, § 15 Rn. 206; *M. Winter/Löbbe*, in: Ulmer/Habersack/Winter, GmbHG, § 15 Rn. 311; *Schuler*, NJW 1961, 2281 ff.; *Soufleros*, Ausschließung und Abfindung, S. 278 ff.

[930] BGHZ 65, 22, 29; 116, 359, 368 ff.; *H. Winter/Seibt*, in: Scholz, GmbHG, § 15 Rn. 206.

[931] BGHZ 116, 359, 368 ff.

[932] BGHZ 116, 359, 368; *H. Winter/Seibt*, in: Scholz, GmbHG, § 15 Rn. 206.

standen, wenn sie für alle Fälle der Einziehung gleichermaßen gilt[933]. Allerdings werden sich derartige Abfindungsbeschränkungen nur in sehr begrenztem Umfang bei der Anteilsverpfändung finden, da der Sicherungsnehmer regelmäßig Zugriff auf den vollen Verkehrswert des Geschäftsanteils haben will. Auf eine Zwangseinziehungsregelung mit Beschränkung des Einziehungsentgelts wird er sich nur dann einlassen, wenn die gesicherte Forderung weiterhin davon gedeckt ist.

Die satzungsmäßige Regelung der Zwangseinziehung im Pfändungsfall wird den Schutzinteressen der Gesellschafter im Hinblick auf das Eindringen Dritter in die Gesellschaft am ehesten gerecht. Sie können hierdurch die Verwertung des Geschäftsanteils abwenden, ohne selbst die gesamte Forderung ablösen zu müssen. Für den Gläubiger stellt sich die Lösung ebenfalls interessengerecht dar, da er direkt und ohne Verwertungsrisiko den Verkehrswert seines Pfandobjekts erhält.

---

[933] Zutreffend *Rowedder/Bergmann*, in: Rowedder/Schmidt-Leithoff, GmbHG, § 15 Rn. 148.

§ 7 Zusammenfassung der wichtigsten Ergebnisse

1. Der Geschäftsanteil ist der Inbegriff der in der Mitgliedschaft vereinten Rechte und Pflichten eines Gesellschafters und kann als ganzheitliches, subjektives Recht Gegenstand einer Verpfändung sein, unabhängig davon, ob der Geschäftsanteil bereits zur Entstehung gelangt ist oder dies erst zukünftig eintritt. Neben der Mitgliedschaft als solches können auch bestehende oder zukünftige vermögenswerte Mitgliedschaftsrechte der Verpfändung unterliegen.

2. Die dingliche Einigung zur Pfandrechtsbestellung an einem GmbH-Geschäftsanteil bedarf mindestens dreier Komponenten, sog. Essentialia der Pfandrechtsbestellung. Die Tatsache der Pfandrechtsbestellung durch Einigung der Parteien über die Belastung des Geschäftsanteils mit einem Pfandrecht (Pfandbestellungswille), die hinreichend genaue Bestimmung des zu verpfändenden Geschäftsanteils (Pfandgegenstand) und die hinreichend bestimmte Kennzeichnung der gesicherten Forderung. Weitere Voraussetzungen können sich aus einer Vinkulierung des Geschäftsanteils gemäß § 15 Abs. 5 GmbHG ergeben. Vinkulierungsklauseln hinsichtlich der Übertragung von Geschäftsanteilen sind vollständig auf die Verpfändung anzuwenden, sofern für die Anteilsverpfändung keine eigenständigen Vinkulierungen bestehen.

3. Der Pfandbesteller muss grundsätzlich verfügungsbefugter Inhaber des Geschäftsanteils sein. Als Ausnahme hierzu ermöglicht die Vorschrift des § 16 Abs. 3 S. 1 RegE-GmbHG künftig einen gutgläubigen Pfandrechtserwerb, wenn der Verpfänder als Inhaber des Geschäftsanteils in der im Handelsregister aufgenommenen Gesellschafterliste eingetragen ist.

4. Der dingliche Verpfändungsvertrag ist gemäß § 1274 Abs. 1 S. 1 BGB i.V.m. § 15 Abs. 3 GmbHG notariell zu beurkunden. Die Beurkundungspflicht umfasst die für die Einigung notwendigen Bestandteile (Essentialia). Nur für den Fall etwaig bestehender Vinkulierungen sind neben den Essentialia der Pfandrechtsbestellung noch weitere Inhalte in die notarielle Niederschrift mit aufzunehmen. Bei der Verweisung auf zu Grunde liegende Kreditverträge ist zwischen echten und unechten Verweisungen zu differenzieren. Nur wenn sich die hinreichende Bestimmtheit der Forderung nicht bereits aus den Angaben im Rahmen der dinglichen Einigung, sondern erst durch die Inbezugnahme des Kreditvertrages ergibt (echte Verweisung), muss eine teilweise Einbeziehung des Kreditvertrages in die notarielle Niederschrift erfolgen; andernfalls unterfallen selbst umfangreiche Verweisungen nicht der Beurkundungspflicht. Der obligatorische Vertrag über die Verpflichtung zur Bestellung eines Pfandrechts an einem GmbH-Geschäftsanteil bedarf nicht der notariellen Beurkundung.

5. Eine wirksame Pfandrechtsbestellung setzt weder eine Anzeige an den Schuldner gemäß § 1280 BGB noch eine Eintragung in die Gesellschafterliste gemäß § 16 Abs. 1 S. 1 RegE-GmbHG voraus. Die Geltendmachung etwaiger Rechte aus dem Anteilspfandrecht gegenüber der Gesellschaft bedarf ebenfalls keiner vorherigen Eintragung gemäß § 16 Abs. 1 S. 1 RegE-GmbHG, sondern lediglich eines Nachweises der Berechtigung, durch die Vorlage des notariell beurkundeten Pfandvertrages.

6. Der Umfang des Pfandrechts beschränkt sich bei der Verpfändung eines Geschäftsanteils auf die reine Anteilssubstanz. Eine automatische Erstreckung des Pfandrechts auf vermögenswerte Nebenrechte aus der Mitgliedschaft findet nicht statt. Darüber hinaus setzt sich das Pfandrecht ohne Weiteres an Geschäftsanteilssurrogaten i.e.S. fort, wohingegen es bei Geschäftsanteilssurrogaten i.w.S. darauf ankommt, ob die Gesellschaft ein vorrangig zu beachtendes Interesse hat, den Geschäftsanteil unbelastet zur Verfügung zu bekommen. Liegt ein solches Interesse nicht vor, bleibt es bei dem Grundsatz, dass das Pfandrecht als dingliche Belastung an dem Anteil bestehen bleibt.

7. Der bislang, aufgrund der Vorschrift des § 17 Abs. 6 S. 1 GmbHG, bestehende Streit um die Rechtskonstruktion der Verpfändung nur eines Teils eines Geschäftsanteils, ist durch die geplante Aufhebung des § 17 GmbHG im Zuge der GmbH-Reform durch das MoMiG gegenstandslos. Die Teilung des Geschäftsanteils wird ohne Restriktionen ermöglicht. Das Pfandrecht entsteht unmittelbar mit der Vornahme der Pfandbestellung an dem Teil des Geschäftsanteils.

8. Die rechtsgeschäftliche Aufhebung des Anteilspfandrechts kann gemäß §§ 1273 Abs. 2 S. 1, 1255 Abs. 1 BGB durch eine formlose, einseitig empfangsbedürftige Willenserklärung des Pfandgläubigers gegenüber dem Verpfänder oder Eigentümer des Geschäftsanteils erfolgen.

9. Die Verpfändung des Geschäftsanteils hat keine Auswirkung auf die verwaltungsrechtliche Seite der Mitgliedschaft. Der Verpfänder bleibt nach der Pfandbestellung Gesellschafter der GmbH mit allen Mitgliedschaftsrechten und -pflichten. In der Ausübung seiner Mitgliedschaftsrechte und insbesondere in der Ausübung des Stimmrechts ist er grundsätzlich nicht beschränkt. Der aus der getrennten Zuweisung von Vermögens- und Verwaltungsrechten resultierenden Gefahr der möglichen nachteiligen Einwirkung auf das verpfändete Recht, wird in gesetzlicher Hinsicht, zumindest partiell, mit dem hier entwickelten normativen Ansatz zur zentralen Schutzvorschrift des § 1276 BGB begegnet. Danach bedürfen einseitig rechtsgestaltende Maßnamen des verpfändenden Gesellschafters, sofern sie das Pfandrecht beeinträchtigen, der Zustimmung des Pfandgläubigers. Der Vorschrift kommt nur relative Schutzwirkung zu, da sie nur Wirkung innerhalb des an der Pfandabrede beteiligten Personenkreises entfaltet. Keine Anwendung findet § 1276 BGB deshalb bei pfandrechtsbeeinträchtigenden Maßnahmen durch Gesellschafterbeschlüsse, unabhängig davon, ob dem Gesellschafter eine kausale Entscheidungsbefugnis zukommt oder nicht.

10. Das gesetzlich geringe Schutzniveau des Pfandnehmers kann durch vertragliche Regelungen angehoben werden. Als zentrale Vertragsgestaltungen stellen sich die Stimmrechtsvollmacht und die Stimmrechtsbindung dar. Beide Regelungen ermöglichen es dem Pfandgläubiger Einfluss auf die Ausübung des Stimmrechts zu nehmen, wobei die Stimmrechtsvollmacht den Vorteil bietet, dass der Pfandgläubiger selbst das Stimmrecht ausüben und somit unmittelbar bei der Beschlussfassung mitwirken kann. Die Durchsetzungsstärke der Stimmrechtsbindung macht sie, gegenüber der jederzeit widerruflichen Stimmrechtsvollmacht, zur effektiveren Vertragsgestaltung. Beide Regelungen können in der Weise verbunden werden, dass dem Pfandgläubiger eine widerrufliche Stimmrechtsvollmacht eingeräumt, der Gesellschafter darüber hinaus aber zusätzlich einer Stimmbindung unterworfen wird, für den Fall, dass er von seinem Stimm-

recht Gebrauch macht. Neben solchen Vereinbarungen zur Ausübung des Stimmrechts kann sich der Darlehensgeber durch die Aufnahme von Financial Covenants in den Pfandvertrag die Möglichkeit einer breitflächigen Einflussnahme auf Geschäftsführung und Ausgestaltung des Schuldnerunternehmens verschaffen. Die rechtliche Gestaltung der einzelnen Covenants hat sich nach gesellschaftsrechtlichen Grundsätzen zu richten und darf deshalb weder gesellschaftliche Stimmrechte noch strukturändernde Einflussrechte begründen oder übertragen.

11. Im Hinblick auf das Problem, inwieweit eine weitreichende Vertragsgestaltung für den Pfandgläubiger das Risiko birgt, als nachrangiger Insolvenzgläubiger behandelt zu werden, ergeben sich trotz umfassender Neustrukturierung des Eigenkapitalersatzrechts durch den RegE-MoMiG keine neuen Bewertungsmaßstäbe. Die bislang in § 32a Abs. 3 S. 1 GmbHG vorgesehene Möglichkeit, gesellschaftergleiche Dritte ebenfalls der Eigenkapitalhaftung zu unterstellen und damit in der Insolvenz als nachrangige Gläubiger zu behandeln, bleibt im Rahmen des § 39 Abs. 1 Nr. 5 RegE-InsO bestehen. Die Beantwortung der Frage, welche Vereinbarungen die äußerste Grenze zwischen typischem und atypischem, d.h. gesellschaftergleichen, Pfandgläubiger bildet, richtet sich nach der gesellschaftsrechtlichen Zulässigkeit der einzelnen Vertragsregelungen. Sofern auf vermögens- und verwaltungsrechtlicher Seite die gesellschaftsrechtlichen Grenzen eingehalten werden, führt selbst eine umfangreiche Kumulation von vertraglichen Vermögens- und Einflussrechten nicht zur Annahme eines atypisch ausgestalteten Pfandrechts.

12. Den Mitgesellschaftern bieten sich zwei Möglichkeiten auf die drohende oder bereits begonnene Verwertung Einfluss zu nehmen, um dem Problem der Überfremdung der Gesellschaft zu begegnen. Sie können jeweils für den Fall der Pfändung des Geschäftsanteils entweder die satzungsmäßige Pflicht zur Abtretung oder die satzungsmäßige Zwangseinziehung des Anteils vorsehen. Durch die satzungsmäßige Abtretungspflicht erwerben die Mitgesellschafter mit dem pfandrechtsbelasteten Geschäftsanteil auch das Recht zur Ablösung der Verbindlichkeit nach § 1249 S. 1 BGB. Gleichzeitig bleibt der Geschäftsanteil erhalten, was in der Praxis häufig gewünscht ist. Die satzungsmäßige Zwangseinziehung bietet den entscheidenden Vorteil, dass die Verwertung des Geschäftsanteils abgewendet werden kann, ohne selbst die gesamte Forderung ablösen zu müssen.

184

Literaturverzeichnis

Achilles, Wilhelm-Albrecht/   Kommentar zum GmbH-Gesetz
Ensthaler, Jürgen/   München 2005
Schmidt, Burkhard

Alberth, Markus   USA: Vertraglicher Gläubigerschutz und Aus-
schüttungsbemessung durch Covenants als
Vorbild zur Änderung des deutschen Bilanz-
rechts?
in: WPg 1997, 744 ff.

Albertz, Joachim   Die Verbriefung des GmbH-Geschäftsanteils in
Deutschland und der EG-Staaten
1996

Altmeppen, Holger   Der „atypische Pfandgläubiger" – ein neuer Fall
des kapitalersetzenden Darlehens?
in: ZIP 1993, 1677 ff.

Apfelbaum, Sebastian   Die Verpfändung der Mitgliedschaft in der Aktiengesellschaft
Berlin 2005

Armbrüster, Christian   Treuhänderische GmbH-Beteiligungen (I)
Begründung, Übertragung, Umwandlung, Be-
endigung
in: GmbHR 2001, 941 ff.

ders.   Zur Beurkundungsbedürftigkeit von Treuhand-
abreden über GmbH-Anteile – Zugleich ein Beitrag zu den Formzwecken des § 15 Abs. 4
Satz 1 GmbHG
in: DNotZ 1997, 762 ff.

Bamberger, Heinz Georg/   Kommentar zum Bürgerlichen Gesetzbuch
Roth, Herbert   *Band 1* (§§ 1-610)
2. Auflage, München 2007
Band 2 (§§ 611-1296)
2. Auflage, München 2008

Bärwaldt, Roman/   Der GmbH-Gesellschafterbeschluss und die
Günzel, Florian   Form der Stimmrechtsvollmacht
in: GmbHR 2002, 1112 ff.

Baumbach, Adolf/   Handelsgesetzbuch
Hopt, Klaus J./   33. Auflage, München 2008
Merkt, Hanno

Baumbach, Adolf/ *Hueck*, Alfred	GmbH-Gesetz Kommentar 18. Auflage, München 2006
Baur, Jürgen F./ *Stürner*, Rolf	Sachenrecht 17. Auflage, München 1999
Bayer, Walter/ *Graff*, Simone	Das neue Eigenkapitalersatzrecht nach dem MoMiG in: DStR 2006, 1654 ff.
Beck'sches Handbuch der GmbH	Beck'sches Handbuch der GmbH Gesellschaftsrecht – Steuerrecht 3. Auflage, München 2002
Becker, Karl	Verpfändung des Geschäftsanteils – Wirkungen auf die Verwaltungsrechte des Gesellschafters in: GmbHR 1937, 517 ff.
ders.	Zusammentreffen der Verpfändung eines GmbH-Geschäftsanteils mit der Abtretung des Anspruchs auf Gewinnbeteiligung und des Liquidationsguthabens in: GmbHR 1940, 184 ff.
ders.	Das vertragliche Pfandrecht am Geschäftsanteil in: GmbHR 1928, 405 ff.
ders.	Das Stimmrecht bei Sicherungsübertragung, Nießbrauch, Verpfändung, Pfändung, Miete, Pacht, Leihe eines Geschäftsanteils und im Konkurs- und Vergleichsverfahren in: GmbHR 1935, 803 ff.
Beer, Hubert	Die relative Unwirksamkeit Berlin 1975
Beuthien, Volker	Zur Mitgliedschaft als Grundbegriff des Gesellschaftsrechts – Subjektives Recht oder Stellung im pflichthaltigen Rechtsverhältnis? in: Festschrift für Herbert Wiedemann, S. 755 ff. München 2002
ders.	Der genossenschaftliche Geschäftsanteil in: AG 2002, 266 ff.

Beuthien, Volker/ *Gätsch*, Andreas	Vereinsautonomie und Satzungsrechte Dritter, Statutarischer Einfluss Dritter auf die Gestaltung von Körperschaftssatzungen in: ZHR 156 (1992), 459 ff.
Bischoff, Harald	Zur pfändungs- und konkursbedingten Einziehung von Geschäftsanteilen in: GmbHR 1984, 61 ff.
Bork, Reinhard	Vinkulierte Namensaktien in Zwangsvollstreckung und Insolvenz des Aktionärs in: Festschrift für Wolfram Henckel, S. 23 ff. Berlin, New York 1995
Börner, Bodo	Das System der Erbenhaftung in: JuS 1968, 108 ff.
Brambring, Günter	Das Gesetz zur Änderung und Ergänzung beurkundungsrechtlicher Vorschriften in der notariellen Praxis in: DNotZ 1980, 281 ff.
Brauer, Ulrich G. H./ *Levedag*, Christian	Die Zusammenlegung eines GmbH-Geschäftsanteils mit einem pfandfreien GmbH-Geschäftsanteil ohne Zustimmung des Pfandgläubigers in: GmbHR 2002, 572 ff.
Brodmann, Erich	Gesetz betreffend die Gesellschaften mit beschränkter Haftung 2. Auflage, Berlin, Leipzig 1930
Bruhns, Malte	Verpfändung von GmbH-Anteilen in der Finanzierungspraxis in: GmbHR 2006, 587 ff.
Büchner, Christoph	Verpfändung von Anteilen einer Gesellschaft mit beschränkter Haftung Konstanz 1989
Buchwald, F.	Verpfändung und Pfändung von GmbH-Anteilen in: GmbHR 1959, 254 ff. und GmbHR 1960, 5 ff.
Bülow, Peter	Recht der Kreditsicherheiten 7. Auflage, Heidelberg 2007

Dauner-Lieb, Barbara	Die Freistellung geringfügig beteiligter Gesellschafter von der Kapitalersatzhaftung in: DStR 1998, 609 ff.
Derleder, Peter	Teilzession und Schuldnerrechte in: AcP 169 (1969), 97 ff.
Diem, Andreas	Besicherung von Gesellschafterverbindlichkeiten als existenzvernichtender Eingriff des Gesellschafters? in: ZIP 2003, 1283 ff.
Dreher, Meinrad	Pfandrechtsgläubiger von Geschäftsanteilen als gesellschaftergleiche Dritte im Sinne von § 32a Abs. 3 GmbHG – Besprechung der Entscheidung BGHZ 119, 191 in: ZGR 1994, 144 ff.
ders.	Kurzkommentar zu BGHZ 119, 191 in: EWiR 1991, 467 f.
Ehlke, Michael	Vinkulierung bei GmbH-Kapitalerhöhung und anderen Fällen des Gesellschaftereintritts ohne Anteilsübertragung in: DB 1995, 561 ff.
Engel, Christoph	Abfindngsklauseln – eine systematische Übersicht in: NJW 1986, 345 ff.
Erman, Walter	Bürgerliches Gesetzbuch Handkommentar *Band 1* (§§ 1-758) *Band 2* (§§ 759-2385) 12. Auflage, Köln 2008
Ewald, Otto	GmbH-Anteile (Anteilscheine) als Pfandstücke in: ZHR 92 (1928), 96 ff.
Fiedler, Martin	Teilverpfändung von GmbH-Anteilen zugleich ein Beitrag zu Verfügungen über Teile von Sachen und Rechten nach dem BGB und zur Teilung von Geschäftsanteilen nach dem GmbHG Dößel 2003
Fischer, Robert	Die Pfändung und Verwertung eines GmbH-Geschäftsanteils in: GmbHR 1961, 21 ff.

Fleck, Hans-Joachim

Stimmrechtsabspaltung in der GmbH?
in: Festschrift für Robert Fischer, S. 107 ff.
Berlin, New York 1979

Fleischer, Holger

Covenants und Kapitalersatz
in: ZIP 1998, 313 ff.

Frenz, Norbert

Einige Anmerkungen zum Verhältnis von Formzweck, Beurkundungsverfahren und Berufs-
recht
in: Freundesgabe für Willi Weichler, S. 175 ff.
Köln 1997

Früh, Andreas

Eigenkapitalersetzende Gesellschafterkredite
Eine kurze Bestandsaufnahme nach Inkrafttre-
ten des KapAEG, des KonTraG und der InsO
in: GmbHR 1999, 842 ff.

von Gerkan, Hartwin

Kurzkommentar zu BGHZ 119, 191
in: EWiR 1992, 999 f.

von Gerkan, Hartwin/
Hommelhoff, Peter

Kapitalersatz im Gesellschafts- und Insolvenzrecht
4. Auflage, Köln 1996

Goette, Wulf

Die GmbH
Darstellung anhand der Rechtsprechung des
BGH
2. Auflage, München 2002

ders.

Erläuterungen zum Urteil BGHZ 119, 191
in: DStR 1992, 1480 f.

ders.

GmbH: Bürgenausgleich unter ehemaligen Mitgesellschaftern – Anmerkung zu BGH, Beschl.
v. 12.1.1998 – II ZR 378/96
in: DStR 1998, 539 f.

Großfeld, Bernhard/
Berndt, Joachim

Die Übertragung von deutschen GmbH-Anteilen
im Ausland
in: RIW 1996, 625 ff.

Haas, Ulrich

Das neue Kapitalersatzrecht nach dem RegE-
MoMiG
in: ZInsO 2007, 617 ff.

Habersack, Mathias

Grundfragen der freiwilligen oder erzwungenen Subordination von Gesellschafterkrediten
in: ZGR 2000, 384 ff.

ders.

Gesellschafterdarlehen nach MoMiG: Anwendungsbereich, Tatbestand, und Rechtsfolgen der Neuregelung
in: ZIP 2007, 2145 ff.

ders.

Grenzen der Mehrheitsherrschaft in Stimmrechtskonsortien
in: ZHR 164 (2000), 1 ff.

ders.

Die Mitgliedschaft – subjektives und „sonstiges" Recht
Tübingen 1996

Hachenburg, Max

Gesetz betreffend die Gesellschaften mit beschränkter Haftung – Großkommentar
Band 2 (§§ 13-54)
7. Auflage, Berlin 1975
Band 1 (§§ 1-34)
8. Auflage, Berlin, New York 1992
Band 3 (§§ 53-85)
8. Auflage, Berlin 1997

Hackenbroch, Rüdiger

Die Verpfändung von Mitgliedschaftsrechten in OHG und KG an den Privatgläubiger des Gesellschafters
Köln 1970

Hadding, Walter

Die Mitgliedschaft in handelsrechtlichen Personalgesellschaften – ein subjektives Recht?
in: Festschrift für Rudolf Reinhardt, S. 249 ff.
Köln 1972

ders.

Verfügungen über Mitgliedschaftsrechte
in: Festschrift für Ernst Steindorff, S. 31 ff.
Berlin, New York 1990

Hadding, Walther/
Schneider, Uwe H.

Gesellschaftsanteile als Kreditsicherheit
Berlin 1979

von Hagemeister, Adrian
Bültmann, Michael

Konflikte von Sicherungsinstrumenten und Eigenkapitalersatz bei Projektfinanzierungen durch Banken
in: WM 1997, 549 ff.

Häsemeyer, Ludwig	Die gesetzliche Form der Rechtsgeschäfte Frankfurt a.M. 1971
Heidelberger Kommentar	Heidelberger Kommentar zum GmbH-Recht 5. Auflage, Heidelberg 2002
Heidenhain, Martin	Umfang der Beurkundungspflicht bei der Verpfändung von GmbH-Geschäftsanteilen in: GmbHR 1996, 275 ff.
ders.	Zum Umfang der notariellen Beurkundung bei der Veräußerung von Geschäftsanteilen in: NJW 1999, 3073 ff.
Hergeth, Armin/ *Mingau*, Katja	Beteiligungsverträge bei der GmbH in: DStR 2001, 1217 ff.
Heuer, Ralf	Der GmbH-Anteil in der Zwangsvollstreckung in: ZIP 1998, 405 ff.
Hölters, Wolfgang (Hrsg.)	Handbuch des Unternehmens- und Beteiligungskaufs 6. Auflage, Köln 2005
Huber, Ulrich	Finanzierungsfolgenverantwortung de lege lata und de lege ferenda in: Festschrift für Hans-Joachim Priester, S. 259 ff. Köln 2007
Huhn, Diether/ *von Schuckmann*, Hans-Joachim	Beurkundungsrecht in Deutschland – Kommentar zum Beurkundungsgesetz Berlin 1991
Kanzleiter, Rainer	Der Zweck der Beurkundungspflicht für Veräußerungsverträge über GmbH-Geschäftsanteile in: ZIP 2001, 2105 ff.
Kästle, Martina	Rechtsfragen der Verwendung von Covenants in Kreditverträgen Berlin 2003
Keidel, Theodor/ *Kuntze*, Joachim/ *Winkler*, Karl	Freiwillige Gerichtsbarkeit – Kommentar 14. Auflage, München 1999

Kerbusch, Hermann

Zur Erstreckung des Pfandrechts an einem GmbH-Geschäftsanteil auf den durch Kapitalerhöhung aus Gesellschaftsmitteln erhöhten oder neu gebildeten Geschäftsanteil
in: GmbHR 1990, 156 ff.

Klink, Heinz Georg

Die Mitgliedschaft als „sonstiges Recht" im Sinne des § 823 I BGB?
Mainz 1993

Kolkmann, Johannes

Die Verpfändung von Geschäftsanteilen und die Sicherung des Pfandrechts (Einziehung, Zusammenlegung, Auflösung)
in: MittRhNotK 1992, 1 ff.

Kölner Kommentar

Kölner Kommentar zum Aktiengesetz
Band 1 (§§ 1-75)
2. Auflage, Köln (u.a.) 1988

Köndgen, Johannes

Financial Covenants – „Symbiotische" Finanzierungsverträge im Spannungsfeld von Vertrags-, Gesellschafts- und Insolvenzrecht
in: Prütting, Hanns (Hrsg.), Insolvenzrecht, Köln 1996, S. 127 ff.

Kraft, Alfons/
Kreutz, Peter

Gesellschaftsrecht
10. Auflage, Neuwied (u.a.) 1997

Kühbacher, Uli

Darlehen an Konzernunternehmen Besicherung und Vertragsanpassung
Berlin 1993

Külbs, Christian

Pfändung, Verpfändung und Zwangsvollstreckung in den Geschäftsanteil einer GmbH
Köln 1938

Larenz, Karl

Zur Struktur „subjektiver" Rechte
in: Festgabe für Johannes Sontis, S. 129 ff.
München 1977

Lessmann, H.

Vinkulierte Übertragung von GmbH-Geschäftsanteilen
in: GmbHR 1985, 179 ff.

Leuering, Dieter/
Simon, Stefan

Die Verpfändung von GmbH-Geschäftsanteilen
in: NJW-Spezial 2005, 171 f.

Leuschner, Lars	Die Teilverpfändung von GmbH-Anteilen in: WM 2005, 2161 ff.
Liebscher, Thomas/ *Lübke*, Julia	Die zwangsweise Verwertung vinkulierter Anteile – zur angeblich vinkulierungsfreien Pfand- und Insolvenzverwertung in: ZIP 2004, 241 ff.
Limmer, Peter	Haftung beim Erwerb von GmbH-Geschäftsanteilen in: ZIP 1993, 412 ff.
Loritz, Karl-Georg	Rechtsfragen der notariellen Beurkundung bei Verkauf und Abtretung von GmbH-Geschäftsanteilen in: DNotZ 2000, 90 ff.
Löwisch, Gottfried	Eigenkapitalersatzrecht Kommentierung zu §§ 32a, 32b GmbHG München 2007
Lübbert, Hartmut	Abstimmungsvereinbarungen in den Aktien- und GmbH-Rechten der EWG-Staaten, der Schweiz und Großbritanniens Baden-Baden 1971
Lutter, Marcus	Theorie der Mitgliedschaft in: AcP 180 (1980), 84 ff.
Lutter, Marcus/ *Hommelhoff*, Peter	GmbH-Gesetz Kommentar 16. Auflage, Köln 2004
Lutter, Marcus/ *Winter*, Martin (Hrsg.)	Umwandlungsgesetz – Kommentar *Band 1* (§§ 1-137) 3. Auflage, Köln 2004
Lux, Jochen	Eigenes Ablöserecht der Mitgesellschafter bei der Verpfändung von GmbH-Anteilen? in: GmbHR 2003, 938 ff.
Maier-Reimer, Georg	Kreditsicherung und Kapitalersatz in der GmbH in: Festschrift für Heinz Rowedder, S. 245 ff. München 1994
Maier-Reimer, Georg/ *Webering*, Anabel	Verwertung von Pfandrechten an Unternehmensbeteiligungen in: BB 2003, 1630 ff.

Medicus, Dieter	Allgemeiner Teil des BGB 8. Auflage, Heidelberg 2002
Melber, Oliver	Die Kaduzierung in der GmbH Köln 1993
Mertens, Bernd	Typische Probleme bei der Verpfändung von GmbH-Anteilen in: ZIP 1998, 1787 ff.
Meyer-Landrut, Joachim/ *Miller*, F. Georg/ *Niehus*, Rudolf J.	GmbH-Gesetz Berlin, New York 1987
Michalski, Lutz	Kommentar zum GmbH-Gesetz *Band 1* (§§ 1-34) *Band 2* (§§ 35-86) München 2002
ders.	Anmerkung zu BGH, Urteil v. 14.07.1997 – II ZR 122/96 in: NZG 1998, 63
Mugdan, B.	Die gesamten Materialien zum Bürgerlichen Gesetzbuch *Band 3* (Sachenrecht) Berlin 1899
Mülbert, Peter O.	Neuordnung des Kapitalrechts in: WM 2006, 1977 ff.
Müller, Klaus	Die Verpfändung von GmbH-Anteilen I, II, III in: GmbHR 1969, 4 ff., 34 ff., 57 ff.
Münchener Handbuch des Gesellschaftsrechts	Münchener Handbuch des Gesellschaftsrechts *Band 3* (Gesellschaft mit beschränkter Haftung) 2. Auflage, München 2003
Münchener Kommentar zum BGB	Münchener Kommentar zum Bürgerlichen Gesetzbuch *Band 1* (§§ 1-240) 5. Auflage, München 2006 *Band 2* (§§ 241-432) 5. Auflage, München 2007 *Band 3* (§§ 433-610) 5. Auflage, München 2008 *Band 5* (§§ 705-853) 4. Auflage, München 2004

Band 6 (§§ 854-1296)
4. Auflage, München 2004

Münchener Kommentar zur InsO	Münchener Kommentar zur Insolvenzordnung *Band 1* (§§ 1-102) 2. Auflage, München 2007
Münchener Vertragshandbuch	Münchener Vertragshandbuch *Band 1* (Gesellschaftsrecht) 6. Auflage, München 2005
Neuhof, Rudolf	Sanierungsrisiken der Banken: Die Sanierungsphase in: NJW 1999, 20 ff.
Neukamp	Die Geschäftsanteile der Gesellschaft mit beschränkter Haftung in: ZHR 57 (1905), 479 ff.
Nietsch, Michael	Einstweiliger Rechtschutz bei Beschlussfassung in der GmbH-Gesellschafterversammlung in: GmbHR 2006, 393 ff.
Nörr, Knut Wolfgang/ *Scheyhing,* Robert/ *Pöggeler,* Wolfgang	Sukzessionen Tübingen 1999
Palandt, Otto	Bürgerliches Gesetzbuch 67. Auflage, München 2008
Peltzer, Martin	Besicherte Darlehen von Dritten an Konzerngesellschaften und Kapitalerhaltungsvorschriften in: GmbHR 1995, 15 ff.
Piltz, Detlev J.	Die Unternehmensbewertung in der Rechtsprechung 3. Auflage, Düsseldorf 1994
Polzius, Josef	Die Versteigerung von GmbH-Anteilen nach der ZPO und dem GmbHG in: DGVZ 1987, 17 ff.
Priester, Hans-Joachim	Drittbindung des Stimmrechts und Satzungsautonomie in: Festschrift für Winfried Werner, S. 657 ff. Berlin, New York 1984

Raape, Leo	Das gesetzliche Veräußerungsverbot des BGB Berlin 1908
Raiser, Thomas/ *Veil*, Rüdiger	Recht der Kapitalgesellschaften 4. Auflage, München 2006
van Randenborgh, Wolfgang/ *Kallmeyer*, Harald	Pro und Contra: Beurkundung gesellschafts- rechtlicher Rechtsgeschäfte durch ausländische Notare in: GmbHR 1996, 908 ff.
Reichert, Jochem/ *Weller*, Marc-Philippe	Der GmbH-Geschäftsanteil Übertragung und Vinkulierung Kommentierung zu §§ 14-18 GmbHG München 2006
Renkl, Günter	Der Gesellschafterbeschluss Stuttgart 1982
Reuter, Dieter	Der Beirat der Personengesellschaft in: Festschrift für Ernst Steindorff, S. 229 ff. Berlin, New York 1990
ders.	Stimmrechtsvereinbarungen bei treuhänderi- scher Abtretung eines GmbH-Anteils in: ZGR 1978, 633 ff.
Reymann, Christoph	Die Verpfändung von GmbH-Geschäftsanteilen in: DNotZ 2005, 425 ff.
von Rintelen, Claus	Der Übergang nicht-akzessorischer Sicherhei- ten bei der Forderungszession Bielefeld 1996
Rodewald, Jörg	Überlegungen im Zusammenhang mit der Ver- pfändung von GmbH-Anteilen in: GmbHR 1995, 418 ff.
Roth, Günter H./ *Altmeppen*, Holger	Gesetz betreffend die Gesellschaften mit be- schränkter Haftung – GmbHG – Kommentar 5. Auflage, München 2005
Roth, Herbert	Pfändung und Verpfändung von Gesellschafts- anteilen in: ZGR 2000, 187 ff.

196

Roth, Herbert	Subjektives Recht oder prozessuale Befugnis als Voraussetzungen einer „Aktionärsklage" in: Festschrift für Wolfram Henckel, S. 707 ff. Berlin, New York 1995
Rowedder, Heinz/ *Schmidt-Leithoff*, Christian	Gesetz betreffend die Gesellschaften mit beschränkter Haftung – Kommentar 4. Auflage, München 2002
Ruffmann, Andreas G.	Stimmrecht, Zustimmungsrecht, Stimmbindung, ihre Durchsetzbarkeit und Sanktionen der Stimmbindungsverletzung bei der Verpfändung von GmbH-Anteilen Hamburg 1979
Rümker, Dietrich/ *Büchler*, Olaf	Probleme der Verpfändung von Kommanditanteilen – Einflussmöglichkeiten des Pfandgläubigers, § 32a GmbHG und Konkurrenzfragen in: Festschrift für Carsten Peter Claussen, S. 337 ff. Köln (u.a.) 1997
Schilling, Wolfgang	Anmerkung zu BGH, Urteil v. 24.3.1954 – II ZR 23/53 in: JZ 1954, 635 f.
Schimansky, Herbert/ *Bunte*, Hermann-Josef/ *Lwowski*, Hans-Jürgen	Bankrechts-Handbuch Band 2 2. Auflage, München 2001
Schlüter, Wilfried	Veräußerung und Abtretung von GmbH-Geschäftsanteilen als Formproblem in: Festschrift für Horst Bartholomeyczik, S. 355 ff. Berlin 1973
Schmidt, Karsten	Gesellschaftsrecht 4. Auflage, Köln (u.a.) 2002
Schmitz, Erich	Vinkulierungs- und Ausschließungsklauseln – Überschneidungen und Gestaltungsmöglichkeiten in der Satzung der GmbH in: Festschrift für Herbert Wiedemann, S. 1222 ff. München 2002

Schnorbus, York

Heilung eines formnichtigen Vorbehaltskaufs von GmbH-Anteilen
in: MDR 1995, 678 ff.

Scholz, Franz

Kommentar zum GmbH-Gesetz
Band 1 (§§ 1-34, Konzernrecht)
10. Auflage, Köln 2006
Band 2 (§§ 35-52)
10. Auflage, Köln 2007
Band 2 (§§ 45-87)
9. Auflage, Köln 2002

Schöne, Torsten

Haftung des Aktionärs-Vertreters für pflichtwidrige Stimmrechtsausübung
in: WM 1992, 209 ff.

Schönle, Herbert

Zur Haftung des OHG-Gesellschafters für Gesellschaftsverbindlichkeiten
in: NJW 1966, 1797 f.

Schrell, Thomas K./
Kirchner, Andreas

Fremdfinanzierte Unternehmenskäufe nach der KBV-Entscheidung des BGH: Sicherheitenpakete als existenzvernichtender Eingriff?
in: BB 2003, 1451 ff.

Schubel, Christian

Verbandssouveränität und Binnenorganisation der Handelsgesellschaften
Tübingen 2003

Schuler, Hans

Die Verpfändung von GmbH-Anteilen
in: NJW 1956, 689 ff.

ders.

Die Pfändung von GmbH-Anteilen und die miterfassten Ersatzansprüche
in: NJW 1960, 1423 ff.

ders.

Einziehung gepfändeter GmbH-Anteile
in: NJW 1961, 2281 ff.

Schuschke, Winfried/
Walker, Wolf-Dietrich

Vollstreckung und vorläufiger Rechtsschutz
Kommentar zum Achten Buch der Zivilprozessordnung
Band 1 (§§ 704-915h ZPO)
2. Auflage, Köln (u.a.) 1997

Schwarz, Oliver	Einige Überlegungen zum Zweck des Beurkundungserfordernisses gemäß § 15 Abs. 3 und 4 GmbHG in: Festschrift des Rheinischen Notariats, S. 371 ff. Köln 1998
Schwintowski, Hans-Peter/ *Dannischewski*, Johannes	Eigenkapitalersetzende Darlehen durch den gesellschaftergleichen Dritten nach § 32a Abs. 3 GmbHG in: ZIP 2005, 840 ff.
Seel, Stefan	Verweisungsprobleme bei der Geschäftsanteilsverpfändung in: GmbHR 2004, 180 ff.
Semler, Johannes/ *Volhard*, Rüdiger (Hrsg.)	Arbeitshandbuch für Unternehmensübernahmen, *Band 1* München 2001
Serick, Rolf	Eigentumsvorbehalt und Sicherungsübertragung, *Band 2* Heidelberg 1965
Sieger, Jürgen J./ *Hasselbach*, Kai	Praktische Probleme bei der Verpfändung von GmbH-Geschäftsanteilen in: GmbHR 1999, 633 ff.
Sieger, Jürgen J./ *Mertens*, Bernd	Die Rechtsfolgen der Einziehung von Geschäftsanteilen einer GmbH in: ZIP 1996, 1493 ff.
Soergel	Bürgerliches Gesetzbuch *Band 1* (§§ 1-103) 13. Auflage, Stuttgart 2000 *Band 2* (§§ 104-240) 13. Auflage, Stuttgart 1999 *Band 2* (§§ 241-432) 12. Auflage, Stuttgart, Berlin, Köln 1990 *Band 5/1* (§§ 705-822) 12. Auflage, Stuttgart 2007 *Band 16* (§§ 1018-1296) 13. Auflage, Stuttgart 2001
Soufleros, Ilias	Ausschließung und Abfindung eines GmbH-Gesellschafters Köln 1983

von Staudinger, Julius

Kommentar zum Bürgerlichen Gesetzbuch mit Einführungsgesetz und Nebengesetzen
Buch 1 (§§ 1-14)
Neubearbeitung 2004
Buch 1 (§§ 90-133; §§ 1-54, 63 BeurkG)
Bearbeitung 2004, Berlin
Buch 1 (§§ 134-163)
Neubearbeitung 2003
Buch 1 (§§ 164-240)
Neubearbeitung 2004, Berlin
Buch 2 (§§ 255-304)
Neubearbeitung 2004, Berlin
Buch 2 (§§ 397-432)
Neubearbeitung 2005, Berlin
Buch 2 (§§ 433-487; Leasing)
Neubearbeitung 2004, Berlin
Buch 2 (§§ 705-740)
Bearbeitung 2003, Berlin
Buch 3 (§§ 854-882)
Neubearbeitung 2000, Berlin
Buch 3 (§§ 925-984; Anh. zu §§ 929 ff.)
Neubearbeitung 2004, Berlin
Buch 3 (§§ 1204-1296)
Neubearbeitung 2002, Berlin

Stein, Friedrich/
Jonas, Martin

Kommentar zur Zivilprozessordnung
Band 8 (§§ 828-915h)
22. Auflage, Tübingen 2004

Teichmann, Arndt

Der Nießbrauch an Gesellschaftsanteilen
in: ZGR 1972, 1 ff.

Theißen, Rolf

Die „verdrängende" Stimmrechtsausübung in der GmbH
in: DB 1993, 469 ff.

Thießen, Friedrich

Covenants: Durchsetzungsprobleme und die Folgen
in: Sadowski, Dieter/Czap, Hans/Wächter, Hartmut (Hrsg.), Regulierung und Unternehmenspolitik, Methoden und Ergebnisse der betriebwirtschaftlichen Rechtsanalyse, S. 143 ff.
Wiesbaden 1996

ders.

Covenants in Kreditverträgen: Alternative oder Ergänzung zum Insolvenzrecht?
in: ZBB 1996, 19 ff.

Tiedtke, Klaus — Die Aufhebung des belasteten Anwartschaftsrechts ohne Zustimmung des Pfandgläubigers
in: NJW 1985, 1305 ff.

Tillmann, Tobias — Der Entwurf des „MoMiG" und die Auswirkungen auf die Gesellschafterfremdfinanzierung – Verstrickte und privilegierte Darlehen
in: GmbHR 2006, 1289 ff.

Timm, Wolfram — Treuepflichten im Aktienrecht
in: WM 1991, 481 ff.

Ulmer, Peter — Begründung von Rechten für Dritte in der Satzung einer GmbH?
in: Festschrift für Winfried Werner, S. 911 ff.
Berlin, New York 1984

ders. — Die Sicherung der GmbH gegen das Überfremdungsrisiko in der Insolvenz eines Gesellschafters
in: ZHR 149 (1985), 28 ff.

Ulmer, Peter/ *Habersack*, Mathias/ *Winter*, Martin — GmbHG Großkommentar
Band 1 (Einleitung; §§ 1-28)
Band 2 (§§ 29-52)
Tübingen 2005

Vogel, Hermann — Die Verpfändung von GmbH-Anteilen
in: DB 1954, 208 f.

Walz, Robert/ *Fembacher*, Tobias — Zweck und Umfang der Beurkundung nach § 15 GmbHG
in: NZG 2003, 1134 ff.

Weber, Christoph — Privatautonomie und Außeneinfluss im Gesellschaftsrecht
Tübingen 2000

Weitnauer, Wolfgang — Covenants und AGB-Kontrolle
in: ZIP 2005, 1443 ff.

ders. — Die Akquisitionsfinanzierung auf dem Prüfstand der Kapitalerhaltungsregeln
in: ZIP 2005, 790 ff.

Westermann, Harm Peter

Bürgerlich-rechtliche Probleme der bankmäßigen Projektfinanzierung
in: Festschrift für Hans Erich Brandner,
S. 579 ff.
Köln 1996

ders.

Gesellschaftsrechtliche Risiken bei der bankmäßigen Projektfinanzierung
in: Festschrift für Walter Odersky, S. 897 ff.
Berlin, New York 1996

Widder, Stefan

Die Aufhebung der Verpfändung von GmbH-Anteilen
in: GmbHR 2002, 898 ff.

Wiedemann, Herbert

Die Übertragung und Vererbung von Mitgliedschaftsrechten bei Handelsgesellschaften
München und Berlin 1965

ders.

Verbandssouveränität und Außeneinfluss
in: Festschrift für Wolfgang Schilling, S. 105 ff.
Berlin, New York 1973

Wiesner, Georg

Beurkundungspflicht und Heilungswirkung bei Gründung von Personengesellschaften und Unternehmensveräußerungen
in: NJW 1984, 95 ff.

Wilhelm, Jan

Das Anwartschaftsrecht des Vorbehaltskäufers im Hypotheken- und Grundschuldverband
in: NJW 1987, 1785 ff.

Wittig, Arne

Financial Covenants im inländischen Kreditgeschäft
in: WM 1996, 1381 ff.

Wolany, Josef

Rechte und Pflichten des Gesellschafters einer GmbH
Köln 1964

Wood, Philip R.

International Loans, Bonds and Securities Regulation
London 1995

Ziegler, Stephan

GmbH und KG an die Börse?
in: Rpfleger 1992, 414 ff.

Zöllner, Wolfgang   Treuepflichtgesteuertes Aktienkonzernrecht
in: ZHR 162 (1998), 235 ff.

ders.   Wertpapierrecht
13. Auflage, München 1982

L